suhrkamp taschenbuch
wissenschaft 643

Die Rolle, die der Individualität in verschiedenen Gesellschaften zugesprochen wird, ergibt sich nicht zuletzt aus den Formen der Selbstthematisierung, die jeweils institutionalisiert sind. Im religiösen Kontext sind – ähnlich wie im rechtlichen – vor allem Schuldbekenntnisse eine der verbreitetsten Methoden der geregelten Konfrontation des Ich mit sich selbst. Daneben zeigen sich historisch zahlreiche Verfahren zur kollektiven Erzeugung und Thematisierung von Identität. Statt Schuld kann z. B. Ruhm im Vordergrund der Identitätsbildung stehen. Für die Moderne scheinen nun vor allem Techniken der Selbstbeobachtung, der Selbstkontrolle, der Buchführung über sich selbst Formen des freiwilligen oder erzwungenen Bekenntnisses von zentraler Bedeutung gewesen zu sein.

Die im vorliegenden Band enthaltenen Beiträge gehen dem Zusammenhang von steigender Intensität von sozialer Kontrolle und der Verfeinerung der Bekenntnistechniken zwischen Zivilisationsprozeß und Selbstbeobachtung, zwischen Identität und Selbstthematisierung nach. Sie nehmen einerseits soziologische Überlegungen als Grundlage, um die systematische Verknüpfung sozialer Institutionalisierung von Bekenntnisformen und Techniken der Selbststeuerung zu erhellen. Andererseits exemplifizieren sie die allgemeinen soziologischen Gesichtspunkte an spezifischen gesellschaftlichen und kulturellen Erscheinungen. Neben den mündlichen und außerliterarischen werden auch die schriftlichen und fiktionalen Formen der Selbstthematisierung behandelt. Dabei werden insbesondere solche Phänomene beachtet, an denen epochale Veränderungen sichtbar werden.

Selbstthematisierung und Selbstzeugnis: Bekenntnis und Geständnis

Herausgegeben von
Alois Hahn und Volker Kapp

Suhrkamp

CIP-Kurztitelaufnahme der Deutschen Bibliothek
Selbstthematisierung und Selbstzeugnis:
Bekenntnis und Geständnis /
hrsg. von Alois Hahn u. Volker Kapp. –
1. Aufl. – Frankfurt am Main :
Suhrkamp, 1987.
(Suhrkamp-Taschenbuch Wissenschaft ; 643)
ISBN 3-518-28243-3
NE: Hahn, Alois [Hrsg.]; GT

suhrkamp taschenbuch wissenschaft 643
Erste Auflage 1987
Suhrkamp Verlag Frankfurt am Main 1987
Suhrkamp Taschenbuch Verlag
Satz und Druck: Wagner GmbH, Nördlingen
Printed in Germany
Umschlag nach Entwürfen von
Willy Fleckhaus und Rolf Staudt

1 2 3 4 5 6 – 92 91 90 89 88 87

Inhalt

Alois Hahn, Volker Kapp
Selbstthematisierung und Selbstzeugnis:
Bekenntnis und Geständnis

Die Rolle, die der Individualität in verschiedenen Gesellschaften zugesprochen wird, ergibt sich nicht zuletzt aus den Formen der Selbstthematisierung, die jeweils institutionalisiert sind. Im religiösen Kontext sind – ähnlich wie im rechtlichen – vor allem Schuldbekenntnisse eine der verbreitetsten Methoden der geregelten Konfrontation des Ich mit sich selbst. Daneben zeigen sich historisch zahlreiche Verfahren zur kollektiven Erzeugung und Thematisierung von Identität. Statt Schuld kann z. B. Ruhm im Vordergrund der Identitätsbildung stehen. Dies gilt besonders für ältere Kulturen, aber auch für die abendländische Zivilisation bis in die frühe Neuzeit hinein. Für die Moderne scheinen nun allerdings vor allem Techniken der Selbstbeobachtung, der Selbstkontrolle, der Buchführung über sich selbst, Formen des freiwilligen oder erzwungenen Bekenntnisses von zentraler Bedeutung gewesen zu sein.

Die im vorliegenden Band enthaltenen Beiträge gehen dem Zusammenhang zwischen steigender Intensität von sozialer Kontrolle und der Verfeinerung der Bekenntnistechniken, zwischen Zivilisationsprozeß und Selbstbeobachtung, zwischen Identität und Selbstthematisierung nach. Sie nehmen einerseits soziologische Überlegungen zur Grundlage, um die systematische Verknüpfung sozialer Institutionalisierung von Bekenntnisformen und Techniken der Selbststeuerung zu erhellen. Andererseits exemplifizieren sie die allgemeinen soziologischen Gesichtspunkte an spezifischen gesellschaftlichen und kulturellen Erscheinungen. Neben den mündlichen und außerliterarischen werden auch die schriftlichen und fiktionalen Formen der Selbstthematisierung behandelt. Dabei kam es besonders auf Phänomene an, die epochale Veränderungen sichtbar werden lassen.

Die Thematik ist für das Verständnis kultureller, literarischer und zivilisatorischer Prozesse so zentral, daß die Grenzen von Soziologie und Literaturwissenschaft überschritten werden. Die Selbstthematisierung ist in vielfältiger Weise Gegenstand soziologischer

Untersuchungen, das Selbstzeugnis schon lange eines der Themen der Literaturwissenschaft. Im vorliegenden Band geht es jedoch nicht lediglich um die Verwendung soziologischer Theorien zur Deutung literarischer Texte, sondern um einen interdisziplinären Dialog über eine Fragestellung, die verschiedene Disziplinen gleichermaßen beschäftigt. Das Thema drängt zum Überschreiten der Grenzen einzelner Disziplinen. Die Interdisziplinarität ist die angemessene Antwort auf die Komplexität der Fragestellung.

Die Beiträge des vorliegenden Bandes gehen auf ein Kolloquium zurück, das im Mai 1985 mit Unterstützung der Fritz Thyssen Stiftung durchgeführt wurde. Wir danken der Fritz Thyssen Stiftung und der Universität Trier für ihre Hilfe, dem Direktor der Stadtbibliothek Trier, Dr. Gunther Franz, für die gastliche Aufnahme im Konferenzraum der Bibliothek sowie Herbert Willems und Rainer Winter für ihre Mithilfe bei der Organisation des Kolloquiums.

Alois Hahn
Identität und Selbstthematisierung

Seit der Rezeption der Arbeiten von G. H. Mead[1] haben in der Soziologie Theorien der Genesis des sozialen Selbst eine große Rolle gespielt. Mead hatte darauf hingewiesen, daß nicht nur einzelne Handlungen ihren Sinn den Reaktionen der sozialen Gruppe verdanken, sondern daß darüber hinaus den Individuen das Bewußtsein der personalen Identität von der Gruppe, in der sie leben, vermittelt wird. Für Mead ist der Prozeß der Selbstwerdung fundamental gebunden an die Fähigkeit des Menschen, sich mit den Augen seiner Umgebung zu sehen. Das Individuum schlüpft imaginativ in die Rolle der anderen, sieht sich somit gleichsam von außen und erfährt sich als einen anderen. Mit diesem Perspektivenwechsel entsteht allererst so etwas wie die Objektivität des eigenen Ich. Die eigenen Akte werden nicht mehr nur unter dem Aspekt der von ihnen unmittelbar ausgelösten Selbstempfindung angeschaut, sondern als Auslöser fremden Handelns (das man in diesem Fall spielerisch selbst darstellt) und bekommen damit auch für den Handelnden den Sinn seiner Wirkung auf andere. Das, was der einzelne »ist«, erfährt er wie in einem Spiegel (das Bild taucht schon bei Cooley in seinem Begriff vom »looking-glass-self« auf und wesentlich früher bereits in A. Smiths *Theory of Moral Sentiments*) zuerst durch die Reaktionen des sozialen Gegenübers auf sein Handeln.

Mit den Akten, welche die Gruppe einem Menschen zurechnet, indem sie ihn und sich der Urheberschaft seiner Taten versichert, ermöglicht sie es, daß der einzelne sich als das Identisch-Bestehende im Strom der verschiedenen Akte begreifen und erleben kann.

Damit entsteht aber auch erst das Moment der Zeitlichkeit. Denn die die Identität des Ich konstituierende soziale Zurechnung seitens der Gruppe meint eben nicht nur die Akte je für sich, sondern zugleich ihr wechselseitiges Verhältnis des Vorher, Nachher oder Zugleich. Das Gedächtnis der Gruppe, das die Erinnerung der verschiedenen Akte des einzelnen nach einer Auswahl, die auf einer Rangordnung des Gedächtniswürdigen beruht, speichert, bewahrt auch die zeitliche Abfolge dieser Akte.

Das Selbst eines Menschen wird also nicht schon durch die Handlungen als solche gebildet, sondern dadurch, daß ihm seine Gruppe die von ihr für gedächtniswürdig erachteten Handlungen in der zeitlichen Ordnung ihrer Abfolge als seine Vergangenheit zurechnet. Wenn in der soziologischen Literatur von Identität die Rede ist, wird oft nicht hinlänglich deutlich unterschieden zwischen dem Selbst als bloßem Lebenslaufresultat und dem Selbst als Resultat von sozialen Zurechnungen. Einmal nämlich ergibt sich eine Identität als Inbegriff von im Laufe des Lebens erworbenen Gewohnheiten, Dispositionen, Erfahrungen usw., die das Individuum prägen und charakterisieren. Man könnte vom Ich als einem Habitusensemble sprechen. Es geht dann um ein eher »implizites« Selbst, das sich durch sein Handeln zeigt, festigt und verwirklicht, das aber nicht deshalb schon im eigentlichen Sinne selbstreflexiv ist. Die Identität in diesem Sinne wäre lediglich das Selbst in der Form des An-Sich. In dieser Weise ist es in allen seinen Handlungen präsent, so daß man von einem fungierenden Ich sprechen könnte, dessen Konstanz sich als sich durchhaltende »resource-continuity« im Sinne Goffmans[2] deuten ließe.

Vielleicht kann man das hier Gemeinte mit einem Beispiel verdeutlichen: Jeder Schreibende hat eine mehr oder weniger unverwechselbare Handschrift, an der man ihn erkennen kann, die ihn u. U. sogar gegen seinen Willen verrät. Trotzdem dürfte es im allgemeinen schwierig sein, genau zu benennen, worin die Unverkennbarkeit einer Schrift liegt. Das Identifizierende ist sichtbar, aber es fehlt der »graphologische« Begriff. Das gleiche gilt vom fungierenden Ich überhaupt. Es ist da, auch ohne daß eine begriffliche Identifiziertheit gegeben wäre.

Von diesem impliziten Selbst wäre ein explizites Selbst zu unterscheiden – ein Ich, das seine Selbstheit ausdrücklich macht, sie als solche zum Gegenstand von Darstellung und Kommunikation erhebt. Seit Mead wissen wir, daß die Fähigkeit zum Selbstbezug ursprünglich der Übernahme von Fremdperspektiven oder doch sozialen Festlegungen auf ein Bild, das der einzelne von sich hat, entspringt.

Jedes solche Bild stellt eine Abstraktion dar. Denn es ist nicht möglich, daß es die Totalität des gelebten Lebens widerspiegelt. Jedes Bild, das ich von mir haben kann, muß eine Selektion aus der Faktizität meines Erlebens und Handelns sein. Wie diese Bilder aufgebaut sind, das hängt ganz wesentlich von den institutionellen Zusammenhängen, in denen sie konstruiert werden, ab. Besonders wichtig ist in diesem Kontext die Frage, inwiefern das Individuum durch ausdrücklich von den Gruppen inszenierte Prozeduren zur Selbstdarstellung, zum Selbstbekenntnis, zur Offenlegung seines Inneren und zur Aufdeckung seiner Vergangenheit veranlaßt wird. Jedenfalls entspringt das in solchen Kontexten entwickelte Bild, das ich von mir selbst übernehme, nie ausschließlich meiner eigenen Abstraktionsleistung, selbst wenn seine Erzeugung über sozial geforderte Selbstdarstellungen gesteuert wird. Das Selbstbild als Resultat von zurechnungsfähigen Selbstäußerungen ist stets durch einen bestimmten Aufbau charakterisiert, einen Zusammenhang, in den Wertvorstellungen, Wirklichkeitsauffassungen, Richtigkeits- und Wichtigkeitskriterien der umgebenden Gesellschaft eingehen. Der Sinn, den meine Identität darstellt, ist also von Anfang an verwoben mit einem Sinn, der nicht von mir stammt. Welche meiner Akte ich nicht vergesse, welche mir nicht vergessen werden, welche Akte und Erlebnisse also zu mir gehören, ergibt sich einerseits aus Sinnzusammenhängen, die die soziale Gruppe schon zugrunde legte, bevor ich geboren wurde, andererseits aber auch aus den Darstellungsgelegenheiten, die die Gruppe zur Verfügung hält, in denen ein Individuum sich in sozial zurechnungsfähiger Form »ausdrückt«. Insofern hat Mead zwar recht, wenn er sagt: »The self, as that which can be an object to itself, is essentially a social structure, and it arises in social experience.«[3] Aber damit ist zunächst noch nicht viel gesagt über die Formen, in denen ein Individuum ein »object to itself« werden kann. Das eben hängt von den institutionellen Selbstthematisierungsmöglichkeiten ab, die in einer Gesellschaft zu Gebote stehen.

Es wäre z. B. denkbar, daß es keine Möglichkeit gibt, über sich als eine Ganzheit zu erzählen, wie das etwa in der Beichte oder der Psychoanalyse gefordert ist. Dann bliebe nur die fallweise situative Darstellung. Das Individuum läßt dann z. B. in einem Moment erkennen, daß es diese Handlung als typisch für sich als Ganzes angesehen wissen will: »Du kennst mich doch!« Oder auch umgekehrt: »Das ist mir nur so herausgerutscht. So bin ich sonst nicht!« Immer wieder beanspruchen wir im Alltag, nicht nur für einen Moment das zu sein, als was wir implizit erscheinen. Vielmehr lassen wir oft durchblicken, daß wir den Augenblick als charakteristisch oder untypisch für unser Ich ansehen.

Situationale Selbstthematisierungen könnte man diese Vorgänge nennen. Die Selbstdarstellung tritt hier noch nicht wirklich aus dem Fluß des Handelns heraus, sondern bleibt in ihn integriert. Es handelt sich nicht um ein Bekenntnis im eigentlichen Sinne. Trotzdem ist hier schon mehr als die bloß implizite Selbstpräsenz sichtbar. Wenn auch mit knappen Zeichen, durch einige handlungsbegleitende Worte, Gesten oder Arrangements verweist der Handelnde absichtlich auf situationsübergreifende Selbstbezüge. Er macht ein Ich geltend, das über das Hier und Jetzt, sei es als dessen Fortsetzung, sei es als dessen Gegensatz, Bestand hat. In jeder Gesellschaft gibt es sozial geprägte Identität in der An-Sich-Form, auch rudimentäre situative Darstellungen des Selbst sind historisch universal. Das trifft aber nicht zu auf die biographische Selbstreflexion. Ob das Ich über Formen des Gedächtnisses verfügt, die symbolisch seine gesamte Vita thematisieren, das hängt vom Vorhandensein von sozialen Institutionen ab, die eine solche Rückbesinnung auf das eigene Dasein gestatten. Wir wollen solche Institutionen Biographiegeneratoren nennen. Als Beispiele seien hier genannt die Beichte oder die Psychoanalyse, das Tagebuch oder Memoiren, aber auch bestimmte Formen der medizinischen Anamnese oder des Geständnisses vor Gericht. Seit neuestem wird wohl auch das von Sozialwissenschaftlern veranlaßte biographische Interview hinzuzurechnen sein. Identität-An-Sich ist universell, aber nicht Identität-Für-Sich. Diese ist Korrelat von historisch keineswegs allgemein verbreiteten Biographiegeneratoren.

Dabei ist es wichtig, sich den Unterschied zwischen Lebenslauf und Biographie deutlich vor Augen zu halten, obwohl dies von der heute üblichen Lebenslauf- und Biographieforschung nicht immer beachtet wird.[4] Der Lebenslauf ist eine Gesamtheit von Ereignissen, Erfahrungen, Empfindungen usw. mit unendlicher Zahl von Elementen. Er kann überdies (und ist dies in stärkerem oder geringerem Maße in jeder Gesellschaft) sozial institutionalisiert sein, z. B. indem bestimmte Karrieremuster oder Positionssequenzen normiert werden (man muß erst Ehefrau werden, bevor man Mutter werden darf, erst Student der Medizin, dann Arzt; erst alt, dann Weiser usw.). Aber die Biographie macht für ein Individuum den Lebenslauf zum Thema. Diese Thematisierung darf nicht als Spiegelung mißverstanden werden. Die Spiegelmetapher suggeriert ja, daß die Gesamtheit des Gegebenen wiedergegeben würde. Davon kann natürlich keine Rede sein. Schon die Unendlichkeit der den Lebenslauf konstituierenden Elemente schließt dies aus. Biographien stellen folglich stets selektive Vergegenwärtigungen dar. Die Auswahl beschränkt sich dabei nicht notwendig auf die objektiv durch den empirischen Lebenslauf gegebenen Daten. Sie kann einen weitaus größeren Zeitraum umfassen, die Zukunft und die Vergangenheit weit über die eigene Lebenszeit hinaus einschließen. Cellini z. B. beginnt seine Autobiographie mit Julius Caesar, dessen Nachkomme zu sein er beansprucht. Zur Biographie gehören immer Momente, die aus der Perspektive dessen, der nur den empirischen Lebenslauf für wirklich hält, als Fiktionen angesprochen werden müssen.

Biographie als Schema

Biographien beziehen sich auf einen unendlichen Strom von Erlebnissen und Handlungen. Gerade die damit gegebene virtuell unendliche Zahl von Möglichkeiten, die von Augenblick zu Augenblick zerfallen, sich stets anders neu formieren und dann wieder verschwimmen, läßt Ordnung nur durch Auswahl und durch Vereinfachung entstehen. Insbesondere müssen die Bezugspunkte für Anschlüsse, die weiteres Erleben und Handeln ermöglichen, bestimmbar sein. Diese Bestimmung, die Anschlüsse sichert, erfolgt mittels bestimmter Schemata.
So kann ich mich z. B. in Interaktionen mit anderen Menschen nicht auf deren volle Wirklichkeit beziehen. Ich kann nicht alle Möglichkeiten, die sie verwirklicht haben, und solche, die sie ausschlugen, im Blick halten. In der Realität ändern wir uns außerdem ständig. Wenn ich dem unentwegt Rechnung trüge, würde mir Alter Ego als eine Einheit gar nicht greifbar, ich könnte mich auf ihn nicht eindeutig beziehen. Tatsächlich behandeln wir einander aber als Identitäten. Wir gehen davon aus, daß der Herr Hahn von heute auch der von gestern ist. Wir abstrahieren z. B. von dem Alterungsprozeß, den er in dieser Zeit durchgemacht hat, davon, daß seine Haare wieder ein bißchen länger geworden sind, er sich mit anderen Worten und Gesten präsentiert usw. Wenn man etwa die totale Summe meiner Bewegungen und ihre konkrete Sequenz von gestern mit der von heute ver-

gleicht, so überwiegt bei weitem die Differenz und nicht die Identität dieser beiden Bewegungsensembles. Wenn man zu den äußeren Bewegungen auch noch alle meine Gedanken und Wahrnehmungen hinzunimmt, außerdem bedenkt, daß mein wirkliches Erleben und Handeln durch jeweils dazugehörige Möglichkeitshorizonte mitkonstituiert wurde, dann wird deutlich, daß man sich auf mich im sozialen Kontext als eine im Lauf der Zeit relativ gleichbleibende Einheit nur dann beziehen kann, wenn man all diese genannten Differenzen aus dem Spiel läßt. Aber selbst wenn alle diese Handlungen inhaltlich gleich wären, wären sie natürlich stets neue Handlungen. Denn die von gestern sind ja vergangen. Die Zuschreibung einer Identität, die sich auf einen Namen stützt, immunisiert die Kommunikation gegen die Überfülle komplexer Wirklichkeiten und Möglichkeiten meiner »empirischen« raum-zeitlichen Existenz.

Dabei wird zusätzlich außerdem noch erreicht, daß meine Identität nicht nur für ein einziges konkretes Alter Ego, sondern für ganze Gruppen von anderen zur konstanten Einheit wird. Wir gehen in Interaktionen nicht nur davon aus, daß ich nicht nur für mich selbst derselbe bin wie kurz zuvor, sondern auch davon, daß alle hier Anwesenden, die sich auf mich beziehen, sich auf denselben Herrn Hahn beziehen, daß ich also für alle derselbe bin. Ich fungiere in dieser Kommunikation als handelnde und erlebende Einheit für alle, und diese Einheit wird mehr oder weniger spontan unterstellt. Wir machen uns normalerweise kaum Gedanken darüber, daß diese Identitätsunterstellung nur aufgrund eines typisierenden Schemas zustande kommt, das von Differenzen erst einmal absieht. Natürlich heißt das nicht, daß bestimmte Abstraktionen in besonderen Situationen nicht auch wieder aufgehoben werden können: »Ist dir nicht auch aufgefallen, daß Herr Hahn heute eine neue Krawatte trägt?« »Sieht Herr Dingsbums nicht heute etwas übernächtigt aus?«

Insbesondere kann in bestimmten Lagen auch Streit darüber entstehen, ob die mir unterstellte Identität eine solche ist, mit der ich mich identifiziere. Ich kann, wenn ich eine solche Unterstellung bemerke, versuchen zu protestieren. »Das bin ich nicht.« »Das war nicht ich.« »Das habe nicht ich zu verantworten.« Entscheidend ist allerdings, daß ich, auch wenn ich mich derart gegen eine Identitätszumutung wehre, nicht Identität schlechthin leugne. Ich sage nicht: »Was geht mich mein Gerede von gestern an? Ich bin immer ein anderer von Sekunde zu Sekunde.« Vielmehr mache ich in einer solchen Auseinandersetzung lediglich eine andere Identität geltend als die, die mir zugeschrieben wurde. Im übrigen muß ich auch, wenn ich mich auf mich selbst beziehe, eine solche Selbstschematisierung verwenden. Auch für mich selbst bin ich nicht die konkrete Fülle meines empirischen Insgesamt von Erleben und Tun. Auch wenn ich mir selbst gegenübertrete, verwende ich Vereinfachungen der Selbstbeschreibung, Abkürzungen, Abstraktionen, indem ich mit einem Identitätsschema arbeite.

Allerdings unterscheidet sich diese Selbstidentifikation eines Bewußtseins in vielen Punkten deutlich von der Fremdidentifikation. Es ist lediglich in normalen Kommunikationssituationen nicht möglich, darüber eigens zu kommunizieren. Wir tun so, als ob ich für mein Gegenüber das gleiche Ich wäre wie für mich und für andere. »Wenn jemand ›Ich‹ sagt, wird nicht mehr eigens darüber verhandelt, ob er nicht eigentlich sich als (abhängiges) Du eines anderen Ich vorführt. Tempogewinn und Flüssigkeit des Prozessierens bei Offenhalten rückgreifender Thematisierungen – das sind die Funktionen der Schematismen.«[5]

Dabei kommt dieser Tempogewinn natürlich nur zustande, weil jede Schematisierung »grob verkürzt und vereinfacht, um Anschlüsse zu gewinnen. So wenig wie es Erleben ohne Handeln gibt oder Konstanz ohne Variabilität, so wenig gibt es ein Ego ohne Bezug auf ein Alter und ohne Vermittlung zu der Erfahrung, daß Alter ein alter Ego ist. Aber das weitere Prozessieren erfordert es, diese wechselbezüglichen Relationierungen auf einen Punkt zu verkürzen, Informationen entsprechend zu raffen und Unsicherheiten zu absorbieren, damit im weiteren Verlauf etwas Bestimmtes für Neurelationierungen zur Verfügung steht. Gerade das ständige Fluktuieren der Verknüpfungen im Kommunikationsprozeß wie im Gehirn erfordert ausreichende momentane Eindeutigkeit, die auch riskiert werden kann, weil sie sich bei Bedarf wieder auflösen läßt. Die Schematismen zwingen zu unrealistischen Optionen und strukturieren damit, ohne sie zu determinieren, die laufende Selbstsimplifikation des Systems.«[6]

Luhmann hebt als zentral für die Sozialdimension das Schema »persönliche Identität« hervor. Es »... werden Ego und Alter für Zurechnungszwecke personalisiert bzw. mit bestimmten sozialen Systemen identifiziert. Sie erhalten, ungeachtet ihres jeweiligen

Fungierens als Ego und als Alter für ein alter Ego, Identitäten, Namen und Adressen. Gleichwohl meint der soziale Schematismus nicht diese Systeme als sachliche Gegebenheiten der Welt, er betrifft vielmehr nur ihr Fungieren als Ego bzw. Alter und die daraus sich ergebenden Konsequenzen. Sprachlich wird diese Distanz zur Sachdimension durch Personalpronomina ausgedrückt, die wechseln mit dem, der sie benutzt, und trotzdem auf etwas nicht mit der Rede Wechselndes bezogen werden können.«[7]

Jede Gesellschaft verfügt über derartige Schemata, über fungierende Identitätschiffren. Aber höchst unterschiedlich ist die Betonung, die Konsistenz in der Erinnerung von Vergangenheit spielt. Nur in herausgehobenen Situationen ist die Erfassung eines symbolischen Daseinszusammenhangs überhaupt möglich. Der Beichtstuhl und die Couch des Analytikers sind insofern existentiell »extraterritoriale« Bezirke. Obwohl Biographien sich anheischig machen mögen, das Eigentliche oder Wesentliche eines Lebens zu erfassen, sind auch sie nur Schemata. Allerdings solche von bisweilen hoher Elaboriertheit.

In verschiedenen Gesellschaften existieren sehr unterschiedliche Biographiegeneratoren. Es spielt z. B. eine Rolle, welche Darstellungsformen eine Gesellschaft für den biographischen oder autobiographischen Diskurs überhaupt zur Verfügung stellt. Welche Modi des Sagens oder Schreibens gibt es jeweils? Wo liegen die Grenzen des Ausdrückbaren oder des Kommunizierbaren?

Die Diskursformen, die soziale biographische Thematisierungen zulassen, können öffentlich oder geheim, freiwillig oder erzwungen sein. Es kann sich primär um schriftliche oder mündliche (z. B. in direkter Kommunikation) Weisen der Biographisierung handeln. Bestimmte Gegenstände können zwar darstellbar sein, aber nur im Modus der Lächerlichkeit. So ist z. B. die Beschreibung von Alltag im Kontext der europäischen Literatur bis ins 17. Jahrhundert, teilweise bis ins 18. Jahrhundert *vor allem Komödienstoff*.[8] Damit ergibt sich ein weiterer Aspekt, den die Analyse von Biographiegeneratoren zu beachten hat: Welche literarischen Genera öffnen sich der biographischen Reflexion? So ist es z. B. in Europa erst seit Beginn der Neuzeit möglich, das lyrische Ich im Gedicht biographisch zu konkretisieren.[9] Die Autobiographie, in der Identität als Einheit sichtbar wird und nicht als bloßes Konglomerat von Ereignissen, ist ebenfalls ein historisch keineswegs universales Phänomen.

Mit jeder dieser Darstellungsformen ist immer auch schon implizit der Modus bestimmt, in dem Biographisierung möglich wird. Denn Selektivität ist teilweise bereits durch die Ausdrucksweisen präjudiziert. Daneben können die institutionellen Kontexte, in denen Biographie oder Autobiographie, Bekenntnis und Geständnis verankert sind, die Selektionsmuster determinieren. Es macht eben einen Unterschied, ob das Leben im religiösen, gerichtlichen, medizinisch-therapeutischen, beruflichen, privaten, wissenschaftlichen oder ästhetischen Zusammenhang thematisiert wird. Teils ergeben sich nämlich schon aus diesen Einbindungen die Funktionen der Selbstthematisierung. Sollen sie die ewige Dauer im Diesseits sichern, wie die monumentalen Selbstdarstellungen in den ägyptischen Pyramiden[10], oder den Ruhm eines Fürsten, wie die Panegyriken der europäischen Herrscher?[11] Soll jenseitiges Heil (wie in der Beichte) oder akute Heilung von psychischen Spannungen das Resultat von Bekenntnissen sein?[12] Eng verknüpft ist mit diesen Problemen das Ausmaß, in dem Darstellungskonsistenz angestrebt wird bzw. Inkonsistenz als störend aufgefaßt wird. Die Steigerung der Konsistenzanforderungen macht jedenfalls erstmals so etwas wie die Frage nach dem Sinn des Daseins als ganzem möglich. Über die Bekenntnisformen wird dann nicht einfach Vergangenheit reproduziert, sondern die Einheit eines Sinnzusammenhangs der Identität faßlich gemacht. Nicht zuletzt ist für die Analyse der Selbstthematisierung die Frage nach der Thematisierungsebene wichtig. Soll nur äußeres Handeln erfaßt werden? Oder sind auch innere Lagen, Gefühle, Empfindungen, Motive bekenntnisrelevant? Soll die Identität an außerordentlichen und einmaligen Ereignissen oder Leistungen verankert werden oder gerade als Kontinuität im Alltag aufscheinen? Soll generell eher Konstanz des Charakters oder Entwicklung von Haltungen die Selektion des Erinnerungsrelevanten leiten?

Die soziologische Betrachtung kann schließlich nicht übersehen, daß nicht überall und zu allen Zeiten alle Menschen die gleichen Chancen zur Selbstfindung haben. Darf nur der König eine Biographie haben? Der Zugang zu biographischen oder autobiographischen Thematisierungsformen folgt oft ständischen oder herrschaftlichen Grenzlinien.[13]

Im folgenden Text kann nicht jede Form expliziter Selbstthematisierung behandelt werden. Im Vordergrund der Aufmerksamkeit sollen deshalb die gerade für Europa zentralen historischen Bekenntnis- und Selbstdarstellungsformen exemplarisch behandelt werden. Diese lassen sich insbesondere an der Entwicklung der Beichte, der Autobiographie und der Psychoanalyse verdeutlichen. In allen drei Fällen geht es darum, daß eine soziale Institution auf ganz bestimmte Weise die Individuen zur Befassung mit sich selbst bringt und die im jeweiligen Kontext erzeugten Selbstbilder dann verpflichtend werden läßt. Mit den Bekenntnisformen werden Muster für das Reden und Denken über sich selbst zur Verfügung gestellt. Der Identitätsverlauf gerät in eine reflexive Perspektive, die zu einer Selbstabstraktion führt, die schließlich für das Ganze steht.

Beichte und Selbsterkenntnis

Menschen neigen nicht von Natur aus dazu, sich über ihr Leben Rechenschaft abzulegen. Ob sie das tun und in welcher Form, hängt davon ab, ob es Institutionen gibt, die die Individuen zwingen oder es ihnen gestatten, ihre Vergangenheit zum Thema zu machen. Solch ein Rückblick auf die eigene Vita ist nie ohne Anleitung der Aufmerksamkeit möglich.

Im europäischen Raum ist eine der wichtigsten Institutionen dieser Art die Beichte gewesen.[14] Ihre verschiedenen historischen Formen signalisieren in kennzeichnender Weise unterschiedliche Methoden und Zielsetzungen der Selbstbeschreibung. Es ist für die Geschichte des christlichen Abendlandes, für die Entstehung des hier geltenden Menschenbildes und die vorherrschenden Typen des Selbstbewußtseins von großer Bedeutung gewesen, daß Selbstthematisierung als allgemein verbindliche Aufgabe im Zusammenhang von Schuldbekenntnissen institutionalisiert worden ist. Sie ist in diesem Kontext angeleitet von Sündenkatalogen, die die Beobachtung des eigenen Verhaltens und des Innenlebens ausrichten und im Dienst gesteigerter Selbstkontrolle stehen: Das Wissen, das man so von sich gewinnt, entspringt dem Gewissen.

Die Beichte ist natürlich nicht der einzige »Biographiegenerator« in Europa gewesen. Lebensbeschreibungen können sich z. B. auf die Aufzählung von bedeutenden Heldentaten beschränken und statt auf Gewissenserforschung auf Sicherung von Ruhm abzielen. Sie können auch der bloßen Weitergabe von wichtigen Erfahrungen dienen. Jedoch ist gerade die Beichte eine soziologisch besonders interessante Variante eines solchen Biographiegenerators, weil sie spätestens seit dem 4. Laterankonzil (1215) zumindest einmal jährlich für alle Christen vorgeschrieben war und der Verstoß gegen diese Vorschrift schwere religiöse und weltliche Strafen nach sich zog.

So ist es denn nicht verwunderlich, daß seit einigen Jahren die Geschichte der Beichte nicht nur Theologen oder Kirchenhistoriker im engeren Sinne interessiert, sondern insbesondere auch soziologische und zivilisationstheoretische Forschungen angeregt hat. Besonders stimulierend haben in diesem Zusammenhang die Überlegungen Foucaults gewirkt, die auf die Beziehung von Beichte und anderen Formen der Selbstüberwachung aufmerksam gemacht haben.[15] Für die Geschichte der Beichte im Mittelalter sind namentlich die Forschungen Le Goffs[16], Tentlers[17] und Delumeaus[18] stark rezipiert worden. Ferner gibt es neuere Untersuchungen, die dem Zusammenhang von Beichte, Psychoanalyse und autobiographischen Formen der Selbstthematisierung aus soziologischer Perspektive nachgehen.

Im einzelnen läßt sich etwa der folgende allgemeine Überblick über die geschichtliche Entwicklung der Beichte geben.

In der christlichen Urkirche hat es eine regelmäßige Beichte, wie wir sie auch heute noch in der katholischen Kirche kennen, nicht gegeben. Die Urkirche definierte sich als Elite, als erwählte Schar religiöser Virtuosen. Dieser Anspruch ist nicht vereinbar mit häufigem Rückfall in schwere Sünden. Außerdem entspricht dem sehr dichten Gemeinschaftsleben eine hohe Sichtbarkeit des Verhaltens. Im Vordergrund steht deshalb nicht das Bekenntnis, sondern die Buße. Das Problem ist der Skandal der sichtbaren Unheiligkeit eines Mitglieds der Gemeinschaft der Heiligen. Er kann typischerweise nur durch lange öffentliche Bußprozeduren abgebaut werden, in denen schrittweise der schuldig gewordene Sünder wieder in die Gruppe integriert wird. Solche Öffentlichkeit der Buße schließt normalerweise jede Wiederholung aus. Es handelt sich um ein einmaliges Zugeständnis. Es gibt übrigens, wie neuere Forschungen von Riegel zeigen[19], eine Reihe struktureller Ähnlichkeiten zwischen der Bußpraxis der alten Kirche und gewissen revolutionären kommunistischen Gruppen in der jüngeren Vergangenheit.

Für die Kirche ergab sich in dem Moment eine neue Situation, als sie zur Massenorganisation wurde. Nun war nicht mehr mit geistlichem Virtuosentum als Normalfall zu rechnen. Die öffentliche Buße und die Einmaligkeit des Bekenntnisses sind unter diesen Umständen zu schwerfällige Instrumente. Massenkontrolle hat die Sünde als zwar bedenkliches, aber doch routinemäßig zu bearbeitendes Phänomen zu behandeln. Als erfolgreichste Technik erwies sich in diesem Kontext die von den angelsächsischen Mönchen entwickelte »Tarifbeichte«. Sie suchte im wesentlichen äußere Handlungen zu kontrollieren und religiös zu sanktionieren. Man stellt einen Sündenkatalog auf und ordnet ihm bestimmte Strafen wie Tarife zu. Diese werden für die Beichtväter in den Pönitentialbüchern, einer neu entstehenden Textgattung, zusammengestellt. Nicht die Bosheit der Absicht, sondern die Schwere der Tat bestimmt die Buße.

Eine neue Stufe wird in dem Moment erreicht, wo sich der Schwerpunkt der Sündenanalyse von den äußeren Akten auf Intentionen verschiebt und wo Verantwortung nicht nur für Tun, sondern auch für Erleben übernommen werden muß. Diese Veränderung läßt sich in Europa deutlich im 12. Jahrhundert diagnostizieren. Besonders wichtig ist in diesem Zusammenhang die Sündenlehre des Abälard.

Die Beichte wird jetzt ein Forum, vor das nicht nur Handlungen, sondern auch Absichten gezogen werden. Es kommt zu gesteigerter Aufmerksamkeit auf Motive und zu intensiverer Verlagerung des Blicks auf das eigene Innere und damit zu einer deutlicheren Empfindung der Besonderheit des Einzelnen. Subjektivität ergibt sich als Folge sozialer Kontrollprozesse, in denen sich Sinngebung des Daseins als Resultat introspektiver Arbeit herausstellt. Eine der anschaulichsten Folgen dieser durch das 4. Laterankonzil zur allgemeinen Christenpflicht gemachten Befassung mit sich selbst ist ein neues Gefühl für die Einzigartigkeit des Individuums, wie es sich etwa in der Individualisierung der Grabplastik zeigt oder in der Dramatisierung der Todesangst und in der Betonung des unmittelbar auf den Tod folgenden individuellen Seelengerichts und der Verbreitung der Fegefeuerlehre.[20]

Der einzelne wäre bald am Ende mit seinem Blick ins Innere, wenn ihm keine Karte für seine Seelenlandschaft an die Hand gegeben würde. Bald nach dem Laterankonzil entstand denn auch eine neue Gattung von Handbüchern für den Beichtvater, in denen die Welt der Sünden, der Tugenden, der Intentionen und Motive, die Grade der Freiheit und Verantwortung kasuistisch vermessen und systematisiert werden. Es handelt sich bei diesen Texten um die Summae Confessorum oder die Summae de Casibus Conscientiae. Ihre Hauptfunktion lag wohl darin, daß sie in einer Zeit komplexer werdender, differenzierterer Handlungswelten durch moralische und – wenn man so sagen darf – »psychologische« Respezifikationen allgemeiner Prinzipien dem Beichtvater und über ihn auch dem Beichtkind konkretere Orientierungen und eine größere Sicherheit bei der Beurteilung der ethischen Qualität von Handlungen und Motiven boten. Auf diese Weise kann angesichts neuer und nicht eindeutiger Lebenslagen Schuldangst reduziert werden. So wie der Analysand auf der Couch des Psychotherapeuten im psychoanalytischen Strukturmodell ein Muster für sein individuelles Triebschicksal findet, so fand der mittelalterliche Kaufmann, Handwerker, Gelehrte, Priester oder Adlige in der Kasuistik der Summen einen Raster zur Beurteilung seiner Sünden. Alle Summen zeigen denn auch eine relativ präzise Kenntnis der beruflichen Differenzierung und der mit jedem Beruf oder Stand speziell verbundenen Versuchungen und Gewohnheitssünden. Ohne deren genaue Kenntnis wäre moralische Führung unmöglich.

Eine der wichtigsten Neuerungen in den Beichtauffassungen der katholischen Kirche zeigt sich in der Idee der Generalbeichte, wie sie während der Gegenreformation aufkommt.[21] Haben die üblichen Beichten zwar die Funktion, das Gewissen zu erforschen, so tilgen sie doch auch andererseits die bereuten Sünden. Demgegenüber bietet die Generalbeichte Anlaß, auch die schon verziehenen Sünden noch einmal zu beichten. Es geht um eine wirkliche Sündenbiographie. Das gesamte Leben wird in einer bestimmten Weise rekapituliert. Der Hintergrund solcher Konzepte hängt mit der größeren Skepsis gegenüber dem Rückfall in die Sünde zusammen, der eigentlich bei wirklicher Reue nicht so regelmäßig sein dürfte, wie er es für gewöhnlich doch ist. Auf diese Weise erzeugt der Rückfall den Verdacht, daß die Beichte wegen mangelnder Reue von Anfang an nicht gültig war.[22] In diesen Überlegungen sind unschwer Parallelen zu reformierten Auffassungen erkennbar. Bei den Calvinisten gab es zwar keine Beichte mit sakramentalem Charakter, wohl aber Sündenbekenntnisse in der Familie und in der Gemeinde und vor allem die individuelle Gewissenserforschung, die oft in Form eines systematischen Tagebuchs durchgeführt wurde. Da man entweder erwählt oder verworfen ist, da die Verdammten aber an ihrem sündigen Lebenswandel zu erkennen sind, sichert einzig ein gottwohlgefälliges Leben ein gewisses Vertrauen in die eigene Erwähltheit. Es kommt insbesondere in calvinistisch geprägten Gebieten deshalb nicht zufällig zu einer geistlichen Selbsterforschung, die manchmal zur ängstigenden Qual werden kann, bisweilen aber auch in eine an sich verbotene Selbstgefälligkeit oder Selbstgerechtigkeit umschlägt, in jedem Falle aber auch in ihren säkularisierten Formen im Dienst strikter Selbstkontrolle steht. Wie vor allem Foucault[23] und in anderer Weise auch Elias[24] gezeigt haben, ist die moderne Zivilisation mit Prozessen gesteigerter Fremdüberwachung verbunden, die schließlich verinnerlicht werden und als Selbstkontrollen wirksam werden. Die gegenreformatorischen Konzepte der Generalbeichte und ihre reformierten Pendants reihen sich ein in jene institutionellen Mechanismen, die zur Herausbildung des modernen zivilisatorisch geprägten Menschentyps beigetragen haben. Daß auch die Entstehung des modernen bürgerlichen Romans in England mit den dort üblichen subtilen Schilderungen psychischer Binnenlagen und *den Beschreibungen komplexer seelischer* Empfindungsgeflechte dem ursprünglich religiös begründeten Verfahren der Introspektion viel verdankt, ergibt sich ebenfalls aus den neueren Forschungen zur Geschichte der Selbstthematisierungen.[25]

Anmerkungen

1 Vgl. George Herbert Mead, *Mind, Self and Society. From the Standpoint of a Social Behaviorist*. Edited by Charles W. Morris, Chicago 1934; ders., *Gesammelte Aufsätze*, 2 Bde., hrsg. von Hans Joas, Frankfurt (Main) 1980/83. Zur neueren deutschen Rezeption vgl. vor allem Hans Joas, *Praktische Intersubjektivität*, Frankfurt 1980 und ders. (Hg.), *Das Problem der Intersubjektivität. Neuere Beiträge zum Werk George Herbert Meads*, Frankfurt (Main) 1985. Dort auch weitere Literatur.

2 Erving Goffman, *Frame Analysis. An Essay on the Organization of Experience*, New York und London 1974; S. 287-300.

3 Mead, a.a.O., S. 140.

4 Vgl. zu dieser Frage die wichtige Arbeit von Hartmann Leitner, *Lebenslauf und Identität. Die kulturelle Konstruktion von Zeit in der Biographie*, Frankfurt, New York 1982; v. a. S. 113 ff. Ich möchte bei dieser Gelegenheit auch für einschlägige weiterführende persönliche Hinweise Leitners herzlich danken.

5 Niklas Luhmann, *Soziale Systeme. Grundriß einer allgemeinen Theorie*, Frankfurt (Main) 1984, S. 127. Vgl. außerdem Luhmanns Beitrag in diesem Band, in dem zum ersten Mal seine Theorie des Bewußtseins als eines autopoietischen Systems vorgelegt wird.

6 Ebd., S. 126.

7 Ebd., S. 125 ff.

8 Vgl. hierzu die immer noch lesenswerte schöne Untersuchung von Erich Auerbach, *Mimesis. Dargestellte Wirklichkeit in der abendländischen Literatur*, Bern 1946.

9 Vgl. hierzu den Text von Ulrich Schulz-Buschhaus in diesem Band.

10 Vgl. hierzu den Beitrag von Jan Assmann in diesem Band.

11 Vgl. hierzu Volker Kapp: »L'information sur l'histoire de France dans le panégyrique ›Les Triomphes de Louis le Juste‹ (1649)«, in: *L'informazione in Francia nel seicento francese* 5, Bari und Paris.

12 Vgl. hierzu den Beitrag von Robert Castel in diesem Band und seine Bücher, *Le Psychanalysme*, Paris 1973, und *L'ordre psychiatrique*, Paris 1976.

13 Die Problematik defizienter Legitimität für öffentliche Bezichtigungen ergibt sich eindrucksvoll aus dem Aufsatz von Luc Boltanski in diesem Band.

14 Vgl. zu diesem Thema ausführlicher: Alois Hahn: »Zur Soziologie der Beichte und anderer Formen institutionalisierter Bekenntnisse: Selbstthematisierung und Zivilisationsprozeß«, in: *Kölner Zeitschrift für Soziologie und Sozialpsychologie* 34, 1982, S. 408-434. Frz. Übers.: ders., »Contribution à la sociologie de la confession et autres formes institutionalisées d'aveu: Autothématisation et processes de civilisation« in: *Actes de la recherche en sciences sociales* 62/63, juin 1986, S. 54-68.

15 Michel Foucault, *Histoire de la sexualité*, 3 Bde., Paris 1976-84.

16 Jacques Le Goff, *Pour un autre Moyen Age*, Paris 1977.

17 Thomas N. Tentler, *Sin and Confession on the Eve of the Reformation*, Princeton 1977.

18 Jean Delumeau, *La Peur en Occident*, Paris 1978, und *Le péché et la peur. La culpabilisation en Occident*, Paris 1983.

19 Klaus-Georg Riegel, *Konfessionsrituale im Marxismus-Leninismus*, Graz – Wien – Köln 1985. Ferner Riegels Beitrag in diesem Band.

20 Vgl. Jacques Le Goff, *La naissance du Purgatoire*, Paris 1981.

21 Vgl. hierzu ausführlicher: Alois Hahn, »La séverité raisonnable – La doctrine de la confession chez Bourdaloue«, in: *French Papers on*

French Seventeenth Century Literature, Seattle, Paris und Tübingen 1984, S. 19-43, und ders., »Religiöse Wurzeln des Zivilisationsprozesses«, in: Hans Braun und Alois Hahn (Hg.), *Kultur im Zeitalter der Sozialwissenschaften. Festschrift für F. H. Tenbruck,* Berlin 1984, S. 229-250.

22 Für die Verschärfung der Skrupelhaftigkeit in der Gegenreformation vgl. auch Jacques Le Bruns Beitrag in diesem Band.

23 Michel Foucault, *Histoire de folie à l'âge classique,* Paris 1972 (2. Aufl.), und ders., *Surveiller et punir. Naissance de la Prison,* Paris 1975; ders., *Naissance de la clinique,* Paris 1963. Im Zusammenhang damit auch der Beitrag von D. Armstrong über die Anamnese in diesem Band. Daß die Neuzeit den Prozeß der Selbstüberwachung durch bekenntnisgesteuerte Affektkontrollen nicht für beide Geschlechter gleich durchgesetzt hat, zeigt Claudia Honegger (Hg.), *Die Hexen der Neuzeit. Studien zur Sozialgeschichte eines kulturellen Deutungsmusters,* Frankfurt (Main) 1979 und ihr Beitrag in diesem Band. Zum Problem der Geständniserpressung durch Gewalt vgl. auch die Beiträge von I. M. Battafarano und Bartholomé Bennassar in diesem Band. Dem Zusammenhang von Strafe und Geständnisverweigerung geht N. Belmont in unserem Band nach.

24 Norbert Elias, *Über den Prozeß der Zivilisation. Soziogenetische und psychogenetische Untersuchungen,* 2 Bde., 2. Aufl., Bern 1969, und ders., *Die höfische Gesellschaft,* Neuwied und Berlin 1969. Ferner Peter Gleichman u. a. (Hg.), *Materialien zu Norbert Elias' Zivilisationstheorie,* Frankfurt (Main) 1977.

25 Vgl. dazu Alois Hahn, »Zur Soziologie der Beichte...«, a.a.O., S. 418 ff. In diesem Band befaßt sich Dietrich Schwanitz mit dieser Problematik und Annie Tardits greift die Frage unter psychoanalytischen Gesichtspunkten wieder auf. Für den französischen Kontext vgl. Volker Kapp und für den gegenwärtigen deutschen vgl. F. Futterknecht in diesem Band.

Niklas Luhmann
Die Autopoiesis des Bewußtseins

I

Die folgenden Überlegungen sind ohne Kontakt mit der Tradition der Bewußtseinsphilosophie gearbeitet. Sie haben das Ziel, zu prüfen, ob und was man aus einer empirischen Theorie selbstreferentieller Systeme für den Sonderfall des Bewußtseins lernen kann. Es mag späteren Untersuchungen vorbehalten bleiben festzuhalten, daß man dies alles längst gewußt hat und daß man es bei Aristoteles,[1] Kant, Fichte und vor allem bei Husserl schon finden kann. Es ist denn auch nicht die primäre Absicht, der philosophischen Theorie des Bewußtseins einen Paradigmawechsel oder auch nur einen Fortschritt anzubieten. Das mag oder mag nicht als Nebenprodukt anfallen. In erster Linie kommt es darauf an, eine empirische Theorie selbstreferentieller Systeme auf ihren Allgemeinheitsgrad hin zu überprüfen. Die Frage ist daher, ob sie das Bewußtsein, vielleicht mit dem traditionellen Namen »Subjekt«, ausklammern muß oder ob sie es als einen ihrer Anwendungsfälle mitbetreuen und in seiner besonderen Operationsweise verständlich machen kann.

Diese Entscheidung hat sehr weittragende Bedeutung – nicht nur für die Bewußtseinstheorie selbst, sondern auch für die Erkenntnistheorie und für die Soziologie, die sich in manchen ihrer Theoriezweige, vor allem in der Handlungstheorie, auf das Subjekt beruft, ohne näher Auskunft darüber zu geben, was und wie es gemeint ist. Möglicherweise ist das Bewußtsein also eines der schwarzen Löcher, die alle Informationen über sich selbst verschlucken und nur an der Unruhe ringsherum erkennbar sind. Aber vielleicht ist es doch nur ein System, das seine eigene Selbstreferenz in besonderer Weise behandelt, die man theoretisch mit Hilfe des Begriffs der Autopoiesis genauer erfassen und beschreiben kann.

Der Begriff der Autopoiesis ist zur Definition des Begriffs des Lebens eingeführt worden[2] und wird weithin auch in dieser Beschränkung benutzt.[3] Es wird jedoch zweckmäßig sein, den

Begriff noch weiter zu abstrahieren. Man kann nicht einfach voraussetzen, daß Bewußtseinssysteme oder soziale Systeme »lebende« Systeme *sind*. Zumindest folgt dies nicht aus der unbestreitbaren Tatsache, daß bewußte Systeme und soziale Systeme Leben (so wie vieles andere auch) voraussetzen. Gerade der Begriff der Autopoiesis regt dazu an, nach *autonomen* Formen der Produktion und Reproduktion der Einheit eines Systems zu suchen, also zumindest die Möglichkeit nicht außer acht zu lassen, daß lebende Systeme, bewußte Systeme und soziale Systeme ihre je eigene Weise der Autopoiesis auf verschiedene Weise zustande bringen. Dies ließe sich jedoch nur feststellen, wenn man den Begriff zunächst so abstrahiert, daß dies nicht von vornherein ausgeschlossen ist. Wir gehen deshalb, gemessen an seiner Herkunft, relativ eigenmächtig vor.

Als autopoietisch wollen wir Systeme bezeichnen, die die Elemente, aus denen sie bestehen, durch die Elemente, aus denen sie bestehen, selbst produzieren und reproduzieren. Alles, was solche Systeme als Einheit verwenden: ihre Elemente, ihre Prozesse, ihre Strukturen und sich selbst, wird durch eben solche Einheiten im System erst bestimmt. Oder anders gesagt: es gibt weder Input von Einheit in das System noch Output von Einheit aus dem System. Das heißt nicht, daß keine Beziehungen zur Umwelt bestehen, aber diese Beziehungen liegen auf anderen Realitätsebenen als die Autopoiesis selbst. Sie werden im Anschluß an Maturana oft als Kopplung des Systems an seine Umwelt bezeichnet.[4]

Im Unterschied zu Theorien der Reflexion der Identität des Systems und Theorien der Selbstorganisation, die sich auf Strukturen beziehen, bedeutet die Einbeziehung der Elemente in die selbstreferentielle Reproduktion, daß das System nur entweder besteht, das heißt seine Reproduktion fortsetzt, oder nicht besteht. Es gibt weder Zwischenlagen noch in dieser Hinsicht unbestimmte Zustände. Ein Beobachter mag zwar zu sehen meinen, daß ein System halb lebend/halb tot existiert oder halb bewußt/halb unbewußt operiert. Für das System selbst aber gibt es nur ein klares entweder/oder. Es tut nicht, was es nicht tut. Es sieht nicht, was es nicht sieht.

Weiter kommt mit der Einbeziehung der Elemente ein Zeitmoment ins Spiel. Reproduktion ist nur möglich, wenn die Elemente hin und wieder erneuert werden müssen, während das System, das diese Erneuerung durchführt, noch besteht. Diese Bedingung kann verschärft werden. Es gibt autopoietische Systeme, die nur aus Ereignissen bestehen, das heißt aus Elementen, die mit ihrem Auftauchen schon wieder verschwinden. Das trifft vor allem für das Bewußtsein zu. Die Elemente des Bewußtseins werden gewonnen als Modifikationen der Elemente des Bewußtseins. Das Bewußtsein existiert als Selbsttransformation. Die Zeit wirkt auf solche Systeme nicht nur auf der Ebene der Strukturen ein in dem Sinne, daß die Strukturen flexibel und änderbar gehalten sein müssen, damit das System sich bei Bedarf geänderten Umweltbedingungen anpassen kann. Vielmehr ist die Zeit aller Anpassung voraus schon in der Form des ständigen Zerfalls der Elemente in das laufende System eingebaut. Das System ist dadurch gehalten, sich selbst durch laufende Neubildung von Elementen irreversibel zu machen, also eine Geschichte zu akkumulieren und sich auf diese Weise, gleichsam aus innerer Notwendigkeit, der Irreversibilität der Weltzeit zu fügen.

Wir wollen diese selbstgesetzte Bedingung als *dynamische Stabilität* bezeichnen. Sie stellt besondere Anforderungen an die Strukturen des Systems, die unter dem Gesichtspunkt der »Systemerhaltung« (gegenüber Umweltbedrohungen) nicht ausreichend beschrieben sind. Vor allem müssen Strukturen von derart endogen unruhigen, nur aus Ereignissen bestehenden Systemen dafür sorgen, daß jeweils rasch genug neue Ereignisse hergestellt werden können. Historisch gesehen ist es denn auch kein Zufall, daß die Semantik des Subjekts und die Semantik des »ennui« gleichzeitig entwickelt worden sind. Das Bewußtsein entdeckt sich selbst als Subjekt und als Langeweile und fordert, da es sich selbst nicht entlangweilen kann,[5] von der Gesellschaft Unterhaltung.

Man kann nicht genug betonen, daß damit Dauerzerfall zur unerläßlichen Mitursache des Systembestandes wird. Würde jeder Gedanke im Bewußtsein stehen bleiben, wäre die Ordnungskapazität des Systems in Minutenschnelle überfordert. Keine denkbare strukturelle Komplexität könnte ein System unter diesen Umständen noch ordnen – es sei denn, daß nur ganz wenige einfache Gedanken zugelassen sind. Insofern ist die laufende Vernichtung der Elemente Bedingung dafür, daß hinreichend verschiedenartige Elemente entstehen, die gleichwohl noch selektiv aufeinander bezogen werden können. Das Hauptproblem liegt dann in der Engführung der Reproduktion, im »narrowing of choice« als Voraussetzung dafür, daß Gedanken und Kommunikationen sich überhaupt in einem Sinnzusammenhang und nicht völlig entropisch (mit Gleichwahrscheinlichkeit jeder Möglichkeit) reproduzieren.

Schließlich ist bei einer ereignisbasierten Autopoiesis zu beachten, daß das Problem der Reproduktion *nicht per Replikation gelöst werden kann*. Es geht nicht darum, ein ausfallendes Element durch ein funktionsgleiches zu ersetzen. Ereignisse können nur im Unterschied zu *anderen* Ereignissen vor ihnen und nach ihnen identifiziert werden. Ihre Identität wird durch Differenzierung hergestellt (und eben deshalb können sie nicht »allein« vorkommen, sondern entstehen und vergehen nur im autopoietischen Zusammenhang). Das System muß sich also ständig etwas Neues einfallen lassen, und das wiederum ist eine Anforderung an die Struktur, die sich nicht aus der Umwelt herleiten läßt. Erst auf der Ebene der Strukturmuster (zum Beispiel der Sprache) muß dann auch noch für Replikationsfähigkeit der Strukturen gesorgt werden, so daß man Gesten, Worte oder Bestandteile eines Rollenrepertoires immer dann und nur dann wiederholen kann, wenn es paßt.

II

Eine soziologisch wichtige Konsequenz der Geschlossenheit der Bewußtseinssysteme mag gleich am Anfang erwähnt und dann beiseite gelassen werden: *Es gibt keinen unmittelbaren Kontakt zwischen verschiedenen Bewußtseinssystemen.* Die Geschlossenheit richtet sich nicht nur gegen andersartige, sie richtet sich auch gegen gleiche Systeme. Kein Bewußtsein hat einen direkten Zugang zu einem anderen Bewußtsein,[6] denn das hieße: sich in dessen bewußte Operationen bewußt einschalten zu können. Gegenüber anderem Bewußtsein stehen einem Bewußtseinssystem nur zwei Arten von Operationen zur Verfügung: Beobachtung und Teilnahme an Kommunikation. Beide stehen unter eigentümlichen Restriktionen, die die fehlende Unmittelbarkeit des Kontaktes kompensieren.

Beobachtung erfordert zwingend die Voraussetzung eines Differenzschemas. Oft spricht man auch von Perspektiven oder von einer Dimension, in der beobachtet wird. Beispiele bieten die System/Umwelt-Differenz, das Schema bewußt/unbewußt, das

Schema konform/abweichend in bezug auf die Erwartungen des Beobachters, Leistungskriterien, Gesundheitsstandards etc. In jedem Falle nimmt der Beobachter das andere Bewußtsein als black box und füllt diese Intransparenz mit der Vermutung, daß alles nicht Beobachtete so ähnlich ablaufe wie bei ihm selbst. Die Unterstellung eines alter ego kommt mithin dadurch zustande, daß der Beobachter auf das Beobachten reflektiert und das Nicht-beobachtete am Beobachteten mitzubeobachten versucht. Das ist von der Projektion eigener Strukturen in andere Bewußtseinssysteme bzw. von der Annahme von Komplementärstrukturen zu unterscheiden. Es geht nicht um eine Art Übertragung interner Transparenzen auf andere. Es geht überhaupt nicht um Strukturen des Bewußtseinssystems. Vielmehr wird die Intransparenz des anderen Bewußtseins verständlich, weil auch das eigene Bewußtsein für sich selbst intransparent ist. Kein Bewußtsein kann die Totalität seiner Systembedingungen als Prämissen oder als Gegenstände seiner eigenen Operation ins System wiedereinführen. Alter ego heißt demnach: er ist für mich ebenso intransparent, wie ich selbst es für mich bin.

Eine andere Version derselben Grundproblematik des (notwendig reduzierten) Beobachtens ergibt sich in logischer Hinsicht. Jede Beobachtung von Selbstreferenz führt auf *Paradoxien* (obwohl es durchaus paradoxiefreie, harmlose Selbstreferenzen gibt). [7] Jedes Differenzschema impliziert ja die Einheit der Differenz und damit Probleme des »Übergangs« auf einem Kontinuum, das von einem zum anderen führt, oder eine Art Neutralisierung des Unterschiedes in jeder Position, die sich gegen die andere unterscheidet. Das kann, sobald Negationen involviert sind, nicht mehr paradoxiefrei beobachtet werden. Das heißt: an solchen Punkten findet die Beobachtung sich selbst blockiert. Sie beobachtet gerade aufgrund ihres eigenen Schemas einen Gegenstand, der mit der Wahl einer Operation deren Unmöglichkeit mitwählt. Sie kann nicht schlüssig feststellen, was der Fall ist. Sie kann nicht prognostizieren. Sie kann also nur beobachten, daß eine Beobachtung nicht möglich ist. Die Fremdreferenz der Beobachtung wird an diesem Punkte zur Selbstreferenz. Die Einheit der Beobachtung und ihres Gegenstandes findet sich nicht in den transzendentalen Bedingungen ihrer Möglichkeit, sondern, wenn man so sagen darf, in den transzendentalen Bedingungen ihrer Unmöglichkeit: im Auflaufen auf eine Paradoxie. Und da dies für

Selbstbeobachtung gleichermaßen gilt, ergibt sich auch hieraus eine Basis für die Projektion eines alter ego.

Entsprechendes gilt für die andere Grenze des Beobachtens: die *Tautologie*.[8] Eine Beobachtung muß anhand einer Differenz beobachten, um Anschlußbeobachtungen einleiten zu können. Mit der Feststellung, daß etwas das ist, was es ist, kollabiert die Beobachtung. Auch im Falle der Selbstbeobachtung setzt das »ich bin, was ich bin«, »ich beobachte, was ich beobachte« dem Ereignis des Beobachtens ein Ende – es sei denn, daß die Beobachtung nunmehr sich selbst befragt, woraufhin sie das, was sie beobachtet, eigentlich beobachten will.

Die andere Form des Kontaktes, die Beobachtung voraussetzt und zusätzliche Beschränkungen übernimmt, ist *Kommunikation*. Sie führt zwangsläufig zur Bildung eines sozialen Systems. Die Bildung und laufende Reproduktion sozialer Systeme ist mithin ein Korrelat der Geschlossenheit psychischer Systeme und nicht, wie man meinen könnte, ein Beweis ihrer Offenheit. Wechselseitiger Kontakt ist nur über Kommunikation möglich, das heißt im Sicheinlassen auf hochselektive Bedingungen der Mitteilung und des Verstehens von Informationen. Im Aufprall auf die scharfen Beschränkungen möglicher Kommunikation und vor allem in der Tempodifferenz von Kommunikationsprozeß und Bewußtseinsprozeß (das Bewußtsein ist typisch schneller als die Kommunikation) liegen die wichtigsten Anstöße für die Selbstbeobachtung des Bewußtseins als eines ausdifferenzierten Systems: Es erfährt in der Kommunikation zwangsläufig, daß es nicht alles anbringen kann, was es in sich bewegt; und es erfährt, daß es mißverstanden wird.

Das »animal sociale« ist damit nicht aufgegeben, auch wenn seine Beschränkungen auf ein städtisch-politisches, ethisches oder religiöses Lebensziel fallen und die Binnenstruktur des Begriffs komplexer ausfällt als in der Tradition. Die Sozialität des Bewußtseins ist nicht Einheit, sondern Differenz; und eventuell Bedingung dafür, daß das Bewußtsein an dieser Differenz zu sich selbst findet.

III

Wir haben Bewußtseinssysteme mit einem vorläufig noch recht groben Zugriff beschrieben als autopoietische Systeme, die Elemente auf Ereignisse verkürzen und eben dadurch die Möglichkeit hoher Komplexität gewinnen. Damit ist ein besonderer Systemtypus einer allgemeinen Theorie zugeordnet, aber noch nichts über die Besonderheit des Besonderen ausgemacht. Dazu muß man zunächst die Letztelemente, also die für das System selbst nicht weiter auflösbaren Elemente, finden, mit denen das System sich reproduziert. Dies sind in allen sinnhaft operierenden Systemen *Selektionen*, die im System selbst (wie immer verkürzt) als Selektionen behandelt werden. Für den Fall des Bewußtseins wollen wir, um dessen Eigentümlichkeiten genauer bezeichnen und analysieren zu können, diese rekursiv erzeugten selektiven Ereignisse *Gedanken* nennen (ohne dabei zu sehr an Denken zu denken oder gar an Frege[9]). Die Autopoiesis des Bewußtseins ist das Fortspinnen mehr oder minder klarer Gedanken, wobei das Ausmaß an Klarheit und Distinktheit selbstregulativ kontrolliert wird, je nachdem, was für einen bestimmten Gedankenzug – vom Dösen und Tagträumen bis zur mathematischen Rechnung – zur Einteilung der Gedanken und zum Übergang erforderlich ist. Es kommt darauf an, genauer zu fassen, wie sich Gedankenereignisse erzeugen und reproduzieren. Eine solche Transformation von Elementen in Elemente nennen wir Operation, und der Begriff der Autopoiesis besagt dann, daß ein System, in unserem Falle ein Bewußtseinssystem, aus den Operationen bestehe, die es selbst produziere.

Schon oft hat man sich Gedanken darüber gemacht, wie das Bewußtsein Sprache lernen könne und vor allem: wie es Wortsequenzen bilden könne, noch bevor es über einen erheblichen Wortschatz mit deutlich unterscheidbaren Sinnbestimmungen verfüge. Chomskys Antwort war bekanntlich: Tiefenstruktur der Sprache. Die hier gesuchte Antwort ist: Autopoiesis des Bewußtseins. Das Bewußtsein muß sowieso von einem aktuellen, inhaltsgefüllten Moment zu einem anderen, von einem Gedanken zu einem anderen gelangen, und wenn hierfür lautlich-sprachliche Form angeboten wird, kann es in eben dieser Notwendigkeit strukturierte Komplexität aufbauen.

Überhaupt wollen wir jede strukturalistische Deutung des Vorgangs vermeiden. Es ist noch keinem Strukturalisten gelungen, zu zeigen, *wie* (obwohl immer behauptet wird, *daß*) Strukturen Ereignisse erzeugen.[10] Insofern ist das Konzept der Autopoiesis eine eindeutig poststrukturalistische Theorie. Man muß also fragen, wie Gedanken Gedanken erzeugen und welche Rolle dafür Strukturen spielen. Ebenso muß jede Außenerklärung vermieden werden, denn es ist nicht möglich (wenn wir parapsychologische Phänomene einmal beiseite lassen), Gedanken von außen in ein Bewußtsein hineinzudenken. Es geht also ausschließlich um das Reproduktionsverhältnis der Gedanken selbst unter der Bedingung ihrer Nichtidentität bzw. sequentiellen Andersheit oder Neuheit.

An dieser theorieentscheidenden Stelle bietet es sich an, das rekursive Verhältnis der Produktion von Gedanken mit dem Begriff der *Beobachtung* zu beschreiben (der allerdings dann dafür besonders präpariert werden muß). Mit der Unterscheidung dieser beiden Begriffe vermeiden wir die alte Lehre, daß Denken und Gedachtes »dasselbe« seien, akzeptieren aber die in derselben Tradition angebotene Formulierung, daß das Denken sich durch das Objekt, das es herstellt, erst ermöglicht.[11]

Von Beobachtung soll (im Anschluß an die Logik von George Spencer Brown) immer dann die Rede sein, wenn eine Operation eine *Unterscheidung* verwendet, um innerhalb dieser Unterscheidung die eine oder die andere Seite *bezeichnen* zu können.[12] Beobachten ist mithin die Operation des Bezeichnens-anhand-einer-Unterscheidung. Wenn ein Gedanke einen anderen beobachtet, heißt das also, daß er ihn mit Hilfe einer Unterscheidung faßt und ihn so fixiert, daß er von eben diesem Gedanken und keinem anderen Abstand gewinnt. Nur so kann der beobachtende Gedanke den beobachteten Gedanken von sich selbst unterscheiden, ihn also different lokalisieren. Nur so kann ein Gedanke merken, daß er nicht der zuvor gedachte Gedanke ist, und nur so kann man zielstrebig auf etwas hindenken oder auch: sich durch das Auftauchen von eigenen Gedanken überraschen lassen.[13]

Einen beobachteten Gedanken wollen wir als *Vorstellung* bezeichnen, und das Beobachten selbst kann daher auch als Vorstellen einer Vorstellung beschrieben werden. In die Form der Vorstellung gebracht, erscheint der Gedanke (für einen anderen Gedanken) als atomisiert und zugleich als eingespannt in die

Dimension Selbstreferenz/Fremdreferenz, die der Beobachtung als leitende Unterscheidung zugrunde liegt. Ebendeshalb wird der beobachtete Gedanke »*Vorstellung* von *etwas*«.

Schon die Genese von Vorstellungen setzt mithin Selbstreferenz voraus. Sobald der Zusammenhang von Gedanken mehr sein soll als ihre bloße Abfolge, muß das System sich des Umwegs über ein Vorstellen von Vorstellungen (also über Selbstbeobachtung) bedienen. Nur dadurch nämlich gewinnt es eine Art Kontrolle über sich selbst, weil es im Erfassen der Vorstellung den eigenen Anteil am Zustandekommen der Vorstellung isolieren und sich ihm besonders zuwenden kann. Im Vollzug der Beobachtung, im Vorstellen einer Vorstellung, hat der beobachtende Gedanke sich von dem beobachteten Gedanken jedoch bereits entfernt. Das Gerinnen zu einer Vorstellung setzt voraus, daß diese schon nicht mehr aktuelles Ereignis ist und daß die Autopoiesis des Bewußtseins, der Übergang zu einem anderen Gedanken, bereits gelungen ist.

Wenn diese Unterscheidung von Gedanke und Beobachtung (die ihrerseits schon ein neuer Gedanke ist) zutrifft, prozediert das Bewußtsein voran, indem es zurückblickt. Es operiert gleichsam mit dem Rücken zur Zukunft, nicht proflexiv, sondern reflexiv. Es bewegt sich gegen die Zeit in die Vergangenheit, sieht sich selbst dabei ständig von hinten und an der Stelle, wo es schon gewesen ist; und deshalb kann nur seine Vergangenheit ihm mit gespeicherten Zielen und Erwartungen dazu verhelfen, an sich selbst vorbei die Zukunft zu erraten. Es verfolgt in sich selbst kein Ziel, sondern bemerkt, was ihm passiert ist. Es wird auf sich selbst aufmerksam. Es schlägt nicht Ziele wie Haken in die Zukunft (die ja noch gar nicht gegeben ist), an denen es sich voranziehen kann, sondern bemerkt seine Vorhaben in der Erinnerung. Es verfährt nicht antezipativ, sondern rekursiv, entdeckt aber dann im Rückblick gespeicherte Zukunftserwartungen. Die laufende Erneuerung bloßer Gedanken erfolgt also in gewissem Sinne unaufmerksam. Auf der Ebene der Gedankenfolge herrscht deshalb Inkohärenz und Beliebigkeit und nur deshalb rein lineare Sukzession.[14] Nur indem ein neuer Gedanke sich als Beobachter eines vorigen aufführt, entsteht Aufmerksamkeit mit nichtbeliebiger, durch die Vorstellung vorgezeichneter Anschlußmöglichkeit; und nur so kann der Prozeß dazu ansetzen, sich selbst zu kontrollieren.

Jeder Gedanke ist als Element des autopoietischen Prozesses für sich selbst ein unbeobachteter Gedanke, er beobachtet nur *andere* Gedanken. Diese Beobachtung ist jedoch notwendig, damit das Bewußtsein distinkte Gedanken produzieren kann. Die Reproduktion der Elemente des Systems durch die Elemente des Systems erfordert eine solche Beobachtung, auch wenn die Eigenqualität der Gedanken nicht durch Selbstbeobachtung produziert wird. Eben deshalb muß Bewußtsein, um sein zu können, System sein. Die basalen Ereignisse sind mit sich identisch dadurch, daß andere Ereignisse sie von etwas anderem unterscheiden. Sie könnten also allein gar nicht vorkommen.

Auch in dieser Differenz von aktuell bewußtem Gedanken und als Vorstellung beobachtetem Gedanken bleibt die Ereignishaftigkeit der basalen Elemente erhalten. Der die Vorstellung aufmerksam beobachtende Gedanke ist ihr immer um eine geringe Zeitspanne voraus und zerstört die Vorstellung, sobald ein weiterer Gedanke ihn selbst beobachtet. Diese Zerstörung ist ein Moment der Reproduktion des Vorstellungsvermögens – so wie das aus dem Blick Lassen ein Moment der Reproduktion des Sehvermögens ist.[15]

IV

Diese Darstellung bedarf einer weiteren Präzisierung, die wir über eine Einschränkung bei der Anwendung des Beobachtungsbegriffs gewinnen. Die Gedanken beobachten sich wechselseitig nicht beliebig, das heißt: nicht anhand von irgendwelchen Unterscheidungen. Vielmehr entsteht das, was wir im Endprodukt als Bewußtsein kennen, nur dadurch, daß die Gedanken für die Beobachtung anderer Gedanken eine bestimmte Unterscheidung verwenden, und zwar, wie bereits angedeutet, die von *Selbstreferenz* und *Fremdreferenz*. Andere Gedanken werden als genau diese Differenz beobachtet, das heißt als *Vorstellung* von *etwas*.[16] Die Unterscheidung wird zweipolig benutzt, der beobachtende Gedanke selbst ist ausgeschlossenes Drittes – aber der Ausschluß ist seine eigene Operation und kann im nächsten Moment dadurch aufgehoben werden, daß ein anderer Gedanke ihn selbst beobachtet. Auf diese Weise entzieht sich die aktuelle Operation der Beobachtung; sie vertritt auf der operativen Ebene und garantiert damit die Intransparenz des Systems für sich.

Die Vorstellung ist mithin keine primäre Qualität der Bewußtseinsakte, wie oft angenommen wird, sondern die Einheit einer Differenz, die nur für die jeweils anderen Gedanken gegeben ist, die in dem Moment, in dem sie selbst aktuell sind und ihre Beobachtung vollziehen, selbst keine Vorstellung »sind«. Das Bewußtsein reproduziert sich zwar dadurch, daß es im laufenden Prozeß Selbstreferenz und Fremdreferenz kombiniert, aber dies ist ihm nicht durch eine Art von (nicht weiter analysierbarer) Urqualität des Gedankenmaterials gegeben, aus dem es besteht (so wie Wasser flüssig oder Butter weich »ist«), sondern dadurch, daß die basalen Elemente des Bewußtseins ihre distinkte Einheit nur dadurch gewinnen, daß sie einander unter dem Unterscheidungsschema von Selbstreferenz und Fremdreferenz beobachten und bezeichnen. Nur so, und nicht durch eine eingeborene Intentionalität, läßt sich erklären, daß Einzelgedanken nicht vorkommen können, sondern jeder Gedanke seine Einheit nur in einem rekursiven, einem autopoietischen Reproduktionszusammenhang gewinnt.

Die Beobachtung unter dem Schema von Selbstreferenz/Fremdreferenz ist, wie jede Unterscheidung, mit dem Zwang verbunden, zu bezeichnen, welche von beiden Seiten jeweils gemeint ist. Unterscheiden und Bezeichnen ist ja nur eine einzige Operation, eben Beobachtung, die aber zur *Bi-Stabilität* und damit zur Erzeugung von Zeit führt. Der Begriff der Bi-Stabilität soll bezeichnen, daß bei jeder Vorstellung die Doppelmöglichkeit besteht, weitere Operationen entweder an die Fremdreferenz oder an die Selbstreferenz der Vorstellung anzuschließen und so entweder jene oder diese zu einer durchhaltbaren Identität zu verdichten. Dabei bleibt die Unterscheidung, die die eine bzw. die andere Bezeichnung trägt, Bestandteil der Operation. Man kann deshalb innerhalb der Unterscheidung die Bezeichnung wechseln,[17] also anhand einer Vorstellung von Selbstreferenz zu Fremdreferenz übergehen (wobei der Gedanke, der dies vollzieht und dabei die Vorstellung festhält, ein anderer Gedanke wird). Das System erzeugt auf diese Weise eine Eigenzeit, die nicht auf Uhren oder sonstige Bewegungen der Umwelt angewiesen ist, sondern nur darauf beruht, daß innerhalb der Unterscheidung nicht beide Seiten gleichzeitig bezeichnet werden können, es sei denn mit einer Unterscheidung von dieser Unterscheidung.

Für sich selbst ist ein Gedanke also zunächst nur ein Gedanke, für andere Gedanken dagegen, das heißt für den rekursiven Prozeß des Systems, ist er eine Vorstellung. Kein Gedanke geht demnach im Vorstellungsein völlig auf. Es ist etwas in ihm (was man häufig recht irreführend als Bewußtseins*strom* oder gar als Bewußtseins*leben* bezeichnet hat), was mehr ist als nur das und was sich der Differenz von Selbstreferenz und Fremdreferenz letztlich entzieht. Aber diese Differenz und die Bezeichnung als Selbstreferenz in dieser Differenz wird ihm durch den Beobachtungszusammenhang des Systems, durch seine Mitgliedschaft im Bewußtsein oktroyiert. Nur so kann er Gedanke für andere Gedanken sein, nur so kann er anschlußfähig werden. Nur so ist er als vergängliches Ereignis, das er auch ist, mehr als nur das.

Diesen recht komplizierten Sachverhalt kann man mit der Unterscheidung von Autoreferentialität und Selbstreferentialität verdeutlichen, die Gotthard Günther verwendet.[18] Unter dem Gesichtspunkt von Autoreferenz sind die Gedanken einfach das, was sie sind. Sie kommen nacheinander vor und bilden so das Material des Bewußtseins. Sie haben nur einen, einen nur seinsbezogenen Wert. Würde man sie als solche voraussetzen, käme man deshalb als deren Beobachter mit einer zweiwertigen Logik aus; man könnte feststellen, ob sie vorkommen oder nicht, und hätte sich in dieser Hinsicht nur vor Widersprüchen zu hüten. So fragen zum Beispiel Interviewer Personen nach ihren Gedanken und halten fest, was gesagt wird. So läßt sich aber nicht begreifen, daß die Gedanken jeweils füreinander andere Gedanken sind und gerade dadurch als Bewußtsein reproduziert werden. Die autopoietische Reproduktion der Gedanken erfordert das Prozessieren der Differenz von Selbstreferenz und Fremdreferenz, und der Gedanke, der dies beobachtet, hat dann die Wahl, sich selbst mehr mit der Selbstreferenz oder mehr mit der Fremdreferenz anderer Gedanken zu befassen. So entsteht auf der Basis der jeweiligen Aktualität eine *offene Attentionalität*, innerhalb deren es überhaupt erst *intentionale Zuwendung* zur Selbst- *oder* zur Fremdreferenz anderer Gedanken geben kann.[19] Man kann an die Selbstreferenz oder an die Fremdreferenz anderer Gedanken anschließen – immer vorausgesetzt, daß der im Moment sich ereignende Gedanke sich selbst *von dieser Unterscheidung unterscheidet* und nicht seinerseits genötigt ist, *sich selbst* als *entweder* Selbstreferenz *oder* Fremdreferenz *zu bezeichnen*.[20]

Bei genauer Analyse muß man mithin drei Arten von Selbstreferenz unterscheiden, die laufend cooperieren, nämlich: (1) die Selbstreferenz auf der Ebene der *Gedankenereignisse*, die darin besteht, daß jeder Gedanke sich selbst nur als anderer der anderen vollziehen kann; (2) die Selbstreferenz der Beobachtung, die darin besteht, daß die Beobachtung die Einheit des Bewußtseins anhand anderer Gedanken als *Einheit der Differenz* von Fremdreferenz und Selbstreferenz rekonstruiert; und (3) die in dieser Differenz zur *Bezeichnung freigegebene Selbstreferenz* im Unterschied zur Fremdreferenz, mit deren Hilfe das Bewußtsein sich selbst zur Reflexion seiner Identität bringen kann. Mit diesen Unterscheidungen der dies beobachtenden Theorie läßt sich begreiflich machen, daß das Bewußtsein sich zwar mit einer laufenden Kombination und Rekombination von Selbstreferenz und Fremdreferenz befaßt, sich aber zugleich durch die Reproduktion von Gedanken daran hindert, sich an die Welt oder an sich selbst zu verlieren. Jeder Gedanke stellt diese Frage *neu*, weil er sie *für sich selbst nicht stellen und entscheiden kann*; und jeder Gedanke stellt *diese Frage* neu, weil er nur so im Kontext anderer Gedanken diese beobachten und sich selbst bestimmen kann. Jeder Gedanke gewinnt *für sich selbst* die Freiheit zurück, im Rahmen der Beobachtung eines *anderen* Gedankens (Vorstellung) von Fremdreferenz zu Selbstreferenz bzw. von Selbstreferenz zu Fremdreferenz überzugehen (»crossing«).

Es kann also keine stabile, endgültige Option für die Welt und gegen das Ich geben oder umgekehrt. Damit ist zwar nicht ausgeschlossen, daß ein Weltbewußtsein und ein Ichbewußtsein entstehen als Horizonte des laufenden Oszillierens zwischen Fremdreferenz und Selbstreferenz. Aber die Welt bleibt eine offene Welt, aufnahmefähig für jedes »etwas«, und das Ich bleibt ein Allzweck-Ich, aufnahmebereit für alles, was das Bewußtsein sich selbst zurechnet.

Diese Formen der Generalisierung von Fremdreferenz und Selbstreferenz sind durch die Operationsweise des Bewußtseins, nämlich durch die laufende Selbstbeobachtung mit Hilfe der Unterscheidung von Fremdreferenz und Selbstreferenz und die stets mitgegebene Möglichkeit des Überwechselns vom einen zum anderen, oktroyiert. Die Autopoiesis des Systems sorgt dafür, daß jede Operation beide Möglichkeiten regeneriert. Wäre das Bewußtsein nicht immer schon ein spätevolutionäres, emergentes Produkt in der Welt (aber wie kann es dies wissen?), würde es eine Welt unterstellen, weil es durch die Logik seiner Reproduktion sich dazu zwingt. Wäre das Bewußtsein nicht durch die Geschlossenheit seiner autopoietischen Reproduktion mit sich selbst identisch (aber wie kann es dies wissen?), würde es diese Identität unterstellen, weil die Logik seiner Reproduktion ständig auf Selbstreferenz rekurriert. Damit reproduziert sich immer auch ein Sehen des Nichtsehens, ein Wissen des Nichtwissens, eine horizonthafte Struktur von Aufmerksamkeit.

Dieser Sachverhalt der bistabilen Doppelreferenz, gewonnen durch das gedankliche Vorstellen eines Gedankens, schließt es wirksam aus, daß das Bewußtsein als Trivialmaschine funktionieren kann. Trivialmaschinen sind Systeme, die auf einen bestimmten Input nach Maßgabe einer internen Transformationsfunktion einen bestimmten Output erzeugen und dies jedesmal wiederholen, wenn derselbe Input eingegeben wird. Man könnte sich vorstellen, daß eine solche Maschine zustande käme, wenn das Bewußtsein lediglich als Programm für das Umformen von Fremdreferenzen angelegt wäre (so wie man Notenlesen quasi ohne Beteiligung von Selbstreferenz in das Anschlagen der entsprechenden Klaviertasten umsetzt). Ein solcher Vollzug wird aber nicht als Bewußtsein bewußt. Die Fremdreferenz kann nur aufgrund einer Unterscheidung bezeichnet werden, kommt also nur als Differenz zustande, und zwar als Differenz, die jederzeit überbrückt werden kann. Die als »andere« Referenz mitspielende Selbstreferenz kann nun von Moment zu Moment sehr Verschiedenes referieren: ein müdes Selbst oder ein waches Selbst, ein durch gerade abgelaufene Gedankenarbeit gesättigtes Selbst oder eines, das Informationen und Beschäftigungen sucht; ein schon geübtes, in seinem Können bereits sicheres Selbst oder ein solches, das noch unsicher ist und sich situativ erst zurechtfinden oder erst warmlaufen muß. Außerdem färben auch die gerade durchgelaufenen Ereignisse inhaltlich auf die folgenden ab – etwa ästhetisch aufdringlicher Kunstgenuß auf die Folgewahrnehmungen oder ein gerade gehabter Streit auf die Behandlung des nächsten Mitmenschen. Kurz: der jeweilige Zustand des Selbst modifiziert das Prozessieren der Fremdreferenzen – und dies nicht nur bei besonders »subjektiv« gefärbten Erlebnissen, sondern infolge der Struktur des Systems in jedem Falle. Dabei wird die Differenz von Fremdreferenz und Selbstreferenz ihrerseits durch das Selbst kontrolliert, indem das Selbst überwacht und

von seinem eigenen Zustand abhängig macht, ob es in der nächsten Vorstellung bei sich selbst bleiben oder der Fremdreferenz
folgen soll. (vgl. Fig. 1 = Trivialmaschine im Unterschied zu
Fig. 2).[21]

Fig. 1

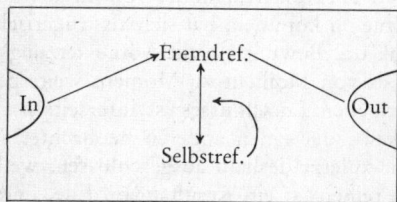

Fig. 2

Es läßt sich leicht zeigen, daß nichttriviale Maschinen, auch wenn
sie determiniert operieren und selbst wenn sie über nur wenige
Arten von Input und Output verfügen, so viele Zustände annehmen
können, daß sie nicht berechnet werden können und ihr Verhalten nicht prognostiziert werden kann. Das gilt auch für sie
selbst. Bewußte Systeme können daher gar nicht anders, als ihr
eigenes Verhalten auf ihre eigenen Entschlüsse zurückzuführen.
Sie hängen außerdem von ihrer Vergangenheit und von ihrem jeweiligen Zustand ab. Sie mögen dann darüber, um sich vor sich
selbst plausibel zu machen, Vorstellungen entwickeln und so
schließlich zu einer Art Selbst-Intendierung kommen, die es ihnen
ermöglicht, sich selbst in der Form einer Fremdreferenz, also als
Gegenstand einer Vorstellung zu behandeln. (Vgl. Fig. 3).
Die Selbsterfahrung transformiert inkalkulables Determiniertsein
in Freiheit, und das heißt: in die Vorstellung der Möglichkeit, die
eigenen Möglichkeiten selbst einschränken zu können. Für den

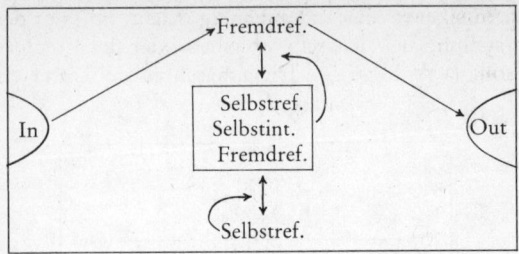

Fig. 3

Fall der selbstkalkulierten Allgemeinverbindlichkeit der dafür angenommenen Bedingungen hatte Kant den Begriff der »Maxime« gebildet; aber die Annahme, von da aus zu einer Ethik *sozialer* Systeme zu kommen, hat sich als trügerisch erwiesen.

Jedenfalls muß das Bewußtsein die Voraussetzung machen, daß die Autopoiesis von Moment zu Moment weitergeht. Die Vorstellung des eigenen Entschlusses ist ihrerseits nur Gegenstand eines Gedankens, der einen anderen beobachtet. Selbstberechnung ist nicht zuletzt deshalb ausgeschlossen, weil dies schnell gehen muß. Freiheit ist ein Resultat von Eile, und »Gewissen« mag dann als ein Programm entwickelt werden, das die Zulassungspraxis des Selbst, das die Wahl des nächsten Elementes zu kontrollieren sucht.

Durch Selbst-Intendierung wird das Allzweck-Ich, das alles kann, was es kann, nicht ausgelöscht, aber zu einer engeren Identität verdichtet, die internen Konsistenzerfordernissen genügen muß oder anderenfalls mit sich selbst Überraschungen erlebt. Man könnte auch von Selbstlimitierung sprechen oder von Integration. Dabei wäre Integration zu verstehen als wechselseitige Limitierung der Freiheitsgrade der einzelnen Möglichkeitsbereiche des Ich.[22] Die Ichgeschichte kann dann in Richtung auf eine Lockerung der Integration laufen, wenn sie die Freiheitsgrade erhöht (sich zum Beispiel zugesteht, statt Wein auch Wasser trinken zu können).[23] Eine Gegenentwicklung kann aber auch zur Erstarrung führen bis hin zu suchtförmigen Abhängigkeiten, wenn bestimmte Verhaltensmöglichkeiten zugleich wichtig und unablösbar erscheinen.

Ältere Theorie hatte übrigens diese Selbstlimitierung mit ontologischen Annahmen über Identität formuliert und damit umgangen. Das Argument lief etwa so: Selbstliebe sei auf die Identität des Liebenden mit sich selbst zurückzuführen. Sie sei damit auf die Tugend und die Perfektion dieser Identität gerichtet, denn nur das gewährleiste ihr die dauerhafte Vereinigung mit ihrem Objekt: mit sich selbst. (Daß auch ewige Höllenpein diese Dauer voraussetze, wurde verschwiegen.) Daraus ergebe sich zugleich die Unterordnung unter die Liebe Gottes, die ihrerseits bewirke, daß man sich selbst mehr lieben könne und solle als andere – eben weil einem die eigene Perfektion wichtiger sein müsse als die anderer. Die Einfachheit und Einheit der eigenen Identität *gleiche* der (!, nicht: *sei* die) Quelle ihres eigenen Seins; und in der Schöpfung Gottes sei zugleich gesichert, und das bringt der Begriff der Perfektion und der Ruhe-in-sich-selbst zum Ausdruck, daß diese Einheit nicht auf beliebige Weise erreichbar sei, sondern nur nach dem Kanon der religiös begründeten Moral. Die Verantwortung für die Befolgung dieser Moral wurde dem Individuum belassen.[24]

In jedem Falle gilt mithin: das Ich *ist* Selbstlimitation. Heute haben sich aber die externen Anhaltspunkte dafür in kontingente soziale Gegebenheiten aufgelöst. Die *eigene* Identität kommt unter irritierenden Umweltbedingungen als Reduktion von *eigener* Komplexität zustande. Ein Beobachter kann dies nachträglich in eine Vorher/Nachher-Differenz oder auch in eine Ebenendifferenz bringen[25] und es damit für Zwecke der Beobachtung entparadoxieren. Wichtiger ist es jedoch, sich die Möglichkeit offen zu halten, zu beobachten, *wie* dies geschieht und welche Formbildungen die Reduktion eigener Komplexität ermöglicht.

Erst im Beobachten des Beobachtens der eigenen Identität, erst in der Reflexion auf die Frage, was beobachte ich, wenn ich mich beobachte, ergeben sich dann die Probleme der Paradoxie und der Tautologie. Hier kann man entweder mit Unschärfe reagieren oder mit »crossing«, also dadurch, daß diese Beobachtung zweiter Ordnung sich von ihrem Gegenstand weg und dem momentan operativen Selbst zuwendet, also aufgibt, zu erkunden, inwiefern das Ich mit sich identisch oder nicht identisch ist, und statt dessen fragt: Warum will ich dies wissen?

V

Die Unterscheidung von Operation und Beobachtung bzw. (für Bewußtseinssysteme) von Gedanke und Vorstellung kann dazu beitragen, Paradoxieprobleme zu klären, die in allen selbstreferentiellen Systemen auftreten. Mit der klassischen Logik und Erkenntnistheorie gehen wir davon aus, daß Realprozesse paradoxiefrei ablaufen. Das ist auch in selbstreferentiellen Systemen möglich. Zur Konstitution von Paradoxien ist das Mitsehen einer Negation erforderlich, also der Gebrauch eines Differenzschemas, also Beobachtung.[26] Der Fortgang von Gedanke zu Gedanke läßt sich von einer negationsfreien Notwendigkeit tragen. Der gerade aktuelle Gedanke verschwindet sowieso, er braucht nicht negiert zu werden; und ein Nachfolgegedanke stellt sich sowieso ein (oder das Bewußtsein hört ebenso negationslos auf, wie es besteht), ohne daß die Negation des vorhergehenden Gedankens nötig wäre, um den neuen Gedanken zu produzieren. Dies geschieht unversehens. Nur für die Beobachtung dieses Geschehens bilden die Gedanken distinkte Einheiten; nur für die Beobachtung ist der eine Gedanke nicht der andere; nur für die Beobachtung unterscheiden sich die Gedanken; nur für die Beobachtung gewinnt der Einzelgedanke seine Einheit aus der Unterscheidung von anderen Gedanken; nur für die Beobachtung können daher Paradoxien entstehen – etwa die Paradoxien des Übergangs, in dem für eine logische Sekunde beide Gedanken, die sich wechselseitig ausschließen, aktuell sind, sich also ausschließen, indem sie sich nicht ausschließen.

Dies wäre ein klassischer Sachverhalt klassischer Theorie, wäre die Beobachtung lediglich externe Beobachtung und das Bewußtsein ihr negationsfreier Gegenstand. Das Bewußtsein ist jedoch ein sich selbst beobachtendes System. Es operiert daher, soweit es sich selbst beobachtet, mit einer eingebauten Paradoxie. Die Selbstbeobachtung ist nur – wie denn wohl sonst? – als Gedanke möglich, sie betreibt selbst die Autopoiesis des Systems. Sie beobachtet aber als Gedanke andere Gedanken, und dies, wie ausgeführt, dadurch, daß sie sie als Vorstellung sieht. Das ist ein Trick, mit dem die Paradoxie der Selbstreferenz in eine Form gebracht wird, die Operationen ermöglicht, mit denen das System hohe Komplexität aufbauen kann. Als Vorstellung besagt die Paradoxie, daß Selbstreferenz nur in Differenz zu Fremdreferenz, also nur dank Fremdreferenz möglich ist und umgekehrt. Und auch hier gibt es die Paradoxie des Übergangs, des Wechselns der Aufmerksamkeit von Fremdreferenz zu Selbstreferenz und zurück, wobei ein Beobachter dieses Beobachtungsvorganges wiederum den Punkt sehen würde, in dem das System sowohl Selbstreferenz als auch Fremdreferenz aktualisiert und die Unterscheidung im Gebrauch als Unterscheidung kollabieren läßt.

Eine weitere Art von Paradoxie geht darauf zurück, daß das System auf der operativen Ebene selbstreferentielle Geschlossenheit als Bedingung der Möglichkeit seiner Operationen voraussetzt und reproduziert, damit aber zugleich die Möglichkeit erzeugt, auch dies noch beobachten zu können. Die selbstreferentielle Operation ist auf sich selbst anwendbar, und alle Techniken der Artikulation und Entparadoxierung von Selbstreferenz (enforced choice, Codierung, Hierarchisierung) lassen sich mit selbstreferentiellen Operationen unterlaufen. Es gibt nur eine operative Ebene, die der Autopoiesis von Gedanken, auf der Paradoxien auftauchen, aber auch wieder abtauchen, da die Gedanken zum Glück nur Ereignisse sind, die wieder verschwinden.

Selbstbeobachtung ist dabei nicht eine Willkür, die man ebensogut lassen könnte. Die Einrichtung auf Selbstbeobachtung ist ein irreversibles Resultat von *Evolution*, man kann wohl sagen: von gesellschaftlicher Evolution. Nur so erzeugt das System interne »Digitalisierungen« und strukturierte Komplexität, ohne die es in einer gesellschaftlichen Umwelt nicht überleben könnte. Daher sind auch innere Paradoxien unvermeidbar, aber zugleich getragen durch jenen Gedankenprozeß, der verhindert, daß das System daran scheitert. Schließlich kann die Aufmerksamkeit sich auch auf solche Paradoxien richten, ohne dadurch als Gedanke unmöglich zu werden oder sich selbst auszulöschen. Die Paradoxie ist keine Existenzfrage für das System. Um so mehr ist die Form ihrer Behandlung ausschlaggebend für den evolutionären Erfolg des Systemtypus; und Vorstellung als Einheit von Fremdreferenz und Selbstreferenz scheint diejenige Form zu sein, die diese Bewährungsbedingungen erfüllt.

Richtet sich die Selbstbeobachtung des Systems nicht auf andere Gedanken desselben Systems, sondern auf die Einheit des sich selbst erzeugenden Gedankenzusammenhangs, aktualisiert es deshalb zwangsläufig die Paradoxie der Selbstreferenz. Die Paradoxie der Selbstreferenz ist nichts anderes als die Selbstreferenz der Paradoxie: der Fall der Selbstreferenz ohne Fremdreferenz, der Fall der differenzlosen Selbstreferenz, die nur von ihrer Selbstnegation lebt. Und wiederum: nicht die Einheit selbst »ist« paradox, aber sie läßt sich nur mit Hilfe einer Paradoxie als Einheit beobachten. Deshalb führt die Frage »Wer bin ich?« zwangsläufig ins Dunkel, aus dem man nur auf unehrliche Weise, durch Entparadoxierung der Paradoxie wieder herausfindet. Man kann das Verfahren Selbstintendierung, Selbstsimplifikation, Reduktion von Komplexität oder wie immer nennen; es bleibt jedenfalls auf eine kontingente, auch anders mögliche Selektion angewiesen. Man sieht dies auch am hohen emotionalen Stützbedarf der Selbstkonzepte, an dem Ausmaß, in dem das Copieren gesellschaftlicher Modelle die Selbstbestimmung bestimmt, und nicht zuletzt daran, daß die moralische Qualifizierung des Verhaltens im Hinblick auf Achtung und Mißachtung der Person an diesem Punkte ansetzt.

VI

Nach diesen Erläuterungen zu einer allgemeinen Theorie der Autopoiesis des Bewußtseins kehren wir nochmals zur These eines zirkulär-geschlossenen Systems zurück, das gleichwohl nur als System in einer Umwelt operieren kann. Zugespitzt, aber nur scheinbar paradox formuliert, heißt dies, daß das System gerade deshalb, weil es seine Selbstreproduktion gegen die Umwelt abschließt und nur auf sich selbst reagiert, ein besonders reiches Umweltverhältnis entwickeln kann. Die Problematik einer unüberbrückbaren Differenz von Ding an sich und transzendentalem Bewußtsein wird damit aufgelöst.

Weder erhält das Bewußtsein aus seiner Umwelt eine Zufuhr von Bewußtsein, noch gibt es Bewußtsein an seine Umwelt ab. Es ist auf der Ebene seiner autopoietischen Operationen weder durch Input noch durch Output mit der Umwelt verknüpft, ganz zu schweigen von allen Theorien, die mit stimulus und response und mit internen Transformationsmechanismen (Generalisierungen) arbeiten. Damit ist keineswegs ausgeschlossen, daß ein Beobachter mit derartigen Vorstellungen zurechtkommt und, für eigene Zwecke, das System so beschreiben kann. Auch im täglichen Leben behandeln Menschen einander in erheblichem Umfange als

Trivialmaschinen, wenn und soweit die entsprechenden Vereinfachungen sich im sozialen Verkehr bewähren. Die Funktionsweise des Bewußtseins ist damit jedoch nicht zutreffend erfaßt; denn aus keiner Beobachtung dieser Art kann auf das Nichtvorkommen von durchkreuzenden Einfällen und abweichenden Entschlüssen gefolgert werden.

Anders gesagt: das Bewußtsein ist kein System, dessen Strukturen sich durch Input spezifizieren lassen. Nach einem Vorschlag von Francisco Varela wird man couplage par input und couplage par clôture unterscheiden müssen – couplage verstanden als punktuelle, nur Einzelelemente oder Elementgruppen, aber nicht das gesamte System einbeziehende Verknüpfung von System und Umwelt.[27] Der Unterschied ist: daß ein selbstreferentiell-geschlossenes System nicht auf die *Spezifikation* des Input durch die *Umwelt* angewiesen ist. Vielmehr werden Umweltgegebenheiten bzw. Umweltereignisse nur als Irritation, als Störung, als Rauschen eingeführt und dann intern nach Maßgabe eigener Strukturen selbst spezifiziert. Nichts anderes besagt der physikalische Begriff *Resonanz*, wonach ein System gegen seine Umwelt weitestgehend abgeschirmt ist und nur nach Maßgabe seiner Eigenfrequenzen in Schwingungen versetzt werden kann.

Eine solche Abschirmung mit begrenzter Resonanzfähigkeit oder couplage par clôture hat für alle sinnverarbeitenden Systeme, also auch für Bewußtsein, den Vorzug, daß die Anhaltspunkte der Spezifikation, also vor allem Negativität, Differenz, andere Möglichkeiten, in einer Weise gewählt werden können, für die es in der Umwelt keine Entsprechung gibt. Alles, was als Information, als Auswahl aus anderen Möglichkeiten erscheint, ist daher im System selbst erzeugt; denn die Umwelt ist nur, was sie ist; sie enthält weder negative Tatsachen noch Informationen. Das System profiliert, mit anderen Worten, selbst, was es aus der Umwelt aufnimmt, indem es laufend Kontraste substituiert und damit Informationen produziert. Die Form, in der dann das Resultat erscheint, ist für rein interne Zwecke produziert. Sie vergrößert und verringert, erweitert und begrenzt die interne Leitfähigkeit der eigenen Autopoiesis. Sie hat kein direktes Umweltkorrelat, obwohl sie ohne Umwelt nicht entstehen würde. Es gibt also durchaus etwas außerhalb des Bewußtseins, aber nicht: Körper, Dinge, auch nicht Dinge »an sich«. Das, was die »Wahrnehmung« dem Bewußtsein als »Anschauung« gibt, ist denn auch

45

nicht die Umwelt so, wie sie ist; vielmehr handelt es sich um neurophysiologisch präparierte Zufallsträger, wobei das Gehirn seinerseits als vorgeschaltetes autopoietisches System fungiert, und zwar, und das ist entscheidend, aufgrund einer völlig andersartigen Organisation autopoietischer Prozesse.

Dieser Theorieansatz läßt freilich noch völlig unbestimmt, wie interne strukturierte Komplexität entsteht und wie Ordnungsgewinne aufbewahrt werden.[28] Die vorstehenden Überlegungen lassen aber die Vermutung aufkommen, daß dafür die Selbstbeobachtungsform der Vorstellung, das heißt die Bistabilität des Systems, den Schlüssel bietet. Mit Hilfe dieser Differenz kann das System sowohl kondensieren, das heißt in der gerade aktuellen Referenz verweilen und sie anreichern, als auch die Referenz wechseln. Es kann in der einen oder der anderen Weise auf Irritation reagieren und ausprobieren, wie es am besten zurechtkommt. Damit trennt sich dann auch Strukturkondensation und Autopoiesis; denn wenn die Anwendung oder die Variation von Strukturen das Erleben nicht schlüssig faßt, kann die Autopoiesis immer noch die Referenz wechseln (crossing) und der Frage nachgehen, wieso diese Schwierigkeit entsteht.

Achtet man auf längerfristige Konsequenzen, dann läßt sich annehmen, daß die Beobachtung von Gedanken als Vorstellungen zu einer *Bifurkation* der die Autopoiesis leitenden Strukturen und damit zum Aufbau einer irreversiblen Geschichte führt. Einerseits wird Sinn in Fremdreferenz, andererseits in Selbstreferenz angereichert, und beides wird in dem Maße, wie es Struktur gewinnt, unverwechselbar. Selbstverständlich bleibt die Autopoiesis des Systems auch dafür die laufend erneuerungsbedürftige Basis. Die Differenz von Außenwelt und Ich bleibt eine interne Differenz, die nach außen wie nach innen letztlich in Horizonte auflösbar ist, weil immer neue Gedanken Gedanken als Vorstellungen beobachten.

So überrascht es nicht, daß ein Bewußtseinssystem, wenn unter der Bedingung von selbstreferentieller Geschlossenheit in Operation gesetzt, Strukturen entwickelt, die seine Autopoiesis ermöglichen und diversifizieren, ohne daß die Autopoiesis selbst, der Fortgang von Gedanke zu Gedanke, unausweichlich von bestimmten Strukturen abhängt. Schwierigkeiten bereitet es statt dessen, zu erklären, wie unter diesen Bedingungen ein so rasches und gleichförmiges Sprachlernen sowie Sozialisation möglich sind. Gerade hier würde aber eine Theorie der Spezifikation durch Input erst recht versagen. Man wird annehmen können, daß die Sequentialität des Sprechens, also auch die Satzstruktur der Sprache, von vornherein auf die Sequentialität der Autopoiesis des Bewußtseins abgestimmt ist, daß beides sich co-evolutiv entwickelt hat und daß die eigentümliche akustische Distinktheit der Sprache in ihrer auffälligen Differenz zu allem, was man sonst wahrnehmen kann, sich dem Bewußtsein aufdrängt, *ohne Bewußtsein zu sein*. Man braucht deshalb keine »Tiefenstruktur« der Sprache anzunehmen, um zu erklären, daß eine Art Sätzesprechen-Lernen schon ohne reichen Wortschatz und ohne genaues Sinnverständnis möglich ist.

VII

Auch in der allgemeinen Theorie autopoietischer Systeme wird zwischen der autopoietisch-rekursiven Verknüpfung der Elemente (oft, aber für die Soziologie irreführend, auch »Organisation« genannt) und den Strukturen der Systeme unterschieden. Über Strukturbildung diversifizieren sich Systeme – sei es infolge von differentieller Evolution, sei es im Einzelfall durch Lernprozesse. In jedem Falle müssen sowohl Evolutionstheorie als auch Lerntheorie umgeschrieben und eingestellt werden auf die Grundannahme einer Geschlossenheit der Systemreproduktion.[29] Für eine Theorie bewußter Systeme sind vor allem lerntheoretische Konsequenzen relevant. Lernen kann nicht als »Übernahme« einer Instruktion aus der Umwelt begriffen werden, so als ob dort wohlpräparierte Bewußtseinselemente (Informationen) vorhanden wären, die nur möglichst intakt in das System überführt werden müßten; sondern Lernen ist Äußerung einer strukturellen Spezifikation, mit der das System seine Autopoiesis handhabt, also vor allem: mit der es trotz hoher Komplexität ausreichendes Tempo im Anschluß von Gedanken an Gedanken (z. B. beim Reden) erreichen kann.

Eine Theorie der Autopoiesis des Bewußtseins kann deshalb nicht mit Konzepten wie Nachahmung oder Erziehung arbeiten, sie muß den Strukturbildungs- und Strukturänderungsprozeß *morphogenetisch* erklären. Strukturen *des* Systems können nur *im* System gebildet werden. Sie entstehen durch Relationierung von

Relationen, und die Grundlage dafür liegt in der bereits beschriebenen Selbstbeobachtung des Systems, in der *gedanklichen* Beobachtung einer *Vorstellung*.

Die Beobachtung eines anderen Gedankens, als Vorstellung dient einem Gedanken dazu, sich selbst zu finden, sich in der diffusen Aktualität des Moments kurzfristig zu lokalisieren und den Übergang zum nächsten Moment zu regulieren. Die Strukturbildung wird dadurch angeregt, daß sich dafür Engführungen einschleifen und als Erwartungen bewähren. Die Differenz von Fremdreferenz und Selbstreferenz, die sich an Vorstellungen festmachen läßt, dient ihr als Leitfaden. Mit ihrer Hilfe kann das Bewußtsein identifizieren – anderes und sich selbst – und anhand dieser Differenz Identitäten fortschreiben. Identitäten lassen sich dann, wenn hinreichend distinkt, *kondensieren,* so daß sie bei Wiederholung als dieselben erkennbar werden.[30] So entstehen freischwebende Strukturen, die die Autopoiesis des Systems spezifizieren und dann selektiv wieder eliminiert oder ausgebaut werden können. Die Genetik der Bewußtseinsstrukturen ist mithin relativ einfach, sie setzt nur Minimalstrukturen für das Prozessieren von Selbstreferenz und anregende »Zufälle« voraus. Die Zufälle machen sich irritierend bemerkbar und werden dann im Bewußtsein entrandomisiert. Sie werden *induktiv*[31] in Strukturen umgesetzt und so der Selektion ausgesetzt. Die auf diese Weise erzeugten Systeme können trotzdem hohe strukturelle Komplexität erreichen – einfach deshalb, weil der Strukturaufbau im Nacheinander geschieht, also sich selbst epigenetisch verwenden kann.

Betrachtet man das genauer, was soeben provisorisch mit einer Metapher »Kondensieren« genannt wurde, so scheint dem ein Prozeß des positiven feedback oder der Abweichungsverstärkung zugrunde zu liegen. Situationsabhängig und zufällig entstehende Effekte werden im System wiederverwendet – sei es zur Fortsetzung des eingeschlagenen Weges, sei es zum Aufbau von Anschlußstrukturen. Auf diese Weise erhalten schließlich kleine Anfangsursachen große, schwer reversible Wirkungen.[32] Auch diesem Verfahren liegt bewußtseinsintern die Vorstellung, das heißt die Einheit der Differenz von Fremdreferenz und Selbstreferenz, zugrunde. Eine momenthafte, singuläre Objekterfahrung kann als Erfahrung der Reaktion auf das Objekt festgehalten und wiederverwendet werden. Der Hund hat gebissen. Nun weiß man, daß Hunde gelegentlich beißen, man weiß aber außerdem, daß man Angst vor Hunden hat, und aus Angst vor der Angst begibt man sich gar nicht mehr in die Nähe von Hunden.[33] Durch Verlagerung auf den Selbstreferenzaspekt der Vorstellung legt man sich also selbst fest und nimmt sich die Gelegenheit weiteren Lernens. Auch positive Fähigkeiten werden so aufgebaut. Man fand sich in einer besonderen Situation in der Lage, frei zu reden und andere zu überzeugen, und daraufhin weiß man und unterstellt man in der Art einer self-fulfilling prophecy künftig, daß man es kann.

In der primären Differenz von Selbstreferenz und Fremdreferenz, und nur mit ihrer Hilfe, sammeln und verdichten sich fortsetzbare Erfahrungen. Wir wollen das Resultat »Erwartungen« nennen ohne Rücksicht darauf, ob es im Bewußtsein mit diesem Wort belegt ist und abgerufen werden kann oder nicht. Aufgrund von Erwartungen bildet sich dann, jeweils situativ, eine neue Unterscheidung, je nachdem, ob die Erwartung erfüllt oder enttäuscht wird. Die Erfüllung wird, das ist nur die Kehrseite des Erwartens, als *normal* erlebt. Sie bestätigt vorgefaßte Meinungen und ist nicht weiter aufregend. Sie beschäftigt das Bewußtsein nur marginal als eine mitlaufende Modalität der Vorstellung. Abweichungen werden dagegen als anormal registriert. Die Differenz normal/anormal kann zunächst ganz allgemein und unspezifiziert benutzt werden und schließt in dieser rudimentären Form Unterscheidungen wie richtig/unrichtig oder sicher/unsicher ein. Die eine Seite dieser Dichotomie, das Normale, Richtige, Sichere, gibt die Freiheit, die Autopoiesis an der Vorstellung entlang und durch sie dirigiert weiterlaufen zu lassen. Die andere Seite hat eine Alarmierfunktion. Sie legt es nahe, sich nun mit der Abweichung zu beschäftigen und die Erwartung zu renormalisieren oder zu ändern.

Dieses Erleben (Bezeichnen) von Vorstellungen anhand von Erwartungen als anormal kann den Ansatzpunkt bilden für weitere, von da abzweigende Unterscheidungen. Hier muß man vor allem an Recht und an Moral denken – beide also zunächst nicht Strukturen der Normalität, sondern geboren aus der überraschenden Abweichung. Am *Recht* kann man dann ablesen, ob man die Erwartung als berechtigt festhalten kann oder ob man sie aufgeben muß.[34] Die *Moral* artikuliert, ob es sich um eine gute oder um eine schlechte Überraschung handelt.[35] Rechtliche und moralische Modalisierungen der Vorstellung eines (enttäuschten) Gedankens schließen sich wechselseitig nicht aus. Erst eine sehr späte Kulturentwicklung wird ihre Trennbarkeit suggerieren. Ihr gemeinsames Merkmal ist: daß sie die Überraschungssituation zunächst als *ambivalent* erleben und dann, zur Auflösung dieser Ambivalenz, *binarisieren*.[36]

Die durch Abweichung ausgelöste Minikrise des Erwartens kann also mit einer solchen Kaskade weiterer Unterscheidungen/Bezeichnungen abgefangen werden. Sie kann aber auch ein »crossing« auslösen, ein Überwechseln von der Fremdreferenz, in der die Überraschung erlebt wird, zur Selbstreferenz. Das Bewußtsein bekommt dann aus Anlaß der Abweichung Probleme mit sich selbst und mit der Fortsetzung seiner eigenen Autopoiesis. Es weiß nicht weiter und muß seine Autopoiesis in diesem Nichtweiterwissen fortsetzen. Zuweilen wird dieser Vorgang als Entspezifikation von Aufmerksamkeit, als Freisetzung von Erregung und Energie aufgefaßt, die sich dann neue Bindungen sucht. Dieser Umweg über Entspezifikation ist aber keineswegs immer zu beobachten. Konstruiert man den Vorgang als gedankliches Überwechseln zur Selbstreferenz der Vorstellung, als Aktualisierung der Frage: Wer bin ich, der dies so erleben kann (oder muß), und wer kann ich weiterhin sein?, dann ist auch dieser Fall der Sofortbindung eingeschlossen; dann geht es wesentlich darum, Möglichkeiten, die man immer schon hatte, an sich selbst zu entdecken, aufzutauen und zu repotentialisieren.[37] Der Übergang mag wie eine Art Loslassen erfahren werden. Er wird eben deshalb durch Emotion begleitet und geschützt (muß man sagen: kompensiert?). Er aktiviert zur Sicherung des Fortgangs der Autopoiesis eine Art Immunsystem, das man als »Gefühl« beschreiben und mit sprachlichen und kulturellen Formangeboten ausstatten kann.[38]

Diese Darstellung vermeidet, das sei noch angefügt, jede weitere begriffliche Einschränkung der unspezifizierten Autopoiesis, die ihre Struktur noch nicht entwickelt hat bzw. in momentaner Irritation verliert. Wir sprechen weder von Trieb noch von Angst. Die Anschlußstellen entsprechender Theorien über Grundlagen psychischer Phänomene würden hier liegen; aber jedes bestimmte Wort an dieser Stelle würde uns zu stark auf bestimmte Theorieentwicklungen festlegen. Wer hier Chancen sieht, kann sie immer noch einhängen.

All dies müssen wir voraussetzen, bevor wir mit in Betracht ziehen, daß die Genese komplexer Bewußtseinssysteme selbstverständlich nur unter bestimmten Umweltvoraussetzungen möglich ist, also auf Kopplungen mit dem neurophysiologischen System des eigenen Körpers und auf Kopplungen mit dem Kommunikationssystem Gesellschaft angewiesen ist.[39] Die geläufige Auffassung, daß Bewußtsein nur durch Sprache hinreichend komplexe Strukturen gewinnen könne, muß deshalb neu durchdacht werden. Wir können weder sagen, daß das Bewußtsein aus sprachlich strukturierten Verläufen »besteht«,[40] noch, daß die Gedanken des Bewußtseins (ja nicht einmal das Sprechen) durch Sprache »erzeugt« werden. Ebenso falsch wäre die Annahme, daß Sprache im Bewußtsein für das Bewußtsein eine Zeichenfunktion erfülle (also das Wort »Apfel« wirkliche Äpfel »draußen« bezeichne und ihr Auffinden erleichtere).[41] Auch wäre es unzureichend, das faktische Sprechen lediglich als Ausführung einer Bewußtseinsentscheidung, zu sprechen, oder als Transformation interner in externe Vorgänge, also als Externalisierung, aufzufassen, denn damit wäre das eigentümliche Überschußphänomen des mitwirkenden Bewußtseins, die Wahrnehmung, daß man lügt, das mitlaufende Vorbedenken weiterer Äußerungen, die dann doch nicht abgerufen werden, unzulänglich erfaßt. Wenn das Bewußtsein Sprache annimmt, erfüllt sie die Funktion eines symbolischen Mediums, das, seinerseits rekursiv, die Transformation von Gedanken in Gedanken erleichtert. Das Bewußtsein ist also als ein selbstreferentielles System auch gegenüber der Sprache autonom. Aber Sprache verhilft dazu, Gedanken als klare, unterscheidbare und verschiedenartige zu artikulieren und trotzdem noch Ordnung aufrechtzuerhalten. Sprache verhindert, daß bei zunehmender Komplexität (die man als evolutionär seligiert erklären kann) bewußtseinsintern ein Chaos entsteht. Und Sprache kanalisiert die Gedanken so, daß sie, gewissermaßen entlang von Sätzen, im Schnellzugriff verfügbar sind. Das Bewußtsein hilft sich bei zunehmender Komplexität mit Sprache und wird dann das Mittel nicht wieder los. Dies gilt speziell für die Selbstbeobachtung des Bewußtseins: für das Beobachtungsverhältnis zwischen Gedanken. Sprache erleichtert die unterscheidende Beobachtung von Gedanken, und vor allem: ein sprachbewußter Gedanke kann *sich selbst als beobachtbar darstellen*.

In der gesellschaftlichen Evolution der Bewußtseinsmöglichkeiten hat diese Sprachabhängigkeit offenbar eine entscheidende Rolle gespielt. Wie man besonders an sozialen Einrichtungen der Förderung der Bewußtseinsbildung (praktisch natürlich immer nur: für Oberschichten) ablesen kann, ist vor allem die *Eloquenz* gefördert worden. Zweitausend Jahre topisch-moralischer Erziehung hatten dieses Ziel vor Augen. Der gewaltige Apparat der Topoi, der Gemeinplätze, Zitate, Redewendungen, Begriffe hatte das *Finden* von Argumenten im geeigneten Augenblick und ihre rhetorische *Amplifikation* vor Augen.[42] Man müsse sich in der Geographie der Topoi auskennen (deshalb war die Unfähigkeit, sie zu ordnen, schließlich fatal) und sie im geeigneten Moment zur Fortsetzung der Rede verwenden. Das Wort ist so flüchtig wie der Gedanke und Fortsetzung mit anderen Worten/Gedanken daher die Not des Redners.[43] Mit Eloquenz konnte man von der stets drohenden Gewalt ablenken, sie gleichsam durch polemischen Stil der Rede sublimieren.[44] All das war spezialisiert auf ein eigentümliches Mix von psychologischen und sozialen Aspekten, von Bewußtseinsnöten und sozialen Funktionen. In all dieser Technik und Poetik war jedoch kein Hinweis auf eine Individualisierung des Bewußtseins enthalten. Im Gegenteil: es wurde Generalisierung und Nachahmung betont, und die Technik der Amplifikation mußte dazu führen, daß jede Historisierung der Leitbilder, die diese in die Ferne gerückt und damit verkleinernd, also desamplifizierend gewirkt hätte, in der Produktion von Texten als Vorlagen für Kommunikation und für Bewußtsein unterdrückt wurde.

Die Tragweite dieser Prägung läßt sich kaum überschätzen, und es hat nach der Erfindung des Buchdrucks, der sie eigentlich erübrigte, noch Jahrhunderte gebraucht, bis sie aus den Schulen verschwand.[45] Parallel dazu wurde der moderne Individualismus, das Insistieren auf Einzigartigkeit und Originalität, textfähig. Man kann diese Evolution neuer kultureller Vorlagen und Individualitätsmuster soziologisch erklären, gewinnt damit aber noch keinen Zugang zu der Frage, wie das Bewußtsein selbst es anstellt, sich zu individualisieren. Ja, es ist nicht einmal klar, was dies überhaupt heißen soll, da ja schließlich jedes selbstreferentiell-geschlossene System allein durch seine Autopoiesis schon ein Individuum *ist*. Die Komplexität der Sprache schafft allenfalls Raum für Individualisierung, aber sie erklärt sie nicht – ganz abgesehen davon, daß Individualität der Sprache vorausgehen muß, wenn ein Grund gegeben sein soll, sie sprachlich auszudrücken. Wenn ein Individuum erst einmal dahin gekommen ist, sich selbst für berechtigt zu halten, zu entscheiden, was von ihm verlangt werden kann und was nicht, wird es die *sprachlichen Möglichkeiten, dies auszudrücken*, schon finden.

VIII

Mit Hinweis auf soziale, zum Beispiel auf sprachliche Bedingungen wird sich die Frage, wie ein individuelles System ein Individuum werden kann, nicht befriedigend beantworten lassen. Eine Soziologie, die Individualisierung bzw. Institutionalisierung des Individualismus als eine Variable des Gesellschaftssystems behandelt, um diese etwa mit Differenzierung zu korrelieren, bleibt ganz innerhalb der Systemreferenz Gesellschaft und übergeht die hier gestellte Frage. Man mag darüber spekulieren, ob es einen Unterschied ausmacht, wenn man »*ich* liebe« sagen muß und nicht einfach amo. Die Vorfrage bleibt jedoch , wie es eigentlich zu denken ist, daß ein individuelles System für sich selbst zum Individuum wird. Erst wenn man diese Frage beantworten kann, wird man ermessen können, ob und wie dieser Vorgang unter sich ändernden gesellschaftlichen Bedingungen variiert.

Daß diese Frage nicht einfach durch Hinweis auf Selbstreferenz beantwortet werden kann, ist leicht einzusehen. Selbstreferenz ist eine viel zu allgemeine Operation, ohne die es das System gar nicht gäbe; sie wird von Moment zu Moment benötigt, und schon diese Operationen produzieren durch ihre rekursive Geschlossenheit die Einheit des Systems. Man könnte angesichts dieses Befundes auf jede weitere Frage verzichten und annehmen, daß Individualität nur einem Beobachter gegeben sein kann und daß das System für sich selbst nur Einheit, aber keine Individualität besitzt. Individualität käme, so gesehen, nur für einen Beobachter zustande, der das System von außen als System in einer Umwelt oder als Form in einem Kontext sieht und es so als unverwechselbar identifizieren kann. Für sich selbst ist das System nie verwechselbar, also auch nicht unverwechselbar, sondern nur der schlichte Vollzug der Autopoiesis selbst. Individualität wäre so begriffen als Mittel gegen Verwechslung, und man könnte daraus folgern, daß dieses Mittel nicht ausgebildet wird, wo die Gefahr nicht besteht. Eine solche Darstellung ist nicht ohne weiteres von der Hand zu weisen. Etwas an ihr scheint zu stimmen. Sie übersieht jedoch einen Sachverhalt, der die Verhältnisse kompliziert. Bewußte Systeme haben eine Möglichkeit, die man oft als Reflexion oder als Vorstellung ihrer Identität bezeichnet. Wir wollen im Anschluß an die Analyse ihres autopoietischen Prozesses etwas genauer von der Einführung der Einheit des Systems in das System sprechen und fragen, wie und mit welchen Folgen das möglich ist. Wenn es als Operationseinheiten des Systems nichts anderes gibt als (bewußte) Gedanken und diese Gedanken einander durch unterscheidende Bezeichnung beobachten und so rekursiv reproduzieren können, kann nur diese und keine andere Operation für Individualisierung in Betracht kommen. Wir sehen, mit anderen Worten, keine Basis für einen andersartigen Typus von Operationen, genannt Reflexionen. Auch die Beobachtung der Einheit des Systems im System, wenn es sie denn gibt, kann nur durch Gedanken und nur in der Form einer unterscheidenden Bezeichnung erfolgen. Sie ist möglich, wenn und soweit es dem System gelingt, sich in der offenen Form von »alle meine Gedanken« zu identifizieren. Aber wie kommt die Grenze dieser Allheit, das »meine«, ins System?

Da jede Bezeichnung eine Unterscheidung voraussetzt, innerhalb deren sie die eine und nicht die andere Seite bezeichnet, kann die Einheit der Gesamtheit der Gedanken nur mit Hilfe einer Unterscheidung in das System eingeführt werden. Die naheliegendste Vermutung ist, daß dies die Unterscheidung von Bewußtsein und Leben leistet, d. h. die Beobachtung der »eigenen« Körperlichkeit durch das Bewußtsein – eine Art Schwere oder vibrierende Kompaktheit der Befindlichkeit, die man jenseits aller Sonderzustände wie Müdigkeit oder Schmerz immer spürt und immer intentional beobachten kann, wenn man an sie denkt. Das Bewußtsein kann, anders gesagt, seine Gedanken nur durch Zuordnung zu diesem seinem leiblichen Leben zur Einheit aggregieren und nur dadurch, daß es sich selbst zugleich von diesem Leben *unterscheidet*. Identifikation *mit Hilfe* des eigenen Leibes ist also gerade nicht: Identifikation *mit* dem eigenen Leib.

Die Differenz Bewußtsein/Leben fungiert als diejenige Unterscheidung, innerhalb deren das Bewußtsein sich selbst Grenzen (als je mein Bewußtsein) zusprechen kann. Dies Fungieren heißt jedoch nicht ohne weiteres, daß das Bewußtsein diese Unterscheidung nun wiederum beobachtet. Es braucht, mit anderen Worten, nicht zu wissen, daß es mit »seinem« Leben nicht identisch ist, und in der Tat ist dieses Wissen sehr schwer zu erreichen, gerade weil es konstitutiv ist für die Möglichkeit des Bewußtseins, sich selbst als Einheit zu wissen. Das dafür nötige »andere« ist eben der »eigene« Leib – und nicht etwa die Welt. Die Unterscheidung Bewußtsein/leibliches Leben spannt beides so eng zusammen und ermöglicht innerhalb dieser Unterscheidung ein so rasches Hin und Her des Bezeichnens, daß diese fundierende Unterscheidung kontinuierlich verwischt wird und ebendeshalb so fraglos gegeben ist, daß man nicht darauf kommt, sein Bewußtsein in Abstraktion von der Autopoiesis des eigenen Lebens oder diese unter Absehung vom Gedankengang des Bewußtseins zu erfahren. Und wenn man dies in besonderer Anstrengung tut, führt dies dazu, daß das Bewußtsein seine Identität, die es nur in dieser Differenz hat, verliert. Die Position eines »rejection value« (Gotthard Günther), der die Unterscheidung von Bewußtsein und Leben als Operationsbasis des Identitätsbewußtseins verwirft und in bezug auf diese Unterscheidung indifferent zu verfahren sucht, verwirft eben dadurch die Möglichkeit, die Gesamtheit der eigenen Gedanken als Einheit zu denken. Es ist ein Gedanke, der das Ich auflöst und durch ein Moment der Leere und Allheit ersetzt – bis dies für das Bewußtsein zu anstrengend wird und es wieder normal zu operieren beginnt.

Erst aufgrund dieser Identität, die auf einer bezeichnenden Unterscheidung vom eigenen Leib beruht, kann das Bewußtsein wissen, wo es sich jeweils »befindet«, auch wenn es in Gedanken woanders ist. Nur so kann es die Erfahrung lernen, beobachtet zu werden.[46] Das Bewußtsein des Beobachtetwerdens ist nur über das Bewußtsein der Sichtbarkeit des eigenen Leibes zu gewinnen. Es drängt dem Bewußtsein die Vorstellung einer Verantwortung für den eigenen Leib auf, obwohl es den eigenen Leib nicht annähernd zureichend beobachten, geschweige denn nach Bewußtseinsregeln kontrollieren kann. Die insofern also weit überzogene Verantwortung ist zugleich derjenige Mechanismus, mit dem das Bewußtsein zu eigenen Schutzvorkehrungen genötigt wird – eben zu der Vorstellung fremder Erwartungen, denen es sich beugen oder entziehen kann, aber auch zu vorsorglicher Teilnahme an sozialer Kommunikation. Der Mechanismus sozialer Integration, also der sozialen Beschränkungen des Freiraums möglicher Bewußtseinszustände, setzt hier an. Er erzeugt keineswegs zwangsläufig Konsens, setzt Konsens auch nicht voraus, sondern läßt es durchaus zu, die eigene Identität im wesentlichen auf Schleichwegen zu festigen.

Mit Hilfe einer solchen Beobachtung derjenigen Gedanken, die das Bewußtsein in sich vorfindet, wenn es sich beobachtet wähnt, kann es seine Identität weiter anreichern. Man muß an dieser Stelle vorsichtig und genau analysieren. Es handelt sich nicht um die für den Aufbau sozialer Systeme wichtige Beobachtung der fremden Beobachtung und erst recht nicht um die dadurch ausgelöste Kommunikation. Natürlich kommt der hier gemeinte Aufbauprozeß nicht ohne eine kommunikative Umwelt zustande, aber er ist sorgfältig von ihr zu unterscheiden. Der Aufbau einer eigenen Identität oder, in anderen Worten, das Einführen der Einheit des Systems in das System, erfordert einen Prozeß der Selbstbeobachtung des Bewußtseins. Dieser Prozeß läuft im Zuge der geschlossenen autopoietischen Fortsetzung des Bewußtseins von Moment zu Moment mit und besteht in der Beobachtung *eigener* Gedanken.

Wenn diese Gedanken sich mit fremden Beobachtungen beschäftigen, die an sie adressiert sind, kommen neue Unterscheidungen ins Spiel:

Einerseits erfährt das Bewußtsein sich auf diese Weise als *Einheit* beobachtet. Es geht nicht nur um eine Punkt-für-Punkt-Korrespondenz zwischen der angenommenen Beobachtung und dem Gedanken, der sie annimmt. Das sich selbst zunächst nur aktuell erfahrende Bewußtsein wird durch die Aufnahme fremder Beobachtung, durch das Sich-als-Gegenstand-einer-solchen-Beobachtung-Wissen, zu einer Totalität ergänzt.[47] Es weiß sich damit aufgefordert, mehr zu sein als nur das, was nötig ist, um sich im nächsten Gedanken zu reproduzieren. In der intern überlegten Reaktion darauf rundet es sich selbst zur Einheit auf; denn es kann und muß normalerweise mit *anderen* Gedanken reagieren als mit nur dem, den es beobachtet zu wissen glaubt: Man fühlt sich für schuldig gehalten und sucht nach einer Erklärung.

Andererseits erfährt das Bewußtsein, das sich beobachtet weiß, eben dadurch eine *Differenz*. Die interne Beobachtung des Gedankens des Beobachtetwerdens kann diesen als Vorstellung nehmen und dann entweder die fremde Beobachtung oder den Eindruck, den sie auf das eigene Bewußtsein macht, bezeichnen.

Man kann sich daraufhin entweder mit dem beschäftigen, was der fremde Beobachter meint; oder mit dem, was man selbst fühlt und in der eigenen Autopoiesis tun kann, wenn man sich beobachtet weiß. Diese Differenz wird typisch als fremde *Erwartung* verarbeitet, die man *erfüllen* oder *enttäuschen* kann.[48]

Die Orientierung an dem, was man als Fremdbeobachtung auffaßt, etabliert im Bewußtsein in neuer Weise Einheit und Differenz – jene Einheit, die es als Gegenstand fremder Beobachtung und Erwartung zu sein glaubt, und jene Differenz, die darin besteht, daß die eigene Autopoiesis es ermöglicht, vorgestellte fremde Erwartungen zu erfüllen oder zu enttäuschen. Es ist wichtig, daß diese »Einbildung« von Einheit und Differenz ein und denselben Ursprung hat in der Vorstellung des Beobachtetseins. Denn das bedeutet nicht zuletzt, daß der Aufbau der strukturellen Ordnung der Autopoiesis des Systems sich danach richten wird, ob die Einführung der Einheit des Systems in das System mehr anhand von Erwartungserfüllungen oder mehr anhand von Erwartungsenttäuschungen erfolgt.

IX

Diese Überlegungen fordern dazu auf, den in der Soziologie üblichen Begriff der Sozialisation zu reformulieren. Wir verfolgen damit den doppelten Zweck, die Theorie der Sozialisation auf die Theorie der selbstreferentiell-geschlossenen Systeme abzustimmen und eine Erklärung dafür zu suchen, wie ein autopoietisches, also immer schon autonomes, immer schon individuiertes System in Abhängigkeit von sozialen Bedingungen für sich selbst ein Individuum werden kann. Dieser Themenkomplex braucht Soziologen nicht eigens vorgestellt zu werden, er ist ihnen mindestens seit Durkheim bekannt. Er ist bisher jedoch nur sehr ausschnitthaft und ohne Rücksicht auf die Mitwirkung eines ganz außerhalb der Sozialordnung operierenden Bewußtseins behandelt worden. Erst in neuester Zeit nimmt auch in der Sozialisationsforschung die Einsicht zu, daß soziale Systeme und bewußte Systeme (oder »Subjekte«) ganz verschiedene Systeme sind;[49] aber selbst dann konstatiert der Empiriker noch immer erstaunt, daß soziale Beurteilungen und Selbstbewertungen so wenig korrelieren[50] (was unter systemtheoretischen Gesichtspunkten gerade zu erwarten wäre).

Sozialisation kann im hier vorgestellten Theorierahmen nur als Selbstsozialisation behandelt werden.[51] Sozialisation ist eine Art Lernen, das heißt eine Art Respezifikation von Strukturen aus gegebenen Anlässen. Sie kann nur mit Hilfe derjenigen Operationen erfolgen, über die das System zur Fortsetzung seiner Autopoiesis verfügt. Das System hält, mit anderen Worten, sein Bewußtsein nicht an, um, wenn nötig, zwischendurch seine Strukturen zu ändern, sondern es vollzieht diese Änderung als Reproduktion seiner Gedanken und daher zumeist ohne Absicht auf ein Dauerresultat. Man entschließt sich nicht, sich sozialisieren zu lassen, und auch absichtsvolles Lernen ist eine relativ artifizielle, rasch ermüdende Beschäftigung.

Als Selbstsozialisation ist Sozialisation nicht irgendeine »Übertragung« von vorwegbestimmten Normen, Kognitionen, Verhaltensmustern oder sonstwelchen Daten von »außen« nach »innen«. So mag es einem Beobachter erscheinen, der Umweltbedingungen und Sozialisationserfolg oder -mißerfolg in eins in den Blick zieht, und so mögen auch Soziologen als Beobachter den Vorgang sehen. Diese Auffassung ist denn auch nicht falsch, sie bleibt aber relativ auf den Standpunkt der Autopoiesis des beobachtenden Systems und formuliert nicht die Perspektive, in der der Sozialisand sich selbst sozialisiert. Der Selbstsozialisation liegt die autopoietische Reproduktion der Gedanken durch Gedanken zugrunde, also der immer fortlaufende Zwang, zu nächsten Gedanken zu kommen.[52] Dieser basale Prozeß der Gedankenfolge trägt jede Strukturänderung, auch die, die wir als Sozialisation bezeichnen. Ohne ihn läuft nichts. Er läßt sich, wenn man auf Detailanalysen verzichtet, als »Wachheit« oder als »Aufmerksamkeit« bezeichnen. Er ist zunächst durch die Notwendigkeit immerfort laufender Reproduktion bestimmt und kann daher alles in Betracht ziehen, was ihm dazu verhilft – nicht mehr, aber auch nicht weniger.

Man muß demnach davon ausgehen, daß ein sich sozialisierendes System die gesellschaftlich gestellten Anforderungen mit eigenen Mitteln aufgreifen und bewältigen muß. Und auch hierbei kann es nur rekursiv verfahren: wenn es nicht schon sozialisiert ist, kann es sich auch nicht sozialisieren. Irgendein Zufall, der es ihm ermöglicht, sich selbst als bezogen auf soziale Aufforderungen zu begreifen, mag den Einstieg ermöglichen. Für den Prozeß selbst verfügt das System über den Bewußtseinsmechanismus der Beobachtung von eigenen Gedanken, ihrer Transformation in Vorstellungen, der daran anschließenden Bifurkation von Fremdreferenz und Selbstreferenz, des Wechselns innerhalb dieser Unterscheidung und der Kondensierung von Identitäten. Darin liegt aber noch nicht allzu viel Garantie dafür, daß die Sozialisation in einer Weise abläuft, die ein Beobachter (und wieder, wie zumeist: auch das sich beobachtende System selbst) als erwartungskonform beschreiben kann.

Ein System, das sich vorstellt, mit Erwartungen konfrontiert zu sein, findet sich in einer binär strukturierten Situation. Es kann nur auf zweifache Weise reagieren: mit dem Entschluß, die Erwartungen zu erfüllen, oder mit dem Entschluß, die Erwartungen zu enttäuschen. Wenn überhaupt Fremderwartungen erlebt werden (was selbst ein Resultat von Selbstsozialisation ist), findet das System sich also wie Herkules am Scheidewege. Nichts mag dann mehr faszinieren als eine Möglichkeit, beide Wege zugleich zu begehen. Aber das setzt bereits hohe Komplexität voraus – im jardín de senderos que se bifurcan zum Beispiel Möglichkeiten des Nichterwähnens der Zeit und eine Verschlüsselung des Textes, der dieses Nichterwähnen erwähnt.[53] Normale Systeme werden vielleicht nur prüfen, ob sie sich beobachtet glauben oder nicht oder wie es um die Wahrscheinlichkeit des Erwischtwerdens steht.

Wie kann man sich aber überhaupt vorstellen, daß etwas von einem erwartet wird? Zunächst wird die Selbstsozialisation, um die Voraussetzungen dafür aufbauen zu können, lange Zeit ohne diese Vorstellung auskommen müssen. Mit Hilfe seines Abtastinstruments der Femdreferenz wird das System einfach kondensieren, was sich vorstellen läßt, und dafür Routinen entwickeln. Dafür genügt die mit dem bloßen Vollzug der Autopoiesis sich einspielende Unterscheidung von System und Umwelt. Die Unterscheidung wird praktiziert und ermöglicht es dem System, auf der damit gegebenen Bistabilität zwischen Selbstreferenz und Fremdreferenz zu oszillieren. Nur wenn sich dabei bestimmte anspruchsvollere Arrangements bewähren, kann das System Einrichtungen entwickeln, mit denen es die Unterscheidung von System und Umwelt intern kontrollieren, das heißt als Struktur und nicht nur als basale Operation der Selbstbeobachtung (qua

Vorstellung, die dazu zwingt, Fremdreferenz und Selbstreferenz zu unterscheiden) verwenden kann.

Als Erfindung oder evolutionäre Errungenschaft, die dies ermöglicht, sehen wir die Identifikation von Systemen in der Umwelt des Systems an. Man muß, um diesen wichtigen Schritt begreifen zu können, also zunächst zwischen der Umwelt des Systems und Systemen in der Umwelt des Systems unterscheiden. Systeme in der Umwelt des Systems kann man nur anhand ihrer eigenen Umwelt identifizieren. Sie bleiben z. B. konstant, wenn anderes sich bewegt, oder umgekehrt. Nur die Unterscheidung von System und Umwelt ermöglicht die Bezeichnung und im weiteren dann die identifizierende Kondensation dieser Bezeichnung eines Systems, wobei die Möglichkeit, die eigenen Gedanken innerhalb dieser Unterscheidung hin- und herlaufen zu lassen, in der Operation des Unterscheidens/Bezeichnens mitangelegt ist. Nur wenn dies funktioniert, kann ein System entdecken, *daß es selbst in der Umwelt eines anderen Systems vorkommt.* Die Umwelt als solche, die in den eigenen Operationen immer mitläuft, kann nie reflexiv werden. Es gibt, anders gesagt, keine Umwelt der Umwelt und erst recht keine Systeme in der Umwelt der Umwelt. Um die System/Umwelt-Unterscheidung reflexiv handhaben zu können, müssen also Systeme in der Umwelt identifiziert werden. Nur so kann das, was Spencer Brown[54] re-entry nennt, produziert werden. Die Umwelt als solche wäre keine »Form«, also gibt es in ihr kein re-entry. Eine Form muß der Umwelt erst abgewonnen werden, etwa dadurch, daß man in ihr Systeme identifiziert. So und nur so kann die Unterscheidung von System und Umwelt in die Umwelt eingeführt werden, und nur so kann schließlich ein System sich als Umwelt von Systemen seiner Umwelt vorstellen. Damit wird die Figur der an das System gerichteten Erwartungen vorstellbar.

Dies heißt natürlich noch keineswegs, daß das System sich dadurch selbst motiviert, den Erwartungen zu folgen. Die Figur der fremden Erwartungen eigenen Verhaltens besagt vielmehr nur, daß das System in eine Entscheidungssituation gebracht wird, die als Struktur (und als laufend wechselnde, von Moment zu Moment anders besetzte Struktur) seiner eigenen Autopoiesis dient. Erst damit entsteht die Ausgangslage, die man als Soziologe normalerweise vor Augen hat, wenn man von Sozialisation spricht. Man kann jetzt folgen *oder* abweichen. Das heißt: *beide*

Möglichkeiten sind mit Bezug auf die jeweils andere *kontingent*. Eine neue Unterscheidung also, die, wenn kondensiert, sich zu Normen verdichten kann.

Es ist *die Bewältigung dieser Kontingenz, die das System in die Richtung auf Individualität spezifiziert*. Wenn das System sich konform einstellt, gewinnt es Individualität, weil es nicht abweicht. Wenn es abweicht, gewinnt es Individualität, weil es sich nicht konform verhält. Beide Haltungen können sich bewähren und durch positives feedback verstärkt werden.[55] Wie typisch für Bifurkationen, kann das zur Akkumulation einer Geschichte führen, die sich entweder auf der Bahn der Konformität oder auf der Bahn der Abweichung konsolidiert und mit der Last ihrer Bewährungen radikale Änderungen erschwert. Die Option für die eine oder andere Seite kann nach Sachgebieten des Erwartens differenziert werden, etwa nach dem Muster: beruflich erfolgreich, aber drogenabhängig; in der Schule ein völliger Versager, aber im Leben bewährt; ein glänzender Verführer und Liebhaber, aber hin und wieder im Gefängnis; oder: zwar ehrlich, aber doof. Die Erwartung, daß die Fortsetzung solcher Lebenskarrieren erwartet wird, verstärkt ihren Druck. Je differenzierter die Erwartungsmuster sind, die die Gesellschaft produziert und an das Bewußtsein heranführt, desto reicher sind die Konstellationen, die sich auf diese Weise ergeben, und desto wahrscheinlicher wird, daß Individuen sich schon dadurch unterscheiden.

Die eigentlich interessante Frage kommt aber erst jetzt, und sie übergreift die wie immer sachlich differenzierten Erwartungsmuster. Man kann die Hypothese aufstellen, daß die *Abweichung stärker individualisiert als die Konformität*, einfach deshalb, weil das konforme Verhalten mühelos mit der Erwartung läuft, während das Abweichen gegen die Erwartung durchgesetzt, oft mit Sicherheitsvorkehrungen ausgestattet werden muß und dadurch höheren Aufmerksamkeitswert hat. In die vorstehend entwickelte Terminologie übersetzt, würde das heißen, daß beim Abweichen das ständige Oszillieren zwischen Selbstreferenz und Fremdreferenz tendentiell eher die Selbstreferenz kondensiert und auf Fremdreferenz nur insoweit achtet, als es brenzlig werden könnte oder Handlungsanschlüsse umdisponiert werden müssen; und daß man umgekehrt den Erwartungen folgen kann wie Agathe, ohne viel davon zu halten, aber auch: ohne viel damit über sich selbst zu bestimmen.

Beides ist Sozialisation. Beides ist ja aufgrund einer sozialen Wahrnehmung einer Erwartung möglich, und die Erwartung kann die Reaktion so eng führen, daß durch sie allein schon mehr bestimmt ist als durch die Frage, ob man ihr folgt oder nicht. Angesichts dieser Struktur ist es nicht sinnvoll, abweichendes Verhalten bis hin zur Kriminalität als mißglückte Sozialisation anzusehen. Mißglückte Erziehung ja! – aber das ist eine andere Frage; denn Erziehung ist, anders als Sozialisation, bereits ein funktionsgerichtetes *soziales* System, das eben deshalb entsteht und zur Ausdifferenzierung tendiert, weil die Gesellschaft sich mit den Ergebnissen von Sozialisationsprozessen nicht zufriedengeben kann.

Eben wegen jener Verschränkung von konformem und abweichendem Verhalten ist es auch wenig sinnvoll, soziologische Untersuchungen zu Sozialisationsunterschieden – sei es in historischer, sei es in schichtungsmäßiger, sei es in altersmäßiger, geschlechtsspezifischer oder irgendeiner sonstigen Hinsicht – an der Frage eines Sozialisationserfolges im Sinne des Ausmaßes der Tradierung konformen Verhaltens zu orientieren. Statt dessen könnte man überlegen, ob es Zusammenhänge gibt zwischen (1) Formen der Kombination von Abweichung und Konformität, (2) erreichbarem Individualisierungsgrad und (3) typischen gesellschaftsstrukturellen Bedingungen. Diese Fragestellung soll im folgenden anhand von zwei Beispielen näher erläutert werden, nämlich anhand der Rhetorik des Helden (x) und anhand einer für die heutige Gesellschaft eher typischen Kombination von Copierzwang und Copierverbot, aufgelöst unter anderem in der Mode (xi).

X

Wir wechseln jetzt die Systemreferenz unserer Untersuchung und gehen nicht vom Einzelbewußtsein, sondern von der Gesellschaft aus. Die Frage lautet, welche Schemata des konformen bzw. abweichenden Verhaltens die Gesellschaft anbietet und wie es im Kontext solcher Erwartungsstrukturen um die Möglichkeit steht, sich über Abweichungen zu individualisieren.

Als erstes muß hier eine kleine Komplikation mit weitreichenden Folgen akzeptiert werden. Der Unterschied von konform und abweichend, oder verstärkt: der Unterschied von normal und abnormal, ist nicht identisch mit dem Unterschied von gut und schlecht. Er wird nicht als solcher moralisch schematisiert. Das Konforme und Normale ist vielmehr ein moralisch neutraler Sachverhalt, der weder Achtung noch Mißachtung einträgt. Die Moral bezieht sich auf abweichendes Verhalten – so als ob die Ungewöhnlichkeit des Abweichens keinen einfachen Ausdruck zulasse, sondern binär strukturiert werden müsse. Nur das Abweichen ist in einem herausgehobenen Sinne gut bzw. schlecht. Moral ist eine Ordnung der Abnormalität.[56] Das Abweichen bringt einen mithin in die gefährliche Zone des moralischen Urteils: Erst der Apfel, dann die Erkenntnis. Zugleich ist die Abweichung – und auch hier wie immer: die Abweichung von dem, was als Erwartung vorgestellt wird – der Weg zur Individualität.

Viele moralische Traktate der Vergangenheit lassen sich erst verstehen, oder sie verlieren zumindest ihre Banalität, wenn man dies berücksichtigt. Um dies an einem Beispiel zu verdeutlichen: In einem im Jahre 1600 in Venedig erschienenen Traktat, der (vornehme) Damen und Herren behandelt, werden die Damen im Hinblick auf ihre Tugenden, die Herren im Hinblick auf ihre Laster vorgestellt.[57] Dies kann nicht sinnvoll als eine empirische Deskription verstanden werden, also nicht als Ausführung der These, daß Frauen moralisch tugendhaft, Männer dagegen lasterhaft seien. Man muß vielmehr davon ausgehen, daß Frauen an einem Tugendschema, Männer an einem Lasterschema gemessen werden. Das moralische Urteil findet sich dann in der Spannung zwischen Schema und Wirklichkeit: Die Frauen sind nicht so tugendhaft, wie sie sein sollten, die Männer nicht so lasterhaft, wie sie sein könnten. Die Frauen werden, gemessen an ihrer Tugend, dann eher negativ erscheinen, die Männer, gemessen an den an sich erwartbaren Lastern, dagegen eher positiv. Die Lebenserfahrung kehrt dann die im Schema vorgeführte Bewertung um. Der Traktat ist nicht profeministisch, sondern präfeministisch zu lesen. Die Moral projiziert die Asymmetrie der Geschlechter in einen Umkehrspiegel, und den Frauen wird es schwerer gemacht als den Männern, ihre Moral zu behaupten.

Die vielleicht eindrucksvollste semantische Form, die in der europäischen Geschichte für moralisch reguliertes Abweichen ausgebildet worden ist, findet sich in der Idee des vorbildlichen

Übertreffens erwartbarer Leistungen, in nicht verlangbaren, nicht erwartbaren Verdiensten, religiös symbolisiert im supererogatorischen Werk des Erlösers. Dies ist gewissermaßen ein Muster für das Verhalten im jardín des senderos que se bifurcan. Man kann durch Übertreffen der erwartbaren Leistungen beide Wege zugleich begehen: den der Konformität und den der Abweichung; und man braucht dabei weder sich noch den anderen etwas zu verschweigen. Der Held ist innerhalb dieses Schemas von Konformität und Abweichung im genauen logischen Sinne ein Paradox; er produziert Konformität (Nachahmungswille) durch Abweichung, oder so jedenfalls beschreibt es die rhetorische Theorie. Er muß die Paradoxie nicht verbergen, um handeln zu können. Im Gegenteil: Er macht sie im Raume des Öffentlichen sichtbar. Er publiziert sich und damit sie, um seine sozialisatorisch-erzieherische Funktion erfüllen zu können.

Wie immer bei Paradoxien in realen Systemen müssen freilich gewisse Probleme evakuiert oder doch für Sonderbehandlung beiseite geschoben werden. Das gilt vor allem für den Einbau sozialstruktureller Erfordernisse in das Konzept. Das Verhalten des Helden wird nach mérite/démérite konditioniert. Dabei ist jedoch die hohe Geburt eine Vorgabe von mérite, sie ist selbst schon Verdienst. Das bedeutet nicht unbedingt, daß es dem Adel leichter gemacht wird, wohl aber, daß heldisches und schurkisches Verhalten an den Erwartungen gemessen wird, die sich an die Geburt knüpfen. Die Unterscheidung mérite/démérite wird durch Adelswertungen konditioniert.[58]

Schon daraus ergibt sich, daß der Individualisierung und der subjektiven Zurechnung Schranken gezogen sind. Die Gesichtspunkte moralischer Beurteilung können nur punktuell, nicht aber in der Gesamtheit ihrer Sinnverweisungen ins Bewußtsein überführt werden. Ganz ohne Unwissenheit kommt man nicht zum Gral und kommt man auch in diesem Garten der Paradoxien nicht weiter. Das gilt einmal für die Frage, ob es Helden überhaupt gibt oder ob es sich nur um exempla, picturae, eidola handelt, kurz um Produkte der Poesie.[59] Man darf weiter nicht fragen, ob die Helden nicht vielleicht nur zur Entmutigung der Alltagsmenschen geschaffen sind, denen von vornherein klar sein muß, daß es ihnen selbst nicht gegeben ist, ferne Länder zu erobern oder den Tod eines Märtyrers zu sterben. Vor allem darf jedoch das Heldentum nicht allzu weit in das Bewußtsein des

Helden selbst eindringen. Jedenfalls hier muß die Paradoxie abgedunkelt werden, weil sonst der Held in die peinliche Nähe des Selbstlobs gerät, das nicht zur Nachahmung mitempfohlen werden sollte.[60] Der Held sollte deshalb relativ arglos vorgehen und nicht wissen, daß er einer ist.[61] Das schränkt auch die Absicht ein, sich auf diesem Wege der Abweichung Individualität zu beschaffen. Es mag ihm um seinen Ruhm gehen, meinetwegen. Aber Ruhm ist nichts anderes als die Verlängerung des Lebens im Gedanken der anderen und nicht dokumentierte Individualität. Entsprechend ist in den Anweisungen der Rhetorik zur Anfertigung von Helden deren Individualität so wenig vorgesehen wie in Küchenrezepten die Individualität des zustande kommenden Gerichtes. Ein solches Rezept lautet z. B. »But he that will truly set down a man in a figured story must first learn truly to set down a humor, a passion, a virtue, a vice, and therein keeping decent proportion add but names and knit together the accidents and encounters. The perfect expressing of all qualities is learned out of Aristotle's ten books of moral philosophy.«[62] Ein Held zu sein, erfordert einen »flat character« (im Unterschied zum »round character«, der den Leser mit überraschenden Wendungen konfrontieren kann).[63]

Ein anderer kritischer Punkt ist: daß die Literatur dazu tendiert, auf sich selbst hereinzufallen. Sie nimmt die durch sie errichteten Maßstäbe für Realität und registriert dann enttäuscht, daß die heutigen Helden nicht mehr das sind, was sie früher waren.[64] Das Schema antiqui/moderni kann zwar Lob und Tadel je nach Umständen in beide Richtungen verteilen;[65] aber vor dem Hintergrund einer rhetorischen Vorarbeit führt es, wenn nicht gerade gegenwärtige Persönlichkeiten zu loben sind, eher zur Wahrnehmung von Verfall.

Der Held lebt denn auch vornehmlich von Texten und in Texten,[66] also praktisch im Lateinunterricht, und Texte, wie der des Don Quijote, werden ihm ein Ende bereiten. Der Held verdankt seine Existenz der rhetorischen Amplifikation, die uns bereits oben beschäftigt hat. Ihr Ziel ist eine meinungsbildende Wirkung, und ihr Instrument ist die »admiratio« – jenes staunende Bewundern, das noch vor aller Ambivalenz der Gefühle und Urteile Aufmerksamkeit weckt und ihrer Einprägung in die Erinnerung dient. Jede Individualisierung des Helden und erst recht jede historisch-getreue Nachzeichnung seines wirklichen Lebens würde desamplifizierend und also kontraproduktiv wirken.[67]

Die Paradoxie der Konformität durch Abweichung funktioniert also nicht ohne weiteres, sie funktioniert nur mit semantischen Zusatzvorkehrungen, die das Durchschlagen der Paradoxie in die Intention des Helden blockieren, und sie ist und bleibt auf speziell präparierte, wenig realistische Kommunikation angewiesen. Das alles wird sich spätestens im 17. Jahrhundert, das höhere Ansprüche an die Reflexion der Individualität stellt, als recht störend erweisen. Es gibt bereits zu viele gegenläufige Tendenzen und Erfahrungen. Die Welt insgesamt ist nicht mehr das, als was sie erscheint (sondern zum Beispiel angewandte Mathematik). Die wissenschaftliche Literatur bevorzugt das genus humile als Stil anstelle des für Heldenberichte angemessenen genus grande. Die puritanische Theologie der Unsicherheit und der Zerknirschung operiert systematisch gegen das Heldengefühl im Helden. Dasselbe gilt für das verstärkte Insistieren auf Aufrichtigkeit und Offenlegen aller Seelenregungen in der katholischen Beichtpraxis. Der moralische Rigorismus wird, besonders von Jesuiten, auf im normalen Leben erfüllbare Erwartungen heruntertransformiert.[68] Was darüber hinaustreibt, macht sich nunmehr verdächtig. Der Held scheitert am Motivverdacht. Und im weltlichen Bereich: die Holländer als Helden? Bei aller Bewunderung ihrer technischen, wirtschaftlichen, wissenschaftlichen und politischen Leistungen: Helden waren sie nicht. Überhaupt boten die jetzt sichtbaren Fortschrittslinien dem Helden keine Chance mehr (und das war keineswegs nur eine Frage der technischen Veränderungen im Kriegswesen). Die rhetorische Floskel mochte fortleben, vereinzelt sogar bis heute.[69] Seit der zweiten Hälfte des 17. Jahrhunderts wird aber selbst im Roman das Heldische mehr und mehr ins Innere verlegt,[70] es dauert nur noch einige Zeit, bis das Publikum sich daran gewöhnt. Der berühmte Roman der Madame de La Fayette, La Princesse de Clèves, löst eine umfangreiche Diskussion darüber aus, ob das Geständnis der Heldin gegenüber ihrem Gatten nun als vorbildlich anzusehen ist oder nicht. Bei den Romanfiguren des 18. Jahrhunderts wird eine solche Diskussion nicht mehr möglich sein. Hier wird es dann, etwa im Falle Pamela, um die Zweideutigkeit der Motive gehen.[71]

XI

Der Held verschwindet nicht einfach, er wird ersetzt. Die Helden des bürgerlichen Romans werden nicht copiert, sie copieren selbst. Sie copieren entweder Literatur (Don Quijote, Emma Bovary – ein Motiv, das dann seinerseits copierfähig wird) oder Standards für Alltagssituationen des Lesers – sei es das Durchhalten des Profitmotivs unter erschwerten Umständen (Robinson Crusoe, Moll Flanders), sei es das Durchhalten der Tugend unter erschwerten Umständen (Pamela). Ihr Verhalten ist nicht einfach Heldentum, umgeschrieben auf bürgerliche Werte. Es ist einerseits gemeint und präsentiert als ein Verhalten in Alltagssituationen, mit denen jeder Leser sich selbst identifizieren kann; und es ist andererseits in einen eigentümlich ambivalenten Kontext versetzt, der für den Leser, nicht aber für den Helden selbst, als solcher durchschaubar ist. Der Held behält somit ein reines Bewußtsein: er strebt nach Profit unter Ausblendung moralischer Hemmungen, und sie erhält ihre Tugend ohne Rücksicht auf Genuß. Aber der Leser wird daran gehindert, dies nun wieder für sich selbst zu copieren. Ihm wird es nahegelegt, hinter die Kulissen der Motive zu schauen und den Roman psychologisch zu lesen. Der Leser wird als Beobachter des Helden eingesetzt, er sieht mehr als der Held selbst, und er wird dadurch am Copieren gehindert. Was er copieren könnte, wäre höchstens die Ambivalenz der Motivlage. Dem Leser wird es also zugleich nahegelegt und unmöglich gemacht, sich mit dem Helden zu identifizieren. Es wird ihm nahegelegt, weil er sich selbst in den gleichen Alltagssituationen findet. Es wird ihm unmöglich gemacht, weil er die Art, wie der Held die Vorschriften copiert, nicht selbst nochmals copieren kann. Nachdem der Text die Ambivalenz des Copierens hat sichtbar werden lassen, kann nun allenfalls noch diese Ambivalenz des Copierens copiert werden – dies allerdings dann in Situationen, die der Leser nicht wirklich als die seinen empfinden kann. Die Individualität des Helden ist somit noch nicht ohne weiteres Individualität des Lesers. Diesem wird zugemutet, sich in der dargebotenen Gemengelage von Konformität und Abweichung selbst zurechtzufinden.[72]

Wenig später, zunächst ansatzweise am Ende des 18. Jahrhunderts und endgültig in den letzten beiden Jahrzehnten des 19. Jahrhunderts, wird dafür ein neues Modell entwickelt: das

Modell des *zweiteiligen Selbst*.[73] Das Problem wird dem Roman abgekauft, es wird von verschiedenen Wissenschaften, vor allem Psychiatrie, Psychologie und Sozialpsychologie und schließlich von der Psychoanalyse als das ihre entdeckt. Seitdem gibt es eine Vielzahl von Beobachtungsanweisungen bis hin zu Therapieanweisungen, die auf der Unterscheidung von bewußt/unbewußt oder personaler und sozialer Identität (I/me) oder ähnlich gearbeiteten Schematismen aufbauen. Die Angebote sind inzwischen kaum noch zu überblicken. Wenn einmal das Einheitspostulat aufgegeben ist, lassen sich viele Möglichkeiten ausdenken: ein sich selbst entfremdetes Selbst (wegen zu geringer Entlohnung!), eine jeweils rollenspezifische Vielfalt von Selbsten, zum Beispiel ein musikalisches Selbst für die Oper, ein proteanisches Selbst, das die jeweils geforderte Form annimmt, oder ein allen Stürmen gewachsenes »ozeanisches« Selbst.[74] Kein Wunder, daß daraufhin die »Identität« zu einem all dem zugrundeliegenden Dauerproblem wird.

Vergleicht man diese zweiteilige (oder mehrteilige) und damit zweideutige (mehrdeutige) Selbstformel mit dem ambitiösen Selbst des Helden – und wir sind immer noch bei semantischen Formeln, die die Gesellschaft anbietet, und nicht bei Selbstbeschreibungen eines konkreten Bewußtseins –, dann fällt die höhere Komplexität und Unbestimmtheit der Copieranweisung auf. Die Semantik des pluralen Selbst entsteht als Reaktion auf die Paradoxie der nur als Copie zu gewinnenden, copierbaren Einzigartigkeit des Individuums: Die Paradoxie wird einfach aufgelöst in ihre beiden Bestandteile: ein eigenes und ein copiertes und copierfähiges Selbst.

Damit stimmt überein, daß Imitation umgewertet wird; aus einer Welt, in der es Wahres, Gutes und Schönes zu imitieren gab, gleitet man über in eine Welt, in der alles erlaubt ist außer Imitieren, in der Snobismus die einzige wirklich unverzeihbare Sünde ist. Die »copia« der Rhetorik, der Reichtum an Möglichkeiten, sich auszudrücken, wird zur copie,[75] die im technischen Bereich erlaubt sein mag, aber dem Selbst schlecht ansteht. Seit der zweiten Hälfte des 17. Jahrhunderts wird »Originalität« verlangt, zum Beispiel beim Abfassen von Liebesbriefen: »Le siècle est délicat, il n'aime pas les copies, il faut être original en tout ce qu'on écrit«.[76] Im 18. Jahrhundert ist vollends entschieden, daß der Mensch ebenso wie das Kunstwerk »Originalität« und Einzigartigkeit aufzubringen hat. Und da dies gegen das Übliche, also gegen die Gesellschaft, geschehen muß, gelingt es nicht oder gelingt es nur wenigen »genialen« Menschen. »Born originals, how comes it to pass that we die copies?« fragt Edward Young in seinen berühmten »Conjectures on Original Composition« (1759).[77] Auch insofern bleibt das Anticopierprogramm ambivalent und gibt Anlaß zu kontinuierlicher Kritik der Gesellschaft. Wie überall, so startet auch hier die »bürgerliche Gesellschaft« mit einem Protest gegen sich selbst. Der »homme-copie«[78] ist, auch als Gegenstand von Literatur,[79] so normal, daß man sich fragt, ob der Gegenfall nur eine Erfindung der Literatur ist oder sogar nur in der Position des Beobachters, also beim Schreiben und Lesen von Literatur, fiktional realisiert werden kann.

Ob diese Verurteilung des doch unausweichlichen Copierens dem Einzelnen zur Individualität verhilft? Oder ob sie nur den Kommunikationsraum offenzuhalten versucht, indem jeder sich selbst als letzte Instanz seiner Interessen, Wünsche und Ziele darzustellen vermag? Wie auch immer – dem Individuum wird jetzt erlaubt, sich selbst als einzigartig zu behaupten.[80] Für die praktischen Verhältnisse der sozialen Kommunikation bedeutet dies aber nur, daß es nicht erlaubt ist, einer solchen Behauptung zu widersprechen, auch wenn die Copie des Individualitätsmusters auf der Hand liegt.[81] Das Postulat der Aufrichtigkeit wird auf diese Weise unterlaufen. Wenn man sich selbst als einzigartiges Individuum darstellen kann, stellt sich das Problem der Aufrichtigkeit nicht mehr für die Darstellung; aber es stellt sich um so mehr für den, der sie durchschaut und nun daran gehindert werden muß, dies Durchschauen mitzuteilen. So wird das Prinzip der Aufrichtigkeit als moralische Idee schließlich unbedingt bejaht und zugleich Umsicht und Zurückhaltung in der Kommunikation empfohlen.[82] Die Individualität kommt so durch eine Konspiration des Schweigens zustande. Die Inhibierung der entlarvenden Kommunikation wird dann nur noch unter besonderen Bedingungen desinhibiert, vor allem unter der Bedingung professioneller Therapie. Wer dafür bezahlt, wird sich die Destruktion seiner Selbstdarstellung wohl gefallen lassen.

Mit etwas mehr Abstand von der literarisch angebotenen Semantik kann man vermuten, daß diese Verschlüsselung des Problems individueller Identität etwas zu tun hat mit einer größeren Distanz zwischen psychischen und sozialen Systemen, wie sie für die moderne Gesellschaft kennzeichnend ist. Eine ausgeprägt funktionale Differenzierung des Gesellschaftssystems muß es dem Einzelnen überlassen, in welchem Moment und mit welchen Interessen er an den Funktionssystemen der Gesellschaft partizipiert: wen er heiratet und ob und wie viele Kinder er haben will; welchen Beruf er ergreift und mit welchen Prioritäten er Konsumwünsche befriedigt; ob und in welcher Form er seinem Leben einen religiösen Sinn gibt; für welche Wahrheiten er sich interessiert; ob und wie er politisch wählt oder sich parteipolitisch oder auf andere Weise in Politik engagiert; welche Rechtspositionen er freiwillig aufbaut und ob er seine Rechte im Falle der Verletzung verfolgt oder die Sache auf sich beruhen läßt; ja in einem nicht unerheblichen Maße sogar: ob er sich für krank und für behandlungsbedürftig hält oder nicht. Daß all dies der Entscheidung des Einzelnen überlassen wird, bedeutet natürlich nicht, daß dabei ein im statistischen Sinne zufälliges Gesamtmuster herauskommt. Es heißt jedoch, daß die Nichtregulierbarkeit dieser Fragen in der Form von Freiheitskonzessionen ausgedrückt wird, und es heißt nicht zuletzt: daß die moralische Präformierung solcher Entscheidungen abgebaut werden muß. Die Gesellschaft wird moralisch tolerant. Gerade das ermöglicht es im übrigen vielen Gruppen und Grüppchen, einen eigenen moralischen Rigorismus aufzubauen und mit Schärfe alles zu verurteilen, was ihren Vorstellungen widerspricht; denn auch das wird nun toleriert.

XII

Das Problem der notwendigen Intransparenz in Sachen Aufrichtigkeit stellt sich nicht nur für den Helden, es stellt sich für jedermann. Wie kann man an seine eigenen Motive glauben? Man kann auch versuchen, wie um sicherzugehen, sie von vornherein als verurteilungswürdig darzustellen. Nachdem aber Rousseau diese Möglichkeit vorgeführt hat, ist auch sie nur noch eine besondere Spezies von Eitelkeit.

Sobald das Bewußtsein sich mit seiner eigenen Selbstreferenz bewußt beschäftigt und auch die Art, wie es mit sich selbst umgeht, noch durch Gedanken beobachtet (vgl. Fig. 3 S. 40), wird auch Selbstreferenz zur Vorstellung, also zur Bifurkation von

Anschlüssen. Das heißt: das Bewußtsein bringt sich in eine Situation, in der es auch sich selbst nur noch als kontingent, das heißt: als auch anders möglich, behandeln kann. Nur die Autopoiesis selbst läuft auch darin weiter. Das Bewußtsein kann nur bewußte Operationen verwenden, um sich mit sich selbst zu beschäftigen, und es tut dies, indem es dies tut. Es wäre völlig falsch, hier etwas »Unbewußtes« am Werke zu sehen.[83] Aber wenn der Gedanke zur Vorstellung wird, bewirkt dies zwangsläufig bivalente Anschlußmöglichkeiten mit der Möglichkeit, vom einen zum anderen überzugehen.

Es lohnt sich auch hier, nachzusehen, wie dieses Problem im Gesellschaftssystem behandelt worden ist, und im großen und ganzen kann man sagen: durch Zumutung von Moral. Nach alter Lehre ist der Mensch zwar frei, sich im Moralschema von gut und böse für das Gute zu entscheiden. Er ist jedoch im Stande der Sünde zugleich den Einwirkungen des Teufels ausgesetzt. Dieser wirkt als Geist nicht von außen, sondern von innen auf den Menschen ein mit der Folge, daß der Mensch sich selbst und den Teufel kaum unterscheiden kann. Gerade im Vollzug einer Selbstbesinnung kann er sich täuschen und den Verführungen erliegen. Er ist deshalb auf den Beistand Gottes und seiner Engel sowie praktisch auf professionelle Seelsorge und Regeln der kirchlich akzeptierten, seelenheilssicheren Moral angewiesen.[84] In sich selbst findet er gerade nicht die Sicherheit der moralischen Erkenntnis. Die Individualität bleibt der Moral nachgeordnet, und die Unterstellung der freien Wahl hat nur den Sinn, Zurechnung zu ermöglichen. Notwendige Intransparenz – das heißt in diesem Denksystem: sich selbst und den Teufel nicht unterscheiden zu können und deshalb auf Beistand angewiesen zu sein.

Solange die Moral als religiös fundiert dargestellt wurde, war es möglich, die Selbstreferenz der Motive in Richtung auf Transzendenz zu asymmetrisieren. Man konnte sie in dieser Beziehung dann nochmals moralisieren. Dabei konnte zugestanden werden, daß Tugend auch Gefallen an sich selbst und guten Ruf bewirke; aber es wurde moralisch gefordert, man solle nicht wegen derart unedler Motive tugendhaft handeln, sondern zum Ruhme Gottes: »Glorie waiteth on Vertue, as the shadow followeth the bodie: even so, unto good actions, followeth a certaine pleasure and sweetness; howbeit a good man giveth almes, yet doth he not give it with intention men should commend him, as hypocrites doe, and so be repayed with the pleasure of a good reputation, but with the testimonie of a good conscience that he doth it for the glorie of God«.[85]

In dem Maße, als die Moral sich gegenüber der Religion für souverän erklärt, fällt dieses Problem auf sie selbst zurück. Dabei ist zunächst wenig Überzeugendes zustande gekommen. Man spaltet das Problem in wahre und falsche Tugend, wahre und falsche Devotion, wahre und falsche Selbstliebe, wahre und falsche Achtung und sieht in dieser Unterscheidung nochmals die Pädagogik Gottes.[86] Wenn diese entfällt, bleibt noch die Universalität der sozialen Referenz – man möchte nicht von diesem oder jenem, sondern von allen geachtet werden – als Kriterium, dem Materialisten ebenso wie Transzendentalphilosophen zustimmen werden.[87] Die Moral zieht sich auf die Gesellschaft zurück.

Genau dies versucht Kant zu bestreiten und zu verhindern. Er kann es nur noch mit einer Theorie, die die subjektiv-individuelle Selbstreferenz, die Selbstreferenz des Bewußtseins, selbst für ein moralisches Faktum erklärt. Das Sollen selbst wird als »Tatsache der Vernunft«, das heißt als Tatsache des Bewußtseins gedacht, der gegenüber das Bewußtsein sich zugleich frei und gebunden fühlt, aufgefordert sozusagen durch sich selbst, sich zu binden. Geschieht dies, dann akzeptiert das Bewußtsein Moral in der Form einer Maxime – zugleich frei und in der Einsicht der Notwendigkeit, mit der sich die Bedingungen des sozialen Zusammenlebens dem Bewußtsein präsentieren. Aber Freiheit muß dann, was viele Zeitgenossen mißverstanden haben, streng transzendental, das heißt empirisch unkonditionierbar, begriffen werden.[88]

Man muß recht verstehen, um was es ging: Gerade wenn die Eigenständigkeit des Individuums als Subjekt sozial anerkannt werden mußte, wollte man wenigstens noch auf Moral vertrauen können. Man konnte nicht natürliche *und* moralische Garantien *zugleich* fahren lassen. Aber kann die Konstruktion Kants die alten Bedenken auflösen? Sie kann sie auf die Ebene einer transzendentaltheoretischen Analyse verschieben, aber gerade hier läßt sich dann die Simultanität von Selbstreferenz und Fremdreferenz nicht bestreiten. Wie kann das Subjekt wissen (ohne es im nächsten Moment zu bezweifeln), daß es die Maxime der Moral *frei* akzeptiert? Bei Kant ist dies durch die Unterscheidung von Moralität und Legalität garantiert; aber diese Unterscheidung selbst beruht auf der Voraussetzung, daß das Bewußtsein internale und externale Zurechnung am eigenen Verhalten unterscheiden kann. Diese Unterscheidung ist jedoch selbst nur eine Variante jener Bistabilität von Selbstreferenz und Fremdreferenz, die sich in jedem Moment neu zur Wahl stellt. Man kann also nicht definitiv wählen, entweder moralisch oder legal handeln, sondern nur vor, während und nach der Entscheidung zwischen beiden Möglichkeiten oszillieren – es sei denn, daß man sich selbst auf die eine oder die andere Variante festlegt, wofür es weder im Bewußtsein noch in der Moral eine Rechtfertigung a priori gibt.

Diese Theorieleistung ist zu bewundern – auch und gerade in der Anstrengung, mit der sie den Punkt des Scheiterns so weit wie möglich hinausschiebt. Sie verdient aber auch noch ein zweites Interesse als Reaktion auf ein Problem der gesellschaftlichen Evolution.[89] Inhaltlich hält Kant sehr altes Gedankengut fest, nämlich die Auffassung des Sozialen als Moral der Reziprozität. Mit der These, es handele sich hierbei um eine Tatsache des Bewußtseins, das seinerseits das Subjekt sei, wird die sich aufdrängende Differenz der sozialen und der psychischen Autopoiesis nochmals abgewiesen.[90] Gleichzeitig ist aber evident, daß die Gesellschaft nicht als Tatsache des Bewußtseins begriffen, geschweige denn reformiert werden kann, sondern einer Eigenlogik folgt, die man für eine Weile »objektiven Geist« nennen mochte.

Wie man aber gegenwärtig beobachten kann, wird die Rhetorik des Helden nicht durch eine Rhetorik der moralischen Prinzipien, sondern durch eine Rhetorik der Angst abgelöst. In der Kommunikation nimmt der Rekurs auf Angst die Funktionsstelle des Apriori ein. Wer bekennt, er habe (für sich selbst und für andere) Angst, befindet sich damit auf unwiderlegbaren Grundlagen und zugleich außerhalb aller Kommunikationsmedien. Man kann Angst weder wegbefehlen noch wegregulieren,[91] weder abkaufen noch widerlegen. Es kommt auch gar nicht darauf an, wie viele bewußte Operationen tatsächlich angsterfüllt ablaufen. In der Systemreferenz Gesellschaft ist die kommunikative Unwiderlegbarkeit entscheidend. Daher muß die Moral jedem das Recht freigeben, sich auf Angst zu berufen und daraus Forderungen abzuleiten – auch wenn er raucht, Auto fährt, Drogen nimmt oder sonst vieles tut, was man bei hinreichender Angst unterlassen würde. Es könnte sein, daß sich in dieser Form eine appellative Moral aufbauen läßt, die genau auf die Autopoiesis des Bewußtseins abgestimmt ist, im Hinblick auf ihre Folgen für das Sozialsystem Gesellschaft aber – Angst erwecken könnte.

XIII

Die auf sich gestellte Reflexion des Bewußtseins kann sich nicht auf ein Übereinkommen mit der Gesellschaft stützen. Sie kann nur sich selbst daran hindern, sich in pure Tautologie aufzulösen. Die Einheit des Bewußtseins kann im Bewußtsein daher nur unscharf vorgestellt werden – als eine Unschärfe, hinter der sich verbirgt, daß man bei weiterem Suchen weder auf Eigenschaften noch auf Prinzipien stoßen würde, die unumstößlich feststehen. Weder der Held noch der homme-copie, noch das moralische Bewußtsein kommen ohne »blinden Fleck« aus. Weder die eine noch die andere Figur bringen gesellschaftliche und psychische Selbstreferenz zur Deckung. Der Held darf sich sein Interesse an Ruhm, Reputationsgewinn oder moralischer Achtung nicht eingestehen. Er muß, um aufrichtig sein zu können, unaufrichtig sein. Es wird ihm untersagt, sein Heldentum durchzureflektieren. Am besten also, wenn er nur als Text existiert. Der homme-copie läuft, mit verschobener Semantik, auf die gleiche Paradoxie auf. Er sucht bei allem Copieren von kulturell angebotenen Mustern Individualität, und er kann dieses Ziel erreichen, indem er sich (I) von sich (me) unterscheidet und genügend verschiedenartige Muster zu einer einzigartigen, so leicht nicht duplizierbaren Synthese zusammenfügt. Nur dies darf er sich nicht eingestehen: daß gerade dieses Ziel individueller Einzigartigkeit eine Copie ist – und war eine Copie des allgemeinsten Musters, das es überhaupt gibt: der Unterscheidbarkeit des eigenen »Selbst« von jedem anderen. Das Held-sein-Wollen und das Nicht-Copie-sein-Wollen laufen auf dieselbe Paradoxie hinaus. Beide Formen eines Sozialisationsangebotes sind auf genau angebbare strukturelle Intransparenzen angewiesen. Sie realisieren als Form für selbstreferentielle Systeme in je unterschiedlicher Weise die Paradoxie, die in allen selbstreferentiellen Systemen angelegt ist. Das System muß sich dann gegen Blockierung schützen, und eben dies ist die Funktion des blinden Flecks.

Daß ein solches Problem weder durch einen kategorischen Imperativ noch durch allgemeine, argumentativ bewährte Prinzipien, noch durch ergebnisoffene Verfahrensregeln, mit denen man eventuell zu gemeinsam akzeptierten Gründen gelangen wird, gelöst werden kann, wird einsichtig sein. Es handelt sich überhaupt nicht um ein Problem des Konsenses. Vielleicht hat die darauf abstellende, der sozialen Differenzierung und der zunehmenden Komplexität entgegenarbeitende Moraltheorie sich unter einer falschen Problemstellung formiert. Es geht gar nicht um die Überbrückung von Meinungsverschiedenheiten von Individuen und nicht um eine Duplikation von Systemzuständen nach dem Schema gut und schlecht. Das Problem ist: daß kein wie immer autorisiertes oder begründetes semantisches Angebot die Paradoxie der Selbstreferenz beseitigen kann. Keine wie immer konsensfähige Moral kann daher das Bewußtsein »in Ordnung bringen«. Jedes Angebot wird die Möglichkeit der Abweichung mitproduzieren und beim Einbau der Abweichung in die Verhaltensmöglichkeiten des Systems die Paradoxie der Selbstreferenz aktualisieren.

Die Frage kann daher allenfalls sein: ob in bezug auf genau dieses Problem Formen gefunden werden können, die ein stabiles, rekursiv gefestigtes Selbstverhältnis trotzdem ermöglichen. In der allgemeinen Theorie selbstreferentieller Systeme wird dieses Problem heute unter dem Titel »Eigenvalues« oder »Eigenbehaviors« abgehandelt.[92] Eigenvalues werden gefunden (oder auch nicht gefunden) durch rekursive Anwendung von Operationen. Es mag keine oder auch viele Möglichkeiten geben, und insofern ist das System in dem, was es als Problemlösung akzeptiert, immer auch geschichtlich bestimmt. Bisher ist die Theorieentwicklung in diesem Punkte über erste Ansätze auf mathematischem, physikalischem, biologischem und linguistischem Gebiet jedoch nicht hinausgekommen. Die ganz andersartige Ausrichtung bewußtseinstheoretischer und moraltheoretischer Forschungen hat eine solche Fragestellung nicht zugelassen. Es wäre ein Umdenken von Einheit auf Differenz und von logischer Kohärenz auf Paradoxie einzuleiten; und alles, was bisher unter dem Gesichtspunkt der sozialen Integration und regelabhängigen Übereinstimmung gedanklich entworfen worden ist, müßte unter dem Gesichtspunkt der sozialen Konditionierung von Formen der Selbstentparadoxierung des Bewußtseins reformuliert werden. Wie immer ein solches Forschungsprogramm eingelöst werden kann: es macht schon als Problemstellung erkennbar, daß die soziale Konditionierung der moralischen Eigenbehaviors nicht so weit getrieben werden kann, daß solche Formen nicht mehr gefunden werden können. Wäre das der Fall, dann müßte die Moral, sie könnte sehr wohl soziale Funktionen erfüllen, auf Bewußtseinsentsprechungen verzichten.

XIV

Nehmen wir an, ein Bewußtsein erführe von diesen Veränderungen der kommunizierbaren Individualitätssemantik, von dieser Transformation der Möglichkeiten, ein sozial konzessioniertes »Selbst« zu sein: was könnte es damit anfangen? Es wäre eine (vielleicht soziologentypische) Naivität, zu unterstellen, daß das Bewußtsein sich normalerweise entsprechend sozialisieren läßt. Weder Heldentum noch Originalität sind Lösungen für ein Innenproblem des Bewußtseins. Beides kann ein Bewußtsein nicht wissen und nicht wollen: im Falle des Helden, weil die Absicht, es zu sein, das Ziel sabotiert; im Falle der Originalität, weil man als eigenes Bewußtsein immer schon original operiert und jedes dies-Wollen auf eine Copie hinausläuft. Beide Vorschriften sind, mit anderen Worten, paradox angelegt, so daß sie sich im Vollzug in ihr Gegenteil auflösen. Ein Bewußtsein, das seine Einheit nach diesen Regeln zu definieren suchte, würde sich selbst als paradox bestimmen, also sich nicht bestimmen.

Dies ist jedoch kein Fehler im semantischen Angebot, kein Fehler, den man korrigieren könnte – etwa dadurch, daß man auf weniger exaltierte Konzepte wie redlicher Christ, honnête homme, klassenbewußter Proletarier etc. ausweicht. Die Paradoxie steckt letztlich nämlich schon in der Reflexion des Bewußtseins selbst, das heißt in der Absicht, die Einheit des Bewußtseins in das Bewußtsein wiedereinzuführen. Die Wiedereinführung der Einheit eines Systems in dieses System erzeugt in diesem System eine *Differenz*, nämlich die Differenz der introduzierten Einheit zu dem, was sich im System sonst noch vorfindet.[93] Die Operation der Reflexion der Einheit kann in einem autopoietischen Kontext immer nur eine im Zusammenhang mit anderen sein, und sie artikuliert daher, ob sie dies intendiert oder nicht, eine Differenz. Sie wird im nächsten Moment durch einen anderen

Gedanken als Vorstellung beobachtet mit der dann typischen Bifurkation: entweder bei der vorgestellten Einheit zu bleiben, sie zu kondensieren und sich mit ihr zu langweilen oder die Vorstellung selbst als Gedanken zu fassen und dabei zu merken, daß die intendierte Einheit gleichsam unter ihr selbst wegläuft. Man mag sich dann beim nächsten »crossing« erinnern, daß man ja eigentlich ein Held sein wollte, aber zwischendurch fast unbemerkt sich immer wieder mit anderen Dingen beschäftigt.

Die Einführung der Einheit in die Einheit ist also die Einführung einer Differenz in die Einheit. Für sich selbst ist die Einheit eine Differenz. Eine Operation, die sich in ihrem eigenen Bedingungszusammenhang als Einheit will, will sich als Differenz – und dies ist genauso gemeint, wie es gesagt ist: nicht als Differentes, Unterscheidbares, Identisches, sondern *als Differenz*. Dies ist denn auch die Grundparadoxie aller Reflexion: daß sie Einheit will und Differenz erzeugt. Als Reflexion gibt es nur die eine Operation des unterscheidenden Bezeichnens, und wenn es sie nicht gibt, dann gibt es eben keine Reflexion.

Mithin ist es aus sehr prinzipiellen Gründen falsch, anzunehmen, die Gesellschaft könne dem Individuum bei seiner »Identitätsfindung« behilflich sein, ihm dafür Modelle oder Beispiele bieten oder ihm diese Aufgabe durch eine vorgegebene »kollektive Identität« erleichtern.[94] Das Problem ist vielmehr, daß Identität nur in einer Differenz zu haben ist und daß diese Differenz, wenn das System sich mit seiner Identität soll identifizieren können, die Einheit des Systems vertreten können muß.

Entsprechend muß die Fragestellung geändert werden. Sie muß nun auf die Differenzerfahrungen abzielen, die die soziale Semantik dem Bewußtsein nahelegt. Die topisch-rhetorische Literatur hatte Lob und Tadel verteilt, und ihre Theorie hatte dieses Schema mit Erziehungszielen gerechtfertigt. Die Übertreibungen ins Heldische oder ins Schurkenhafte mußten und konnten vom Bewußtsein diskontiert werden, ohne daß dadurch die Differenz verlorenging. Auch wenn man von der Abweichung des Vorbilds abwich und weder Lust noch Zeit, noch Kraft, noch Gelegenheit hatte, Held oder Schurke zu sein, blieb das Schema der moralischen Differenz intakt. Natürlich wissen wir nicht, was im Bewußtsein derer, die solchen Modellen ausgesetzt waren, wirklich vor sich ging. Aber es liegt nahe, zu vermuten, daß das Ausmessen der Distanz zum Helden und zum Schurken wenig Anlaß bot, die Differenz selbst in Frage zu stellen. Verglichen mit heute war diese Ordnung auch gestützt durch die Schmalspurigkeit der Wertungsdimensionen (etwa die Kleinkatalogfähigkeit der Adelswerte), durch die geringe Alternativenbreite der ganz überwiegend häuslichen Lebensbahnen und durch die in Schule und Kirche, Lateinübungen und Beichte institutionalisierten Ermahnungen. Man kann so annehmen, daß es nicht schwierig war, das eigene Verhalten in Richtung gut oder schlecht zu verorten und daraus, wenn dies, selten genug, nötig wurde, eine Selbstbeurteilung abzuziehen. Im übrigen wird für Alltagssituationen eine häusliche Identität genügt haben, und mit dieser Identität konnte man umstandslos in eine stratifizierte Gesellschaft eingeordnet werden. Ohne Haus war eine normale Lebensführung kaum möglich, ja selbst physisches Überleben schwierig. Mit dem Haus war man placiert.

Es ist evident, daß diese Ordnung sich in ihren strukturellen wie in ihren semantischen Aspekten aufgelöst hat. Damit gelangt man vor die Frage, wie denn nun das Bewußtsein die Differenz zu sich selbst in sich selbst formulieren kann und welche Hilfestellungen eine vorformulierte gesellschaftliche Semantik dazu beisteuert. Auch hier kann es nicht darum gehen, nach einem Übertragungsvorgang zu fragen oder nach Sinngehalten zu suchen, in denen gesellschaftliche Kommunikation und Bewußtsein übereinstimmen. Das wäre für eine Beobachtung operativen Bewußtseins, aber gerade nicht für eine Beobachtung von Selbstbeobachtung sinnvoll.[95] Aber gibt es nicht trotzdem gebahnte Möglichkeiten, die das Bewußtsein benutzt, wenn es sich selbst in Differenz zu sich selbst als Einheit beobachten will (auch und gerade dann, wenn es sich in dieser Rückwendung auf sich selbst unbeobachtbar weiß und darüber nicht kommunizieren kann)?

Da wir gesehen haben, daß die Selbstbeobachtung auf das Paradox aufläuft, daß Einheit als Differenz beobachtet werden muß, und sich also in der Beobachtung dieser Beobachtung wieder in Bistabilität auflöst, können wir auch fragen, ob es soziale Hilfeleistungen gibt für die Entparadoxierung des Bewußtseins; oder noch vorsichtiger: ob das, was das Bewußtsein an sozialen Bedingungen aufnimmt, ihm bestimmte Wege der Entparadoxierung nahelegt.

Diese Frage läßt sich zurückbeziehen auf den oben (unter IX) reformulierten Sozialisationsbegriff. Wir vermuten, daß die Morphogenese des Bezugspunktes der Selbstbeobachtung in der Vorstellung sozialer Erwartungen geleistet wird und daß hier Abweichung stärker sozialisiert als Konformität. Das Bewußtsein wird so angeregt, die Differenz zu sich selbst als Differenz zu dem, was erwartet wird, zu artikulieren und die selbstgefundene Lösung über Anpassung oder Widerstand sich selbst zuzurechnen. Das Sichüberwinden, sich zu fügen, ebenso wie Erfolge und Mißerfolge beim Abweichen – das sind die Tatbestände, die zählen, und die Moral, die die Selbstachtung mit dem integriert, was man als Fremdachtung erfährt, bietet dafür nur noch einen Artikulationsrahmen unter anderen.

Vor allem kann das Problem des Copierens nicht mehr moralisch geregelt und nach erlaubt und verboten unterschiedlich gelöst werden. Schon im 17. Jahrhundert stellt sich das Copierproblem auf einer Meta-Ebene, religiöse, moralische und andere »Moden« umfassend. Das Copieren von Devotion zum Beispiel kann weder schlechthin begrüßt noch schlechthin verurteilt werden (zumal auch die Kritik der Devotion als Modeerscheinung demselben Mechanismus unterliegt und ebenso verurteilt werden kann wie das durch sie kritisierte Verhalten).[96] Das läuft letztlich auf Rezeptierung der Selbstbeobachtung hinaus, die sich ihrerseits (auch wenn Beichtväter und Therapeuten professionell das Gegenteil annehmen müssen) der Beobachtung entzieht. Aus dem circulus vitiosus des Copierens, der auch das Copieren des Vermeidens des Copierens einschließt, kommt man nicht in Richtung auf gut oder böse hinaus, sondern nur durch eine allmählich sich versteifende Biographie. Man findet sich dann vor ohne Erinnerung an einen Anfang als Resultat einer Selbstselektion – unbestimmbar und doch fast unabänderlich festgelegt. Weder Held noch Original. Dann kann es zu einer wichtigen Unterscheidung werden, ob man mit sich zufrieden ist oder nicht. Moralisch gesehen und von außen beobachtet, kann beides gut und beides schlecht sein – je nach den Maßstäben, die der Beobachter seiner Unterscheidung zugrunde legt.

Die Form, in der die gesellschaftliche Kommunikation dies schließlich übernimmt und akzeptiert, ist die Einsicht in die *Inkommunikabilität der Selbsterfahrung*. Alle Versuche, diese Barriere zu überwinden, sind auf Tautologien und Paradoxien aufgelaufen, also als Beobachtung gescheitert. Das gilt für das fragwürdige Verhältnis des Helden zu seinem Heldentum, für das

Problem der Aufrichtigkeit, für das Copieren des Copierverbotes, ja für alle Versuche, sich in solchen Verfahren als Individuum zu präsentieren. Es bleibt die Einsicht, daß Selbstverhältnisse auf Tautologien und Paradoxien, also auf eine Blockierung der Anschlußfähigkeit von Beobachtung hinauslaufen. Man kann dies auch als Unaufhebbarkeit der Differenz von Operation und Beobachtung charakterisieren. Die gesellschaftliche Kommunikation sucht daraufhin nach Formen, mit denen sie Inkommunikabilität respektieren, also kommunizieren kann. In der Tradition galt Inkommunikabilität als Attribut wesentlicher Merkmale Gottes. Man mag die »Säkularisierung« auch dieses Gottesattributs beklagen. Man könnte aber auch darauf hinweisen, daß die Inkommunikabilität der Selbsterfahrung immer schon Abbild der Inkommunikabilität der Gottesattribute gewesen ist: Die Lehre von der Imago Dei hatte genau dies sagen wollen.

XV

In einer langen Tradition, die noch heute, obwohl verbraucht, nicht aufgegeben ist, hatte man dem Bewußtsein einen prominenten Platz in der Theorie der Erkenntnis eingeräumt. Erkennen wurde als eine Aktivität des Bewußtseins begriffen und Erkenntnis als deren Resultat, das im Bewußtsein gespeichert, kontrolliert und zur Kontrolle weiterer Erkenntnisgewinnung verwendet wird. Der dann unvermeidbaren Frage, *wessen* Bewußtsein gemeint sei, wurde ausgewichen – sei es, daß man auf »das« (transzendentale) Bewußtsein zurückgriff; sei es, daß man eine mögliche Übereinstimmung verschiedener Bewußtseinssysteme postulierte und es jedem Bewußtsein zutraute, die Bedingungen intersubjektiver Gültigkeit zu kontrollieren. Der empirische Gehalt dieser Zusatztheorien wurde im Transzendentalismus konsequent negiert; im Intersubjektivismus blieb er ungeklärt und wurde seit der Jahrhundertwende in einen methodologischen Pragmatismus aufgelöst.

Die Theorie autopoietischer Systeme kann diese Tradition nicht länger fortsetzen. Sie negiert sie zwar nicht direkt. Sie sagt keineswegs, daß das Bewußtsein nichts mit Erkenntnis zu tun habe oder daß es kognitiv unbegabt sei. Der Traditionsbruch liegt nicht in einer bloßen Negation von Vorläufertheorien. Er wird durch Übergang zu einer sehr viel allgemeineren Theorie der Kognition vollzogen. Diese läßt sich mit zwei zusammenhängenden Thesen formulieren:

(1) Jedes autopoietische System löst Probleme der *Kognition* im Vollzug seiner Autopoiesis. Das gilt für lebende Systeme (Zellen, Immunsysteme, Nervensysteme etc.),[97] für Bewußtseinssysteme und für soziale Systeme, für jedes dieser Systeme aber in je verschiedener Weise gemäß der Eigenart ihrer jeweiligen autopoietischen Organisation.

(2) Autopoietische Systeme jeder Art (der Begriff ist dadurch definiert) sind *geschlossene* Systeme insofern, als sie auf der Ebene elementarer Operationen ihre Reproduktion ausschließlich selbst vollziehen und in dieser Hinsicht keine Operationen der Umwelt aufnehmen und mitwirken lassen können. Sie arbeiten, anders gesagt, ausschließlich mit Innenbeleuchtung – aber dies natürlich in einer Umwelt, die ihrer Reproduktion Beschränkungen auferlegt.

Es fällt nicht schwer, diese beide Thesen in ihrem Zusammenhang zu begreifen und zu zwei weiteren Thesen zusammenzuziehen, nämlich

(3) Geschlossenheit und Kognition *erfordern und ermöglichen einander wechselseitig.* Die Geschlossenheit erfordert und ermöglicht ein konstruktives Umweltverhältnis, das sehr viel reicher ist als alles, was je über direkte Inputs und Outputs vermittelt werden könnte.

(4) Es ist diese Konstellation, die sich mit der Wahl ihrer Strukturen einer *evolutionären Auslese* stellt, wobei Evolution gar nicht unbedingt »Anpassung« an eine vorgegebene Umwelt bedeutet, sondern eben nur Selektion fortsetzbarer Autopoiesis.[98]

Wir können die Tragweite einer solchen Theorie der Kognition hier nicht weiter verfolgen. Uns interessiert die Entlastungswirkung für eine Theorie des Bewußtseins. Ob aktiv oder passiv genommen: das Bewußtsein ist nicht das einzige und, was Wissensbestände angeht, auch nicht das komplexeste erkennende System. Es verfügt über die Bedingung der Möglichkeit von Kognition: Geschlossenheit seiner eigenen Autopoiesis in einer Umwelt, die nicht Beliebiges zuläßt. Aber was könnte es wissen, was das Sozialsystem Gesellschaft und speziell das Funktionssystem Wissenschaft nicht schon längst wüßte? Die Stärke von

Bewußtseinssystemen dürfte in relativ konkreten, wahrnehmungsnah gebildeten Vorstellungen liegen, also gerade in den nichtkommunizierbaren Aspekten von Erkenntnis, in der »Anschauung«. Es besitzt jene Art von Sicherheit, die an der Selbstreferenzseite der Vorstellungen kondensieren kann. Es kann sich in aller Gewißheit täuschen – täuschen vor dem Forum eines anderen Erkenntnissystems, das beobachtet und beurteilt. Es operiert lernfähig und so gut wie unbelehrbar. Es ist nicht sehr schnell und nahezu unfähig, Verschiedenes simultan zu prozessieren. Diese Charakterisierungen werden sich modifizieren, ergänzen, einschränken und erweitern lassen: Sie machen jedenfalls deutlich, wie aussichtslos es ist, eine allgemeine Erkenntnistheorie oder sogar eine Wissenschaftstheorie und Methodenlehre aus einer Analyse des Bewußtseins zu gewinnen. Aussagen über Wissenschaft betreffen eine andere Systemreferenz.

Soziale Systeme wie Wissenschaft sind erkennende Systeme aus eigenem Recht, aufgrund eigener Autopoiesis, die nicht Gedanken, sondern Kommunikation reproduziert. Ihre Basis ist weder ein common sense der Subjekte, wie man bis ins 18. Jahrhundert angenommen hatte, noch Intersubjektivität, wenn dies heißen soll: vorauszusetzende oder herzustellende Übereinstimmung der Zustände einer Vielzahl oder gar aller Bewußtseinssysteme. Abgesehen davon, daß dies, empirisch gesehen, auf eine Utopie hinausliefe, ist es auch gar nicht der Sinn von Wissenschaft, Bewußtseinszustände zu koordinieren. Die Wissenschaft koordiniert nur sich selbst. Sie ordnet, strukturiert, desorganisiert und reorganisiert Kommunikationen. Daß der Bereich (domain) dieser Autopoiesis Bewußtseinssysteme wie auch andere empirische Welttatsachen involviert, ist unbestreitbar (siehe These 2). Darin liegen wichtige Beschränkungen der Möglichkeiten der Autopoiesis von Wissenschaft. Sie kann nicht einfach von Bewußtsein schlechthin abheben – wenngleich auch dies partiell im Bereich maschineller Rechenvorgänge, die kein Bewußtsein mit- oder nachvollziehen kann. Sie kann sich aber in weitem Umfange diejenigen Bewußtseinssysteme auswählen, die sie benutzt. Ihre Kommunikationen sind hochgradig selektiv adressiert. Selbst wenn man aber in diesem Sinne Unerläßlichkeit von Bewußtsein für Bestand und Fortgang der Wissenschaft in Rechnung stellt: weder Wissensbestand (Gedächtnis) noch Erkenntnisgewinn können als Input von seiten der Bewußtseinssysteme in das

Wissenschaftssystem begriffen werden (was immer die Kommitees, die Nobelpreise verleihen, davon halten mögen). Wissenschaft ist kein inputdeterminiertes System, sondern ein ausschließlich durch eigene Strukturen spezifiziertes System. Bewußtsein ist für die Wissenschaft nur ungeordnetes »Rauschen«, nur vorseligierender Zufallsträger, aber gerade als solcher unerläßlich.[99]

Gelänge es, eine Theorie der Autopoiesis des Bewußtseins auf den vorstehend skizzierten oder auf anderen Grundlagen auszuarbeiten, wäre damit also noch nicht der Platz der klassischen Bewußtseinsphilosophie neu besetzt. Der Platz war, wie sich auch am Terminus »Subjekt« ablesen läßt, zu tief angelegt und zu groß bemessen. Die Nachfolgefrage, so berechtigt sie ist, mag einstweilen offenbleiben. Vorerst mag es genügen, mit den Mitteln, die eine allgemeine Theorie autopoietischer Systeme bereitstellt, die Frage neu zu stellen, wie denn ein Bewußtsein als ein dynamisch-stabiles System faktisch operiert.

Anmerkungen

1 Ich denke an *de anima* III, 4-6 über die Abgelöstheit des kaloúmenos tês psychês noûs (429a 22) und an die Ausarbeitung in der anschließenden Diskussion über die Immaterialität der Seele. Seele wird hier (weil nicht durch Zeugung körperlich transmittierbar) autopoietisch begriffen mit der einzigen Ausnahme der Allopoiesis im Verhältnis zu Gott.

2 Vgl. vor allem: Humberto R. Maturana, *Erkennen: Die Organisation und Verkörperung von Wirklichkeit*, Braunschweig 1982.

3 Siehe z. B. Francisco J. Varela, *Principles of Biological Autonomy*, New York 1979; Peter M. Hejl, *Sozialwissenschaft als Theorie selbstreferentieller Systeme*, Frankfurt 1982; Stein Bråten, »The Third Position – Beyond Artificial and Autopoietic Reduction«, in: *Kybernetes* 13 (1984), S. 157-163.

4 Nicht zuletzt mit Rücksicht auf diese Sachlage benutze ich die Begriffe »Produktion« und »Reproduktion«. Sie bezeichnen einen Kausalvorgang, der intern kontrollierbare und externe Ursachen zusammenführt und sie bezeichnen in der Formulierung »Reproduktion« die Produktion aus Produkten (und anderem). Die Bewußtseinstheorie würde, um mechanistische Assoziationen zu vermeiden und um die Immanenz des Vorgangs zu unterstreichen, eher von »Konstitution« sprechen. Wir kommen aber aufgrund der Theorie rekursiv-geschlossener selbstreferentieller Systeme im Ergebnis zum selben Resultat.

5 Vgl. z. B. M. Deslandes, *L'art de ne point s'ennuyer*, Amsterdam 1715.

6 Dies ist empirisch bestreitbar durch Hinweis auf parapsychologische Phänomene, Hypnose und dergleichen – ein Hinweis, der dann aber nur auf gänzlich untypische, evolutionär offensichtlich wenig durchsetzungsfähige Marginalphänomene hindeuten würde.

7 Vgl. dazu C. P. Wormell, »On the Paradoxes of Self-Reference«, in: *Mind* 67 (1958), S. 267-271.

8 »Die Grenze der Analysis ist die Tautologie«, heißt es in Kants nachgelassenen Notizen (*Ges. Schriften*, Bd XVI, Berlin-Leipzig 1926, Refl. 3131). Den Hinweis verdanke ich Karl Eberhard Schorr.

9 Freges Begriff setzt Wahrheitsfähigkeit voraus. Siehe: Der Gedanke, in: Gottlob Frege, *Logische Untersuchungen* (hrsg. von Günther Patzig), 2. Aufl., Göttingen 1976, S. 30-53.

10 Siehe z. B. die Kritik von Thomas C. Heller, »Structuralism and Critique«, in: *Stanford Law Review* 36 (1984), S. 127-198 (insb. 158).

11 Vgl. das »tò autó esti tò nooûn kai tò nooúmenon« in *de anima* 430a 3-4 und die Formulierung, »that in understanding the Soule is ... made the Object that is understood« (Edward Reynoldes, *A Treatise of the Passions and Faculties of the Soule of Man*, London 1640, Nachdruck Gainesville, Florida, 1971, S. 418). In der Umstellung von »Sein« auf »Machen« liegt der ausschlaggebende Fortschritt.

12 Vgl. George Spencer Brown, *Laws of Form*, 2. Aufl., New York 1972. Spencer Browns Ausdrücke sind: distinction und indication.

13 Eine ähnliche Theorie formuliert mit Hilfe von zwei Ichbegriffen (ich $^{subj.}$/Ich $^{obj.}$) Gotthard Günther, »Logistischer Grundriß einer Intro-Semantik«, in: ders., *Beiträge zur Grundlegung einer operationsfähigen Dialektik*, Bd. 2, Hamburg 1979, S. 1-115, insb. S. 45 f. Wir stellen von »Ich« auf Ereignis (Gedanke) um, weil wir auch die Genese des Ich in die Theorie einbeziehen wollen.

14 Um einige Formulierungen von Paul Valéry zu diesem Zustand der »non-attention« aufzugreifen: »tout peut se substituer à tout. La suite de la vie psychique, si on l'enregistrait, montrerait un désordre, une incohérence ... parfaite ... dans cet état les images ou formules qui se succèdent n'ont entre elles qu'une liaison ... purement ... linéaire ... Elles n'ont entre elles qu'une seul relation, qui est de se succéder ou substituer. Mais si une connexion plus riche tend à se produire entre ces termes, alors il faut changer d'état ... et nous entrons dans le monde d'attention« – aus »L'idée fixe ou deux hommes à la mer«, zit. nach *Œuvres*, Bd. 2, éd. de la Pléiade, Paris 1960, S. 195-275 (206 f.).

15 »Toute vue étant payée par ce qui la détruit pour la conservation de la faculté de voir – ne pouvant être que par *consommation de possible* et recharge«, heißt es im Monsieur Teste: Paul Valéry, *Œuvres*, a. a. O., S. 64.

16 Ich lasse hier außer acht, daß es (wie mir intuitiv einleuchtet) auch so etwas geben kann wie eine ganz vorstellungsfreie Beziehung zwischen

Gedanken. Man muß dazu künstlich alle Distinktheit ausschalten und die Aufmerksamkeit in sich kurzschließen, also den Gedanken auf das Sichereignen des Gedankens richten.

17 Spencer Brown, a. a. O., nennt das »crossing«.

18 Vgl. »Natural Numbers in Trans-Classic Systems«, in: Gotthard Günther, *Beiträge zur Grundlegung einer operationsfähigen Dialektik*, Bd. 2, Hamburg 1979, S. 241-264 (252 ff.). Im Unterschied zu Günther und in Rücksicht auf eingeführten Sprachgebrauch nehmen wir Selbstreferenz als Oberbegriff und nicht als Gegenbegriff zu Autoreferenz. Für Günther entsteht Selbstreferenz erst aufgrund einer Unterscheidung zu Heteroreferenz.

19 Die Unterscheidung von Attention und Intention verdanke ich Jürgen Markowitz, *Verhalten im Systemkontext. Zum Begriff des sozialen Epigramms*, Frankfurt am Main 1986.

20 Dies ist mit der Logik von Spencer Brown, die eine Unterscheidung der Unterscheidung als Auslöschen der Unterscheidung behandeln würde, nicht zu fassen. Siehe aber auch den Versuch einer Weiterentwicklung bei Francisco J. Varela, »A Calculus for Self-Reference«, in: *International Journal of General Systems* 2 (1975), S. 5-24, mit dem Vorschlag, self-indication als dritten Wert (neben den durch die Unterscheidung unterschiedenen) einzuführen und dadurch Autonomie zu definieren.

21 Mit Modifikationen übernommen von Heinz von Foerster, »Principles of Self-Organization – In a Socio-Managerial Context«, in: Hans Ulrich/Gilbert J. B. Probst (Hrsg.), *Self-Organization and Management of Social Systems*, Berlin 1984, S. 2-24 (9 und 11).

22 Ein weithergeholter, zunächst für die Kulturanthropologie vorgeschlagener Begriff. Vgl. Robert Anderson, »Reduction of Variants as a Measure of Cultural Integration«, in: Gertrude E. Dole/Robert L. Carneiro (Hrsg.), *Essays in the Science of Culture in Honor of Leslie A. White*, New York 1960, S. 50-62.

23 Vgl. Robert B. Glassman, »Persistence and Loose Coupling in Living Systems«, in: *Behavioral Science* 18 (1973), S. 83-98; Herbert A. Simon, »The Organization of Complex Systems«, in: Howard H. Pattee (Hrsg.), *Hierarchy Theory: The Challenge of Complex Systems*, New York 1973, S. 3-27. Zu entsprechenden Überlegungen für soziale Systeme vgl. Hans-Dieter Evers (Hrsg.), *Loosely Structured Social Systems: Thailand in Comparative Perspective*, New Haven 1969, oder Karl E. Weick, »Educational Organizations as Loosely Coupled Systems«, in: *Administrative Science Quarterly* 21 (1976), S. 1-9.

24 Vgl. Edward Reynoldes, *A Treatise of the Passions and Faculties of the Soule of Man*, London 1640, Nachdruck Gainesville, Florida 1971, S. 84 f.: »The Root of every mans *love* unto *himselfe*, is that *unitie* and *identitie* which he hath with *himselfe*; it being naturall to every thing,

to take delight in the simplicitie of its own being: because the more *simple* and *One* it is, the more it is like the *Fountaine* of its being; and therefore hath the more perfection in it.« Oder Thomas Wright, *The Passions of the Minde in Generall* (1601), zit. nach der Aufl. London 1630, Nachdruck Urbana, Ill. 1971, S. 216: »The ground of every mans love of himselfe, is the Identitie of a man with himselfe, for the lover and beloved are all one and the same thing: because love being nothing else but a complacence or contentation in the goodnesse or perfection one hath with a desire of the accomplishment thereof, consequently as wee ought both in grace & nature to preferre non before our selves in the affection of vertue and perfection, so we should not love any above our selves.«

25 Etwa im Sinne einer Diskussion über interne Distanzen zwischen Werten und Präferenzen, Idealen und Realisierungsvermögen (Akrasie), bei denen das Ich hochidealisiert wird zur Instanz der Beurteilung von Neigungen und Präferenzen. Vgl. z. B. Harry G. Frankfurt, »Freedom of the Will and the Concept of a Person«, in: *Journal of Philosophy* 68 (1971), S. 5-20; Richard C. Jeffrey, »Preferences Among Preferences«, in: *Journal of Philosophy* 71 (1974), S. 377-391; Gary Watson, »Free Agency«, in: *Journal of Philosophy* 71 (1975), S. 205-220; Amélie O. Rorty, »Self-Deception, Akrasia and Irrationality«, in: *Social Science Information* 19 (1980), S. 905-922.

26 Vgl. oben unter 11.

27 Vgl. »L'auto-organisation: de l'apparence au mécanisme«, in: Paul Dumouchel/Jean-Pierre Dupuy (Hrsg.), *L'auto-organisation: de la physique au politique*, Paris 1983, S. 147-164. Vgl. auch ders., »Two Principles for Self-Organization«, in: Hans Ulrich/Gilbert J. B. Probst (Hrsg.), *Self-Organization and Management of Social Systems: Insights, Promises, Doubts, and Questions*, Berlin 1984, S. 25-32.

28 Auf ein ähnliches Problem stößt Philippe Mongin, »La théorie de la politique conjoncturelle et le problème de l'auto-organisation«, in: Dumouchel/Dupuy, a. a. O., S. 504-517 (515), bei einer Anwendung dieses Konzepts auf die Wirtschaft.

29 Siehe für Evolutionstheorie z. B. Varela, a. a. O., (1979), S. 30; Gerhard Roth, »Conditions of Evolution and Adaptation in Organisms as Autopoietic Systems«, in: D. Mossakowski/G. Roth (Hrsg.), *Environmental Adaptation and Evolution*, Stuttgart-New York 1982, S. 37-48. Für Lerntheorien Humberto R. Maturana, »Reflexionen: Lernen oder ontogenetischer Drift«, in: *Delfin* 1 11 (1983), S. 60-71.

30 Ich nehme an, daß hier eine Theorie des Gedächtnisses anschließen könnte, wobei Gedächtnis nicht etwa eine für die Theorie der Autopoiesis unvorstellbare Fortwirkung von längst vergangenen Ereignissen in der Gegenwart ist, sondern der Kondensationseffekt am je gegenwärtigen Ereignis selbst.

31 Daß der Begriff der Induktion hier aus seiner fatalen Gegenbegriffsstellung zu »Deduktion« gelöst ist, sollte aus dem Zusammenhang
deutlich genug hervorgehen. Es ist auch nicht an ein logisches Verfahren gedacht, wohl aber an eine Möglichkeit, den Induktionsbegriff der
Wissenschaftstheorie seinerseits auf eine allgemeine Theorie autopoietischer Systeme zu gründen.
32 Vgl. dazu grundlegend Magoroh Maruyama, »The Second Cybernetics: Deviation-Amplifying Mutual Causal Processes«, in: *General
Systems* 8 (1963), S. 233-241.
33 Vgl. zum Thema allgemein und speziell hierzu auch Paul H. Wender,
»Vicious and Virtuous Circles: The Role of Deviation Amplifying
Feedback in the Origin and Perpetuation of Behavior«, in: *Psychiatry*
31 (1968), S. 309-324; Richard L. Solomon/Lyman C. Wynne, »Traumatic Avoidance Learning: The Principles of Anxiety Conservation
and Partial Irreversibility«, in: *Psychological Review* 61 (1954), S. 353-
385.
34 Hierzu Niklas Luhmann, *Rechtssoziologie*, 2. Aufl., Opladen 1983,
S. 40 ff.
35 Hierzu anschließend unten S. 62 ff.
36 Man beachte die ganz andersartige Darstellung, die das Sozialsystem
Gesellschaft, jedenfalls seit dem Entstehen von stratifizierten Gesellschaften und Hochkulturen, dem Recht und der Moral gibt. Von hier
aus gesehen wird eine Verhaltensregulierung bereitgestellt, die für alle
Fälle gilt, die durch die Merkmale des jeweiligen Code erfaßt werden.
37 Für den Fall sozialer Systeme entwickelt Yves Barel, *Le paradoxe et le
système: Essai sur le fantastique social,* Grenoble 1979, S. 185 ff. einen
dazu passenden Begriff der »potentialisation«, der Aufbewahrung
zunächst inhibierter Möglichkeiten.
38 Zur Möglichkeit eines Vergleichs biologischer, psychologischer und
sozialer »Immunsysteme« siehe auch Niklas Luhmann, *Soziale Systeme: Grundriß einer allgemeinen Theorie*, Frankfurt 1984, S. 371 f.,
504 ff.
39 Um nochmals zu verdeutlichen: der Begriff Kopplung bezeichnet in
dieser Theorie die Tatsache, daß die damit bezeichnete Umweltbeziehung nicht in die Selbstreferenz einbezogen wird. Das Bewußtsein
findet und entwickelt seine Strukturen nicht dadurch, daß es Gehirnbenutzung oder Sprachbenutzung reflektiert. Diese Bedingungen werden auf anderen Ebenen der Realität (die Sprache z. B. durch Gehör)
zugeschaltet. Die gar nicht einfache Physik und Mathematik des
Hörens (siehe Alfred Inselberg/Heinz von Foerster, »A Mathematical
Model of the Basilar Membrane«, in: *Mathematical Biosciences* 7
(1970), S. 341-363) spielt für das Erleben der sprachförmigen Artikulation von Bewußtseinsinhalten zum Glück keine Rolle. Eine ganz
andere Frage ist, daß, wenn das Bewußtsein über Bewußtsein verfügt,

dann auch die Differenz von System und Umwelt in das System eingeführt und dort als Bewußtseinsstruktur benutzt werden kann – ein »re-entry« einer Unterscheidung in das durch sie Unterschiedene im Sinne von Spencer Brown, a. a. O.

40 Damit ist nicht bestritten, daß man zwischen Sprache und Bewußtsein, geschichtlich gesehen, ein Verhältnis der Co-evolution annehmen kann.

41 Hiergegen treffende Einwände schon bei Edmund Husserl, *Logische Untersuchungen*, Bd. II, 1, 3. Aufl., Halle 1922, insb. § 8, S. 35 ff., die bei Husserl natürlich dem Nachweis der Transzendentalität und nicht der Autopoiesis des Bewußtseins dienen.

42 Vgl. für die Anfänge Werner Jaeger, *Paideia*, 3 Bde., zit. nach der 3. bzw. 2. Aufl., Berlin 1954/55, insb. Bd. 3, S. 105 ff., und für die Zeit des Überwucherns und Auslaufens dieser Tradition Joan Marie Lechner, *Renaissance Concepts and Commonplaces*, New York 1962, Nachdruck Westport Conn. 1974; O. B. Hardison, Jr., *The Enduring Monument: A Study of the Idea of Praise in Rennaissance Literary Theory and Practice*, Chapel Hill N. C. 1962, Nachdruck Westport Conn. 1973; ferner Walter J. Ong, *The Presence of the Word: Some Prolegomena for Cultural and Religious History*, New Haven 1967.

43 Deshalb zeigt die Theorie dieser Tradition eine deutliche Überbewertung von »inventio« im Vergleich zu der sozial, also kommunikativ, viel wichtigeren »amplificatio«, was in der heutigen Wiederaufnahme von Topik und Rhetorik getreulich copiert wird. Im Historischen Wörterbuch der Philosophie ein Stichwort für inventio, aber keines für amplificatio. Siehe auch Lothar Bornscheuer, *Topik: Zur Struktur der gesellschaftlichen Einbildungskraft*, Frankfurt 1976.

44 Siehe speziell zum moralisch-polemischen Stil dieser Tradition, in dem die Fortsetzung der Rede selbst zugleich als Friedensangebot wirkt, Ong, a. a. O., S. 192 ff.

45 Vgl. Ong, a. a. O.; ferner ders., *Interfaces of the Word: Studies in the Evaluation of Consciousness and Culture*, Ithaca N. Y. 1977.

46 Daß man auch woanders beobachtet werden kann, etwa anhand des selten gewaschenen Autos oder des Unkrauts vor dem Zaun, anhand des Bankkontos, anhand des Benehmens der eigenen Kinder, anhand der Größe der Todesanzeige usw., lernt man erst später hinzu.

47 Sowohl Simmel als auch Mead haben hierfür klassische Beschreibungen gegeben. Auf eine genaue Klärung der Differenz in den Theoriegrundlagen muß ich hier verzichten. Die Sekundärliteratur hierzu ist kaum noch zu kontrollieren. Sie unterläßt als Re-Analyse klassischen Gedankenguts im allgemeinen eine hinreichend detaillierte Analyse der bewußtseinsinternen Vorgänge.

48 Vorsorglich sei erneut darauf hingewiesen, daß wir auch hier bewußtseinsinterne Vorgänge vor Augen haben, also die *Interpretation* einer

fremden Beobachtung als Erwartung meinen. Ob der andere wirklich beobachtet und ob er wirklich mit bestimmten Erwartungen beobachtet und ob dies die Erwartungen sind, die ihm unterstellt werden, sind weitere Fragen. Normalerweise werden sich allzu unrealistische Unterstellungen nicht lange halten, und es ist eine Normalleistung des sozialen Systems, reale Erwartungen und unterstellte Erwartungen aufeinander abzustimmen. Aber nicht alle Einzelfälle sind in diesem Sinne »normal«, und das Bewußtsein entscheidet letztlich souverän (weil in sich geschlossen) darüber, was für es selbst fremde Beobachtungen bzw. Erwartungen sind – wie immer andere Personen oder soziale Systeme das dann für »pathologisch« halten werden.

49 Siehe insb. Klaus Hurrelmann, »Das Modell des produktiv realitätsverarbeitenden Subjekts in der Sozialisationsforschung«, in: *Zeitschrift für Sozialisationsforschung und Erziehungssoziologie* 3 (1983), S. 91-103.

50 So Helmut Fend, »Selbstbezogene Kognitionen und institutionelle Bewertungsprozesse im Bildungswesen: Verschonen schulische Bewertungsprozesse den ›Kern der Persönlichkeit‹?«, in: *Zeitschrift für Sozialisationsforschung und Erziehungssoziologie* 4 (1984), S. 251-270 angesichts der geringen Zusammenhänge selbst im Falle intensiver und für den Lebenslauf hochbedeutsamer schulischer Beurteilungen.

51 Daß es damit nicht ausgeschlossen wird, innerhalb von soziologischen Fragestellungen Sozialisation in Hinsicht auf Zusammenhänge zwischen sozialen Strukturen (etwa typischen Schulklassensituationen) und Sozialisationsresultaten zu verfolgen, versteht sich von selbst.

52 Wir lassen hier beiseite, daß es auch eine unmittelbare neurophysiologische Sozialisation geben kann, die am Bewußtsein vorbei direkt auf den Körper einwirkt, etwa in der Nachahmung auffälliger Körpergesten, aber auch im unbemerkten Einschleifen von typischen Körperhaltungen aus Anlaß von bestimmten sozialen Situationen – z. B. Haltungen, die dann als solche der Verlegenheit oder des Gehemmtseins beobachtet werden und die dann sekundär auch durch das eigene Bewußtsein beobachtet und dadurch verstärkt werden können.

53 Nach Jorge Luis Borges (1941), zit. nach der Ausgabe in: *Ficciones*, Madrid 1972. S. 101-116.

54 A. a. O., S. 69 ff.

55 Vgl. oben unter VII. Terminologisch fordert diese Einsicht, daß man zwischen Abweichung von dem Ausgangszustand (= Abweichungsverstärkung, deviation amplification) und Abweichung von der Erwartung (deviance) unterscheidet.

56 Ganz ähnlich aufgrund sozialanthropologischer Forschungen Edmund Leach, *Social Anthropology*, Glasgow 1982, S. 114.

57 Siehe Lucrezia Marinella, *Le nobilità et eccellenze delle donne: e i difetti, e mancamenti de gli huomini*, Venetia 1600.

58 Dieses findet seine Entsprechung im Strafrecht: Ein Adeliger kann wegen des gleichen Delikts geringer, aber auch schärfer bestraft werden als andere, je nachdem, wie sich das Verhalten im Hinblick auf die an Adel gerichteten Erwartungen ausnimmt. Adel ist Strafzumessungsgrund. Vgl. z. B. Ciro Spontone, *Dodici libri del Governo di Stato*, Verona 1599, S. 211.

59 Und zwar in dieser Hinsicht einer *Allo*poiesie, deren eigene Autopoiesis auf ihren literarischen Erfolg rekurriert.

60 Mit Modifikationen! Dazu kasuistisch Plutarch, »De se ipsum citra invidiam laudanda«, zit. nach *Œuvres morales*, Bd. VII, 2, Paris 1974, S. 57-85.

61 Das Ende des Helden ist mithin absehbar, wenn die Frage seiner Aufrichtigkeit auftaucht. Siehe dazu Lionel Trilling, *Sincerity and Authenticity*, Cambridge Mass. 1972.

62 So John Hoskins, *Directions for Speech and Style* (1599), zit. nach der Ausgabe von Hoyt H. Hudson, Princeton 1935, S. 41. Vgl. auch das typische Ineinanderflechten von Essays zu Gemeinplätzen und biographischen Erzählungen bei Thomas Fuller, *The Holy and the Profane State*, Cambridge 1642, zit. nach dem Nachdruck New York 1938.

63 Diese Unterscheidung nach E. M. Forster, *Aspects of the Novel*, zit. nach The Abinger Edition of E. M. Forster, Bd. 12, Cambridge England 1974, S. 46 ff.

64 Vgl. Diego de Valera, *Un petit traictyé de noblesse*, frz. Übers. etwa 1460, ediert in: Arie Johan Vanderjagt, *Qui sa vertu anoblist: The Concepts of »noblesse« and chose »publicque« in Burgundian Political Thought*, Diss. Groningen 1981, S. 235-283, insb. S. 261 ff. als ein Beispiel für solche rhetorisch präformierte Kritik des Rittertums.

65 Hierzu besonders Robert Black, »Ancients and Moderns in the Renaissance: Rhetoric and History in Accolti's *Dialogue* on the Preeminence of Men of His Own Time«, in: *Journal of the History of Ideas* 43 (1982), S. 3-32.

66 Vgl. O. B. Hardison, *The Enduring Monument: A Study of the Idea of Praise in Renaissance Literary Theory and Practice*, Chapel Hill, N. C. 1962, Nachdruck Westport, Conn. 1973.

67 Ebendeshalb tendiert das 16. Jahrhundert dazu, Poetik und Historie zu unterscheiden, wobei für beide Textarten belehrende und erzieherische Funktionen in Anspruch genommen werden.

68 Es sei gar nicht so schwierig, heilswürdig zu leben, man müsse nur die Regeln beachten und die Pflichten erfüllen, betont immer wieder Pierre de Villiers, *Pensées et réflexions sur les égaremens des hommes dans la voye du salut*, 3. Aufl., 3 Bde., Paris 1700-1702. Dies ist nicht zuletzt eine Folge des Durchschauens der zur Schau getragenen Devotion und des generellen Insistierens auf Aufrichtigkeit. Siehe zur Ablehnung des moralischen Rigorismus durch Bourdaloue auch Alois

Hahn, »»La sévérité raisonnable‹ – La doctrine de la confession chez Bourdaloue«, in: Manfred Tietz/Volker Kapp (Hrsg.), *La pensée religieuse dans la littérature et la civilisation du* XVIIe *siècle en France*, in: *Actes du Colloques de Bamberg 1983, Papers on French Seventeenth Century Literature*, Paris, Seattle, Tübingen 1984, s. 19-40.

69 Die nachstehend wiedergegebenen Verse beziehen sich allerdings nicht auf die heutigen »Helden der Arbeit«, sondern sind einer Rede »Homers« bei seiner Wiederkehr aus Anlaß der Krönung Friederichs 1. zum König in Preußen entnommen:

> »Ach hätt' ich in der Mark gelebt,
> wo man mehr von einem Helden
> als von Göttern weiß zu melden,
> ach wo hätt' ich hingestrebt.«

70 Zunächst sieht das eher nach einer bloß literarischen Mode aus – so wenn Madame de Villedieu in einer ihrer galanten Geschichten als Autorin dem Leser erklärt, es käme ihr nur auf die innere Reue ihrer Heldin an. Unter welchen dramatischen und gewaltsamen Umständen sie zu Tode gekommen sei, brauche nicht mehr behandelt zu werden (Marie-Catherine-Hortense de Villedieu, *Annales Galantes*, 4 Bde., Paris 1670, Nachdruck Genf 1970, Bd. IV, S. 180 f.). Vgl. auch die Satire von Nicolas Boileau-Despréaux, »Les Heros de Roman: Dialogue«, zit. nach *Œuvres*, Paris 1713, S. 443-490.

71 Vgl. als Gegenschrift zu Richardsons Pamela: Henry Fielding, *An Apology for the Life of Mrs. Shamela Andrews*, London 1741.

72 Vgl. hierzu Ian Watt, *The Rise of the Novel: Studies in Defoe, Richardson and Fielding* (1957), 5. Druck, London 1967.

73 Vgl. Jan Hendrick van den Berg, *Divided Existence and Complex Society*, engl. Übers., Pittsburgh 1974.

74 Hierzu Louis A. Zurcher, Jr., *The Mutable Self: A Self-Concept for Social Change*, Beverly Hills, Cal. 1977.

75 Zu dieser Begriffsverschiebung Ong, a. a. O. (1967), S. 81 ff.

76 Abbé de Villars, *De la délicatesse*, Paris 1671, S. 179. Sogleich wird dann diese Semantik von délicat/délicatesse für undefinierbar erklärt (Bouhours) *und* wird so eine der wichtigsten Modeerscheinungen des sentimentalen Zeitalters. Sie wird kopiert, gerade weil sie sich selbst für uncopierbar, für tief, echt und aufrichtig empfunden erklärt. Entsprechend soll man vermeiden, als affektiert (Affekte copierend) zu erscheinen – nur um zu erfahren, daß das Befolgen dieser Vorschrift als Affektiertheit zweiten Grades gewertet wird. Vgl. dazu Ulrich Schulz-Buschhaus, »Über die Vorstellung und die ersten ›Primores‹ des Héroe von Gracián«, in: *Romanische Forschungen* 91 (1979), S. 411-430.

77 Zit. nach *The Complete Works*, London 1854, Nachdruck Hildesheim 1968, Bd. 2, S. 547-586 (561).

Es wäre reizvoll, sich zu fragen, ob die berühmte Formulierung des Contrat Social: »L'Homme est né libre, et partout il est dans les fers« (1761) etwa eine Copie ist oder ob die invisible hand des Zeitgeistes für Gleichklang gesorgt hat. Andere Herleitungen (inhaltlich) in den Anmerkungen der Pléiade-Ausgabe Jean Jacques Rousseaus, *Œuvres complètes*, Bd. III, Paris 1964, S. 1433.

78 Die Formulierung scheint von Stendhal zu stammen. Vgl. *De l'amour*, (1822), zit. nach der Ausgabe von Henri Martineau, Paris 1959, S. 276. Sie dient hier als Gegenbegriff zu »cristallisation«. Und selbst Werther, so original, wie er ist, hatte, kurz bevor er sich selbst verliebt, von der Liebe eines Bauernburschen erfahren (Brief vom 30. Mai), und er verliebt sich selbst durch einen Türrahmen hindurch (Brief vom 16. Junius).

79 Vgl. René Girard, *Mensonge romantique et vérité romanesque* , Paris 1961.

80 Obwohl gerade diese »fausse singularité« schon früh als ihrerseits copiert, als affektiert, als heimlicher Vergleich mit anderen durchschaut wird. Bemerkungen dazu bei Charles Duclos, *Considérations sur les Mœurs de ce Siécle* (1751), zit. nach der Ausgabe Lausanne 1970, S. 291 f.

81 Auch dies ein bereits im 17. Jahrhundert viel erörtertes Thema. Siehe z. B. Madeleine de Scudéry, »De la dissimilation et de la sincérité«, in: *Conversations sur divers sujets*, Bd. I, Lyon 1680, S. 300-322.

82 Für typische Beispiele: Rémond des Cours, *La véritable politique des personnes de qualité*, Paris 1692, S. 159 ff., 203 f., 229 ff.; Toussaint, *Les Mœurs*, Amsterdam 1748, insb. s. 191 ff.

83 Daß ein *externer* Beobachter ein Bewußtsein unter dem Schema *bewußt/unbewußt* beobachten und auf diese Weise eigenes Gedankengut produzieren kann, soll damit nicht bestritten werden.

84 Es gibt im übrigen viele weitere Anhaltspunkte dafür, daß die Theorie der Moral durch Seitenblick auf die Möglichkeit und die Notwendigkeit eines professionellen Beistandes geprägt war. Das gilt z. B. auch für die Annahme, daß moralische Defekte auf kognitive Fehler, auf Unkenntnis oder Irrtum, zurückzuführen seien, da der Mensch aus eigenem Antrieb immer nur das tue, was ihm als für ihn gut erscheine. Die Moraltherapie kann sich dann auf Belehrung beschränken. Diese Theoriedisposition hat ihre Gründe in der Autopoiesis sozialer Systeme, nicht in der Autopoiesis des Bewußtseins.

85 Thomas Wright, *The Passions of the Minde in Generall*, London 1630, Nachdruck Urbana, Ill. 1971, S. 147.

86 Siehe für viele Jacques Abbadie, *L'art de se connoître soi-mesme, Ou la recherche des sources de la morale*, Rotterdam 1692, insb. S. 378-494 zu estime/orgueil; Richard Blackmore, »An Essay upon False Virtue«, in: *Essays upon Several Subjects*, Bd. 1, London 1716, S. 237-290 (268 ff.).

87 »Celui qui s'est fait une habitude de pratiquer la vertu est un homme qui a sans cesse devant les yeux l'intérêt qu'il a de mériter l'affection, l'estime et les secours des autres ainsi que le besoin de s'aimer et de s'estimer lui-même«, heißt es bei Paul-Henri Thiry d'Holbach, *Système de la Nature ou des lois du monde physique et du monde moral*, Neuaufl. Paris 1821, Nachdruck Hildesheim 1966, S. 376 f.

88 Für den Moment bin ich versucht, die beabsichtigte Ausklammerung der Philosophie aufzugeben und darauf hinzuweisen, daß die Theorie der Autopoiesis hier »ausschließlich selbstkonditionierbar« sagen würde.

89 Im Vergleich zu Joachim Ritter, *Metaphysik und Politik: Studien zu Aristoteles und Hegel*, Frankfurt 1969, ein ebenfalls auf die Vermutung eines historischen Kontextes der Philosophie, aber zugleich stärker auf soziologische Theorie gestütztes Interesse.

90 Heute scheint unter Philosophen Einigkeit darüber zu bestehen, daß dieser Verweis auf ein Faktum keine zureichende Lösung des Problems hergibt. Vgl. z. B. Karl-Otto Apel, »Das Apriori der Kommunikationsgemeinschaft und die Grundlagen der Ethik«, in: ders., *Transformation der Philosophie*, Bd. II, Frankfurt 1976, S. 358-435 (416 ff.).

91 So bereits Anthony, Earl of Shaftesbury, *Characteristicks of Men, Manners, Opinions, Times* 2. Aufl., o. O. (London) 1714, Nachdruck Farnborough Hants, UK 1968, Bd. I, S. 16 – wohl gegen Hobbes gerichtet. Zur Publizistik des Profitierens von Angst im 18. Jahrhundert vgl. auch die Fallstudie von Hans Ulrich Gumbrecht, *Vida, ascendencia, nacimiento, crianza, y aventuras de el Doctor Don Diego de Torres Villaroel, Catedrático de Prima de Mathemáticas en la Universidad de Salamanca*, in: Volker Roloff/Harald Wentzlaff-Eggebert (Hrsg.), *Der Spanische Roman vom Mittelalter bis zur Gegenwart*, Düsseldorf 1986, S. 145-170.

92 Vgl. z. B. Heinz von Foerster, *Observing Systems*, Seaside, Cal. 1981, passim, insb. S. 274 ff.; Francisco J. Varela, *Principles of Biological Autonomy*, New York 1979, S. 170 f.

93 Eine glänzende Behandlung dieses Problems für den Fall der politischen Definition der Gesellschaft ist: Marcel Gauchet, »L'expérience totalitaire et la pensée de la politique«, in: *Esprit*, Juli/August 1976, S. 3-28.

94 Es sind nur unterschiedliche Varianten dieses Fehlers, wenn man meint, dies durch diskursives Argumentieren oder durch Autorität erreichen zu können. Zu dieser Bifurkation vgl. repräsentativ: Jürgen Habermas, »Können komplexe Gesellschaften eine vernünftige Identität ausbilden?«, in: Jürgen Habermas/Dieter Henrich, *Zwei Reden*, Frankfurt 1974, und Roland Robertson/Burckart Holzner (Hrsg.), *Identity and Authority*, Oxford 1980.

95 Vgl. dazu und zum Problem der Beobachtung von Selbstbeobachtung

in der Abstraktionslage der allgemeinen Systemtheorie Ranulph Glanville, »The Same is Different«, in: Milan Zeleny (Hrsg.), *Autopoiesis: A Theory of Living Organization*, New York 1981, S. 252-262.

96 Vgl. u. a. de Villiers, a. a. O., Bd. II, S. 93 ff. Die wahre Devotion, die daraufhin bestimmt werden muß, ist nichts anderes als Bereitschaft zur Selbstkorrektur. Man muß sich selbst im Sündenschema erfassen können *und* sich verstehen als jemanden, der es dabei nicht belassen will. Devotion ist Arbeit an sich selbst, »travailler à se corriger« (S. 142).

97 Speziell hier lag denn auch der Durchbruch zu einer allgemeinen Theorieentwicklung, die man heute gern »cognitive science« oder Konstruktivismus nennt. Vgl. insb. Humberto R. Maturana, a. a. O. (1982), ausgehend von biologischen Forschungen.

98 Dieser Unterschied zum vorherrschenden darwinistischen Apparat der Evolutionstheorie findet heute zunehmend Beachtung. Vgl. nur Gerhard Roth, »Conditions of Evolution and Adaptation in Organisms as Autopoietic Systems«, in: D. Mossakowski/G. Roth (Hrsg.), *Environmental Adaptation and Evolution*, Stuttgart 1982, S. 37-48; Francisco Varela, »Two Principles for Self-Organization«, in: Hans Ulrich/Gilbert J. B. Probst (Hrsg.), *Self-Organization and Management of Social Systems: Insights, Promises, Doubts, and Questions*, Berlin 1984, S. 25-32 (27 ff.).

99 Was »Unerläßlichkeit« betrifft, siehe dazu Henri Atlan, *Entre le cristal et la fumée*, Paris 1979.

Claudia Honegger
Hexenprozesse und ›Heimlichkeiten der Frauenzimmer‹:
Geschlechtsspezifische Aspekte von Fremd- und Selbstthematisierung

Anhand der Theorien über die ›heimlichen Verbrechen‹ der Hexen und einiger Randbemerkungen über die ›Heimlichkeiten der Frauenzimmer‹ möchte ich folgende allgemeinere These zum Prozeß der okzidentalen Rationalisierung und der sie begleitenden Individuierungsschübe entwickeln: Im Verlauf der Wandlungen der europäischen Gesellschaften seit dem ausgehenden Mittelalter läßt sich eine zunehmende kulturelle Universalisierung der Weiblichkeit ausmachen – ein Prozeß, der in diametralem Gegensatz zur in Modernisierungstheorien gemeinhin allein hypostasierten Entfaltung des männlichen Individuationsprinzips steht und wohl als dessen inverses, notwendiges Korrelat aufgefaßt werden muß. Am Ende, im 19. Jahrhundert, finden wir die beiden polaren kulturellen Idealtypen, das bürgerlich-männliche *Einzel*-Subjekt, den rational planenden, rechenhaft gestaltenden, mit sich identischen, lange Handlungsketten entwerfenden, Verantwortung tragenden, autonom handlungsfähigen etc. Berufs- und Fachmenschen einerseits; das weibliche Gattungswesen andererseits, andauernd, daseiend, hegend und pflegend, höchstens der Stilisierung der schönen Seele überantwortet, berufslos resp. mit dem funktionalen Surrogat der ›Mutterschaft als Beruf‹ umkränzt, nicht mit sich, sondern mit ihrer natürlichen Bestimmung als Prokreationsfachfrau identisch, also ganz *Gattungs*subjekt.
Zur Produktion dieser spezifisch modernen polaren Ausgänge des Geschlechterverhältnisses (Einzel- vs. Gattungssubjekt) haben nun – so vermute ich – die kulturellen Inszenierungen und Vorgaben für Fremd- und Selbstthematisierung, die im folgenden anhand der Hexenprozesse untersucht werden sollen, eine wichtige Rolle gespielt. Parallel zu den ersten Versuchen einer theatralischen Selbststilisierung des männlichen Individuums in der Renaissance und parallel zu den kirchlich verwalteten Formen kon-

trollierter Selbstprüfung seit dem 16. Jahrhundert entwickelt sich damit eine gegenläufige Form kultureller ›Fremdthematisierung‹, die in zunehmend systematisierter Deutung die ganze andere Hälfte der Gattung umfaßt. Wo die Frau in den Hexenprozessen selbst zu Wort kommt, wird diese Form der ›Selbstthematisierung‹ sie in die Gestalt des Gattungsselbst einschließen. Dieser ›Überhang an Gattung‹ verstärkt sich über eine männlich-theoretische Neugierde für die leiblichen ›Heimlichkeiten der Frauenzimmer‹, über ein pauschales Mißtrauen gegenüber der Wahrhaftigkeit weiblicher Selbstthematisierung sowie dagegen ansteuernde Generalinterpretamente und Kontrollphantasien.

Oder anders ausgedrückt: Ich möchte drei, in modernisierungstheoretischen Annahmen vernachlässigte Komplementärstränge verfolgen und zeigen, wie sie sich miteinander verknüpfen:

1. die zunehmend exklusive Zuschreibung von ›Individualität‹ und ›Gattungshaftigkeit‹ auf die beiden Geschlechter, als deren erste Großinszenierung ich das Hexensyndrom deuten werde;

2. das zunehmende Auseinanderdriften von rationaler Berufstätigkeit und ›Mutterschaft als Beruf‹. Bereits in Luthers Berufsethik angelegt, erreicht diese Differenz erst mit dem Übergang einer herrschaftsständischen zu einer berufsständischen Gesellschaft Ende des 18. Jahrhunderts ihre gesamtgesellschaftliche Bedeutung (diesen zweiten Strang werde ich hier nur kurz andeuten, aber nicht weiter ausführen);

3. die sich zunehmend ›wissenschaftlich‹ gerierenden ›Fremdthematisierungen‹ der weiblichen Gattungsbestimmung. In Klammern sei hier angemerkt, daß ich diesen dritten Strang durchaus auch im Sinne Foucaults und der von ihm konstatierten spezifisch okzidentalen *scientia sexualis* verstehe. Foucault hat über die theoretische Neugierde und den Geständnisdrang des westlichen Menschen einen großen Bogen gezogen vom katholischen Beichtgänger des 17. Jahrhunderts zum Analysanden auf der Freudschen Couch. Er hat seinen Entwurf einer Geschichte der Sexualität als den Versuch umschrieben, Diderots Fabel von 1748 über »Die indiskreten Kleinode« in Historie zu übersetzen. Bei allen Bedenken gegen Metaphorik intendiere ich etwas Ähnliches, wobei ich allerdings Diderots Geschichte beim Wort nehmen möchte. Man braucht nicht eben ein Traumdeuter zu sein, um dem Bedeutungshorizont von *bijoux* auch eine ›inkorporierte‹ Interpretation abzulauschen. Bereits Diderots Fürst interessiert

sich vornehmlich für die Schmuckstücke seiner Hofdamen, sie sind es, die mit Hilfe der magischen Ringe dazu überlistet werden sollen, eine Wahrheit zu enthüllen, die das Selbst nicht thematisieren kann oder will.

Ich möchte mit einem kursorischen Überblick über die Geschichte des europäischen Hexenwahns beginnen. Es gibt bedeutende zeitliche und geographische Unterschiede: so war die Verfolgung in England relativ mild, in Schottland hart, während sie in den Mittelmeerregionen fast gar nicht anzutreffen war. Die Verfolgung nahm von der Südwestschweiz und Savoyen ihren Ausgang, um in der Innerschweiz zu enden. Die Kernzone der deutschen Hexenprozesse besteht – mit Ausnahme Mecklenburgs – aus einem zusammenhängenden Gebiet in ungefähr folgenden Grenzen: Lothringen, Kurtrier, Herzogtum Westfalen, Minden, Schaumburg, von dort über die Harzgegend zu den anhaltischen Fürstentümern und über die sächsischen Herzogtümer und die Bistümer Bamberg, Eichstätt und Augsburg zur Schweizer Grenze.

Den eigentlichen Höhepunkt erlebte der Hexenwahn erst ab der Mitte des 16. Jahrhunderts. Die Prozesse häuften sich in den Jahren zwischen 1550 und 1650, wobei es drei große Prozeßwellen um 1590, 1630 (also zur Zeit des dreißigjährigen Krieges) und um 1660 gab. Das Ende des 17. Jahrhunderts markiert das Ende der großen Verfolgungen, von einigen berühmten Einzelfällen abgesehen. Die Mehrzahl der Opfer waren Frauen, im Durchschnitt etwa 80%, mit Schwankungen bis zu 95% in bestimmten Gebieten des Jura und in Namur, und mit einem relativ hohen Anteil von Männern in gewissen Regionen der Westschweiz. Es gibt auch hier noch eine zeitliche Entwicklung, so waren am Anfang mehr Männer unter den Verfolgten, zur Zeit der großen Massenverfolgungen war der Frauenanteil am höchsten, um dann wieder etwas abzufallen, wobei gerade in dieser Zeit häufiger ganze Familien und auch Kinder in die Prozesse verwickelt wurden.

Zur Genese der Hexentheorie: Während des 13. und 14. Jahrhunderts kam es im Zusammenhang mit massiven wirtschaftlichen, politischen und sozialreligiösen Krisen und unter Aufnahme heidnischer und häretischer Traditionen zu den ersten Ansätzen einer einheitlichen Hexentheorie, die erst im Verlauf des 15. Jahrhunderts ihre kodifizierte Form erhielt. Wie die spätmittelalterliche Frömmigkeit insgesamt, so war auch die Hexen*lehre* zunächst an die Stadt geknüpft, auch wenn sie zum Teil den heidnisch-magischen Deutungen und Ritualen der Landbevölkerung entstammte. Deren subkulturelle Muster wurden keineswegs ungebrochen übernommen, sondern in Verbindung mit Deutungen aus anderen Traditionen verändert, vereinheitlicht und allmählich zu einem durchrationalisierten Interpretationssystem ausgebaut. Der ältere Dämonenglauben – wie etwa der Strigenwahn oder das Bild der nachtfahrenden weiblichen Heerscharen Dianas, wie die Vorstellungen von Tierverwandlung und Geschlechtsverkehr mit Dämonen – wurde mit gegenkulturellen Glaubens- und Verhaltensmustern wie dem katharischen Dualismus, dem Ketzersabbat, der Verhöhnung kirchlicher Riten und Sakramente verknüpft und zudem ›vermenschlicht‹. Nun waren es nicht länger dämonenartige Strigen, die des Nachts durch die Luft flogen, sondern Hexen, menschliche Wesen also, die auf einem Besenstiel zum orgiastischen Sabbat ritten. Hinzu kamen die Verknüpfung der subkulturellen Interpretationen mit dem traditionellen Vergehen der schädigenden Zauberei, dem Malefizium, und dessen Aufwertung durch ein stärker auf die äußere Natur bezogenes Denken sowie die Zuschreibung der entwickelten Vorstellung von Hexerei auf das weibliche Geschlecht. In dieser Form war das Hexenmuster vor dem späten 15. Jahrhundert nirgendwo anzutreffen, wurde es doch erst durch die päpstliche Inquisition und später durch die weltliche Gerichtsbarkeit auch in entlegenere Gebiete gebracht. Die Ausdifferenzierung der Hexenlehre verdankt sich so einer Art Kulturaustausch zwischen Laien- und Priesterschaft, zwischen ›Alltagswissen‹ und ›Theorie‹ über die inquisitorische Öffentlichkeit.

Auf der Ebene der dogmatischen Gehalte fand die Konzeptualisierungsphase ihren Abschluß mit dem zu Recht berüchtigten *Malleus maleficarum* von 1486, dem *Hexenhammer* der beiden dominikanischen Inquisitoren Heinrich Institoris und Jakob Sprenger. Mit diesem Buch erlangte die Hexenlehre am Vorabend der Reformation jene paradigmatische Kodifizierung, die während der nächsten Jahrhunderte lediglich präzisiert und weiter ausgebaut, aber nicht mehr prinzipiell in Frage gestellt werden sollte. Der *Malleus maleficarum* stützte sich sowohl auf die theologische Spezialliteratur der vorangegangenen Jahrzehnte, die sich um die theoretische Erfassung des von der Inquisition entdeckten Phänomens bemüht hatte, als auch auf die bereits vorliegenden Geständnisse in den Inquisitionsprotokollen.

Schon zu Beginn des 15. Jahrhunderts hatte sich mancherorts aus der Ketzerverfolgung die Fahndung nach ›Hexen‹ entwickelt. Für diese neue ›Sekte‹, die den Sabbat besuchte, mit dem Teufel Unzucht trieb und verschiedene Malefizien ausübte, gab es nirgendwo eine herkömmliche Bezeichnung, mußte ein Gattungsname regelrecht erfunden werden. Stand anfänglich bei dieser neuen Sekte für Inquisitoren wie für dominikanische Theoretiker der Sabbat samt Teufelskult im Vordergrund, so zentrieren Sprenger und Institoris erstmals die Hexenvorstellung um das schädigende Malefiz. Wie vormals die Zauberer gelten nun die Hexen als Ketzer, denn die Fähigkeit, Malefizien zu verüben, setzt den Teufelspakt voraus, was wiederum Apostasie bedeutet. Kraft ihrer Beziehung zum Teufel werden die Hexen zur gefährlichsten und mächtigsten Organisation, die je die christliche Gesellschaft und Kultur bedroht hat. Reminiszenzen an heidnische Deutungen und Praktiken sind weit weniger präsent als solche an den Symbolismus und das religiöse Handeln des Christentums. Der Sabbat ist vorwiegend Sakrileg, da die beiden Dominikaner in ihm Persiflage, Umkehrung und Negation der kirchlichen Riten und Sakramente sehen. Satanskult, Pakt und Teufelsbuhlschaft erscheinen als wissenschaftlich erwiesene und durch bereits erpreßte Geständnisse weiter bestätigte *Tatsachen*, ebenso wie der Flug der Hexen zum Sabbat. Aus den nachtfahrenden Strigen und Dämonen des heidnischen Volksglaubens sind menschliche – und zwar *christliche* – Hexen geworden, denn um eine Hexe werden zu können, mußte man zuallererst eine getaufte Christin sein.

Mit der endgültigen Ausbildung des Hexenmusters fand der langwierige Prozeß der allmählichen Christianisierung und ›Humanisierung‹ des heidnischen Dämonenglaubens in der Aufwertung des Malefiziums seinen Abschluß. Das von den Hexen mit Hilfe des Teufels verübte Malefizium erlaubte einerseits die Lokalisierung der Schuld für Impotenz, Krankheiten, Seuchen oder Unwetter in den zu Gattungssubjekten aufgeblasenen bösen Weibern, andererseits eine fortschreitende Entzauberung der Welt. Mit dem Malefizium lieferte der *Hexenhammer* eine handlungsnahe Interpretationsvorlage zur Erklärung von Störungen natürlicher Harmonie schlechthin. Fortan mußten die Verfolgten sich x-beliebige katastrophale Ereignisse als intentional-verantwortlich bewirkte Handlungsresultate zurechnen lassen, was im Verbund mit der Pogromstimmung und einem Klima der Angst einen uns wahnwitzig anmutenden Schub der Verinnerlichung von Handlungsnormen bei allen Beteiligten auslöste.

Neben dieser wie immer widersprüchlichen intentionalistischen Deutung des Handelns und der Systematisierung des vorhandenen Materials kam auf der Ebene der rationalisierten Begründungen als alles entscheidende Innovation die Einengung der neuen Hexerei auf das weibliche Geschlecht hinzu. Da noch in der zweiten Hälfte des 15. Jahrhunderts die *Vaudois* als ein Ausläufer der katharischen und waldensichen Sektenbewegung betrachtet wurden, befaßte sich die ältere theologische Spezialliteratur vorwiegend mit dem Vergehen der Ketzerei, das zwar gerne von Frauen betrieben, aber doch nicht spezifisch weiblich war. Traditionell eher weiblich war freilich schon der subkulturelle Strigenwahn, der jedoch nie die Frauen in ihrer Gesamtheit umfaßt hatte. Erst der *Hexenhammer* machte die neue Sekte endgültig zu dem, was sie die nächsten Jahrhunderte bleiben sollte: ein teuflisches Geschlecht boshafter, glaubensschwacher und geiler Weiber. Die theatralisch-schrecklichen Prozesse wurden so an exemplarischen Gattungssubjekten eines teuflischen Geschlechts in Szene gesetzt: zur Belehrung, Ermahnung, Verunsicherung, Einschüchterung und höllischen Verängstigung der vielen einzelnen in einem sündigen Volk. Für diese Prozeßinszenierungen von Gattungs-Selbstthematisierungen lieferte der *Hexenhammer* den kanonisch festgeklopften argumentativen und – mit den Verweisen auf die Kompetenz der weltlichen Gerichtsbarkeit – bald auch den institutionellen Rahmen.

Im ersten Band des *Hexenhammers* wird die sich zunächst noch quantitativ-komparativ gebende Hauptfrage aufgeworfen: »Warum bei dem so gebrechlichen Geschlechte diese Art der Verruchtheit mehr sich findet als bei den Männern?« (1, S. 93 f.) Diese Hauptfrage gliedert sich in eine erste allgemeine Frage nach den Haupteigenschaften der Weiber insgesamt und in eine zweite spezielle Frage: »Was für Weiber häufiger als abergläubisch und Hexen befunden werden?« (Die dritte Unterfrage, die wir hier weglassen, handelt von den Hebammen, welche alle anderen an Bosheit übertreffen.) Die erste Frage betrifft das Weib als solches, im Allgemeinen, ihrem Wesen nach, als eine Kreatur, die »im Bösen kein Maß zu halten weiß«, wofür Bibelstellen, deren Kommentatoren und antike Autoren wie Seneca oder Sokrates als Belege zitiert werden. Ausgenommen werden lediglich die Jungfrauen: »Was man daher immer an Tadeln liest, können verstanden werden von der Begehrlichkeit des Fleisches.« Die Gründe für den weiblichen Hang zum Aberglauben sind ›empirisch‹ aufgesammelte Fälle von Leichtgläubigkeit; der zweite Grund ist: »weil sie von Natur wegen der Flüssigkeit ihrer Komplexion leichter zu beeinflussen sind zur Aufnahme von Eingebungen durch den Eindruck gesonderter Geister; infolge dieser Komplexion sind viele, wenn sie sie gut anwenden, gut; wenn schlecht, um so schlechter.« Hierbei handelt es sich um eine theologisch-moralische Schlußfolgerung aus den Ansichten der antiken Humoralpathologie (auch eine Folge der mittelalterlichen Rezeption der artistotelischen Schriften, welche bereits Albertus Magnus zu einer Schrift *De secretis mulierum* inspiriert hatte). Diese ebenfalls von einer postulierten ›Naturbasis‹ ausgehende Generalisierung hat andere Wertungen als jene, die wir später beim ›melancholischen‹ Argument finden werden: Tatverantwortung und noch nicht Unzurechnungsfähigkeit.

Die Autoren des *Malleus maleficarum* fassen zusammen: Mangelhafte Ausbildung der seelischen wie der leiblichen Kräfte, leichterer Verstand und stärkere Leidenschaften bedingen die fleischlichere Gesinnung des Weibes, wobei noch einmal ›Naturkunde‹ und ›Schöpfungsgeschichte‹ systematisch zusammengerührt werden. Das Argumentationsmuster ist folgendes: Das Weib ist ein unvollkommenes Tier (wie bei Aristoteles), weil es aus einem Mangel hervorgegangen ist, nämlich der krummen Rippe Adams. Das Weib ist demnach listenreich und tückisch, es läßt sich nicht regieren und lenken, sondern will »nach eigenem Antriebe vorgehen«. Das Weib verkörpert und bedeutet stets Schönheit und Sünde, Versuchung und Tod zugleich. Da durch den Zeugungsakt die erste Verderbnis über die Menschen gekommen ist, richtet sich die Hexengewalt – mit göttlicher Zulassung versteht sich – insbesondere auf den Beischlaf und hierbei vornehmlich auf das Zeugungsglied des Mannes.

Diese argumentativen Rahmenstereotype für die Prozeßführung scheinen nur auf den ersten Blick nicht viel Neues zu enthalten. Die blutrünstige Wiederauflage älterer humoralpathologischer

Argumente änderte jedoch völlig deren frühere, Selbst- und Weltinterpretamente zusammenschließende Kraft. Jetzt wurde die alte Säftelehre nur noch zur Ausgrenzung von verhängnisvollen Gattungssubjekten verwendet, wurde ihre Erklärungsmacht gleichsam mit einer theologisch-moralischen Wendung versehen. Zudem beförderte die Projektion der umgedrehten Attribute des handlungsfähigen Einzel-Subjekts auf die geplante böse Superhandlung des weiblichen Gattungssubjekts eine Moralisierung auf seiten der Männer, während den Frauen in derselben Bewegung die Fähigkeit zur Moralisierung überhaupt abgeschnitten wurde.

Auch im Protestantismus wuchs die Macht des bösen Prinzips in jener unüberbrückbar tiefen Kluft, mit der er den natürlichen Menschen von Gott trennte. Das mag eine der Erklärungen dafür sein, daß die Hexenlehre auch von den Protestanten übernommen wurde, daß sich auch in protestantischen Gebieten in der weltlichen Gerichtsbarkeit eine stabilere Form der Institutionalisierung fand. In der ersten Hälfte des 16. Jahrhunderts war die weltliche Gerichtsbarkeit noch relativ mild. Zwar häuften sich Einzelprozesse, aber außerhalb der traditionellen Ketzergebiete und der alpinen Regionen kam es nicht zu Großfahndungen und Massenverfolgungen. Erst nach 1560 und nach den ersten Religionskriegen änderte sich die Szenerie, der Hexenwahn erreichte sozusagen seine Phase der Autonomie. Skeptische Zurückhaltung und Kritik verloren sich, die Gesetze wurden zum großen Teil in der vom *Hexenhammer* vorgeschlagenen Weise verschärft. Die Unterscheidung zwischen guter und schädigender Zauberei wurde fallengelassen: zusammen mit Hochverrat, Falschmünzerei und einigen anderen Vergehen wurde die Hexerei zu einem *crimen exceptum* erklärt. Nun führten auch Denunziationen von bereits verurteilten Hexen beinahe automatisch zum Tod der so Beschuldigten. Die Zeit der Massenvernichtungen begann. Katholiken und Protestanten widmeten den Hexen eine Vielzahl von enzyklopädischen Werken, die sich fast alle auf die paradigmatische Kodifizierung des Hexenmusters im *Malleus* bezogen. Reformation und Gegenreformation brachten den Hexenglauben auch in solche Gegenden und Länder, die bisher weder einen vereinheitlichten Hexenwahn noch eine Gesetzgebung dagegen gekannt hatten: die Lutheraner trugen ihn nach Dänemark, die Calvinisten nach Schottland und England, die Jesuiten nach Polen.

Es hat bereits im 16. Jahrhundert Kritiker und zaghafte Skeptiker gegeben, insbesondere in England, das den kontinentalen Hexenwahn relativ spät importierte und den älteren regionalen Traditionen überstülpte. Im übrigen fehlte hier weitgehend die Tortur, damit ein entscheidendes Mittel zur Produktion von ›Wahrheit‹.

Der berühmteste frühe Kritiker ist Johan Weyer, der in seinem 1563 publizierten Werk *De praestigiis daemonum* die meisten der von der Justiz verurteilten Frauen für unzurechnungsfähig erklärt hatte. Der protestantische Weyer, Schüler von Cornelius Agrippa und Arzt am Hof des humanistischen Herzogs von Kleve, hatte sich in seinem Buch direkt gegen die damals massiv einsetzenden Hexenverfolgungen ausgesprochen. Er argumentierte von einem ›psychiatrischen‹ Standpunkt aus: Die meisten der angeklagten Frauen seien konfuse, aber harmlose ›Melancholikerinnen‹, deren verstörte Phantasie den Einflüsterungen des Teufels besonders offenstehe. Die ihnen zur Last gelegten Verbrechen hingegen begingen nicht sie selbst, sondern der Teufel, der ihnen lediglich die Illusion eingäbe, solche Taten selbst vollbracht zu haben. Weyer wollte zwischen diesen armen melancholischen Frauen und den bösen Zauberern unterscheiden, die wirklich einen Pakt mit dem Satan geschlossen hätten und dafür bestraft werden müßten.

Weyer teilte freilich mit den Autoren des *Malleus* sowie mit seinem berühmtesten Gegner, dem Juristen Jean Bodin, die Grundannahmen der Dämonologie: er leugnete weder die Kraft teuflischer Suggestion noch die Realität von Pakt und Malefiz. Unter Rückgriff auf medizinische Vorstellungen der Antike unterzog er jedoch die die Prozesse stützenden Annahmen einer vorsichtigen Kritik. Er beschrieb die Phantasien der Hexen als teuflische Suggestion, als eine Art Besessenheit wider Willen und bezog sich dabei auf das Krankheitsbild ›Melancholie‹, das besonders bei dem fragilen weiblichen Geschlecht anzutreffen sei. Er untermauerte seine These von der Unzurechnungsfähigkeit der meisten als Hexen angeklagten Personen ebenfalls mit der antiken Humoralpathologie und dem Hinweis auf die natürliche Anfälligkeit der Frauen für die Betrugsmanöver des Teufels. Es waren im späten 16. und frühen 17. Jahrhundert die bereits im *Hexenhammer* enthaltenen und von Bodin in seiner *Démonomanie des sorciers* (französisch 1580, deutsch 1590 in einer sprachgewaltigen

Übersetzung von Johann Fischart erschienen) mit allen logischen Raffinessen vorgetragenen Vorstellungen von der Tatverantwortung, die zunächst den Sieg davontrugen.

Allerdings bedeutete die menschlichere Variante der Kritiker auf der uns hier interessierenden Ebene einer frühen ›kulturtheoretischen‹ Entindividualisierung weiblicher Geständnistiere keine entscheidende Differenz. Beides, Bodins moderner Begriff der Zweck-Mittel-geregelten, schuldhaften Missetat und Weyers entschuldigendes Plädoyer für Unzurechnungsfähigkeit, gehört zusammen. Beide sind als auf dem Rücken der Weiber ausgetragene Real-Experimente Beiträge zum modernen Bild des handlungsfähigen und weltverändernden Individuums. Bodins voraussetzungsvolle Annahmen des freien Willens und der Verantwortlichkeit der Subjekte, die in den Prozessen sogleich applizierten logischen Schlußfolgerungen aus wissentlich begangenen Malefizien zurechnungsfähiger Straftäter, werden dann als Entsprechungen auch zu Weyers zunächst vergeblichem ›melancholischen‹ Argument erkennbar. Der entschuldigende Verweis auf teuflische Suggestion und auf die Illusion der Täterschaft, auf Besessenheit wider Willen und Unzurechnungsfähigkeit, wird als die andere Seite jener Figur sichtbar, die man geschlechtsneutral und deshalb spezifisch einäugig das neuzeitliche Subjekt zu nennen sich angewöhnt hat.

Die humoralpathologische Definition mal ungebändigter, mal eher schwächlicher weiblicher Natur unterscheidet sich in nichts von den anderen, mehr oder weniger ad hoc herangezogenen ›theoretischen Deutungen‹ dieser Geschlechtswesen. Gemeinsam werden sie gebraucht: 1. zur Legitimation der institutionalisierten Erpressung von Geständnissen nach peinlicher Befragung; 2. zur Formulierung von Suggestivfragen für eben diese Befragungen; 3. als Interpretationsvorlage für die ›hermeneutische‹ Auslegung der gestammelten Selbstzeugnisse dieser Gattungsselbste. Paradoxe soziale Folge dessen aber scheint die angstdurchsetzte Verinnerlichung von Normen für eine rigide gottgefällige Lebensführung gewesen zu sein. Beide Lager in dieser blutrünstigen Debatte zum Wesen der Frau eint darüber hinaus, daß der angedeutete ›konzeptuelle Fortschritt‹ auf dem Rücken eines Teils jenes Geschlechts erzielt wurde, das gesellschaftlich gerade aus der Handlungsfähigkeit herauskatapultiert werden sollte.

Im 17. Jahrhundert veränderte sich das kulturelle Gefüge von systematisierten Deutungen und erpreßten ›Selbst-Thematisierungen‹ durch das Aufkommen der diabolischen Besessenheit und – in der Nachfolge Weyers – durch das gesellschaftliche Auftreten des Arztes. Die Mediziner waren zunächst selber in die beiden Lager der ›Possessionisten‹ und der ›Melancholiker‹ gespalten. Die letzteren betonen im Anschluß an die Annahmen Weyers die Bedeutung der melancholischen Trübungen der Frauenseele, obschon sie genauso wenig wie vor ihnen der Arzt des Herzogs von Kleve Hexerei und Besessenheit insgesamt verneinen. Der Arzt Yvelin bestreitet um die Mitte des 17. Jahrhunderts vor allem die Häufigkeit der diabolischen Besessenheit und folgt insofern jenem ›Mittelweg‹, den fast alle Kritiker des Hexenwahns in jener Zeit einschlagen. Dieser theologische Mittelweg wurde von einigen der einflußreichsten Kritiker durch eine juristische Verfahrenskritik ergänzt wie im Fall der berühmten *Cautio Criminalis* des Trierer Jesuitenpaters Friedrich von Spee.

Die Skrupel richten sich gegen abstruse Randerscheinungen, gegen Exzesse in der Prozeßführung sowie gegen allzu deutlich an heidnischen Aberglauben erinnernde Details, die nun der Leichtgläubigkeit der ungebildeten und mangelhaft christianisierten Massen zugeschrieben werden. Die theoretische Argumentation der Skeptiker folgt der orthodoxen Linie: Bibel, Kirchenväter und Dämonologen. Die Änderungen betreffen die Macht der Hexen, die immer geringer wird, sowie die Häufigkeit ihres Auftretens, die ebenfalls nachläßt. Hexerei bleibt ein abscheuliches Vergehen, das indes nur noch selten vorkomme. Jetzt muß jeder Fall sorgsam geprüft, Spezialisten, Mediziner müssen hinzugezogen werden, um zu klären, ob es sich nicht vielleicht um Melancholie handele. Diese verfahrenstechnischen Skrupel finden allmählich eine gewisse Verbreitung. Langsam setzt sich Weyers Unterscheidung von bösen Hexen durch, die den Tod verdienen, und armen Verrückten, die dem Exorzisten, dem Seelsorger oder dem Arzt zur Erziehung und Heilung überantwortet werden sollen.

Damit haben sich die Grenzen des Diabolischen ebenso verschoben wie diejenigen von Normalität und Pathologie. Die Zeit der durch des Teufels Hilfe mit einer gigantischen Macht ausgestatteten Hexe ist vorbei. Die ›neue Frau‹ ist zwar über die große Phase der Hexenverfolgungen als Gattungswesen konzeptualisiert; sie wird jetzt aber kaum mehr ihrer eigenen inneren Natur, geschweige denn der anderer Leute oder gar der äußeren Natur mächtig sein. Weil Natur jetzt tendenziell als bearbeitete und zu erforschende begegnet, erhebt das virile Selbstbewußtsein auf neue Weise sein gepudertes Haupt. Sowohl der Ort der Sinngebung als auch die alte Dichotomie zwischen Natur und Vernunft wandern ins vornehmlich männliche Subjekt ein. Die ›heimlichen Verbrechen‹ der Hexen aber sind nicht länger unmittelbar identitätsbedrohend für den zum bürgerlichen Selbst gewordenen Mann. Die alten Bedrohungsdeutungen gehen gewissermaßen in die neue Art der wissenschaftlichen Neugierde für die ›Heimlichkeiten der Frauenzimmer‹ ein und werden so mit dem Versuch amalgamiert, qua Naturbeobachtung die vorauslaufende Form weiblicher Thematisierung durch die Tortur überflüssig bzw. ›objektiv‹ überprüfbar zu machen. Folgt man dem üblichen, auch die Themen dieses Bandes organisierenden Sprachgebrauch, so können die Geständnisse in den Hexenprozessen nicht einmal als bestialisch abgepreßte Formen der *Selbst*thematisierung aufgefaßt werden – im Sinne von wie immer erzwungenem ›reflexivem‹ Umgang mit der Sphäre der Eigenheit. Zwar stammeln die Frauen in den Prozessen: »Ich, die Kettern Gret, gestehe...« – aber durch die Personalpronomina und Eigennamen hindurch ist das institutionelle und argumentative Setting so brutal schematisiert, daß die Frauen in den Prozeßschranken höchstens als *Gattungs*-Selbste zum Sprechen gebracht werden.

Mit dem Niedergang der ›alten Hexe‹, mit der Überlagerung durch die Besessene sowie der Ablösung durch die unzurechnungsfähige Kranke war das kulturelle Terrain für eine andere Art der ›Fremdthematisierung‹ des Weiblichen eröffnet. Damit soll freilich nicht gesagt sein, daß die Priesterkaste dem weiblichen Selbstbekenntnis ohne Interesse gegenüber gestanden hätte, ganz im Gegenteil. Damit soll auch nicht unterstellt werden, daß die Frauen selbst nicht eine große Neigung verspürt hätten, sich zu öffnen, ihre Seele zu prüfen und prüfen zu lassen. Zeugnis davon mag auch jene anonyme Devotesse ablegen, für die Friedrich von Spee offenbar sein *Güldenes Tugendbuch* verfaßt hat. Aber es blieb der Verdacht einer nicht thematisierbaren Differenz (wie im Beitrag von Le Brun veranschaulicht wird). Wie dem auch sei: Die Tendenz zur *Universalisierung der Weiblichkeit* und zu deren ›objektiver‹ Thematisierung verstärkt sich, bis schließlich um die Wende zum 19. Jahrhundert die männlichen

Ärzte das weibliche Wesen und die Berufsrolle der Frau als Mutter *direkt* aus der Physiologie abzuleiten sich anschicken. So schreibt Jörg, ein berühmter Arzt und Geburtshelfer, 1819 in einem bereits populär angelegten Werk über *Die Ehe, aus dem Gesichtspunkte der Natur und der Moral betrachtet:*

»Nur erst seit dem die Geburtshülfeschulen allgemeiner und öffentlicher eingerichtet wurden, nur erst seit dem die Männer, die Ärzte mehr zu den körperlichen Heimlichkeiten der Weiber zugelassen wurden, hat man das Wesen des Weibes, im gesunden und kranken Zustande mehr durchschaut.« Was früher oft richtig gefühlt wurde, »das ist jetzt durch die Naturforschung und durch die Medizin zur wissenschaftlichen Kenntniß erhoben und dadurch also auch für den Gesetzgeber viel brauchbarer eingerichtet.«

Nicht länger auf Geständnisse oder magische Ringe angewiesen, dringen die Ärzte, bewaffnet mit Uterussonde und Speculum, ins unbekannte Dunkel vor und deduzieren die weibliche Sozialbestimmung direkt aus der Anatomie. Auch die über den Hexenwahn eingeleitete Monopolisierung des Individuationsprinzips auf der Männerseite können die Naturforscher des menschlichen Lebens nun unmittelbar am Leib erblicken. So heißt es in einer medizinischen Abhandlung *Über die Entwicklungen und Entwicklungs-Krankheiten des menschlichen Organismus* von 1814:

»Im männlichen Organismus ist alles mehr berechnet, der Erhaltung und Ausbildung der *Individualität* zu dienen. Bei dem Weibe ist eine wichtige und ausgedehnte Sphäre von Organen lediglich bestimmt, den Verrichtungen vorzustehen, die sich auf die Fortpflanzung der *Gattung* beziehen.« (Hervorhebung C. H.)

Dieselbe Logik der Argumentation findet sich auch in Burdachs berühmter *Anthropologie für das gebildete Publicum* von 1837:

»Im weiblichen Organismus ist die Beziehung zur Fortpflanzung, zur Erhaltung der *Gattung,* im männlichen die *Individualität* und deren Erhaltung vorherrschend. Dieß spricht sich schon im räumlichen Verhältnisse der Zeugungswege zu dem durch Ausscheidung der dem Organismus am meisten heterogenen Stoffe, auf individuelle Selbsterhaltung hinwirkenden Harnwege aus; indem Beide in einander münden, aber in entgegengesetztem Verhältnisse: bei dem Weibe sind die Zeugungswege vorherrschend (...), indeß beim Manne die verlängerte und durch die anliegenden Zellkörper zum Zeugungsgliede gewordene Harnröhre der Stamm ist.« (Hervorhebung von Burdach)

Die individuierende Erhabenheit der Harnwege ist ein gängiger Topos in dieser Zeit. Da die *leibliche Räumlichkeit* als konstitutiv erachtet wird, haben sich insbesondere an die räumliche Verteilung der Geschlechtsorgane systematische Deutungen geheftet. Stets werden körperliche Arrangements als bedeutsame Texturen gelesen, die auf ihre Funktionsbestimmung im sozialen Leben hin entziffert werden müssen. Ihr neues Flair von Wissenschaftlichkeit aber erhalten diese Systematisierungsbemühungen durch den Ausgang vom sezierenden und auflesenden empirischen Tatsachenblick. Damit aber sind sämtliche Geheimnisse und Heimlichkeiten potentiell offengelegt. Höchstens wären da noch die ›heimlichen Sünden‹, aber diese werden nun vorwiegend auf seiten der triebgebeutelten Männer gesucht und in termini einer auf diese zugeschnittenen Sexualtheorie der knappen Ressourcen interpretiert. Der *anatomische Tatsachenblick* wird bekanntlich das kulturelle Stereotyp der mit größeren fleischlichen Begierden ausgestatteten Frau aus der Zeit der Hexenverfolgung endgültig in sein Gegenstück der trieblosen Frau des 19. Jahrhunderts umpolen. Und parallel dazu beginnt der Aufstieg der Hysterikerin, von der Freud später sagen wird, sie führe sich auf, als gäbe es die Physiologie nicht, und die ihn zu einer neuen Konzeptualisierung von ›Heimlichkeit‹ und ›Geständnis‹ inspirieren wird. Doch dies ist eine andere Geschichte.

Hier kam es mir vor allem darauf an, am Beispiel des Hexenmusters und der auf den weiblichen Naturkulturleib zentrierten wissenschaftlichen Neugierde den gern geschlagenen großen Bogen im Prozeß der modernen Individuierung und Selbstthematisierung von der frühen Neuzeit bis in unsere therapiesüchtige Jetztzeit mit einigen Klippen und Bruchstellen zu versehen. Diese haben sich im 19. Jahrhundert zu einer kulturellen Kluft zwischen *männlichem Individuationsprinzip* und *Biologisierung der Weiblichkeit* vertieft, deren unmittelbare wie paradoxere Folgen auch heute noch nachwirken.

Literatur

Burdach, K. F., *Anthropologie für das gebildete Publicum*, Stuttgart 1837.

Foucault, M., *Die Geburt der Klinik. Eine Archäologie des ärztlichen Blicks*, München 1973.

Foucault, M., *Sexualität und Wahrheit I: Der Wille zum Wissen*, Frankfurt 1977.

Henke, A., *Ueber die Entwicklungen und Entwicklungs-Krankheiten des menschlichen Organismus*, Nürnberg 1814.

Honegger, C., *Die Hexen der Neuzeit*, Frankfurt 1978.

Honegger, C., *Medizin und kulturelle Normierung*, Ms., 1985.

Institoris, H., und J. Sprenger, *Der Hexenhammer*, Berlin 1906.

Jörg, J. C. G., und H. G. Tschirner, *Die Ehe aus dem Gesichtspunkte der Natur, der Moral und der Kirche betrachtet*, Leipzig 1819.

Italo Michele Battafarano
Hexenwahn und Dämonopathie
in der frühen Neuzeit am Beispiel von
Spees *Cautio Criminalis*

Die erste Edition der *Cautio Criminalis seu de processibus contra sagas* des Jesuiten Friedrich von Spee (Kaiserswerth 1591 – Trier 1635) erschien im April 1631 anonym zu Rinteln bei dem dortigen Universitätsdrucker Peter Lucius – weder hatte der Autor eine Erlaubnis bei dem Ordensgeneral eingeholt, noch hatte der Drucker den Text durch die Vorzensur passieren lassen, wie es im 17. Jahrhundert obligatorisch war. Ohne Imprimatur war die anonyme *Cautio Criminalis* als radikale Kritik an der Praxis der Hexenprozesse sicherlich ein gewagtes Unterfangen, das einige nicht unerhebliche Risiken sowohl für den Autor als auch für den Drucker mit sich brachte. In der Tat erregte die Publikation der *Cautio Criminalis* großes Aufsehen. »Pestilentissimus liber« nannte es Johann Pelking, Franziskaner und Weihbischof von Paderborn und Hildesheim, in einem vom 14. Mai 1631 datierten Brief an den Grafen Wilhelm von Wartenberg. Die Autorschaft der anonymen Schrift in lateinischer Sprache war zumindest innerhalb der Orden bald kein Geheimnis mehr. Pater Spee mußte vor seinen Ordensoberen rechtfertigen, warum er dieses »allerverderblichste Buch« geschrieben und »unvorsichtigerweise« auch veröffentlicht habe. Spee entschuldigte sich mit der Behauptung, ihm sei ein nicht für den Druck vorgesehenes Manuskript abhanden gekommen, und man habe es ohne seine Zustimmung gedruckt. Er sei also für die Veröffentlichung nicht verantwortlich zu machen. Anders als Johann Pelking, der im obenzitierten Brief behauptete, Spee habe seine Schrift selbst herausgebracht (»ipso dirigente impressus«), schenkte der Jesuitengeneral in Rom dem beschuldigten Autor Glauben, denn dieser habe in einem ausführlichen Brief, »klug, fromm und aufrichtig die gegen ihn erhobenen Anschuldigungen zurückgewiesen«. Dies war allerdings nur ein Vorspiel des Konflikts, den Spee mit seinen Ordensoberen als Folge der anonymen Publikation der *Cautio Criminalis* auszutragen hatte. Denn nach einem

Jahr, zwischen Juni und Juli 1632, erschien in Frankfurt eine verbesserte Edition der *Cautio Criminalis*, wiederum anonym. Die Auseinandersetzung Spees mit den Ordensoberen scheint nach dieser zweiten Edition irreparable Folgen gehabt zu haben. Man bezichtigte Spee der Lüge bzw. der Verantwortungslosigkeit. Ohne große Protektion wäre Spee vermutlich sofort aus dem Orden entlassen worden. In der Tat hatte Spee viele Gönner, wenn auch, wie Bischof Pelking in einem Brief vom 23. Mai 1631 ebenfalls an den Grafen von Wartenberg meinte, »Gönner von einer verdächtigen Sorte«. Dem »sonderbaren« Pater Spee wurde dagegen, falls er freiwillig aus dem Orden ausschied, eine ehrenhafte Demittierung angeboten. Da dieser dem Kompromiß nicht zustimmte, beförderte ihn der Provinzial gegen die Empfehlung des Ordensgenerals ins Exil. Spee mußte Köln verlassen, durfte aber weiterhin als Jesuit in Trier wirken, zunächst als Professor der Kasuistik und dann als Professor der Exegese. Er starb am 7. August 1635 im Lazarett infolge einer Ansteckung, die er sich bei der Versorgung pestkranker Soldaten während der Belagerung der Stadt zugezogen hatte. Also genau vor 350 Jahren.

Auch wenn die äußeren Daten der letzten vier Lebensjahre Spees trotz aller Konflikte, die sie markieren, für die Forschung keine Probleme mehr aufwerfen (Theo G. M. van Oorschot), so trifft das für die geistige Biographie Spees für diesen Zeitraum keineswegs zu. In einer problematisierenden Form läßt sich diese Forschungskontroverse vielleicht am besten so resümieren: Verdient Pater Spee für seine menschliche Größe, Zivilcourage und für sein kritisches Urteilsvermögen unsere uneingeschränkte Bewunderung? Anders gesagt: Hat er von den beiden Editionen wirklich nichts gewußt, wie er sagte? Oder hat er den Druck der *Cautio Criminalis* direkt oder indirekt veranlaßt?

Seine sich selbst gestellte Aufgabe umschreibt Friedrich von Spee einmal in der *Cautio Criminalis* mit folgenden Worten:

Mein Amt war, zu warnen; das gebieten Nächstenliebe und Christenpflicht. Denn der haßt seinen Nächsten, liebt ihn nicht, der eine ihm drohende Gefahr fürchtet und doch schweigt. Es kann sein, daß ich etwas fürchte, was nicht vorhanden ist, ich kann mich irren. Solange ich aber die Furcht hege, noch nichts von meinem Irrtum weiß und mir Erfolg verspreche, solange darf ich nicht schweigen (Ed. Ritter, 1982, S. 168).

Warnen will Spee vor allem, wie es auf dem Titelblatt ausdrücklich heißt, die Fürsten, deren Ratgeber und Beichtväter, die

Inquisitoren und Richter. Der rheinische Jesuit will also mit seiner Schrift in lateinischer Sprache die Personen erreichen und überzeugen, die auf die Praxis der Hexenverfolgung Einfluß nahmen bzw. hätten nehmen können. Dabei muß sich Spee durchaus bewußt gewesen sein, daß bei einem so heiklen, emotional beladenen Thema wie dem der Hexen und ihrer Verfolgung eine ausführliche, objektivierende Darlegung der Fakten und deren rationale Analyse allein nicht ausreichen konnte, seine Adressaten zu beeindrucken. Die Speesche *Cautio Criminalis* ist daher in der Tat nicht nur ein juristischer Traktat oder eine theodämonologische kontroversistische Schrift, sondern auch eine Predigt, welche sowohl das deliberative, auf die Bewegung der Affekte hinzielende als auch das katechetische, auf die Belehrung des Lesers hinorientierte Moment enthält. Die Bewegung der Affekte im Sinne der damaligen Rhetorik war für den Seelsorger und Prediger Spee wohl eine Selbstverständlichkeit, während das Katechetische eher Ausdruck des kontroversistischen Geistes ist, der vorsichtig und geschickt – andere nennen dieses Verfahren sogar »genial« (so H. Waider) – die widerlegende und nicht die affirmative Form der Ausführung in der Darstellung seiner Kritik an den Hexenprozessen zu handhaben weiß. Spee behauptet z. B. nie, Hexen existieren nicht, er überläßt es vielmehr dem Leser, aus der Darlegung des logisch Widersprüchlichen in der Hexenlehre und des Fehlerhaften in der Durchführung der Hexenprozesse die nötigen Schlußfolgerungen über Schuld bzw. Unschuld der als Hexen verbrannten Frauen zu ziehen.

Indessen will ich nicht behaupten, daß es bei uns gar keine wirklichen Hexen gebe. Ich gebe zu, daß es welche gibt, aber ich sage weiter, ein besonnener Leser wird leicht aus dem, was ich noch zu sagen habe, ersehen, wie bei dem Verfahren, das ich nun beschreiben will, es ganz unvermeidlich ist, daß unter der gewaltigen Menge seither verbrannter Hexen viele Unschuldige sind, und wie in Deutschland nichts zweifelhafter ist, als die Zahl der wirklichen Schuldigen (Ed. Ritter, 1982, S. 5).

Spee sieht sich also nicht als Verteidiger der Hexen, wie man in populärwissenschaftlichen Abhandlungen immer noch kurzschlüssig behauptet. Andererseits ist es auch vorschnell, aus der eben zitierten Stelle der *Cautio Criminalis* abzuleiten, Spee habe an die Existenz der Hexen geglaubt. Selbst die so eindeutig erscheinende positive Antwort Spees auf die in der ersten Kapitelüberschrift gestellte Frage, »Ob es wirklich Hexen, Zauberer oder Unholde gibt«, darf nicht einfach als eine unproblematische Glaubensaussage des rheinischen Jesuitenpaters interpretiert werden. Vergegenwärtigt man sich die historische Realität, in der die *Cautio Criminalis* geschrieben wurde, dann versteht man sofort, daß auf die erste Frage mit einem »Nein« nur der antwortete, der einen Häresie-Prozeß bedenkenlos riskieren wollte. Die affirmative Beantwortung der Eingangsfrage mag sich durchaus mit der Überzeugung Spees decken. Als Einleitung zur *Cautio Criminalis* hat sie aber eine andere, ganz spezifische Funktion. Sie übt auf die von Spee angesprochenen Adressaten eine beruhigende Wirkung in bezug auf die affektbeladene Grundsatzfrage nach der Existenz der Hexen aus. Spee führt daraufhin dieses erste Kapitel nicht in die Richtung der anfänglichen affirmativen Aussage weiter, was den funktionalen Charakter der ersten Frage bestätigt, sondern er problematisiert sie. Dem Leser gesteht er sogar, daß er selbst »in den Kerkern mit verschiedenen diesen Verbrechens Beschuldigten häufig und aufmerksam, um nicht zu sagen, wißbegierig, umging, des öfteren in solche Verwirrung geraten« sei, daß er »zuletzt kaum mehr wußte, was er von der Sache halten sollte« (ebd., S. 1). Seine Zweifel würden andere »Katholiken und Gelehrte« teilen, weil, wie Spee ausdrücklich betont, der Hexenglaube in der Kirchengeschichte relativ jung sei. Da Spee bei dieser grundsätzlichen Frage nach der Existenz von Hexen nicht länger »verweilen will«, wie er sagt, verweist er auf die bekanntesten Autoren seiner Zeit, die darüber ausführlich geschrieben haben, d. h. »Remigius, Delrio, Bodinus«. Die zu Beginn seiner Schrift aufgelisteten dämonologischen Autoritäten werden aber im Laufe der Ausführungen der *Cautio Criminalis* als verworrene und verwirrende Gelehrte dargestellt, die in puncto magiae »Ammenmärchen« und »Altweibergeschwätz« verbreiteten, dadurch viel Unheil angerichtet haben und daher grundsätzlich in Frage zu stellen sind. Mit diesem ersten Kapitel scheint Spee ein scheinbar bescheidenes Ziel zu verfolgen: Die Aufmerksamkeit des Lesers soll von theoretischen Fragen auf die Praxis der Hexenprozesse gelenkt werden. Dieser soll dabei »Weisheit und Besonnenheit« an die Stelle von »Leidenschaft« und »vernünftige Überlegungen« an die Stelle von »Autoritäten« setzen. Der rheinische Jesuitenpater beendet daher dieses erste Kapitel seiner polemisch-kontroversistischen Schrift programmatisch im Predigerton:

Wenn wir uns voller Eifer überstürzen und, da wir alles schon zu wissen wähnen, nichts lernen wollen, ist es da ein Wunder, wenn uns in vielen Dingen die Wahrheit verborgen bleibt? So folge mir denn, mein Leser, unvoreingenommen und gefügig, wohin ich dich behutsam an meiner Hand führen will. Es soll dich einmal nicht gereuen, viele Dinge schön langsam und eingehend durchdacht zu haben (S. 2).

Spee, der im Jesuitenorden als ein Mensch mit »sonderbaren Ansichten« galt, beschreibt die Hexenverfolgung als ein Massenphänomen, bei dem nicht primär die Quantität von Relevanz ist, obwohl auch diese ihm verhängnisvoll genug erschien. Für ihn lag das qualitativ Neue, das eigentlich Tragische dieser Massenverfolgung von Unschuldigen vielmehr in der Tatsache, daß zur Verleumdung, Denunzierung, Verhaftung, Folterung, Verurteilung und Verbrennung von so vielen Menschen die gesamte Gesellschaft ihren Beitrag leistete – ob klein oder groß, ob mit Eifer oder auch nicht, ob aus Unwissenheit, Angst, Feigheit oder privaten Interessen, das ist dabei für Spee nur von zweitrangiger Bedeutung. Kulturgeschichtlich gesehen liegt darin das Besondere der Speeschen Darstellung der Hexenverfolgung. In der *Cautio Criminalis* sind – und dies verdient unsere Aufmerksamkeit – die Opfer des Hexenwahns ehrbare, fleißige, beneidenswerte Menschen, die wegen ihres beispielhaften Verhaltens aus ihrem sozialen Umfeld hervorstechen. Die Verfolger zeichnen sich dagegen durch Neid, Habgier, Niedertracht, Aberglauben, Korruption, Zügellosigkeit oder Weltferne aus. Der Teufel war also in den Hexenprozessen der europäischen frühen Neuzeit tatsächlich anwesend, nur – wie man schon treffend bemerkt hat – auf der Seite der Verfolger.

Teuflisch-Dämonisches gehört ja grundsätzlich zum Gedankengut der christlichen Lehre. Noch 1972 wurde die Existenz des Teufels vom römischen Papst offiziell bestätigt. Darin ist also nicht ohne weiteres ein Erklärungsansatz für die Entstehung der Hexenlehre und für die Praxis der Hexenprozesse im 16. und 17. Jahrhundert zu suchen. Für Spee wird dieser Bestandteil christlichen Glaubens jedoch als Erklärungsansatz relevant, als er erlebt, wie in Krisenzeiten – und die Jahrzehnte des ausgehenden 16. und des frühen 17. Jahrhunderts waren Hungerjahre mit Massenarmut und Seuchen – der Mensch unerklärliche Phänomene bzw. Naturkatastrophen als Teufelswerk erklärt und im glücklichen, scheinbar vom allgemeinen Unglück verschonten

Nachbarn nicht mehr den Nächsten im christlichen Sinne, sondern den Schützling Satans erblickt. Dämonisches steigert sich zu Dämonopathischem und wird schließlich von eifrigen, vielbelesenen Theologen zur Wissenschaft erhoben, d. h. zur Dämonologie, die wiederum Dämonopathie *via culta* erzeugt. Dazu bemerkt Spee einmal in der *Cautio Criminalis*:

Aufrichtig gesprochen, ich weiß schon längst nicht mehr, wieviel ich den Autoren, die ich früher voller Wißbegierde immer wieder eifrig las und hoch schätzte, dem Remigius, Binsfeld, Delrio und den übrigen überhaupt noch glauben kann. Ihre ganze Lehre stützt sich ja nur auf mancherlei Ammenmärchen und mit Folter herausgepreßte Geständnisse. Gott weiß es, wie oft ich das unter tiefen Seufzern in durchwachten Nächten überdacht habe und mir doch kein Mittel einfallen wollte, der Wucht der öffentlichen Meinung Einhalt zu gebieten, bis die Menschen unvoreingenommen und von Leidenschaften ungetrübt die Sache gründlicher überdenken könnten (S. 93).

Abergläubisches Gedankengut des niederen Volks mündet somit in die durch Folter erzwungenen Geständnisse bzw. in die großangelegten Abhandlungen der Theodämonologen zur »Magica«, welche am Ende des 16. Jahrhunderts erschienen und bei allen Hexenrichtern auf dem Tisch im Gerichtssaal lagen. Ihr berühmtberüchtigtstes Beispiel ist Delrios *Disquisitiones magicarum* (Löwen 1599). Delrios Werk ist heute als Fundgrube abergläubischer Vorstellungen seiner Zeit für Volkskundler von großer Bedeutung; für die Frauen aber, die mit Hilfe dieser so fragwürdigen Autorität als Hexen zum Tode verurteilt wurden, waren Delrios »schlaflose Nächte« das allergrößte Unglück, wie Alessandro Manzoni in seinem Roman *Die Verlobten* so treffend sagte.

Durch diesen oben skizzierten Verwandlungsprozeß vom Dämonopathischen zum Dämonologischen bekamen die teils noch auf Relikten heidnischer Agrarkultur basierenden »Ammenmärchen« des niederen, abergläubischen Volks einen Anschein von Wahrheit; sie wurden in den Prozeßakten registriert und bildeten juristisch-theologische Präzedenzfälle, auf die sich die Hexenverfolger in weiteren Prozessen stützen konnten. Diese merkwürdige soziale und ideologische Allianz zwischen ungebildeten, abergläubischen Unterschichten und gelehrter Oberschicht kam unabhängig von jeglichen gemeinsamen sozioökonomischen Interessen zustande. Sie basierte allein auf der gemeinsamen Angst vor Teufeln und Hexen und reflektiert am adäquatesten diese von

Dämonopathie beherrschte Epoche der frühen Neuzeit in Europa. Von der Leichtgläubigkeit und Verantwortungslosigkeit der »doctores«, die »ruhig in ihren Studierstuben sitzen« und die, anstatt »ihre theologischen Tüfteleien auf uns loszulassen« (*Cautio Criminalis*, S. 247), spitzfindig »Ammenmärchen« kommentieren, profitieren nach Spees Ansichten vor allem die Richter. Sie bereichern sich an den Prozessen, und sie sind daher aus ganz materiellen Gründen an der schärferen Verfolgung der Hexen interessiert, denn man zahlt ihnen »vier oder fünf Taler für jeden Schuldigen« (S. 13). Von den Richtern entwirft Spee in der *Cautio Criminalis* ein durchweg negatives Bild. Er spricht den Hexenrichtern jeden Gerechtigkeitssinn ab, denn er hat konstatieren müssen, daß die Todesurteile, die ein Richter unterschreibt, um so zahleicher sind, je größer seine Familie ist. Hexenprozesse zu leiten sei allmählich »ein sehr einträchtiges Geschäft« geworden; »häufig sind die Richter, denen die Hexenprozesse anvertraut werden, schamlose, niederträchtige Männer« (S. 32), schreibt Spee unmißverständlich. Im Gegensatz zu Spee betonen die Historiker heute vor allem, daß die Hexenrichter, abgesehen von wenigen Ausnahmen, im allgemeinen aufrichtige und ehrliche Männer waren, die die Hexenprozesse im großen und ganzen korrekt durchführten, daß die Prozeßkosten gewöhnlich von den Staatskassen getragen wurden und somit von ökonomischen Interessen bei den Hexenverfolgern nicht unbedingt die Rede sein könne (Robert Mandrou, Gerhard Schormann). Auch wenn in diesem Punkt keine Einstimmigkeit herrscht (vgl. dagegen Wanda von Bayer-Katte), können wir doch davon ausgehen, daß Spee in seiner *Cautio Criminalis* absichtlich ein einseitiges Bild der Hexenrichter skizziert hat, denn es ist auszuschließen, daß er nicht ausreichend informiert gewesen sei. Seine Darstellung der unfähigen, korrupten Hexenrichter korreliert mit dem positiven Bild der verständnisvollen Fürsten. Von diesen behauptet Spee, sie seien nur nicht ausreichend und genau über die Prozesse informiert, sonst würden sie sie sicherlich sofort stoppen, wie es manche von ihnen schon getan hatten und wie es noch mehr – so hofft er – tun werden, sobald sie die *Cautio Criminalis* gelesen haben. Mit politisch strategischer Intelligenz versucht der Jesuit Spee die Hexenrichter sozusagen als Sündenböcke anzubieten, wenn er sie dem fürstlichen Adressat seiner Schrift als die Quelle des Unheils, als eine Gefahr für den Staat hinstellt. Spee scheint davon auszugehen, daß ein Massenphänomen wie die Hexenverfolgung nunmehr nur noch von oben autoritativ gestoppt werden kann, eine Erkenntnis oder eine Intuition, die sich als historisch wichtig erwies. Die tendenzielle Einseitigkeit Spees in der Darstellung der historischen Realität der Hexenprozesse findet eine plausible Erklärung, wenn wir davon ausgehen, daß die *Cautio Criminalis* für die Öffentlichkeit bestimmt war. Ihr Ziel und Zweck bestand ja für Spee darin, seine Leser – speziell seine fürstlichen – von der Notwendigkeit der Beendigung der Hexenprozesse zu überzeugen und vor der Anwendung der Folter als entscheidendem Mittel zur Wahrheitsfindung zu warnen. Als Gelehrter, als Geistlicher, der »an scholastische Disputationen gewöhnt ist« (S. 70), weiß Spee aber nur allzu gut, daß er erst dann hoffen kann, sein Ziel zu erreichen, wenn es ihm gelingt, in diesem von Hexenwahn und Dämonopathie beherrschten, Vernunft und Nächstenliebe feindlich gesinnten Kontext das Gewissen und Denken der Gleichgültigen und der Befürworter der Hexenverfolgung zu erschüttern. Zu diesem Zweck wählt er eine grundsätzlich polemisch-provokatorische Strategie. Er scheut sich nicht, alle, auch die heikelsten und schwierigsten Fragen zur Diskussion zu stellen. Indem Spee an die rationale Fähigkeit seines Lesers appelliert, hofft er mit unterschiedlichen Argumenten und mit einer Vielzahl von Beispielen, die augenscheinlichen Wahrheiten einer dämonopathischen Epoche, wie zum Beispiel die durch die Folter erzwungenen Schuldgeständnisse, als Trugbilder, als Scheinwahrheiten entlarven zu können. Der Jesuit Spee verzichtet aber nicht darauf, seine Adressaten auch emotional zu beeinflussen, und so entwickelt er – bei aller argumentativen Stringenz – gleichzeitig eine Rhetorik der Provokation, die sogar vor Sarkasmus und Verachtung nicht zurückschreckt. Spätestens das Märchen von des Kaisers neuen Kleidern hat deutlich gemacht, daß sich niemand gerne für einen Dummkopf hält. Spee baut auf diese menschliche Schwäche, er suggeriert dem Leser, sich lieber auf die Seite des klugen Verfassers zu stellen, wenn er die Prediger und »Hexenbeichtiger«, die genauso fest wie blindlings an die Machwerke Satans glauben, mehrmals einfach als »dumm« bezeichnet. So konstatiert er einmal: »Es gibt ja etliche Dummköpfe in diesem Stande« (S. 174); oder »Die Priester sollen sich ihrer Dummheit schämen…« (S. 118); und auch: »Freilich wissen diese Dummköpfe wohl nicht…« (S. 78). Und wie soll man den Beichtvater anders nennen, fragt sich Spee, der bei der Tötung einer Angeklagten durch den Henkersknecht während der Tortur »als erster« ausgerufen hat, »der Teufel habe dieser schändlichen Hexe das Genick umgedreht. Dieses Märchen hat (da er hinzusetzte, er habe mit eigenen Augen gesehen, daß ihr Hals völlig zerschmettert war) jeder geglaubt, und das um so fester, je weniger man den Argwohn hegt, es könne ein Geistlicher eine Lüge oder ein so ungeheuer leichtfertiges Urteil aussprechen« (S. 213). Und was soll man von den Geistlichen halten, die sich »der Schere der Henkersknechte unterwerfen, und das unter der Herrschaft geistlicher Fürsten« (S. 155), fragt Spee weiter mit Empörung und Verzweiflung. Er sieht darin eine Verunglimpfung des geistlichen Amtes, wenn seine teufelsbesessenen Kollegen mit den – im fachlichen Sinne – unehrlichen Leuten wetteifern, d. h. mit Henkern und Gefängniswärtern. Ohne die ganz präzise Absicht, unmittelbar und mit Hilfe einer massiven Polemik auf die Realität einwirken zu wollen, wären diese Textstellen, die die unwürdige Rolle der Geistlichkeit in der Hexenverfolgung unterstreichen, kaum denkbar. Wir wagen sogar aufgrund dieser äußerst polemischen Stellen die These, daß die *Cautio Criminalis* wahrscheinlich von Anfang an als anonyme Publikation von Spee geplant war. Spee war wohl kaum so naiv, nicht zu wissen, daß er einerseits mit solchen abschätzigen Aussagen über Prediger und Beichtväter, über Geistliche im allgemeinen, keine Druckerlaubnis für seine »pestilentissima« *Cautio Criminalis* erhalten hätte, daß andererseits aber ohne diese Schärfe des Urteils seine Schrift einen Teil ihrer Wirkung eingebüßt hätte. Die Publikation der Speeschen *Cautio Criminalis* war in dieser Fassung nur anonym möglich, und anonym erschien sie noch lange nach Spees Tod.

Zentraler Angriffspunkt Spees ist der Gebrauch der Folter zur Wahrheitsfindung in den Hexenprozessen. Da die juristische Tradition die Hexerei als ein heimliches und schwer nachweisbares Verbrechen betrachtete (»crimen exemptum et occultum« von Spee im »XXXVII dubium« behandelt), gingen die Richter nämlich davon aus, daß erst – falls ein Angeklagter leugnete – das durch das ›neutrale‹ Instrument der Folter erzwungene Geständnis der Wahrheit entspräche, weil der Mensch – so argumentierten die Hexenrichter und die Dämonologen – sich nur unter Gewalteinwirkung nicht mehr verstelle. Für Spee ist dies ein eklatanter, verhängnisvoller Trugschluß; für ihn ist die Folter »etwas Grauenhaftes und Gefährliches« (S. 188). Kein Mensch könne – so meinte Spee – die physischen Schmerzen der Folter ohne Folgen auch für seinen Geist bzw. für seine Psyche überstehen (S. 294). Und jeder Mensch würde alles mögliche erfinden, auch nie begangene Verbrechen und nie gesehene Komplizen, um sich den Folterqualen zu entziehen. Die Folteranwendung helfe den Richtern keineswegs die Wahrheit zu finden, sondern lediglich irgendein Schuldbekenntnis von den Gefolterten zu bekommen. Da »die Mehrzahl aller unwissenden, sorglosen Richter, auch viele habsüchtige und niederträchtige, auf haltlose Indizien hin zur Festnahme und Folterung schreiten«, glaubt Spee mit Recht behaupten zu können, »die Gewalt der Folterqualen schafft Hexen, die es gar nicht sind, weil sie es gleichwohl sein müssen« (S. 269). Die Absurdität des Versuchs, mit Hilfe der Folter Wahrheit von Unwahrheit, Schuld von Unschuld zu trennen, bringt Spee in einem fiktiven Rat an eine unschuldig verhaftete Frau zum Ausdruck, ein Meisterstück barocker Rhetorik: »Miseram te nimis quid sperasti?« (Ed. Frankfurt 1632, S. 445). »Unglückliche was hast du gehofft? Warum hast du dich nicht gleich beim ersten Betreten des Kerkers für schuldig erklärt? Törichtes, verblendetes Weib (»stulta mulier et vesana«), warum willst du den Tod so viele Male erleiden, wo du es nur einmal zu tun brauchtest? Nimm meinen Rat an, erkläre dich noch vor aller Marter für schuldig und stirb. Entrinnen wirst du nicht. Das ist letzten Endes die unselige Folge des frommen Eifers Deutschlands« (»... nam haec denique zeli Germaniae catastrophe est«) (Ed. Ritter 1982, S. 286).

Wie wir bis jetzt gesehen haben, hat Spee im Laufe seiner Ausführungen die Befürworter der Hexenverfolgung »kindisch Leichtgläubige, Zügellose, Korrupte, Verworrene, Dummköpfe« genannt. Er beschönigt nichts und nimmt auch keine Rücksicht auf große Namen, auf Glaubens- oder Ordensgenossen und auf Staatsbeamte, denn sie sind objektiv und subjektiv verantwortlich für den Tod vieler Unschuldiger. Sie alle sind »blind«, »verblendet«. Das gesamte Volk ist »blind«, »caecus«, Opfer seiner eigenen Dämonopathie, in einer verkehrten Welt, wo Märtyrerinnen des christlichen Glaubens durch Unmenschen, durch »Hominidi« gefoltert und hingerichtet werden. Durch die »caecitas«-Metapher drückt Spee immer wieder die Hoffnungslosigkeit des katholischen Deutschland im frühen 17. Jahrhundert aus. Er schreibt: »Sehet da Deutschland, so vieler Hexen Mutter; ist es ein Wunder, wenn sie sich vor Kummer die Augen ausgeweint hat, sodaß sie nichts mehr zu sehen vermag? O Blindheit unseres Volkes!« (S. 102) Blind, weil verblendet, ist das Volk, das von dem Verstand, von der »certa ratio«, von dem gesunden Verstand keinen angemessenen Gebrauch machen kann und will. Es ist »blind«, weil im Kopf »vernebelt«. »Ich schäme mich für Deutschland, daß wir in so wichtiger Sache nicht besser zu argumentieren verstehen« (S. 64). Und mit verzweifeltem Ton noch härter: »In was für unglücklichen, unwissenden Zeiten leben wir doch! Was nützt es, die Wissenschaften studiert zu haben, wenn die Unwissenheit so hoch in Ehren steht?« (S. 78) Oder auch: »Beim Gedanken hieran hat mich mehr als einmal ein Schauder über diese unerhörte Blindheit der Deutschen gepackt« (S. 92 f.).

Spee nimmt seinem deutschen Leser jede Möglichkeit, die geistige und moralische Niederlage der deutschen Nation – denn nur davon zeugen für Spee die Hexenprozesse – mit einem Verweis auf die anderen europäischen Nationen abzuschwächen. Der rheinische Jesuitenpater behauptet, er müsse leider »bei den Deutschen und besonders bei den Katholiken« (S. 279) einen Eifer in der Verfolgung von Unschuldigen, von vermeintlichen Hexen konstatieren, der – so sagt Spee ausdrücklich – bei Italienern und Spaniern nicht anzutreffen sei. »Schämen sollten wir Deutschen uns!« ruft Spee, der sich und seine Landsleute mit rhetorischer Geste fragt: »O Deutschland, was tust du?« (S. 230).

Um das nationale Gewissen seiner Landsleute zu erschüttern, muß Spee allerdings über den Eifer Frankreichs schweigen, wo Hexen erbarmungsloser, kontinuierlicher und heftiger verfolgt, in nationalen, aufsehenerregenden Prozessen verurteilt und schließlich massenweise verbrannt wurden. Spee war darüber genauestens informiert; er hatte nach der Lektüre der dämonopathischen, bis an neurotische Misogynie grenzenden *Dämonomanie* eines Jean Bodin oder der *Daemonolatriae* eines buchstäblich wahnsinnig gewordenen Hexenrichters wie Nicole Remy »schlaflose Nächte« verbracht, wie er selbst in der *Cautio Criminalis* sagt. Der absolute kulturelle Niedergang seines Landes ist für Spee, wenn die Hexenprozesse fortgesetzt werden, so unausweichlich, daß er das Bild einer Utopie der Toleranz unter türkischer Herrschaft für unschuldige, verfolgte deutsche Christen entwirft.

Ehrabschneiderei und Verleumdung nehmen überall gar zu sehr überhand, und die Pflicht christlicher Nächstenliebe wird so arg wie nur möglich verletzt. Ich habe Leute sagen hören, sie wollten deshalb in diesen Zeiten, wo die Gerüchtemacherei nicht eingeschränkt und auf ein Gerücht hin der Prozeß gemacht werde, lieber solange unter Türken leben, wofern sie nur Christen bleiben dürfen (S. 172).

Der Ruf »lieber unter Türken leben« ist zur Zeit der Schlacht bei Lepanto und der Belagerung Wiens keine Seltenheit im christlichen Europa. Er bedeutet im Munde eines aufrichtigen Christen die schärfste Kritik, die größte Provokation. Ähnlich äußerten sich zum Beispiel Tommaso Campanella und Paolo Sarpi; und Johannes Matthäus Meyfahrt, der evangelische Theologe, Dichter und Rektor der Erfurter Universität, schreibt in seinem Werk über die Hexenverfolgung, daß unter Türken und Tataren ein ehrlicher Mann sicherer sei als unter deutschen Christen.
Die Menschen seiner dämonopathischen Zeit stellt Spee provokatorisch als Unchristen dar, die im Nachbarn nicht mehr den Nächsten im christlichen Sinne, sondern nur noch den Feind erblicken. Eher Hominidi als Menschen, hätten diese, so suggeriert Spee dem Leser als Höhepunkt der Provokation, kulturhistorisch gesehen noch nicht einmal die Stufe der Barbarei erreicht, denn die Barbaren verweigerten den zum Tode Verurteilten die Erfüllung eines letzten Wunsches nicht, ja sie gestatteten ihm, einen Gnadengesuch zu stellen. Somit wird dem Leser der *Cautio Criminalis* keine Möglichkeit gelassen, weiterhin die Hexenprozesse zu befürworten, es sei denn, er akzeptiert es, ein Dummkopf zu sein, weniger als ein heidnischer Barbar und schlimmer als die sonst so gefürchteten Türken. Spee schweigt über Frankreichs Eifer, betont die Vorsicht der Italiener und der Spanier, weist auf die tolerante Gleichgültigkeit der Türken hin, brandmarkt aber den Eifer der Deutschen, um diese zur Besonnenheit zurückzurufen, um sie aus der Blindheit zu reißen und zurück zum »lumen rationis« (Ed. 1632, S. 425), zum »Licht der Vernunft« zu führen.
Wenn die Erde, das christliche Europa, eine Hölle ist, dann sind die blinden Diener Satans, die Hexenverfolger, nämlich immer

Betrüger und zugleich Betrogene. Darum findet diese Blindheit, die Spee rhetorisch resigniert insbesondere bei seinen Landsleuten und Glaubensgenossen feststellt, auch in dem Mißbrauch der Sprache ihren Niederschlag. »Es ist erstaunlich, wie weit schließlich die Sprache mißbraucht werden darf« (S. 85), bemerkt einmal Spee, der bei den Hexenrichtern eine ganze Reihe von »neuen Redewendungen und Ausdrucksweisen« registriert hat, welche der Verschleierung der Wahrheit dienen (S. 25). So schreiben die Hexenrichter zum Beispiel, die Hexe sei während der Folter »eingeschlafen« (S. 108), anstatt, sie sei wegen der akuten Schmerzen in Ohnmacht gefallen; oder sie vermerken, die Folter werde am nächsten Tag »fortgesetzt«, anstatt »wiederholt«, weil die *Peinliche Gerichtsordnung Kaiser Karls des Fünften*, die sogenannte »Carolina«, die Wiederholung der Folteranwendung für dasselbe Verbrechen strikt verbot. Selbst das Wort Christi werde in dämonopathischen Zeiten verdreht, wenn dieses den Hexenverfolgern nützt. Spee führt als Beispiel die Auslegung des Neuen Testaments durch den Trierer Suffraganbischof Peter Binsfeld an, der in Berufung auf Matthäus 13 die Ausrottung des Bösen predigte, auch wenn das eine Gefahr für die Guten bedeutete. Diese These widerlegt Spee polemisch mit der Ansicht, daß es besser sei, »dreißig und noch mehr Schuldige laufen zu lassen, als auch nur einen Unschuldigen zu bestrafen« (S. 40). Er fordert außerdem die Anerkennung der Rechte der Angeklagten auch im Falle eines Sonderverbrechens wie der Hexerei, d. h. gemäß der »Carolina« keine Wiederholung der Folter, ferner die Wahrung des naturrechtlichen Grundsatzes, wonach man »jeden solange für gut zu halten hat, bis hinreichend bewiesen wird, er sei schlecht« (S. 207). Die *Cautio Criminalis* ist nicht nur eine juristisch-theologische Disputation, sondern auch eine Predigt und Streitschrift, die sich auf Logik und Pathos gleichermaßen stützt und, obwohl sie von der Dunkelheit berichtet, auf die Aurora hofft. Kein pessimistisches Werk, sondern ein kämpferisches, ein polemisch-provokatorisches, ein warnend-aufklärendes. In der europäischen frühen Neuzeit war keine Kritik der Theorie und der Praxis der Hexenverfolgung so radikal und so parteiisch-partizipierend, keine basierte zugleich so bewußt auf Logik und Rhetorik wie die Speesche *Cautio Criminalis*. Daher sprechen wir dem rheinischen Jesuitenpater ein hohes Maß an politischer Intelligenz zu und glauben behaupten zu können, daß er vom Druck seines Manuskripts gewußt haben muß. Sein Amt war zu warnen, das geboten ihm Nächstenliebe und Christenpflicht. Und seine Pflicht hat er mit außerordentlicher Zivilcourage erfüllt, wofür wir ihm noch heute dankbar sind, weil wir nach mehr als 350 Jahren seine scharfe Kritik an Massenverfolgung, Folteranwendung und Schauprozessen für immer noch aktuell und daher reflexionswürdig halten müssen. Leider Gottes.*

---

* Ich danke hier der Alexander von Humboldt-Stiftung, die es mir ermöglicht hat, diese Arbeit in München zu beenden.

Bartholomé Bennassar
Die Selbstbezichtigung vor der spanischen Inquisition oder die Zwiespältigkeiten des Geständnisses: Vorsichtsmaßnahme, Gewissensbisse oder stillschweigende Komplizenschaft?

Für den Begriff »Geständnis« (aveu) schlägt das französische Wörterbuch »Littré« mehrere Bedeutungsmöglichkeiten vor:
– Begriff aus der Feudalherrschaft: Rechtshandlung, die einen Vasallenstatus begründet;
– Billigung, Einverständnis, Zustimmung;
– in der Rechtsprechung: Anerkenntnis des Rechts, das vom Gegner durch eine andere Partei beansprucht wird;
– Gestehen, beichten, etwas zugeben.

Ob sich nun der Begriff »Geständnis« auf Feudalbeziehungen, Rechtsprechung oder Privatleben bezieht, so scheinen mir doch verschiedene Bedeutungsmöglichkeiten einander nahe zu sein, denn im Grunde handelt es sich dabei um eine Handlung, durch die einer einem anderen das erklärt, was dieser als Lehnsherr, Polizeiinspektor oder Richter, Inquisitor, Beichtvater, Psychiater, Vater oder Mutter, Geliebter oder Geliebte von ihm hören wollte.
In all diesen Fällen schafft das Geständnis eine Abhängigkeit: der Geständige wird dem anderen auf Gnade oder Ungnade ausgeliefert. Diese Beschreibung des Gestehens läßt jedoch offen, wie das Geständnis erreicht wurde, oder anders gesagt, welche Persönlichkeit es mit welchen Mitteln erreicht hat.
Dieses Verfahren ist von besonderer Bedeutung, denn ein Geständnis kann sowohl ein Zeichen oder ein Beweis der Liebe oder Fürsorge als auch ein Ergebnis von Drohung und Angst sein. Auf letzteres stützte sich das Handeln der Inquisition. Dies war keineswegs umstandslos möglich, und ohne auf das Verfahren der Inquisition einzugehen, kann man nicht verständlich machen, wie Geständnisse von den Inquisitoren und vor allem mit welchen

psychischen Mechanismen die Selbstbezichtigungen erzeugt wurden. Das inquisitorische Verfahren basiert vor allem auf dem *Glaubensedikt*.

Es handelte sich dabei um eine breit angelegte Propagandaaktion, die Irrende in Glaubensfragen oder Zeugen entsprechender Äußerungen und Handlungen gegen den katholischen Glauben zur Selbstbezichtigung vor der Inquisition veranlassen sollte bzw. dazu, andere anzuzeigen, die vergleichbarer Vergehen schuldig waren. Das Glaubensedikt war – obwohl bereits veraltet – Teil der mittelalterlichen Inquisition des 15. Jahrhunderts. Die spanische Inquisition setzte es dann auch mit aller Entschiedenheit wieder ein. In den Unterweisungen von Torquemada von 1484 ist es bereits im Keim enthalten und in den Anweisungen von Deza von 1500 deutlich hervorgehoben, wenn es dort im Abschnitt 2 heißt: »Desgleichen sollen in den Gerichten (gemeint sind die Zuständigkeitsbereiche), für die die Inquisitoren zuständig sind und in denen sie eingesetzt sind, jedes Jahr von einem der Inquisitoren die Städte und Ortschaften aufgesucht werden, um Untersuchungen anzustellen und das Glaubensedikt zu verkünden, damit diejenigen, die etwas über das Verbrechen der Häresie wissen, dies auch angeben ...«

Der allgemeine Charakter dieser Anweisung wird jedoch mit der Zeit präzisiert, und in dem Maße, in dem sich für die Inquisition die Bereiche der Strafhandlungen ausweiten, wird auch das Glaubensedikt immer detaillierter formuliert. Damit jeder ein Vergehen erkennen kann, werden nach und nach alle möglichen dogmatischen oder moralischen Verstöße aufgezählt, die vom Gottesvolk begangen werden können bzw. zur Anzeige gebracht werden müssen. Das Glaubensedikt wird dadurch zu einem regelrechten Katalog, in dem unter anderem folgende Verstöße aufgezählt werden: Riten und Gebräuche der Juden, Moslems, Lutheraner und Illuminaten; Gotteslästerungen und Irrlehren; Dämonenanrufungen; Hexerei; explizites oder implizites Paktieren mit dem Dämon; die Zuschreibung göttlicher Fähigkeiten an Geschöpfe; die Ehe der Geistlichen; die Polygamie; Verführungen bei der Beichte; Behauptungen, wonach Hurerei keine Sünde ist oder solche, die das Konkubinat höher einschätzen als die Ehe und die Ehe höher als den geistlichen Stand; ikonoklastisches Verhalten; der Besitz jüdischer, moslemischer, lutherischer Bücher oder solcher, die auf dem Index stehen, oder von Bibelübersetzungen in der Volkssprache; das Verschweigen von Verbrechen, falsche Zeugenaussagen und Beeinträchtigungen der Inquisition ...

Eine solch detaillierte Aufzählung möglicher Vergehen konnte auch ins ungewollte Gegenteil umschlagen. So ist zum Beispiel erwiesen, daß die Mitglieder der krypto-jüdischen Gemeinschaften Neu-Spaniens, die wegen der Trennung von ihren Glaubensbrüdern nur schwer zu den Wurzeln ihres Glaubens fanden, ihre Dogmen und Riten durch das aufmerksame, genaue Zuhören beim Verlesen der Glaubensedikte rekonstruierten, denn sie mußten nur die untersagten Riten, Gebräuche und Gebete praktizieren, um ihren Glaubensgesetzen zu folgen.

Von besonderer Wichtigkeit ist auch, wie das Edikt dem Volk verkündet wurde. Mit einer groß angelegten Propagandaaktion sollte die größtmögliche Wirkung auf das Volk erzielt werden. So ließen die Inquisitoren, wenn sie an einen Ort ihres Zuständigkeitsbereiches kamen, zunächst einen Aufruf verlesen, der alle Personen über 12 (oder 14) Jahren aufforderte, sich am folgenden Tag oder am Sonntag zu versammeln, um die Verkündigung des Edikts zu hören. Sonntags wurde dann während des Offertoriums der Messe das Edikt langsam und laut verlesen. Daraufhin erklärte der Zelebrant die Pflicht der Gläubigen, ihre Sünden zu beichten oder die der anderen der Inquisition mitzuteilen. Mit besonderem Nachdruck hob er die Gefahr für diejenigen hervor, die sich dieser Pflicht zu entziehen suchten.

In den kleinen Städten konnten örtliche Ausrufer, die von Straße zu Straße und von Haus zu Haus zogen, kurz vor der Ankunft der Inquisitoren die Bekanntgabe des Glaubensediktes sicherstellen. In den großen Städten und besonders in solchen mit Gerichtssitz war die Zeremonie noch spektakulärer, wenn die Präsenz der Inquisition deutlich werden sollte. So bildeten zum Beispiel samstags vor dem zweiten Sonntag nach Pfingsten in Sevilla die Anhänger der Inquisition eine große Prozession durch die Stadt mit Trommeln, Trompeten und einem Ausrufer. An acht aufeinander folgenden Punkten wurde die Veröffentlichung des Ediktes für den nächsten Tag verkündet und damit gleichzeitig die Predigt in allen anderen Kirchen während dieser Zeit untersagt. Sonntags fand dann am Portal der Kathedrale und der Kirche San Salvador ein feierlicher Empfang der Inquisitoren statt, die anschließend in beiden Kirchen das Edikt verlesen. Für die Selbstbezichtigung oder die Denunziation anderer wurde den Gläubigen eine Frist von sechs Tagen vom Zeitpunkt der Veröffentlichung an zugestanden. Nach acht Tagen erstattete dann der Ankläger in Form einer öffentlichen Erklärung Anzeige gegen die Gläubigen, die das Edikt nicht befolgt bzw. nicht ihr ganzes Wissen preisgegeben hatten. Weil dieses Edikt außerdem den Betroffenen mit dem Kirchenbann drohte, wurde es auch »Bann-Edikt« genannt. Wie bereits H.-C. Lea schrieb, »wurden alle Register des religiösen Terrorismus soweit wie möglich genutzt, um das kollektive Bewußtsein von der Verpflichtung zu überzeugen, Eltern oder Freunde wegen noch so unwesentlicher Handlungen oder Aussagen zu denunzieren, die aber als häretisch oder sündhaft gedeutet werden konnten«.

Eine höchstmögliche Diskretion zugunsten des Denunzianten ergänzte die besondere Bedeutung des Sündenkatalogs und die Pflicht, sich selbst und andere anzuzeigen. Bereits in dem Edikt von 1498 wurde die Zusicherung der Anonymität des Denunzianten als eine Pflicht angesehen. Der Angeklagte wußte also weder, weshalb er vom Heiligen Offizium festgehalten wurde, noch, wer ihn angezeigt hatte. »Wissen Sie, warum Sie hier vor Gericht sind?« lautete dann auch die erste Frage, die man dem Angeklagten nach Überprüfung seiner Personalien stellte.

Die reibungslose Funktionsweise dieses Systems stellte sicher, daß die Christen unter einem sehr starken psychischen Druck standen. In der Furcht des Heilsverlustes (hatten sie selbst ihr eigenes Heil gefährdet?) und in der Angst, denunziert zu werden, lebten Menschen, die sich unter anderem an folgende Vorkommnisse erinnern konnten: Gotteslästerungen beim Würfel- oder Kartenspiel, Zweifel an der Jungfräulichkeit Marias, Unterhalten sexueller Beziehungen zu Prostituierten ohne Sündenbewußtsein (weil man sie ja bezahlt), an Häresie grenzende Reden bei Nichtfürwahrhalten des Fegefeuers und Kritik am Bilderkult und vor allem Infragestellen der wahrhaften Gegenwart Christi in der Eucharistie. Auch die krypto-jüdischen oder krypto-moslemischen Gemeinschaften spürten zumindest ebenso stark den Druck, wenn auch qualitativ anders, denn der Wahrheit ihres Glaubens konnten sie sicher sein. Diese fürchteten in erster Linie die Denunziation oder den Verräter in der eigenen Gemeinschaft, wie zum Beispiel den *Malsin* bei den Juden.

Diese Situation macht deutlich, daß es in der Inquisition verschiedene Arten von Geständnissen gab. In diesem Beitrag werden wir nur die erste Art, nämlich die Selbstbezichtigung, untersuchen.

Betrachtet man die Empfehlungen des Glaubensediktes und den Druck auf die Gläubigen, so könnte man annehmen, daß die Selbstbezichtigung gerade deshalb häufig genutzt wurde, weil sie den Bekennern eine gewisse Nachsicht, weniger harte Bestrafung und manchmal auch Geheimhaltung einbrachte, was einer Versicherung gegen Ehrverlust gleichkam.

Die Fakten belegen diese an sich logische These aber nicht. Die Gesamtzahl der gerichtlichen Verfahren zeigt, daß der Anteil der sich selbst Anklagenden gering blieb. Eine Untersuchung historischer Dokumente läßt sehr unterschiedliche Beweggründe der Selbstbezichtigung erkennen. Ausgehend von den einzelnen Beweggründen, lassen sich drei Kategorien festhalten.

Unter die erste Kategorie fällt das am häufigsten zu beobachtende Motiv, daß Menschen aus Vorsicht und aus Angst wegen eines minimalen Vergehens im Rahmen der Inquisition zur Beichte kommen. Diese Geständnisse sind jedoch in der Regel zwiespältiger Natur. Besonders augenscheinlich wird dies, wenn es sich – so wie es in Valencia mehrmals der Fall war – um die sehr zahlreichen Selbstbezichtigungen von Moriscos handelt, denn oft entsprachen deren Geständnisse genau dem Inhalt der *Gnadenedikte*, die gerade für sie veröffentlicht wurden und die sie, wenn sie zur Beichte gingen, von allen Sünden freisprachen. Solche Edikte wurden 1568, 1583, 1588, 1593 und 1597 veröffentlicht. Der Besuch des Inquisitors Miranda im Uxotal und im Bistum von Tortosa im Rahmen des Gnadenediktes von 1568 wurde von 2689 Moriscos genutzt, um zu bekennen, daß sie islamische Glaubensübungen praktiziert hätten. Das gleiche Phänomen wiederholte sich im Königreich Kastilien im Rahmen der aufeinanderfolgenden Gnadenedikte von 1571, 1576, 1581, 1586 und 1597, die vor allem den Moriscos, die nach Kastilien verschleppt und verstreut worden waren, galten. Am Gericht von Cuenca ging jedoch die Zahl der im Rahmen des Ediktes hervorgerufenen Selbstbezichtigungen kontinuierlich zurück, weil dessen Nutznießer wieder zu ihren Sünden zurückfanden und dann als rückfällig betrachtet wurden.

An der entschlossenen Reue so vieler Morisco-, Berber- oder schwarzhäutiger Sklaven, die sich vor dem Gericht von Granada wegen islamischer Praktiken beschuldigten oder wegen des Wunsches, sich in moslemische Länder begeben zu wollen, kann durchaus gezweifelt werden. Denn die Wahrscheinlichkeit ist groß, daß sie, vielleicht auch auf den Rat ihrer Besitzer hin, belastenden Zeugenaussagen zuvorkommen und so Sanktionen beschränken wollten; so etwa 1577 im Fall der beiden Moriscosklavinnen Isabel und Elena, die den letrados (Magistraten) der Gerichte gehörten und sich bezichtigten, im Ramadan-Monat gefastet zu haben.

Dieses Verhalten läßt sich häufig bei folgenden Delikten feststellen: meist im Beisein von Zeugen ausgesprochene (Gottes-)Lästerungen oder zweimaliges Verheiratetsein, wobei die erste Ehe von Verwandten oder Durchreisenden bekannt gemacht wurde. Die Selbstanzeige kam gelegentlich der Denunziation nur um Stunden oder einen Tag zuvor, zum Beispiel 1609 im Fall des Don Francisco de Castilla y Mendoza, einem adligen Soldaten aus Sanlucar de Barrameda, der Gott und seine Mutter verleugnet hatte. Viele Menschen versuchten aus dieser Situation Nutzen zu schlagen, indem sie den nicht zu vermeidenden Denunziationen zuvorkamen, um eine eigene Version der Tatsachen vorzutragen, die weniger ungünstig ausfiel als diejenige der Spitzel. So besonders bei Blasphemien, deren Wortlaut sie abänderten. Juan Diaz, ein Fuhrmann aus Granada, gab an, er habe gesagt: »Reniego de vos como hereje« (Ich verabscheue Sie als Häretiker), während die Zeugen, die sich später meldeten, behaupteten, er habe gesagt: »Reniego de Dios« (Ich leugne Gott). Pedro de Angulo, ein einfacher Arbeiter, erklärte, daß er im Laufe einer Diskussion mit einem Studenten über einen Vergleich von Vorzügen der Ehe und des Unverheiratetseins gesagt habe: »Si Dios no mandara a Adam que tuviera mujer no oviera mundo« (wenn Gott Adam nicht geboten hätte, eine Frau zu nehmen, hätte es keine Welt gegeben). Weil jedoch die Zeugen des Gesprächs bestätigten, er habe in Wirklichkeit »Si Dios no fornicara no hubiera mundo« (Wenn Gott nicht gehurt hätte, hätte es keine Welt gegeben) gesagt, beschuldigte er sich dessen, obwohl er sich eigentlich nicht an eine solche Aussage erinnern konnte. Und in der Tat behaupteten die Zeugen, er habe gesagt: »Si Dios no jodiera no oviera hombres en el mundo« (Wenn Gott nicht herumgehurt hätte, hätte es keine Menschen auf der Erde gegeben). (Diese Fassung ist eine volkstümlichere, bekanntere und wahrscheinlichere Form des Zitates.) Als Entschuldigung gab der Angeklagte einen Versprecher an.

Die dargestellte Situation könnte mit unzähligen weiteren Beispielen illustriert werden. Blasphemien oder gewagte Aussagen im Bereich der sexuellen Freiheit wurden von den Beichtenden abschwächend dargestellt, oft wurde sogar die Annahme suggeriert, die Zeugen hätten schlecht gehört. Auch diejenigen, die sich beschuldigten, zweimal verheiratet zu sein, versäumten es nicht zu behaupten, daß sie vom Tod ihres ersten Ehepartners, des Mannes oder der Frau, überzeugt seien. Nach Jahren des Verschwindens des Partners mag eine solche Behauptung manchmal sogar wahrscheinlich geklungen haben, auch wenn sie nicht der vollen Wahrheit entsprach – war mit ihr doch grundsätzlich erklärt, ledig oder verwitwet zu sein. Juan Benitez, ein Seemann aus Malaga, wußte, daß seine erste Frau noch lebte, aber – wie er versicherte – wurde er so von den Eltern der zweiten Frau mit der Drohung terrorisiert, daß sie ihn bei Nichtheiraten ihrer Tochter, mit der er bereits geschlafen hatte, umgebracht hätten.

Selbstbezichtigungen in einer großen Anzahl erschienen manchmal wie der verzweifelte Versuch einer Gemeinschaft, das Unheil, in das sie geraten war, so klein wie möglich zu halten. Die Flut von Selbstbezichtigungen bei Frauen verschiedenen Alters aus Adel oder Bürgertum Granadas im Jahre 1595 muß ebenfalls so gedeutet werden. Diese Frauen waren Ehefrauen, Töchter, Schwestern von Magistraten des Gerichts der Inquisition, von Juristen und Kaufleuten, die ihre Schuld bekennen. Gleichzeitig wurden jedoch auch mehrere andere Männer und viele andere Frauen gleicher sozialer Herkunft wegen krypto-jüdischer Praktiken denunziert. Den fünfzehn Frauen, die sich aus eigenem Entschluß heraus selbst bezichtigten, oft aus Unwissen das Gesetz Moses befolgt zu haben, standen harte Prüfungen bevor, denn trotz ihrer Schuldbekenntnisse wurden sie gefoltert. Durch ihr ausdrückliches Abschwören und das Bezahlen einer hohen Geldstrafe kamen sie davon, während 38 andere Frauen, die vielleicht nicht die Zeit hatten, sich auszuliefern oder es auch nicht wollten, weitaus härter bestraft wurden. Die sehr große Zahl an Belastungszeugen in diesem spektakulären Prozeß, der das konvertierte Milieu Granadas zerschlug, deutet darauf hin, daß wahrscheinlich auch diejenigen Frauen denunziert worden wären, die sich selbst bezichtigt hatten.

Weitaus seltener sind Fälle, bei denen Gewissensbisse bzw. Schuldgefühle ausschlaggebend für die Selbstanzeige waren. Die beiden Moriscos, die sich am Aufstand von 1569 beteiligt und in den Maghreb abgesetzt hatten, verteidigten sich bei ihrer Rückkehr mit der Behauptung, sie hätten das große Wagnis auf sich genommen, um zwei im Land der Mauren festgehaltene Christen zu befreien und mitzubringen. Ob sie allerdings zurückgekehrt sind, um als gute Christen zu leben, ist nicht sicher; andere Motive könnten ihren Entschluß bestimmt haben. Pedro Martin, der ungefähr 20 Jahre vor seiner zweiten Ehe schon einmal verheiratet war, hatte sich Jahre, nachdem seine Frau ihn verlassen hatte, in der festen Überzeugung, diese sei nicht mehr am Leben, wieder verheiratet. Als er jedoch erfährt, daß seine erste Frau doch noch lebt, kommt Pedro Martin von weither und zeigt sich an. Auch in diesem Fall kann nicht umstandslos von Schuldgefühlen gesprochen werden, denn ihm war nicht bewußt, eine Sünde begangen zu haben.

Es gibt aber auch eindeutige Fälle. Christobal Ruiz, ein Satinweber, bereute, eine falsche – wahrscheinlich auf Bestechung beruhende – Zeugenaussage unter Eid gemacht zu haben, daß ein Mann, genauer ein Mönch, von dessen Gelübde Christobal wußte, frei und ledig und somit zur Heirat mit einer Frau fähig sei. Nur das schlechte Gewissen konnte das Motiv für Christobals Handeln gewesen sein, denn niemand hatte einen Verdacht, gerade auch deshalb nicht, weil der verheiratete Mönch selbst keine Reue zeigte. Ein schlechtes Gewissen bestimmte auch das Handeln des 70jährigen Priesters Mateo Molera aus Gerona, der sich vor Gericht in Barcelona beschuldigte, vor vielen Jahren homosexuell gewesen zu sein. Da jedoch seine ehemaligen Partner tot waren, lief er keine Gefahr, angezeigt zu werden. Fünf ähnlich gelagerte Fälle können unter den 155 von der Inquisition in Zaragossa verfolgten Homosexuellen festgestellt werden. Wir haben auch hier die Gründe der Selbstbezichtigungen untersucht. Einziges Kriterium für das Problem der Gewissensbisse ist die Sicherheit der betroffenen Personen, nicht von anderen angezeigt werden zu können. Es bleibt noch hinzuzufügen, daß diese Personen von einer großen Nachsicht profitierten, so zum Beispiel auch ein anonym gebliebener Mann, der sich selbst viermal der Sünde der Sodomie beschuldigte. Mit einem schweren Tadel kam er davon.

Eine letzte Art von Selbstbezichtigungen, die besonders interessant ist, weil sie das weite Feld der von den Inquisitoren bewußt im Dunkeln gehaltenen Fakten betrifft, soll noch angesprochen werden. Es handelt sich um Renegaten, die aus freiem Willen aus den Ländern des Islams zurückkehrten, dabei auch oft sehr große Risiken eingingen und sich dann spontan vor Gericht anzeigten. Im Jahre 1606 traten neunzehn Renegaten – 14 Spanier, 2 Franzosen, 2 Italiener und ein Flame – gemeinsam auf, um ihre Geschichte den Inquisitoren von Sevilla zu erzählen. Sie hatten ihre Aktion gut vorbereitet. Um aus Nordafrika zu fliehen und in Cadiz an Land zu gehen, hatten sie eine kleine Brigantine gestohlen. Früher waren sie alle Gefangene der Mauren. Der Flame unter ihnen hatte sogar 20 Jahre im Maghreb gelebt. Jorge Fernandez wurde gefangen, als er sieben Jahre alt war. Sie alle behaupteten, sich nur zum Schein vom christlichen Glauben losgesagt zu haben, um so ihre Freiheit zu retten und damit mehr Möglichkeiten zu besitzen, eine Rückkehr ins Christentum zu wagen. Und warum sollte man ihnen nicht glauben – nach allem, was ihnen gelungen war! Die Mehrzahl unter ihnen fügte hinzu, daß sie nie an islamischen Glaubenspraktiken teilgenommen hätten und nicht in die Moschee gegangen seien. Stattdessen hätten sie sich nur mit Lippenbekenntnissen, nicht aber mit dem Herzen vom Christentum losgesagt. Immerhin war Jorge Fernandez beschnitten und nach maurischen Gepflogenheiten (usança de moros) verheiratet. Christobal Benitez hatte es sogar zum Offizier in der Armee des Königs von Fez gebracht.

Erstaunlich bleibt an dieser Angelegenheit, daß die Inquisitoren nicht mehr darüber erfahren wollten. Sie wollten nicht wissen, ob diese Renegaten nicht doch zu dem einen oder anderen Zeitpunkt »das Spiel des Islams« gespielt hätten, ob sie nicht während all der langen Jahre versucht gewesen waren, als gute Moslems zu leben und sich für den Islam und gegen das Christentum zu entscheiden. Die Dokumente hinterlassen den Eindruck eines verstümmelten und bewußt lückenhaften Dialogs. Einige Fragen, die man hätte stellen können, wurden nicht gestellt. Aber dieses Vorgehen ist nur allzu verständlich, denn für das Heilige Offizium sind diese neunzehn Männer, die sich in Lebensgefahr begeben haben, außergewöhnliche Beispiele für einen über lange Zeit beibehaltenen Glauben. Sie beweisen die Überlegenheit der christlichen Religion und können zur Erbauung den Massen vorgestellt werden. Und wie sollte es auch anders sein: als Sanktion gab es die Absolution *ad cautelam*.

Dieser Fall ist keineswegs außergewöhnlich. Ich hätte die ganze Reihe der renegados espontaneos desde ano 1628 (der spontan zu Renegaten gewordenen Personen seit dem Jahr 1628) aufzählen können, die sich vor dem Gericht von Palermo stellten: vier Griechen, darunter drei vom griechischen Archipel, drei Russen, drei Spanier aus der Gegend von Valencia, ein Sizilianer, ein dunkelhäutiger Portugiese. Diese elf Renegaten ähneln ihren Vorgängern, auch wenn sie nicht zusammen aus dem Islam zurückkehrten. Ihre Geschichten sind aber Abenteuerromane, denn das Schicksal hat sie durch alle Mittelmeerländer geführt, von der Insel Krim bis nach Fez, von Algier bis nach Konstantinopel. Sie alle sind ein lebendiges Zeugnis für die Kraft des Glaubens, für die Macht der Gnade, die allen zuteil wird. Sie erzählen ihre Geschichte, und man fragt sie nichts weiter. Ihnen allen wird *ad cautelam* verziehen, und sie werden Priestern zur religiösen Unterweisung übergeben.

Manche Selbstbezichtigungen, die ich hier nicht näher ausführen kann, beziehen sich auf abstruse Situationen (z. B. einige schwarze Sklaven, die in Amerika Gotteslästerer waren). Zweifelsohne war die Selbstbezichtigung das von den Inquisitoren beabsichtigte Verhalten, denn es vereinfachte ihre Aufgabe sehr. Die Inquisitoren konnten die spontan abgelegten Beichten nach Belieben nutzen, indem sie ihnen, falls Exempel erforderlich waren, die entsprechende Öffentlichkeitswirksamkeit verliehen oder indem sie zur Vermeidung eines Skandals das so bekannt gewordene Geheimnis wahrten. Dies traf auch auf das Verhalten homosexueller oder zudringlicher Priester zu. Aber wie bereits dargelegt, war die Selbstbezichtigung die am wenigsten verbreitete Form der Anzeige. Unter den 124 Straffälligen, die 1572 im Rahmen eines *auto de fe* oder *außerhalb eines solchen* gerichtet wurden, hatte nur ein einziger seine Schuld bekannt. Im allgemeinen war der Anteil etwas höher – von einigen Ausnahmen abgesehen (Gnadenedikt) –, und die Selbstbezichtigung blieb die seltene Ausnahme.

Die Gründe dafür scheinen mir relativ klar zu sein. Zuerst einmal konnte die Argumentation der Inquisition nicht diejenigen überzeugen, die ein anderes Verständnis göttlicher Offenbarung hatten und glaubten, ihr Heil im eigenen Glauben zu erlangen. Dazu gehörten die Anhänger des Judentums, Krypto-Moslems, Lutheraner und andere. Sie alle zeigten sich nur dann an, wenn sie glaubten, einen Nutzen davon zu haben. Unter den Alt-Christen hatte die Kasuistik schon früh die Vorstellung entwickelt, daß es zulässig sei, bis zum Meineid zu gehen, um Leben und Ehre zu schützen, und im Gegensatz zu der Auffassung zu H. C. Lea warteten diese nicht bis zum Anfang des 17. Jahrhunderts, um diese Meinung zu entwickeln. Betrachten wir dazu das *auto de fe* von Barcelona aus dem Jahre 1572: der erste Angeklagte, Joan Oliver, wurde verurteilt, weil er vier Männer davon überzeugt hatte, daß man einen Meineid schwören könne, um das Leben und die Ehre einer Person zu retten. Ferner hatte er unter Berufung auf Juristen und Theologen die Auffassung vertreten, daß dies keine Sünde sei. Oliver log nicht: Im gleichen Jahr mußte Joan Gil, ein Priester aus der Diözese Tarragona (der Diözese Olivers), vor dem gleichen Gericht erscheinen, weil er erklärt hatte, daß »einer, falls er zur Verteidigung von Leben und Ehre einen Meineid habe schwören müssen, zu ihm beichten kommen könne und ihm vergeben werde«. Die Strafe, die dem Priester auferlegt wurde, war sehr gering. Wir sollten dabei allerdings den hohen Stellenwert der Ehre in der spanischen Gesellschaft berücksichtigen, denn die Verurteilung durch das Heilige Offizium führte zum Verlust der Ehre.

Ohne selbst bis zum Meineid und seiner Rechtfertigung zu gehen, bezogen sich viele Menschen auf derartige Lehrmeinungen, um ihr Schweigen rechtfertigen zu können; dies um so mehr, als die Feindschaft gegenüber der Inquisition in verschiedenen Milieus, die kirchlichen darin eingeschlossen, latent erhalten blieb. Diese feindselige Haltung ist besonders in Aragonien und Katalonien zu beobachten, denn die Wirksamkeit der Glaubensedikte war dort geringer, wo sie nicht von den Inquisitoren selbst verkündet wurden. Die Inquisitoren selbst wurden immer seßhafter und besuchten ihren Bezirk zunehmend weniger und im 17. Jahrhundert nur noch selten. Sie begnügten sich damit, die Glaubensedikte drucken und den Gemeinden zustellen zu lassen. Der daraus resultierende Effekt war jedoch mit dem bisher praktizierten Verfahren nicht mehr vergleichbar.

Denunziation und Untersuchungen blieben die Hauptmittel der Anklage und des Prozesses. Und häufig wurden, wie erwähnt, durch Denunziation Selbstbezichtigungen provoziert. In den großen Prozessen gegen die Anhänger des Judentums in Galizien, Granada, Neu-Spanien oder Mallorca Ende des 17. Jahrhunderts war dies überall der Fall. In all diesen Fällen ging das Unheil vom *Malsin* aus, dem Verräter innerhalb der Gemeinschaft. Ein so ermutigtes Denunziantentum und ein ihm gegenüberstehendes Gesetz des Schweigens mußten noch lange auf dem kollektiven Gewissen der Spanier lasten.

Übersetzt von Marlene Peter-Schmit

Klaus-Georg Riegel
Öffentliche Schuldbekenntnisse
im Marxismus-Leninismus:
Die Moskauer Schauprozesse (1936-38)

Einleitung

Bekanntlich ist die Glaubensgeschichte des Marxismus-Leninismus von der Bekämpfung und Verfolgung von Häretikern, Apostaten und Renegaten geprägt worden. Parteisäuberungen, Schauprozesse und Kritik- und Selbstkritikrituale gehören zum scheinbar unverzichtbaren Repertoire marxistisch-leninistischer Glaubenspraxis. Die Parallelen zur inquisitorischen Glaubenspraxis der römischen Kirche liegen auf der Hand. Insbesondere im Zusammenhang mit den Moskauer Schauprozessen (1936-1938) wird von Inquisitionstribunalen[1] gesprochen. »Die Hölle der Großen Säuberungen«[2] entfesselte den »Hexensabbat«[3], dessen »Vernichtungswahn«[4] Millionen bolschewistische Gläubige wie Ungläubige zum Opfer fielen. In diesem System »kollektive(r) Halluzination«[5] spielen die durch physische und psychische Martern erpreßten Geständnisse der Opfer des stalinistischen Terrors eine wichtige Rolle. Obgleich ihr fiktiver Charakter sowohl den Gefolterten wie den Folterknechten[6] bewußt war, scheinen diese fiktiven Geständnisse die Legitimationsgrundlage für die stalinistische Inquisition abgegeben zu haben. Die scheinbare Irrationalität der stalinistischen Inquisitionspraxis rührt daher, daß die Sanktionsmacht und der Deviant sich darauf verständigt haben, der Außenwelt die Fiktion eines echten Geständnisses vorzuspielen. Diese Fiktion wird aber dann zur Realität, wenn die am Konfessionsritual beteiligten Darsteller als gute Darsteller auftreten[7], die ›echte Geständnisse‹ vorzuweisen haben. Auch der Hinweis des unbeteiligten Beobachters, daß die Darsteller nur aufgrund der illegitimen Drohung oder Anwendung der ›Folter‹ handelten, bleibt solange unerheblich, als die Darsteller auf der Bühne des Konfessionsrituals die Fiktion ›echter‹ Geständnisse aufrechterhalten. Wahrheit und Fiktion verschmelzen in diesem arrangierten moralischen Lehrstück. Die Inquisition der römischen Kirche hat dagegen mit offenen Karten gespielt: Ihre Wahrheitsbeweise hat sie aus den Geständnissen von gefolterten Devianten erpreßt und ihre Wahrheitsbeweise als echt und geprüft ausgewiesen, weil diese ihrem Verständnis zufolge der Willkür der zufallsbedingten Gottesurteile überlegen seien.[8] Im Gegensatz zu dieser Inquisitionspraxis arbeitet die stalinistische Säuberungsmethodik im Zwielicht von echtem und fiktivem Geständnis, ein Zwielicht, so scheint mir, das nur im Rekurs auf Strukturprobleme revolutionärer Glaubensgemeinschaften aufgehellt werden kann.

1. Strukturprobleme revolutionärer Glaubensgemeinschaften

Für das Verständnis revolutionärer Glaubensgemeinschaften ist es ganz wesentlich zu wissen, daß sie in den meisten Fällen[9] als verfolgte Minoritäten leben und deshalb bestrebt sind, die Grenzen zur feindlichen Umwelt, die sie bedroht und vernichten möchte, so deutlich wie nur irgendwie möglich zu ziehen. Nur durch diese eindeutige Grenzziehung zur feindlichen Umwelt gelingt es ihnen, sich als exklusive Gemeinschaften der Auserwählten und Tugendhaften zu behaupten. Die revolutionäre Glaubensgemeinschaft tritt folgerichtig als alleinige Reglementierungsinstanz auf, die ihre Mitglieder nach besonderen Aufnahmekriterien auswählt, sie zur disziplinierten und kontrollierten Lebensführung anhält und bemüht ist, den Einfluß anderer Gemeinschaften nicht nur zurückzudrängen, sondern völlig auszuschalten. Die Schar der Auserwählten und der Tugendhaften[10], die sich zur revolutionären Glaubensgemeinschaft auf Dauer zusammenschließt, gewinnt aus dieser Exklusivität jene innere Solidarität, die stark genug sein muß, um in der Verfolgung zu bestehen und schon im Untergrund der Illegalität als Vorgriff auf die Zukunft die ersehnte alternative Lebens- und Wertordnung zu praktizieren.

Es ist offenkundig, daß diese als geheime Schwurbruderschaften[11] im weitesten Sinne wirkenden revolutionären Glaubensgemeinschaften dann in ihrer Existenz bedroht sind, wenn der radikale Erziehungs- und Läuterungsprozeß, dem Novizen wie Mitglieder gleichermaßen unterworfen werden, nicht tief genug dringt.

Die in ihrer Methodik weitestgehend rationalisierten Exerzitien, die in revolutionären Glaubensgemeinschaften praktiziert werden, haben daher das Ziel, mögliche Zweifel, letzte Schwankungen und denkbare Unsicherheiten hinsichtlich der Lehre und Praxis der Gemeinschaft, die vielleicht im Bewußtsein einiger Mitglieder noch vorhanden sein sollten, auszuräumen. Es wird angestrebt, die Läuterung der Mitglieder so tiefgreifend und umfassend zu gestalten, daß die mögliche und immer drohende Beeinflussung von der äußeren Gesellschaft schon von vornherein abgeblockt werden kann. Da eine völlige Immunität auch bei größtmöglicher Abwehrbereitschaft und ständiger Wachsamkeit nicht erreicht werden kann, sind Läuterungs- und Reinigungsprozesse nötig. Sie sollen eingetretene Unsicherheiten, Unstimmigkeiten, Zweifel und bisher unbemerkte Abweichungen und versteckte Häresien aufdecken und austreiben. Ein besonderes Problem taucht zusätzlich dann auf, wenn nicht das offen sichtbare Verhalten der Mitglieder der revolutionären Gemeinschaft in die Kontrollmaschine gerät, sondern wenn Gedanken, Gefühle, Stimmungen, Antriebe, Bereitschaften und Zustimmungen erforscht werden sollen.

Die vorgenommenen Gewissensprüfungen würden nämlich ihr Ziel verfehlen, wenn es der revolutionären Glaubensgemeinschaft nicht gelingt, auch die Zustimmung und innere Bereitschaft ihrer Mitglieder für die Aufgabe zu gewinnen, die Gewissenserforschung selbst durchzuführen, sich über Verfehlungen und Abweichungen Rechenschaft zu geben und selbst die geheimsten Zweifel und Unsicherheiten ins Licht der Selbstprüfung zu ziehen. Ebenso wichtig ist es, daß ihre Mitglieder bereit sind, die begangenen Verfehlungen gegen die revolutionäre Gemeinschaftsordnung freiwillig der Gemeinschaft mitzuteilen, die entsprechende Bußgesinnung anzuzeigen und den verhängten Bußleistungen nachzukommen. Die für revolutionäre Glaubensgemeinschaften typische Permanenz von Reinigungs- und Läuterungsprozeduren zeigt, daß sie sich nicht mit der rein äußerlichen Bekundung von Zustimmung und Loyalität zu ihren Glaubenssätzen begnügen können. Sie würden sonst auf das Monopol der letzten Sinngebung revolutionären Handelns und Glaubens verzichten. Öffentliche Schuldbekenntnisse spielen in diesen Läuterungsprozeduren eine wichtige Rolle.

Nicht zufällig erfolgen Selbstanklage und Verurteilung öffentlich.

Die revolutionäre Glaubensgemeinschaft mißtraut nämlich der privaten Gewissenserforschung und vertraut auf die disziplinierende Kraft öffentlich vollzogener Anklage und Verurteilung. Ihr exklusiver Charakter zwingt zu diesem Verhalten. Die private Gewissenserforschung kann nur in der Obhut der revolutionären Glaubensgemeinschaft erfolgen, die darauf drängt, diese private Gewissenserforschung, Schuldfeststellung und Selbstanklage in den Disziplinarraum der Gemeinschaft zu verlegen. Nur ihre öffentlich vollzogene und bestätigte Zensurmacht verhindert die Entstehung privater, individueller, geheimer und daher nicht mehr kontrollierbarer Sonderräume, die sich leicht zu sinnvollen Alternativen ausweiten und ihren Anspruch auf das Monopol der letzten Sinngebung bedrohen könnten. Der Mythos von der reinigenden und läuternden Kraft öffentlicher Schuldbekenntnisse soll letztlich die in exklusiven revolutionären Glaubensgemeinschaften strukturell verankerte Ungewißheit über das Ausmaß an Glaubenstreue, Hingabebereitschaft und Gehorsamspflicht der eigenen Mitglieder zerstören.

Als Konfessionsritual wird im folgenden jene sozial standardisierte Praxis der revolutionären Glaubensgemeinschaft der Bolschewiki bezeichnet, ideologische Abweichungen und konkrete Verfehlungen (a) öffentlich zu bekennen, (b) sich dem Urteil der jeweiligen Richterinstanz zu unterwerfen und (c) die auferlegten Bußleistungen zu übernehmen. Das öffentliche Bekenntnis ideologischer Abweichungen und konkreter Verfehlungen wird hier deshalb als Ritual angesehen, weil es nicht nur eine regelmäßig geübte und sinnhaft strukturierte Praxis darstellt, sondern auch von den Beteiligten als Reinigungs- und Läuterungsprozeß aufgefaßt wird. Der mit dem öffentlichen Bekenntnis von ideologischen Abweichungen und konkreten Verfehlungen verbundene Mythos von der reinigenden und läuternden Wirkung öffentlicher Schuldbekenntnisse für die interne Solidarität und Homogenität der Glaubensgemeinschaft erhebt das öffentliche Schuldbekenntnis über die bloße Zeremonie der Selbstanklage zum rituellen Drama der anklagenden Selbstentäußerung des Pönitenten und der symbolischen Reinigung und Läuterung der gesamten revolutionären Glaubensgemeinschaft.[12]

Das rituelle Drama öffentlicher Schuldbekenntnisse wird insbesondere dann inszeniert, wenn revolutionäre Glaubensgemeinschaften schwerwiegende Identitätskrisen zu bestehen haben.

2. Die Moskauer Schauprozesse (1936-1938)

Die von Stalin inszenierten Moskauer Schauprozesse markierten das Ende jener Identitätskrisen, die besonders nach dem Tod Lenins die bolschewistische Glaubensgemeinschaft bedrohten. In den ideologischen Auseinandersetzungen, die sich an der Häresie des Trotzkismus[13] entzündeten, zeigte sich, daß der Identitätswechsel von einer revolutionären Gefolgschaftssekte zu einem revolutionären Mobilisierungsregime[14] nicht nur die bisher gültigen Glaubens- und Machtgrundlagen erschütterte, sondern darüber hinaus eine radikale Neuorientierung erforderte. Die mit dem Tod des charismatischen Führers eingetretene Nachfolgekrise[15] drängte nicht nur auf den Aufbau eines hierarchischen Autoritätsgefüges, sondern auch auf eine Dogmatisierung des ideologischen Explikationssystems. Diese Dogmatisierung vollzieht sich durch (a) Bekämpfung von ideologischen Abweichungen (Häresien) und (b) durch die Festlegung einer für die Machterhaltung als notwendig erachteten rigorosen Disziplinierung der Lebensführung der Parteimitglieder auf bedingungslose Unterwerfung und unbedingter Gehorsamspflicht gegenüber der Parteileitung. Durch die Bekämpfung und angestrebte Vernichtung aufgetretener Häresien gewinnt die nach aufreibenden und bitteren ideologischen und machtpolitischen Diadochenkämpfen siegreich hervorgegangene neue Zentralinstanz die amtscharismatische Qualifikation, ideologische Leitlinien verbindlich zu setzen und durch einen eigenen Erzwingungsstab mit den erforderlichen Zwangsmitteln auch durchzusetzen. Die zwangsmäßig durchgesetzte Inthronisation der neuen Leitungsinstanz wird durch ritualisierte Schuldgeständnisse der im Machtkampf unterlegenen und als Häretiker gebrandmarkten Rivalen symbolisch angezeigt und bekräftigt.

Der im August 1936 abgehaltene Prozeß gegen das ›Trotzkistisch-Sinowjewistische terroristische Zentrum‹ unterscheidet sich merklich von den bis zu diesem Zeitpunkt innerhalb der KPdSU praktizierten Konfessionsritualen. Das strukturelle Arrangement für diese Konfessionsrituale hat sich geändert. Der Schauplatz der Auseinandersetzung zwischen den Opponenten und der Parteiführung hat sich in den Gerichtssaal verlagert. Die innerparteiliche ›Meinungsbildung‹ wird durch die öffentliche Anklage ersetzt, die das Gericht als Vollzugsorgan der Parteiführung gegen die Angeklagten erhebt. Die Parteiführung bedient sich der gerichtlichen Anklageerhebung und Sanktionsgewalt, um die vormaligen Opponenten endgültig als Angeklagte und Verurteilte zu diskreditieren. Dem Geständnis der Angeklagten kommt bei dieser öffentlichen und durch ein Gericht vollzogenen Demonstration der machtpolitischen und ideologischen Überlegenheit der Parteiführung über die vormaligen Opponenten eine besondere Bedeutung zu.

Das Geständnis der Angeklagten ist die strukturelle Klammer, die Ankläger, interessierte Öffentlichkeit und Angeklagte auf eine eigentümliche Weise zusammenhält und dem Konfessionsritual erst seinen sozial verbindlichen und kulturell bedeutsamen Sinn gibt. Ohne das Geständnis der Angeklagten würde dieses öffentliche Konfessionsritual zur reinen Machtanwendung einer mit überlegenen Sanktionsmitteln ausgestatteten Parteiführung absinken. Das Geständnis der Angeklagten ermöglicht es, die gesamte Gerichtsverhandlung in einen für die revolutionäre Glaubensgemeinschaft plausiblen Argumentationszusammenhang zu stellen.

Die Plausibilität des in der Gerichtsverhandlung aufgebauten Argumentationszusammenhangs braucht sich nicht in erster Linie an den formalen Kriterien der Wahrheitsfindung und Schuldfeststellung von Gerichten auszurichten. Es geht nicht darum, die Tat, die Motive der Täter und die Handlungssituation in einen Handlungszusammenhang zu bringen, der eine Rekonstruktion eines logischen Ablaufschemas von Motiven und Handlungen[16] ermöglichen würde. Unter diesen Voraussetzungen wären Indizienbeweise unerläßlich, um die Schuld der Angeklagten feststellen zu können. Die Zuschreibung der Schuld erfolgt aber vornehmlich über das Geständnis des Angeklagten. Nur dieses Geständnis erlaubt es, daß das Schuldverdikt vom Gericht und dem Angeklagten gemeinsam getragen wird. Die Verhöre vor Gericht dienen diesem Ziel. Sie sollen das schon zuvor signalisierte Einvernehmen zwischen Anklägern und Angeklagten nochmals öffentlich nachvollziehen und dokumentieren, daß die Rekonstruktionsversuche zur Feststellung von Schuld, Motiven und Handlungen gemeinsam unternommen worden sind. Das Geständnis, das in der öffentlichen Gerichtsverhandlung von den Angeklagten vorgetragen wird, muß aus diesem Grunde schon zuvor eingeübt werden. Es muß in die bisher festgestellte Schuldbiographie passen. Ebenso müssen die einzelnen Geständnisse der verschiedenen Angeklagten so aufeinander abgestimmt werden, daß sie insgesamt in das komplizierte Mosaik der umfassenderen ›Anklageformel‹[17] eingefügt werden können.

Die eingeübten Schuldgeständnisse sollen den Eindruck vermitteln, daß sie nahtlos in einen übergreifenden Handlungszusammenhang hineingestellt werden können. Dieser Handlungszusammenhang darf nicht völlig unwahrscheinlich sein. Er muß plausibel sein für diejenigen, die sich vorstellen können, daß gerade diese Taten, Motive und Situationen durchaus als kriminelle Tatbestände rekonstruierbar sein können. Eine plausible Rekonstruktion braucht nicht zu überzeugen und mit unanfechtbaren Indizienbeweisen zu arbeiten. Es genügt, wenn die Rekonstruktion die Vorstellungswelt der revolutionären Glaubensgemeinschaft anspricht. Der Appell an die Disziplin und die Loyalität der Parteigenossen kann restliche Zweifel an der Echtheit der Geständnisse vorübergehend beschwichtigen, wenn nur die eingestandenen Verbrechen im Vorstellungsvermögen der Parteigenossen plausibel genug erscheinen mögen.

Die Gerichtsverhandlung öffnet durch ihre ›Beweisführung‹ den gläubigen Parteigenossen die Augen über mögliche Verbrechen, die sogar noch von führenden ›Schülern Lenins‹ eingestanden werden. Die Geständnisse der vormaligen ›Schüler Lenins‹ lassen erst die Gefahr erkennen, in die eine die revolutionäre Disziplin und Wachsamkeit vernachlässigende Partei geraten kann. Die kriminellen Abgründe, die in der Gerichtsverhandlung zur Sprache kommen, benennen erst die nähere Art und Weise und das gesamte Ausmaß der begangenen Verbrechen, die die Angeklagten reumütig gestehen.

Die Gerichtsverhandlung ist der Schauplatz, auf dem das moralische Drama aufgeführt wird, das zum Lehrstück wird, in dem die Verräter, Saboteure und Terroristen von der tugendhaften und wachsamen Parteiführung gestellt, entlarvt und der Verantwortung der Justiz übergeben werden. Das moralische Lehrstück wird zum öffentlichen Selbstreinigungsprozeß, in dem die zentralen Glaubensgebote und Handlungsnormen deshalb so klar hervortreten, weil führende Vertreter der Partei sie verletzt haben.

Der öffentliche Selbstreinigungsprozeß wird durch das Konfessionsritual getragen. Das Geständnis wird zur zentralen Agentur, über die der Einblick in die Überzeugungen, Motive, Antriebe

und Verbindungen von kriminellen Parteigenossen gelingt. Es sind die kriminellen Parteigenossen, die gestehen, warum und wie sie in die Unterwelt des Verrates, der Sabotage, des Mordes und des Terrors gelangten. Ihr Geständnis weist auf die zentralen Stellen einer Kette von Verbrechen hin, die sie planten oder ausführten. Ihr Geständnis gibt der Parteiführung und allen Parteigenossen die Möglichkeit, präventiv dort anzusetzen, wo Verbrechen entstehen können. Es überrascht nicht, daß die revolutionäre Wachsamkeit in jenem Bereich ansetzen muß, der das Geständnis am leichtesten enthüllen kann, nämlich dem der inneren Erfahrungswelt der Glaubensfragen, der Motivationen und der trotzkistischen Versuchungen. Diese ›trotzkistischen Versuchungen‹ finden natürlich dort einen günstigen Resonanzboden, wo unter den Angeklagten Freundschaftsbande bestanden, die von der Anklage als Ausgangspunkt für ihre kriminelle Karriere angesehen werden. So räumt Pjatakow ein, daß »bei mir Reste alter trotzkistischer Einstellungen ... immer weiter wucherten«.[18] Romm sagt aus, daß er mit Radek nicht nur politische, sondern auch »freundschaftliche Beziehungen«[19] unterhalten habe. Loginow kennt Pjatakow schon seit 1918/19.[20] Radek gibt offen die Sonderexistenz dieser Freundschaftsgruppe zu, die ihn »auf verhängnisvollste Weise«[21] beeinflußt habe. Radek kann daher die geistige Verantwortung für die Ermordung Kirows übernehmen, denn »die Wurzeln ... dieses Verbrechens liegen in den nicht restlos überwundenen trotzkistischen Ansichten verborgen ...«[22] Drobnis nennt in seinem Geständnis die Verhaftung und das Gefängnis das ›Fegefeuer‹, das seinen Selbstreinigungsprozeß vorangetrieben habe. »Ich bitte mir zu glauben, daß ich mich gereinigt habe und aus allen Winkeln meines Bewußtseins diesen faulen, stinkenden Trotzkismus herausgefegt habe ...«[23]
Nicht zufällig gebraucht in diesem Zusammenhang die Anklage die Metapher der Entlarvung maskierter Stimmungen, Gefühle, Heucheleien und ideologischer Einstellungen: »Die Maske ist heruntergerissen. Ihr wahres Gesicht, ihre wirkliche Gestalt ist jetzt jedem klar.«[24] Die Maske des äußeren konformen Verhaltens, die der Verräter, der Spion und der Verbrecher tragen, sichert sie vor der Entdeckung und der Entlarvung, die ihre richtige Identität feststellen könnte. Die Maske des äußeren konformen Verhaltens verhüllt das Geheimnis[25] der inneren Erlebniswelt ihres Trägers. Es ist klar, daß totale Gemeinschaften[26] be-

strebt sind, das ›wahre Gesicht‹ ihrer Mitglieder zu kennen. Das öffentliche Schuldbekenntnis bietet einen Zugang zu der inneren Identität des Devianten. Die Gerichtsverhandlung stellt den ersten Schritt auf dem Wege der angestrebten Demaskierung dar, da sie den Geheimnisträger nicht nur von seiner bisherigen geheimen Bezugsgruppe isoliert, sondern ihn auch der öffentlichen Bloßstellung preisgibt.

Die Inszenierung der öffentlichen Bloßstellung und Demaskierung des Devianten kann aber nur gelingen, wenn dieser bereit ist, die gesamte zugeschriebene Schuld zu übernehmen. Weigert sich der Deviant aber, sich völlig der Anklage auszuliefern, bietet ihm das öffentliche Schuldbekenntnis die Möglichkeit, durch partielle Verweigerung Reste einer unbeschädigten revolutionären Identität zu bewahren. Das Schuldbekenntnis von Bucharin zeigt, wie schwierig eine solche Gratwanderung zwischen Schuldbekenntnis und partieller Verweigerung sein kann.[27] Diese Gratwanderung hätte mit der völligen Selbstaufgabe enden können. Die von der Anklage vorgebrachten Drohungen, das Verhör einzustellen, die Rüge, keine ›Obstruktion zu treiben‹, die Mahnungen, sich offen zu bekennen, drücken den Angeklagten in eine scheinbar ausweglose Situation. Jeder Satz, jede Stimmung, jede Einstellung und jede politische und persönliche Verbindung, die der Angeklagte beschreibt, zugibt und bestätigt, können ihn in die Fallgruben stürzen lassen, die die Anklage für ihn vorbereitet hat. Es sind Fallgruben, aus denen sich Bucharin nicht mehr mit eigener Kraft befreien könnte. Bucharin weicht daher aus, wiederholt nichtssagende Formeln, tritt plötzlich mit klarer Sprache dem Ankläger entgegen, signalisiert dann aber wieder erneute Antwortbereitschaft und übt sich in Demutshaltung, die aber schnell aufgegeben wird, wenn zentrale Punkte seiner inneren Ehre als ›Genosse‹ und ›Schüler Lenins‹ auf dem Spiel stehen.

Aus diesem Verhalten Bucharins läßt sich schließen, daß er das allgemeine Schuldbekenntnis als Maske benutzt hat, um den inneren Kern seiner Lebensphilosophie vor dem brutalen Zugriff einer gänzlich entehrenden und moralisch vernichtenden Demütigung und Bloßstellung zu bewahren.

Schuldbekenntnis und partielle Weigerung demonstrieren die blinde Identifikation der Angeklagten mit der Partei, dem revolutionären Orden[28], dessen eiserne Disziplin Bucharin so oft gepriesen hatte. Als Verräter und Spion entlarvt, vor der endgültigen moralischen und physischen Vernichtung stehend, durch die zuvor beliebig oft gegebenen Schuldbekenntnisse hinreichend um die eigene Glaubwürdigkeit bei den Parteigenossen gebracht, muß der Opponent zum letzten Mal versuchen, öffentlich Zeugnis abzulegen. Er wird aufgefordert, sein eigenes Todesurteil zu unterschreiben. Es wird von ihm verlangt, dieses Todesurteil als gerechtfertigt anzuerkennen.

Der letzte Dienst an der Partei sollte es den Angeklagten und verurteilten reumütigen Parteigenossen erleichtern, das eigene Todesurteil als letzte Sinnerfüllung der ansonsten gescheiterten revolutionären Karriere zu begreifen. Die ›beständige Selbstreinigung‹[29] der Partei wird durch das Opfer der Angeklagten ermöglicht, der Vernichtung ihrer moralischen Identität durch das öffentlich vorgebrachte Schuldbekenntnis zuzustimmen. Die Partei als das Weltgericht[30] hat die revolutionäre Welt der Angeklagten völlig zerstört. Der Ruf nach dem Weltgericht blieb folgenlos, weil die Partei schwieg. Die Angeklagten glaubten, daß die Partei tatsächlich ihre einzige und letzte Lebenswelt darstelle. Die Angeklagten lebten von der Hoffnung, daß diese Parteiwelt auch Richter und Gerichte kennt, die gerecht die ›beständige Selbstreinigung‹ durchzuführen in der Lage wären. Das Schuldbekenntnis, das die Angeklagten ablegten, ist ein Ausdruck dieser Hoffnung, einer Hoffnung, die zur Selbstaufopferung führte. Diese Selbstaufopferung war nur möglich, wenn der Glaube an die Partei ungebrochen bewahrt werden konnte und der Partei – nicht aber der Parteiführung – gezeigt werden konnte, was »die ausschließliche Hingabe an die Durchführung der Parteiweisungen«[31] bedeuten kann. Die Selbstaufopferung sollte begreiflich machen, daß der ›revolutionäre Orden‹ (Bucharin) weiter letzter Bezugspunkt revolutionären Glaubens und Hoffens bleibe, obgleich die gegenwärtige Parteiführung diesen Glauben und diese Hoffnung auf schändliche Weise zu zerstören sich anschicke.

Das öffentliche Schuldbekenntnis symbolisiert auf eindrucksvolle Weise diesen zirkulären Mechanismus der ›Selbstreinigung‹:
1. Das öffentliche Schuldbekenntnis legt offen, welchen Verfehlungen die Parteiführung besondere Bedeutung in der Strafverfolgung zumißt. 2. Es zeichnet ein Bild der zerstörten revolutionären Identität der Angeklagten. 3. Es legt dramatisch die Grenzmarke fest, die zwischen dem Verrat der Minderheit an der Partei und dem tugendhaften Verhalten der wachsamen Parteimehrheit

besteht. 4. Es gibt aber auch den Angeklagten die Möglichkeit, ihre Selbstaufopferung moralisch zu rechtfertigen. 5. Es gerät damit auch zum Treueschwur für die Sache des ›revolutionären Ordens‹. Das öffentliche Schuldbekenntnis bietet den Angeklagten, der Parteiführung und der Parteimehrheit die Möglichkeit zu einer kollektiven und ritualisierten Selbstthematisierung. 6. Durch dieses Ritual kann die ›beständige Selbstreinigung‹ so vollzogen werden, daß die Unterschiede zwischen Licht und Finsternis, Glaube und Häresie, Tugend und Verbrechen erneut ins Bewußtsein der revolutionären Glaubenswelt verankert werden können.

Die ›beständige Selbstreinigung‹ der Partei fordert ihre Opfer, und wer sie zu leisten vermag, wird nicht in die von Bucharin so gefürchtete ›absolut schwarze Leere‹[32] gestoßen, sondern lebt immerhin noch im kollektiven Gedächtnis der Partei als Verbrecher fort. Die Hoffnung, daß dieses kollektive Gedächtnis eines Tages selbst einer Reinigung unterworfen werden könnte, ist nicht unberechtigt, da bekannt ist, daß das Weltgericht der Partei nicht vor leeren Anklagebänken tagen kann. Wer aber auf der Anklagebank Platz nehmen wird, darüber entscheidet wirklich das Weltgericht einer Partei, die nicht nur über »die größte taktische Elastizität« verfügt, sondern sich auch darauf versteht, den Marxismus als »ein lebendiges Werkzeug der Praxis«[33] einzusetzen.

Anmerkungen

1 Joel Carmichael, *Säuberung. Die Konsolidierung des Sowjetregimes unter Stalin 1934-38*, Frankfurt/M. 1981, S. 83 ff.

2 Leszek Kolakowski, *Die Hauptströmungen des Marxismus*, Bd. 3, München 2. Aufl. 1981, S. 95.

3 Alexander Weissberg-Cybulski, *Hexensabbat*, Frankfurt/M. 1977.

4 Kolakowski, Bd. 3, op. cit., S. 97.

5 Ebd., S. 101.

6 Ebd., S. 102.

7 Vgl. Erving Goffman, *Gender Advertisements*, New York 1979, S. 18 ff.

8 John H. Langbein, *Torture and the Law of Proof*, Chicago 1976, Kap. 1.

9 Das trifft besonders für revolutionäre Gefolgschaftssekten zu. Vgl. dazu Klaus-Georg Riegel, *Konfessionsrituale im Marxismus-Leninismus*, Graz 1985, S. 26-45.

10 So die dem puritanischen Selbstverständnis entnommene Kennzeichnung von revolutionären Virtuosen. Vgl. Michael Walzer, *The Revolution of the Saints. A Study in the Origines of Radical Politics*, New York 8. Aufl. 1976. Vgl. auch Bruce Mazlish, *The Revolutionary Ascetic. Evolution of a Political Type*, New York 1976, bes. S. 49-91.

11 Der Schwur als Initionsritual für revolutionäre Glaubensgemeinschaften leitet eine neue Serie von Gesinnungsprüfungen ein, die der Berufsrevolutionär zu bestehen hat. Revolutionäre Glaubensgemeinschaften verfahren hier ähnlich wie Sekten, deren Gemeinschaftshandeln als »Ausleseapparat« (Max Weber, *Wirtschaft und Gesellschaft*, Tübingen 1956, Studienausg. Bd. 2, S. 917) dient.

12 Das öffentliche Schuldgeständnis dient hier als ›Sühneritus‹. Vgl. Emile Durkheim, *Les formes élémentaires de la vie religieuse*, Paris 6. Aufl. 1979, bes. S. 556-592.

13 Vgl. Klaus-Georg Riegel, *Öffentliche Konfessionsrituale im Marxismus-Leninismus*, Graz 1985, S. 46 ff.

14 Im Sinne von Robert C. Tucker, »Auf dem Weg zu einer vergleichenden politikwissenschaftlichen Betrachtung der ›Massenbewegungsregimes‹ (1961)«, in: Bruno Seidel und Siegfried Jenkner (Hrsg.), *Wege der Totalitarismusforschung*, Darmstadt 3. Aufl. 1974, S. 382-404.

15 Max Weber, *Wirtschaft und Gesellschaft*, op. cit., Bd. 2, S. 842.

16 So die Funktion von Gerichten als Interpretationsinstanzen von Realität. Vgl. Fritz Sack, »Neue Perspektiven in der Kriminalsoziologie«, in: Fritz Sack und René König (Hrsg.), *Kriminalsoziologie*, Frankfurt 1968, S. 431-476, bes. S. 466.

17 So lautet die Bezeichnung im *Prozeßbericht über die Strafsache des Trotzkistisch-Sinowjewistischen terroristischen Zentrums*, Moskau 1936, hrsg. vom Volkskommissariat für Justizwesen der UdSSR, S. 37.

18 *Prozeßbericht über die Strafsache des Sowjetfeindlichen Trotzkistischen Zentrums. Verhandelt vor dem Militärkollegium des Obersten Gerichtshofes der UdSSR vom 23. bis 30. Januar 1937. Vollständiger Stenographischer Bericht*, hrsg. vom Volkskommissariat für Justizwesen der UdSSR, Moskau 1937, S. 28. (Im folgenden als *Prozeßbericht* II zitiert.)

19 *Prozeßbericht* II, S. 150.

20 *Prozeßbericht* II, S. 194.

21 *Prozeßbericht* II, S. 92.

22 *Prozeßbericht* II, S. 92.

23 *Prozeßbericht* II, S. 613.

24 *Prozeßbericht über die Strafsache des antisowjetischen ›Blocks der Rechten und Trotzkisten‹. Verhandelt vor dem Militärkollegium des*

Obersten Gerichtshofes der UdSSR vom 2. bis zum 13. März 1938. Vollständiger stenographischer Bericht, hrsg. vom Volkskommissariat für Justizwesen der UdSSR, Moskau 1938, S. 690. (Im folgenden zitiert als *Prozeßbericht* III.)

25 Vgl. Georg Simmel, »Das Geheimnis und die geheime Gesellschaft«, in: ders., *Soziologie. Untersuchungen über die Formen der Vergesellschaftung*, Berlin 4. Aufl. 1958, S. 257-304, bes. S. 295.

26 In Anlehnung an Goffmans totale Institutionen. Vgl. Erving Goffman, *Asylums. Essays on the Social Situation of Mental Patients and Other Inmates*, New York 1961, bes. S. 1-124.

27 *Prozeßbericht* III, bes. S. 413 ff.

28 N. Bucharin, »Die eiserne Kohorte der Revolution (1922)«, in: *Marxismus und Politik. Dokumente zur theoretischen Begründung revolutionärer Politik. Aufsätze aus der Marxismus-Diskussion der zwanziger und dreißiger Jahre*, Bd. 1, 1971, S. 319-323, S. 320.

29 Ebd., S. 320.

30 Für Bucharin ist die »Weltgeschichte ... das Weltgericht« (*Prozeßbericht* III, S. 847). Sein konkretes Verhalten vor Gericht zeigt, daß die Partei das Weltgericht repräsentiert, nicht aber die Parteiführung, nämlich Stalin.

31 Bucharin, »Die eiserne Kohorte der Revolution«, op. cit., S. 320.

32 *Prozeßbericht* III, S. 846.

33 Bucharin, »Die eiserne Kohorte der Revolution«, op. cit., S. 321.

Luc Boltanski
Bezichtigung und Selbstdarstellung:
Die Kunst, ein normales Opfer zu sein

Der Verfasser einer Selbstbezichtigung, der sich zu seinen verheimlichten Unregelmäßigkeiten und Fehlern bekennt – sei es vor Gericht, als öffentliches Bekenntnis, oder auch in der literarischen Form der Autobiographie –, ist per definitionem in der Geste zugegen, durch die er *sich ausliefert*. Das, wodurch er seine Unregelmäßigkeiten aufdeckt (Rousseau und das gestohlene Haarband), ist untrennbar mit dem verbunden, wodurch er sich dem Urteil der anderen unterwirft. Die öffentliche Bezichtigung einer Ungerechtigkeit, die die Überantwortung eines näher bezeichneten Schuldigen an die gerichtliche Verfolgung doch zumindest implizit voraussetzt, scheint den Verfasser nicht in gleichem Maße zu engagieren.

Und trotzdem kann man nicht öffentlich bezichtigen, ohne sich in zwei Richtungen *zu exponieren*. Einerseits gibt man sich zu erkennen, andererseits begibt man sich in eine gefährliche und riskante Situation. Abgesehen davon, daß das Aufrollen des Falls das Offenlegen von Fakten, Motiven oder Personen erfordern kann, die einem nahestehen, sind es die Besonderheiten der bezichtigenden Aussage selbst, die zu Hinweisen werden können. Denn auch wer andere bezichtigt und wenig geneigt ist, sich auszuliefern, kann *sich verraten*. Die Modalitäten der Bezichtigung stellen der Interpretation durch die anderen genügend Zeichen zur Verfügung, die jene dann benutzen, um ein Urteil zu fällen, dem der Verfasser sich nicht entziehen kann. Wir werden sehen, daß dieses Urteil heute hauptsächlich ein Normalitätsurteil ist. Wir wollen versuchen, die Bedingungen zu definieren, denen eine öffentliche Bezichtigung genügen muß, um als normal beurteilt zu werden, und die Merkmale herausarbeiten, die auf einen anormalen Charakter oder auf die Schrulligkeit des Verfassers hindeuten. Wir möchten zeigen, daß der Grad, in dem der Bezichtigende *im Hintergrund* bleibt, und der Grad, in dem die Bezichtigung als normal empfunden wird, eng miteinander verbunden sind. Die Bezichtigungen, die von denen, die sie vollziehen, am meisten losgelöst und also von der Beichte oder Selbst-thematisierung am weitesten entfernt sind, bieten dem gesunden Menschenverstand die unbestreitbarsten Garantien für Normali-tät und Zuverlässigkeit.

Das Material, auf dem die Analysen beruhen, die hier in einem ersten Entwurf vorgelegt werden, besteht aus einem Korpus von 275 Briefen. Diese Briefe sind in den Jahren 1979, 1980 und 1981 beim »Service des informations générales« von »Le Monde« eingegangen. Sie wurden abge-schickt als Informationen, die zur Publikation bestimmt sind (natürlich wurde nur ein winziger Teil tatsächlich publiziert). Sie haben einen Umfang zwischen ungefähr 2 und 40 Seiten.[1] Wir hatten Zugang zu allen Briefen, die in diesen drei Jahren eingegangen sind und archiviert wurden. Es wurden die Briefe analysiert, in denen explizit oder implizit eine Ungerechtigkeit angeprangert wurde (76% des Korpus). Das Korpus wurde danach unterschieden, ob ein Opfer namentlich genannt wurde oder nicht; Opfer im Sinne von Einzelpersonen oder Kollektiven, die als Privatkläger auftreten können oder in deren Namen ein einzelner beauf-tragt werden kann, als Privatkläger aufzutreten. Wenn z. B. ein einzelner schreibt, um die schlimmen Auswirkungen der Konsumgesellschaft anzu-prangern, liegt zwar ein Akt der Bezichtigung vor, es wird jedoch kein Opfer beim Namen genannt. Implizit gibt es zwar ein Opfer, es bleibt aber wegen nichtvorhandener näherer Bezeichnung unbestimmt und all-gemein (die Gesellschaft, der Mensch, der moderne Mensch, Frankreich usw.). Das ist nicht der Fall, wenn eine Mutter zugunsten ihres Sohnes schreibt, der als Kriegsdienstverweigerer inhaftiert ist. Die vorliegende Arbeit befaßt sich ausschließlich mit den Briefen, in denen es ein Opfer gibt (43%). Die Briefe, die nur allgemeine Anschuldigungen enthalten (57%), werden Gegenstand einer späteren Untersuchung sein.

Die Journalisten lesen die Briefe pflichtgemäß in der Erwartung, daß sie möglicherweise interessante Informationen enthalten, de-ren Stichhaltigkeit sie dann zu überprüfen hätten. Sie tun dies jedoch, ohne sich diesbezüglich allzuviel Hoffnungen zu machen. Vorrangiger als der Wahrheitsgehalt der Briefe ist für die Journa-listen die Frage, ob ihre Verfasser als normal angesehen werden können. An eine große Tageszeitung zu schreiben in der Absicht, Gerechtigkeit zu fordern oder an die öffentliche Meinung zu appellieren, ist etwas ganz Unerhörtes, vor allem dann, wenn der Verfasser eine namentlich genannte Person öffentlich anzuklagen wagt. Solche Handlungen werden dann auch von denen, die davon erfahren, stillschweigend daraufhin überprüft, ob sie im Sinne des gesunden Menschenverstands als normal angesehen werden können. So erklären die befragten Journalisten, daß sie den »Wahnsinn« an gewissen Anzeichen erkennen, die oftmals formaler Art sind: z.B. Schrift, Anordnung des Textes auf der Seite (gedrängt, aufgelockert usw.), Art der Unterschrift, mehrere Unterschriften einer Person, Stempel, zahlreiche Unterstreichungen oder Erwähnung vieler, wertloser Titel durch den Verfasser. Trotzdem kann man keine eindeutige Antwort auf die Frage nach der Normalität anführen. Das geben die befragten Journalisten selbst zu. Auch wenn einige Briefe »ohne jeden Zweifel« von »normalen« Personen geschickt wurden und andere »ganz eindeutig« von »geistig gestörten« Personen kommen, gibt es zahlreiche Fälle, in denen eine Entscheidung schwierig ist.[2]

Das System der Akteure

Eine Bezichtigung führt ein System von Beziehungen zwischen vier Akteuren ein: erstens der Bezichtigende, zweitens der, zu dessen Gunsten die Bezichtigung erfolgt, drittens der Bezichtigte und viertens der Adressat. Wir werden im folgenden etwas vereinfachend von Bezichtigendem, Opfer, Verfolger und Richter sprechen. Die Bezichtigung stiftet eine Beziehung zwischen den Akteuren, weil sie einen Angriff darstellt. Denn die geforderte Wiedergutmachung schließt notwendigerweise (explizit oder implizit) die Bestrafung des Schuldigen mit ein. Der Angriff erfolgt über eine Mittelsperson und mit Hilfe der Sprache. Der Bezichtigende muß Glaubwürdigkeit erzeugen und andere durch Rhetorik überzeugen, sie für seine Sache gewinnen und sie in seinem Sinne mobilisieren. Dazu muß er sie nicht nur davon überzeugen, daß er die Wahrheit sagt, sondern auch davon, daß es gut ist, diese Wahrheit auszusprechen, und daß die geforderte Strafe angemessen ist. Direkte Gewalt, ob physisch (Schläge) oder symbolisch (Beschimpfungen), ist nicht auf die Erreichung der erwarteten Resultate angewiesen. Bezichtigungen können aber nur Erfolg haben, wenn der Bezichtigende, der ja selbst auf Gewaltausübung verzichtet hat, Gefolgschaft findet.

Die relative Position der vier Akteure läßt sich graphisch der Ordinate eines Koordinatensystems zuordnen (siehe S. 152-153). Der eine Pol ist durch eher allgemeine oder öffentliche, der

Das System der Akteure

©

»kollektiv«

Bezichtigender
zweifelhaftes
Kollektiv

Opfer – Bezichtigter
unpersönl. Beziehung

Bezichtigter
autorisierter
Vertreter

Opfer – Bezichtigter
berufl. Beziehung

Opfer –
Familien-

Bezichtigter
beziehung

Beziehungen
»persönlich«

4

5

6

Opfer – Bezichtigter
Nachbarschaftsbeziehung

Opfer
Einzelperson

7

Bezichtigter
identifiziertes
Individ.

Opfer – Bezichtigender
Familienbeziehung

Opfer – Bezichtigender
identische Einzelperson

Bezichtigender
Einzelperson

8

9

10

Ⓓ

»privat«

Ⓑ

Bezichtigender   Bezichtigender
eingeschränktes   umfangreiches Kollektiv
Kollektiv

Opfer
Individ., das zum
allgem. Anliegen wird

Opfer – Bezichtigender
Mitgliedschaft in der-
selben Interessengemeinschaft

Opfer
neugegründetes
Kollektiv

I

Bezichtigter
Kollektiv

Bezichtigender
autorisiertes
Opfer   Individ.
Individ., das zum
allgem. Anliegen wird

Opfer
Individ., das
zum allgem.
Anliegen werden kann   »unpersönlich«

Opfer – Bezichtigender   Opfer
berufl. oder freund-   **2**   unbest. Gruppe
schaftl. Beziehung

3

Opfer – Bezichtigender
keine Beziehung

Opfer – Bezichtigter
keine Beziehung

Bezichtigender   Bezichtigter
anonym. Individ.   unbekannt

Ⓐ

andere durch eher Einzelpersonen betreffende Anliegen definiert. Das gleiche gilt für die Bedeutung der Akteure selbst. Sie können Einzelpersonen oder Institutionen sein. Auch Organisationen lassen sich danach unterscheiden, ob sie eher private oder Einzelbelange repräsentieren oder für eine weitere Öffentlichkeit stehen. So kann man z. B. vor einer Frau das Verhalten ihres Ehemannes anprangern, der versucht, sie zugunsten einer Geliebten ums Erbe zu bringen. Auf dem anderen Pol kann es ein Kollektiv oder eine juristische Person sein oder auch z. B. eine Organisation, die die gesamte Menschheit vertritt. So kann etwa vor der UNO, d. h. »im Angesicht der ganzen Welt«, der Völkermord an den Armeniern durch die Türken angeprangert werden. Eine Vielzahl von Fällen besetzt eine mittlere Position zwischen den beiden Extremen.

Im Fall der hier analysierten Briefe besetzt der Adressat, eben »Le Monde«, eine hohe Position auf der Achse »privat – kollektiv«, denn es handelt sich um die öffentliche Meinung. Diese Briefe werden – aus manchen geht es wörtlich hervor – »vor das Forum der öffentlichen Meinung gebracht«. Wir werden uns im folgenden ausschließlich mit der öffentlichen Bezichtigung beschäftigen. Der Verfasser einer öffentlichen Bezichtigung verlangt die Gefolgschaft einer unbestimmten, aber notwendigerweise großen Anzahl von Individuen; ganz im Gegensatz zu einer Instanz wie z. B. dem Büro einer politischen Partei, die auf unserem Koordinatensystem eher dem Pol »kollektiv« zugeordnet werden könnte. In dem speziellen Fall einer öffentlichen Bezichtigung gibt es keine natürlichen Grenzen für das Ausmaß, das die Angelegenheiten annehmen können. Denn es gehört zu ihrer Logik, sich dadurch auszuweiten, daß eine wachsende Anzahl von Personen mobilisiert wird oder daß, wie man auch sagt, die Angelegenheiten »politisiert« werden. Wenn sie dann scheitern, »nicht greifen« oder »im Keim erstickt werden«, schrumpfen sie zusammen. Sie werden dann zu Angelegenheiten, die nur noch einzelne oder spezielle Interessen engagieren, müßten also auf der Ordinate dem Pol »privat« zugeordnet werden.

Dieselben Überlegungen gelten für die anderen Akteure (Bezichtigender, Opfer und Verfolger), die ebenfalls eine bestimmte Position auf der gleichen Achse einnehmen. Erstens kann der Briefschreiber im dunkeln bleiben. Das ist der Fall, wenn er seinen Namen nicht nennt (anonymes Individuum). Zweitens kann er ausschließlich in seinem Namen sprechen (Einzelperson). Drittens kann er in seinem Namen sprechen, aber gleichzeitig andeuten, daß er ein bißchen mehr ist als er selbst, indem er sich z.B. als Arzt, Priester, Soziologe, Anwalt o.ä. einer Berufsgruppe zuordnet, die es ihm erlaubt, im Namen anderer zu reden oder seine Bindungen zu anderen geltend zu machen (autorisiertes Individuum). Viertens kann er im Namen eines Kollektivs sprechen, ohne zu erreichen, daß er nicht nur als Privatperson erscheint (Fall von Institutionen, deren Existenz zweifelhaft ist). Fünftens im Namen eines Kollektivs, dessen Existenz bestätigt und allgemein anerkannt ist (Fall eines Kollektivs, das nur spezielle Interessen vertritt). Sechstens im Namen eines Kollektivs, dessen Existenz unbestritten und dessen Betätigungsfeld ausgedehnt ist.

Das gleiche gilt für das Opfer. Es kann sich erstens um einen einfachen Privatmann handeln (z.B. um ein Opfer, dem ein Feldhüter eine Gartenhecke zerstört hat). Hier geht es nicht um ein allgemein anerkanntes Anliegen und folglich auch nicht um eine darauf bezogene Interessengruppe (Opfer = Einzelperson). Zweitens um ein Individuum, das zwar im eigenen Namen spricht, das aber als Beispiel für ein allgemeines Anliegen herangezogen werden kann, wie etwa ein Kriegsdienstverweigerer aus Gewissensgründen (Opfer = Individuum, das potentiell ein allgemeines Anliegen verkörpert). Drittens um ein Individuum, das in seiner Besonderheit ein, wenn auch nicht von ihm ablösbares, allgemeines Interesse verkörpert. Das traf auf den Hauptmann Dreyfus zu, der das typische und vielzitierte Beispiel dieser Reihe bleibt (Opfer = Individuum, das ein allgemeines Anliegen darstellt). Viertens um eine juristische Person: Verband, Partei, Institution usw. (Opfer = juristische Person). Fünftens um eine namentlich genannte Gruppe im allgemeinen (d.h. nicht vertreten durch ihre Repräsentationsinstanzen) ohne Bezug auf Zugehörigkeitskriterien oder klare Abgrenzungen. Dies trifft zu, wenn man vom Proletariat, den Opfern des Rassismus, den Armen, den Behinderten oder vom Bürgertum redet (Opfer = unbestimmte Gruppe).

Schließlich gilt das gleiche für den Verfolger. Er kann sein: erstens ein unbekanntes Individuum. Das ist der Fall, wenn z.B. in einem Brief eine rassistische Aggression an einem öffentlichen Ort angeprangert wird, die z.B. durch das Wachpersonal eines

Supermarkts begangen wurde (Verfolger = irgendwer). Zweitens eine Einzelperson, die Namen und anerkannte Identität hat (Verfolger = identifiziertes Individuum). Drittens eine Einzelperson, die aber als Vertreter einer Institution oder Gruppe handelt. Das trifft z. B. dann zu, wenn der Verfolger Direktor eines Unternehmens, Richter o. ä. ist (Verfolger = autorisierter Vertreter). Viertens eine Institution oder Gruppe in ihrer Allgemeinheit (Verfolger = Kollektiv).

Zu der eben beschriebenen Ordinate läßt sich eine Abszisse zeichnen, die den Grad der persönlichen Nähe oder Bekanntheit zwischen den Akteuren widerspiegelt. Der Bezichtigende kann: erstens gar nichts über das Opfer wissen, was z. B. bei Zeugenaussagen der Fall ist, die sich auf Gewalt auf der Straße beziehen (Opfer – Bezichtigender: keinerlei Beziehung). Zweitens mit dem Opfer in einer Interessengemeinschaft zusammengeschlossen sein (z. B. in einem Unterstützungskomitee). Drittens mit ihm beruflich in Beziehung stehen (Kollegen derselben Institution z. B.); gleiches gilt für freundschaftliche Beziehungen. Viertens können Verfolger und Opfer zur selben Familie gehören oder sogar identisch sein, dann z. B., wenn der Briefschreiber seinen eigenen Fall auseinandersetzt. Dieser Selbstbezug wird fünftens größer, wenn es sich um ein Einzelanliegen handelt, als wenn, sechstens, der Betreffende von anderen als typischer Fall eines allgemeinen Anliegens anerkannt wird. Dann nämlich braucht er nicht von sich in seinem eigenen Interesse zu sprechen, sondern kann es im Namen des Allgemeininteresses tun, so als wäre er für sich selbst ein Fremder (ein und dasselbe Individuum verkörpert ein Anliegen). Das gleiche gilt auch für das Opfer.

Die verschiedenen Arten des Bezichtigens

Mittels einer Faktorenanalyse lassen sich statistische Beziehungen bestätigen zwischen erstens den verschiedenen Zuständen des Systems der Akteure, zweitens zwischen den Mitteln des Briefschreibers, um seine Bezichtigung zu formulieren, sie von den anderen anerkennen zu lassen und sie als normal erscheinen zu lassen, und drittens dem Grad der Normalität der Bezichtigung im Sinne des gesunden Menschenverstandes. Dieses Urteil kann durch den Verfasser selbst bestätigt werden, wenn er z. B. angeklagt worden ist, paranoid zu sein, oder wenn die Art, in der er es abstreitet, Wahnsinn vermuten läßt.

Den Briefen, aus denen eine große persönliche Nähe zwischen den Akteuren des Systems hervorgeht, entspricht in unserer Graphik eine Position auf der linken Seite der Abszisse. Analog wird geringe persönliche Nähe auf dem positiven Ast der Abszisse eingetragen. Ganz links finden sich folglich die Fälle, wo die Akteure ein und dieselbe Person sind; ganz rechts die, wo sie keinerlei Beziehung zueinander haben. Von links nach rechts: Familienbeziehungen (z. B. eine Frau schreibt zugunsten ihres Mannes), freundschaftliche und/oder berufliche Beziehungen und schließlich Verbandsbeziehungen.

In der gleichen Weise wird auf der Ordinate dargestellt, ob die Briefe von privaten Akteuren stammen oder sich auf sie beziehen oder ob es um eher offizielle, kollektive Organisationen und Institutionen, eher allgemeine als einzelne Anliegen und Interessen geht. Je stärker Anliegen oder Akteur dem Privaten und Individuellen zuzuordnen sind, desto weiter unten, je stärker sie dem Kollektiven und Allgemeinen entsprechen, desto weiter oben befinden sich die entsprechenden Briefe. Wie für die Abszisse gilt auch für die Ordinate, daß sowohl Bezichtigender wie Opfer, Verfolger wie Richter erfaßt sind. Wir werden versuchen, dies zu zeigen, indem wir die Graphik erläutern, die zur besseren Übersichtlichkeit in vier Planquadrate aufgeteilt ist.

Im ersten Planquadrat (Zone A) befinden sich die Briefe, deren Bezichtigungen schnell verlaufene, punktförmige Vorfälle enthalten, die durch das Fehlen vorher bestehender Beziehungen zwischen den Teilnehmern gekennzeichnet sind, welche plötzlich durch den Vorfall als solchen in Beziehung zueinander gebracht wurden. In paradigmatischer Weise trifft dies auf Streitigkeiten zu, die vielfach von physischer Aggression und Brutalitäten begleitet werden und sich in Großstadtstraßen oder auch in großen Kaufhäusern oder Supermärkten bzw. auf Parkplätzen, Bahnhöfen usw. abspielen. Ein Individuum wird von der Polizei, von Wachpersonal oder Gaunern angegriffen. Der Bezichtigende bringt diese Aggression oft mit dem Vorhandensein eines bestimmten Zeichens beim Opfer, mit einem Stigma (Goffman 1975), in Verbindung, mit dessen Hilfe das Opfer aufgrund eines feststehenden Kriteriums einer bestehenden Gruppe zugeordnet wird. Das Opfer wird angegriffen, weil es schwarz ist, weil es nordafrikanischer Herkunft ist (Rassismus), weil es eine Frau ist (Sexismus) usw. Ein anderer, der sich gerade (oft sagt er »zufällig«) dort befindet und weder die Akteure noch die Gründe des Streits kennt, mischt sich in diesen beginnenden Vorfall ein und macht ihn gerade dadurch zum solchen; sei es durch Eingreifen oder einfach durch die Haltung des Journalisten, der passiv beobachtet und sich anschließend öffentlich dazu äußert. Das Opfer und der Verfolger sowie der Bezichtigende und das Opfer sind ohne Beziehung zueinander: sie kennen sich nicht vor dem Zusammentreffen, das sie zusammenführt, und hatten bis zu dem Zeitpunkt weder im Positiven noch Negativen miteinander zu tun. Der Briefschreiber kennzeichnet sie als Angehörige einer Kategorie (die Polizei, die Unterdrückten, die Gauner usw.). Der Bezichtigende tritt meistens unter seinem Namen auf unter Bezugnahme auf allgemeine Werte und gemäß einer humanistischen Vorstellung der individuellen Verantwortlichkeit, die seit etwa hundert Jahren mit der sozialen Definition des Intellektuellen verbunden ist. In diesem Teil des Schemas findet man Lehrer, die, auch wenn sie nicht über genügend Autorität verfügen, um öffentlich im Namen der großen kollektiven Angelegenheiten einzugreifen, doch ihre soziale Ehre geltend machen, indem sie sich der Verteidigung stigmatisierter oder mißhandelter Individuen annehmen. Die Briefe, in denen diese Vorfälle ohne Dauer, die keine institutionellen Ressourcen in Anspruch nehmen, dargelegt werden, sind kurz, beinhalten keine als Beweise bestimmten Anlagen und sind im Stil einer Zeugenaussage abgefaßt (ein Bericht, der an einen Leser adressiert ist, der an der Szene nicht teilgenommen hat und für den man den Kontext, in dem die Ereignisse stehen, wiederherstellen muß).

Wenn man im Schema weiter nach links geht (wachsende Nähe zwischen Bezichtigendem und Opfer, die zur selben Familie gehören oder ein und dasselbe Individuum sein können), tauchen einige rhetorische Figuren, im besonderen Ironie und andere Merkmale der Distanzierung, auf. Distanzmarkierungen, die niemals zum Anprangern eines Vergehens mit fremden Opfern angewandt werden (z. B. beschreibt man nicht ironisch, distanziert und humorvoll, wie ein ausländischer Arbeitnehmer von drei bewaffneten Wächtern zusammengedroschen wird), die dagegen sehr oft eingesetzt werden, wenn Bezichtigender und Opfer identisch sind. Durch diese Rhetorik soll das öffentliche

Anprangern einer Angelegenheit, die im Zusammenhang mit einem Vorfall vorgebracht wird, der einen dem Verfasser Nahestehenden oder ihn selbst betrifft, als normal und akzeptabel dargestellt werden.

Die zweite Zone (B) ist wie die erste durch das Fehlen einzigartiger und vertrauter Beziehungen zwischen den Akteuren charakterisiert. Sie unterscheidet sich aber in der Bedeutung der Akteure: im unteren Teil des Schemas erscheinen die Individuen als Körper (sie haben sich womöglich geschlagen), im oberen juristische Personen. Die Bedeutung der Akteure wächst in dem Maße, in dem man sich entlang der Ordinate nach oben bewegt. Die Ordinate stellt den Gegensatz zwischen Einzelpersonen und Kollektiven dar. In der Nähe der Ordinate findet man die Briefe, in denen der Bezichtigende sich in seinem Namen äußert, dies jedoch unter Rückgriff auf seine persönliche Autorität tut, die ihn ermächtigt, sich im Namen anderer zugunsten großer humanitärer Angelegenheiten zu äußern (vgl. den wechselnden Gebrauch von »ich«, »wir« oder »man«). Im oberen Teil des Schemas äußert sich der Bezichtigende, der nicht mit dem Opfer identisch ist (ausgenommen der Fall, in dem das Individuum zum allgemeinen Anliegen wird), im Namen eines Kollektivs oder genauer im Namen von Gruppen, die als Reaktion auf das o. g. anerkannte Anliegen gegründet wurden. Zu diesem Teil der Darstellung ist die Welt der Politik zu rechnen, die gleichzeitig charakterisiert ist durch affektive Neutralität der Beziehungen zwischen den Akteuren und kollektive Verantwortungsübernahme der Bezichtigung. Der Verfasser schreibt als Vertreter einer Institution und äußert sich in der ersten Person Plural (»wir«); das Opfer wird mit der in Frage stehenden Angelegenheit in Verbindung gebracht (Kriegsdienstverweigerer, Verfechter einer regionalistischen Politik usw.), vom Staat bzw. im Namen der Staatsräson oder von einem einzelnen verfolgt, aber nur insofern es eine Gruppe oder Institution vertritt. Der Bezichtigende, der mit dem Opfer in einer Interessengemeinschaft verbunden ist, führt als Hauptargument zur Mobilisierung der Öffentlichkeit die Unterstützung an, die dem Opfer bereits gewährt worden ist. Er erbittet Unterstützung durch kollektive und politische Kräfte, von Verbänden, Gewerkschaften, Parteien, Verteidigungskomitees und liefert Sachbeweise wie Petitionen, Photokopien von Flugblättern oder Ausschnitte aus der Presse. Alle Hinweise auf kollektive Mobilisierung haben großes faktorielles Gewicht auf der Ordinate.

Im dritten Planquadrat (C) befinden sich die Fälle, in denen es immer zu einer kollektiven Verantwortungsübernahme kommt. Während die Zone B durch eine starke affektive Neutralität der Beziehungen zwischen den Akteuren charakterisiert ist (in der politischen Bezichtigung treten die Akteure nur als abstrakte Einheiten auf und gehen in einem allgemeinen politischen Diskurs unter), zeichnen sich die hier zur Geltung kommenden kollektiven Ressourcen, unter denen die Justiz eine besondere Stellung einnimmt, dadurch aus, daß sie im Namen der »Kollektivität« die Streitigkeiten zwischen einzelnen verwalten. Die einzelnen tauchen unter ihrem Namen auf und werden nicht, wie im politischen Diskurs, zur Personifikation historischer und ökonomischer »Kräfte«. Die Mitte der Zone C wird von Fällen besetzt, die mit juristischen Institutionen zu tun haben: die Inanspruchnahme von Gerichten (stark vertreten auf Abszisse und Ordinate), Anwälten (gut vertreten auf der Abszisse), Eingreifen der Polizei (eventuell auch nur kurzfristig) usw. Ihnen entspricht ein mittleres Maß an kollektiver Verantwortungsübernahme auf der Ordinate und Nähe bzw. persönliche Beziehungen zwischen den Akteuren auf der Abszisse. Hier sind ökonomische Konflikte (z. B. wegen des Verkaufs von Gütern, Immobilien, Grundstükken oder wegen unlauteren Wettbewerbs) abgebildet, in denen das Opfer häufig ein Landwirt, Händler, Handwerker oder Kleinunternehmer ist, der selbst bezichtigt oder es durch einen ihm Nahestehenden tun läßt. In diesen Kreisen kommt es am häufigsten vor, daß der Bezichtigende und das Opfer verwandt sind. Geht man weiter nach rechts (weniger Nähe bzw. persönliche Beziehungen) oder weiter nach oben (stärkerer Kollektivcharakter), findet man Fälle, die unter verschiedenen Gesichtspunkten mittleren Positionen zwischen dem Juristischen und dem Politischen entsprechen. Besonders betroffen sind Streitfälle in Unternehmen oder Administrationen, wo Opfer und Verfolger zur selben Berufsgruppe gehören, ohne sich gezwungenermaßen persönlich zu kennen. Solche Fälle entstehen im Umfeld von Entlassungen, die als überzogen angesehen werden, und können einen Rückgriff auf die Arbeitsgerichte beinhalten (gut vertreten auf der Abszisse). In diesen Briefen geht es um Fälle, die im Begriff sind, zu kollektiven Angelegenheiten zu werden. Sie kennzeichnet eine mittlere Position zwischen einerseits persönlichem Streitfall, in dem sich Individuen gegenüberstehen, die durch ein Geflecht meistens affektiver Beziehungen verbunden sind, und andererseits dem gewerkschaftlichen oder politischen Konflikt, in dem nicht mehr Individuen (zumindest nicht in der öffentlichen Version), sondern Gruppen engagiert sind. Diese Briefe enthalten einen Bericht in chronologischer Abfolge und eine deutlich faktenbezogene Darstellungsweise (»hier sind die Tatsachen«). Dadurch zeigt der Verfasser, daß er sehr genau weiß, daß er sich an einen Empfänger wendet, dem die Angelegenheit völlig fremd ist und der daher auch unparteiisch ist. Die Akteure bedienen sich auch anderer Strategien, um ihrer Angelegenheit eine kollektive Dimension zu verleihen (alle Fälle, die sich auf eine individuelle Mobilisierungsbemühung beziehen, befinden sich im oberen Bereich der Zone C). Ein Opfer, das sich im Namen einer Institution äußert, deren Existenz zweifelhaft ist, versucht andere Personen um seinen Fall herum durch das Vollziehen von Gesten mit symbolischem Wert zu mobilisieren (d. h. die Angelegenheit zu politisieren): öffentliches Übertreten von Verboten, Reden, Verteilen von Flugblättern oder auch körperliche Gesten wie Hungerstreiks, die insbesondere dann angewandt werden, wenn zu große Nähe zwischen den Akteuren die Rechtfertigung der Bezichtigung durch einen Diskurs zu verhindern droht. In dem Maß, wie man sich links entlang der Abszisse bewegt und die Beziehungen zwischen den Akteuren enger werden, sieht man, wie an die Stelle individueller Erklärungen, deren Bezug politisch ist, solche treten, die einen juristischen Bezug aufweisen: das Opfer handelt wie ein von der Justiz Beauftragter und beschafft die Beweise selbst, die seine Bezichtigung begründen. In Zone C findet man die Fälle, denen eine große Zahl an Photokopien entspricht. Schließlich wird selbst die Form der Aussagen modifiziert: das Opfer berichtet von den hervorstechendsten Ereignissen seines Falls bzw. seiner Fälle, gibt Namen preis, bezieht sich auf Örtlichkeiten, Handlungen usw., aber ohne chronologische Abfolge in einer gewissen Unordnung und folglich auch ohne einen Bericht im eigentlichen Sinne abzufassen.

Diese Merkmale finden sich in noch stärkerem Maß in der vierten Zone (D), die durch große Nähe zwischen den Akteuren geprägt ist. Das Opfer vollzieht selbst die Bezichtigung der Ungerechtigkeit, die ihm angeblich angetan worden ist, und benennt öffentlich einen Verfolger, der ihm nahesteht, mit dem es durch nachbarschaftliche oder sogar familiäre Beziehungen verbunden ist. Der Bezichtigende, hier immer identisch mit dem Opfer, versucht nicht, seinen Fall zum allgemeinen Anliegen zu machen, indem Verteidigungsorganisationen mobilisiert oder bestehende Kollektivressourcen (Gerichte usw.) bemüht werden. Das Opfer zählt eine große Anzahl von Verfolgungen auf (körperliche oder seelische Grausamkeiten, Bespitzelungen, Fälschungen usw.), wie wenn es die Gewalt rechtfertigen möchte, die die öffentliche Bezichtigung eines Nahestehenden darstellt. Manchmal begnügt der Verfasser sich damit, Enthüllungen anzukündigen. Wenn die Akteure des Systems sich sehr nahestehen, bringt er eine Bezichtigung hervor, die, ohne logische Anordnung und chronologische Abfolge, die erlittenen Verfolgungen verrät, ohne daß man jedoch mit diesen Elementen eine zusammenhängende Darstellung der Angelegenheit rekonstruieren könnte. Manchmal besteht die Bezichtigung aus einer Anhäufung ungeordneter Bruchstücke, ohne daß der Bezichtigende versucht hätte, sie zusammenzufügen und mit Hilfe eines Briefes auszuführen. Es gibt zahlreiche besondere Hinweise: syntaktische oder orthographische Eigenheiten, atypische Schriftbilder, Spitznamen, Neologismen usw.

Der Normalitätssinn

Die Normalitätsbewertungen steigen regelmäßig in dem Maß an (bei sehr hoher Korrelation zwischen den Richtern), in dem man von den Fällen, die zum Objekt einer kollektiven Verantwortungsübernahme werden und deren Teilnehmer keine persönlichen Beziehungen unterhalten, zu jenen übergeht, die Individuen zusammenbringen, die bereits durch vertraute Beziehungen verbunden waren (ganz besonders durch Familienbeziehungen) und die daher vom Opfer allein ganz ohne Rückgriff auf kollektive Ressourcen in die Hand genommen werden müssen. Hier fehlt selbst der Rückgriff auf jene minimale Form sozialer Hilfeleistung, die die Möglichkeit darstellt, die Last des Bezichtigens auf einen anderen, und sei es auf einen Nahestehenden, abzuwälzen. Man kann eine erste Hypothese hinsichtlich der Regeln aufstellen, auf denen die Normalitätsbewertungen beruhen. Eine Bezichtigung wird nicht als anormal beurteilt (was nicht heißt, daß sie als moralisch vertretbar beurteilt wird), wenn die Akteure in etwa gleiche Positionen auf der Ordinate einnehmen: es ist nicht anormal, öffentlich im Namen einer großen Gewerkschaft die Zerstörung palästinensischer Lager durch die israelische Luftwaffe anzuprangern. Ebenso ist es für einen einfachen Privatmann nicht anormal, die Ungerechtigkeiten, die sein Bürovorsteher begeht, bei einem Freund oder Kollegen in der Form von Mund zu Mund Propaganda oder Klatsch anzuprangern. Hingegen läuft eine Bezichtigung um so eher Gefahr, als anormal aufgefaßt zu werden, je größer der Abstand zwischen den Positionen der Akteure auf der Ordinate ist: es ist z. B. nicht normal, einen Brief an die Polizei zu schicken, um die Umtriebe der herrschenden Klasse im allgemeinen anzuprangern (man kann sie nicht inhaftieren, anklagen usw.).

Selbst wenn man weiß, daß die Bezichtigung ein von Stellvertretern ausgeführter Angriff ist, versteht man doch, daß sie um so weniger akzeptabel wird, je näher der Beschuldigte einem selbst steht. Die öffentliche Bezichtigung setzt tatsächlich nicht nur das namentlich genannte Individuum einer Gefahr aus, sondern auch die gesamte Gemeinschaft, deren Ansehen nach außen abnimmt. Zudem besteht die Gefahr einer internen Spaltung durch den der Logik der Fälle inhärenten Polarisationseffekt. Und diese Gewalt ist um so unverzeihlicher, als derjenige, der sie vollzieht, es in seinem eigenen Interesse und folglich allein tut. Die Zweiteilung zwischen Opfer und Bezichtigendem (der oft die Rolle des Hinweisenden oder Prügelnden spielt) garantiert, daß die beteiligten Interessen nicht ausschließlich eigennützig sind. Das trifft dann um so eher zu, je fremder sich die beiden Partner sind und je größer die Reihe der Vermittlungsversuche zwischen Bezichtigtem und Verfolgtem wird. Die Intensität, mit der sich jemand für einen anderen verbürgen kann, hängt nicht nur von seinem sozialen Status ab (von seinem Ansehen, seiner Ehrenhaftigkeit), sondern auch von dem Grad, in dem Opfer und Verteidiger einander fremd zu sein scheinen. Direkt damit verbunden ist auch die Fähigkeit, andere zu mobilisieren. Einander Nahestehende wie Freunde, Nachbarn, Kameraden, Berufskollegen und insbesondere Familienmitglieder sind sich eben nicht vollständig fremd. Damit die Unterstützung ihren Effekt auf die anderen erzielt, ist es erforderlich, daß nichts außer einer Bürgschaftsbeziehung die Partner miteinander verbindet.

Auch sollte man präzisieren, in welchem Sinne man von »Nähe« zur Bezeichnung der Beziehung spricht, die die Akteure verbindet. Die räumliche Analogie bezeichnet tatsächlich die Einzigartigkeit der Beziehung. Diese hängt nicht nur von der Höhe der wechselseitigen Investitionen (insbesondere den affektiven) ab, sondern auch davon, inwieweit die Individuen innerhalb ihres Milieus Zugangsmöglichkeiten zu institutionellen Ressourcen haben, die es ihnen erlauben, die Beziehungen, und in den hier analysierten Fällen die einzelnen Konflikte, durch eine allgemeine Argumentation und unter Hinweis auf kollektive Interessen zu regeln. Und dies in einer Art und Weise, daß jedes der betroffenen Individuen als Mitglied einer Kategorie ausgewiesen wird, innerhalb deren jeder andere Angehörige derselben Kategorie an dessen Stelle treten könnte, ohne daß die Struktur der Beziehung deshalb verändert würde. Ganz im Gegenteil bestimmt in einer Einzelbeziehung die Beziehung als solche die Objekte, die sie vereint; zur Identifikation dieser Objekte gibt es kein stärkeres Prinzip als die Beziehung selbst. Eine vertraute Beziehung ist eben genau dadurch charakterisiert, daß ihre Struktur von jedem der Betroffenen abhängt, insofern sie nicht Klassen zugeordnet werden können.

Institutionelle Ressourcen geben dem Individuum die Möglichkeit, sich bei Bedarf zu distanzieren und Beziehungen auf unpersönliche Art und Weise zu regeln. Sie erlauben ihnen, ihre Klagen vorzubringen und die erlittenen Ungerechtigkeiten dadurch zu objektivieren, daß sie in die Ordnung eines Diskurses verlegt werden und, unter bestimmten Umständen, in allgemeiner, d. h. akzeptabler Form an die Öffentlichkeit gebracht werden.

Als normal beurteilt zu werden ist die Mindestvoraussetzung, die eine Bezichtigung erfüllen muß, um Erfolgschancen zu haben, d. h. weiterverfolgt zu werden. Die an einem solchen Unternehmen beteiligten Personen, die denselben Normalitätssinn wie ihre Richter besitzen (und das auch dann, wenn sie dabei sind, Handlungen zu vollziehen, die als anormal beurteilt werden), versuchen, ihrer Geste eine möglichst normale Form zu geben. Wenn sie nicht von der Unterstützung eines Kollektivs profitieren, das in der Lage ist, für sie die Verallgemeinerungsarbeit zu leisten, müssen sie selbst die Ablösung vom Subjekt und die notwendige Erhöhung vollziehen, um in einer Bezichtigung die Bedeutung der anderen Akteure der der Richter anzugleichen. Wir werden versuchen zu zeigen, daß es genau die Operationen sind, durch die sie versuchen, ihre Bezichtigung zu normalisieren (indem Verbindungen zwischen ihrem Einzelfall und Kollektiven konstruiert werden), die zu Zeichen ihrer Anormalität werden. Im alltäglichen Leben stützen sich einzelne sehr häufig auf Verbindungen dieser Art, aber nach Modalitäten, die sie akzeptabel erscheinen lassen. Sei es, daß sie von der Unterstützung durch eine Institution profitieren (z. B. wenn sie einen Titel anführen, der sie an ein Kollektiv anbindet), sei es, daß die Distanz zwischen »privat« und »kollektiv« ausreichend klein ist, daß die *Brücken* (Thevenot 1984), die zu ihrer Überwindung geschlagen werden, unentdeckt bleiben. Im Gegensatz dazu sind in den Fällen, die wir jetzt untersuchen wollen, die Verbindungen, die eine Annäherung an Kollektive erreichen sollen, so stark (insbesondere dann, wenn der Verfasser als einzelner selbst Opfer und der Verfolger ein Nahestehender ist), daß sie sich in aller Klarheit und Sonderbarkeit vom Raster gewöhnlicher Handlungen abheben.

Manöver zur Selbsterhöhung

Um den Zusammenhang mit Kollektiven herzustellen und die Bedeutung der Akteure einander anzugleichen, muß der Briefschreiber den Bezichtigenden, das Opfer und den Verfolger erhöhen. Es wurden drei hauptsächliche Vorgehensweisen zur Erhöhung des Bezichtigenden ermittelt. Der Verfasser kann sich erhöhen, indem er erstens seine Titel und Eigenschaften erwähnt (Benutzung von Papier mit Briefkopf usw.). Zweitens kann er seine Beziehungen zu einflußreichen Leuten geltend machen, und drittens schließlich kann er mit den Formen spielen, die seine Gegenwart im Text manifestieren. Verglichen mit der neutralen Position des Subjekts, die durch die erste Person Singular (ich) ausgedrückt wird, kann der Verfasser verschwinden, indem er teilweise oder durchgängig die erste Person Plural anwendet, die den Diskurs des Kollektivs auszeichnet (er erhöht sich also im Stil eines offiziellen Sprechers). Andererseits kann er auch seine Bedeutung als einzelnes Subjekt durch Vervielfältigung der Zeichen seiner Anwesenheit erhöhen (im Stil des Helden). Die zur Anwendung kommenden Vorgehensweisen sind vielfältig, aber alle beruhen auf der Verstärkung des Zeichens, das den Verfasser bezeichnet (»Ich als«, »Ich, der« usw.), oder auch auf der Verdoppelung der Unterschrift. Diese verschiedenen Manöver, die im sozialen Alltag üblich sind (Callon, Latour 1981), diskreditieren den Verfasser, wenn ihre Anwendung übertrieben wird. Ebenso ist der Gebrauch von »wir« als Hinweis darauf, daß man im Namen anderer spricht, die normalste Art und Weise, eine öffentliche Bezichtigung zu vollziehen. Einfach »ich« zu sagen rückt in die Nähe des Pols »privat« und ist daher weniger normal. Aber die Selbsterhöhung durch eine ganze Anzahl stilistischer Tricks (z. B. »Ich, der …«, mehrere Unterschriften usw.) und die dauernde Präsenz im Text (wie in den mittellosen Theatern, wo jeder Schauspieler mehrere Rollen spielt) verlagern die Bezichtigung deutlich in Richtung Anormalität.

Die Bezichtigenden, die im Namen eines Kollektivs vorgehen und daher wie selbstverständlich als bedeutend erscheinen, haben es nicht nötig, sich aufwendiger Manöver zur Selbsterhöhung zu bedienen. Ihnen genügt es, einen Titel anzugeben, d. h. anzuzeigen, wodurch sie legitimiert sind, um dann im Namen dieses materiell dokumentierten Titels (auf Papier als Briefkopf gedruckt) »wir« zu sagen.

Diejenigen, die nur auf sich selbst gestellt sind oder sich auf ein Kollektiv beziehen, dessen Existenz ungewiß ist und kein Vertrauen erweckt, müssen dagegen mehr tun, zuviel tun: mehrere Titel erwähnen, ihre Präsenz (im Text) unterstreichen oder Namen großer, wohlbekannter Persönlichkeiten fallenlassen und sagen oder andeuten, daß diese sehr wohl in die Angelegenheit verwickelt werden könnten. Das Ausmaß, in dem Manöver des Sicherhöhens (die darin bestehen, sich mit bekannten Persönlichkeiten auf eine Stufe zu stellen) glaubwürdig werden, hängt offensichtlich davon ab, wie es dem Verfasser gelingt, seine Identität darzustellen, und daher auch davon, welche soziale Wertschätzung der Leser ihm zuerkennt. Das Herausfordern bekannter Persönlichkeiten ist ein besonders geschätztes Mittel zur Selbsterhöhung, denn es setzt in einseitiger Weise voraus, daß die Beziehung mit der herausgeforderten Person umkehrbar ist. Tatsächlich setzt die Herausforderung, die im Rahmen des Ehrenkodex zum Gegenschlag auffordert, eine gewisse Gleichheit zwischen den Partnern voraus. Der offene Brief an eine bekannte Persönlichkeit, z. B. an einen politischen Führer (ein bei Bezichtigungen häufig angewandtes Vorgehen) ist auch eine Möglichkeit, eine Beziehung der Vertrautheit über eine Herausforderung herzustellen, wie es Angenot (Angenot 1982) zu Recht für den Fall des Pamphlets anmerkt.

Um das Opfer zu erhöhen, muß man es, genau wie die anderen Akteure, an ein Kollektiv anbinden. Hier heißt das, seinen eigenen Fall mit einem allgemein anerkannten Anliegen zu verbinden. Die Angelegenheit wird »exemplarisch«. Sie verdient es, zur öffentlichen Bezichtigung erhoben zu werden; nicht um ihrer selbst willen, sondern nur in dem Maße, wie sie ein besonderes Beispiel inmitten einer Serie darstellt, die an ihrem besten Beispiel gemessen wird (Rosch 1977). Der Normalitätseffekt wird auch hier von den Eigenheiten der herzustellenden Verbindung abhängen, d. h. von dem Grad, in dem die zur Konstruktion einer Beziehung zum Allgemeinen notwendige Brücke sichtbar wird.

Das zur Erhöhung des Opfers dienende Manöver kann auch zur Erhöhung des Verfolgers eingesetzt werden (z. B. Polizei = Gestapo). Wenn aber der Verfolger ein einzelner ist – insbesondere, wenn es sich um einen Nahestehenden handelt –, ist eine häufig vorkommende Lösung die, ihn mit einer Verschwörung in Verbindung zu bringen. Eine Verschwörung, die mit einer starken Bindung zwischen den Akteuren korreliert (der Fall, wo Opfer und Bezichtigender identisch und der Verfolger ein Nahestehender ist), ist mit einem hohen faktoriellen Gewicht auf der Abszisse repräsentiert, wo sie der Erwähnung eines einzelnen in der Rolle des Verfolgers gegenübersteht. Dieser Fall steht seinerseits – diesmal auf der Ordinate – den Fällen gegenüber, wo der Verfolger ein Kollektiv ist, das nur im allgemeinen bezeichnet ist (z. B. Länder-, Parteien- oder Verbandsnamen). Im Fall der Verschwörung wird wohl ein bestimmter Verfolger genannt, er handelt aber in Übereinstimmung mit den übrigen Akteuren, mit denen er durch ein geheimes Abkommen oder durch eine verdeckte Eigenschaft verbunden ist. In diesem Bündnis kann er verschiedene Positionen besetzen. Er kann Urheber oder auch nur ein passives Werkzeug sein. Letzteres wird häufig unterstellt, wenn der Verfolger zur Familie gehört. Allerdings ist in der Verschwörung die Beziehung, die das Opfer mit dem Verfolger aufrechterhält, weniger persönlich und die Bezichtigung folglich weniger kostspielig in der Ausführung und weniger schwierig in der Übernahme. Der Verfolger handelt nicht mehr als Person, die durch ihre Beziehung zum Opfer definiert ist.

Die Bezichtigung als solche ist nicht anormal. Ungerechtigkeiten können und werden stets auf verschiedenen Ebenen zur Sprache gebracht: in verschiedenen Stufen der Öffentlichkeit als politische oder gewerkschaftliche Reden (und auf andere Art und Weise im religiösen Diskurs), aber auch im Alltag von einem zum anderen, unter Freunden, am Telefon, in der Familie, im Bus, unter Kollegen usw. Das eigentlich Anormale ist, weder sich beleidigt oder angegriffen zu fühlen – zu Recht oder zu Unrecht – noch es bekannt zu machen, sondern es unter unpassenden Umständen und zu Leuten, die es nichts angeht, zu sagen. Der Irrtum besteht – wie wir gesehen haben – hauptsächlich darin, sich bezüglich der relativen Bedeutungen der Akteure zu täuschen. Er wird dann besonders deutlich, wenn der Bezichtigende die Verteidigung einer Sache übernimmt, deren Opfer er selbst ist, sich das Recht herausnimmt, als Privatmann die öffentliche Meinung zu befragen und Angelegenheiten, die einer häuslichen Logik unterworfen sind, direkt in die Öffentlichkeit zu zerren, um zu verlangen, daß ein Urteil gesprochen werde.

Übersetzt von Jürgen Thömmes

Anmerkungen

1 Eine ausführliche Darstellung dieses Projekts befindet sich in folgendem Artikel: L. Boltanski, M. A. Schiltz, G. Darré, »La dénonciation«, in: *Actes de la recherche en sciences sociales* 51 (1984), S. 3-40.
2 Die 275 Briefe (von denen einige sehr lang sind) zu lesen und zu beurteilen dauert 30 bis 40 Stunden. Da ausreichende Kredite, die eine Bezahlung der Richter erlaubt hätten, nicht zur Verfügung standen, waren wir gezwungen, uns auf 6 Freiwillige zu beschränken, die aus dem Umkreis des Autors kommen (der hier die Gelegenheit wahrnimmt, sich zu bedanken). Es waren zwei Männer und vier Frauen zwischen 25 und 70, die alle akademischen Berufen nachgehen. Das birgt natürlich das Risiko, daß die Gültigkeit der Definition von Normalität auf ein spezielles soziales Milieu beschränkt bleibt. Es könnte aber auch sein, daß der alltägliche Normalitätssinn der Richter nicht durch den Beruf oder das Bildungsniveau beeinflußt wurde. Wir

werden demnächst eine Kontrolluntersuchung mit einer geschichteten Stichprobe von 200 Personen vornehmen, die wir bitten, ein Urteil über 10 Briefe abzugeben, die wegen ihres typischen Charakters ausgewählt wurden.

Robert Castel
Die Institutionalisierung
des Uneingestehbaren
und die Aufwertung
des Intimen

Jeder Titel eines Vortrags läuft Gefahr, mehr zu versprechen, als er halten kann. »Die Institutionalisierung des Uneingestehbaren und die Aufwertung des Intimen« könnte ein anspruchsvolles Forschungsprogramm abdecken. Ich will hier sehr viel bescheidener die Hypothese einer Verschiebung innerhalb der Problematik des Uneingestehbaren aufstellen. Eine Kristallisierung dieser Problematik, die gleichzeitig Sozialisation und Aufhebung des Uneingestehbaren beinhaltet, scheint mir in der Psychiatrie verkörpert zu sein; zumindest in einer gewissen Psychiatrie, derjenigen der »moralischen Behandlung« nämlich, die sich während der zweiten Hälfte des 19. Jahrhunderts herausgebildet hat. Eine andere Kristallisierung, die gleichzeitig Aufstieg und Überwindung des Uneingestehbaren vollbrächte, wäre die Psychoanalyse. Vom Standpunkt einer gewissen Psychiatrie aus gesehen wäre das *Geständnis* das Mittel, das Uneingestehbare ins Bewußtsein zu heben, um es schließlich zu eliminieren. Durch die Psychoanalyse wird das, was für den gesunden Menschenverstand zur Ordnung des Uneingestehbaren zählt, eingestanden und sogar aufgewertet, stellt es doch die Infrastruktur der einfachsten und banalsten Verhaltensweisen dar.
Diesen Übergang möchte ich versuchen herauszuarbeiten, wobei ich mich gleichzeitig dafür entschuldige, daß meine Ausführungen im Rahmen dieses Beitrags oberflächlich bleiben und eher eine Einladung darstellen, gemeinsam über gewisse technische Dispositive zur Manipulation des Uneingestehbaren nachzudenken, als eine wirkliche Beweisführung.

1 Institutionalisierung –
Unterdrückung des Uneingestehbaren

»Der Europäer hat seit dem tiefen Mittelalter« – so Michel Foucault im Vorwort zur ersten Ausgabe von Wahnsinn und Gesellschaft – »eine Beziehung zu etwas, das er ziemlich verworren als Wahnsinn, Irresein oder Unvernunft bezeichnet.«[1] Dieses »etwas« hat verschiedene Formen oder Gestalten angenommen: Bestialität, Monstrosität, moralischer Verfall ... die ganze phantastische Bilderwelt von Nacht und Unordnung, das Schwindelgefühl tiefer Abgründe und Maßlosigkeiten. Dieses Andere der Vernunft ist zugleich erschreckend und faszinierend. Es entzieht sich sowohl intellektuellen wie religiösen Kategorisierungen: zunächst uneingestehbar, weil es unsagbar ist, da es auf eine Ordnung von geheimnisvoller Tiefe verweist, für die es keinen Diskurs gibt. Es stellt gewissermaßen einen Zustand dar, der dem Sinnbildungsprozeß vorgelagert ist, trotzdem aber neben diesem existiert. So hat der Wahnsinn seine erste Geschichte in den Randzonen der Rationalität durchlaufen und geisterte durch ein Bewußtsein, das nicht über sich selbst verfügt.

Es ist bekannt, daß die Medizin diese erschreckenden Ungeheuer säkularisiert hat. Sie hat ihnen die Positivität der Geisteskrankheit gegeben. Der Wahnsinn ist so Objekt einer Wissenschaft und Ziel exakter Eingriffe geworden. Eine solche Positivität aber ist paradox, denn sie besteht darin, den Wahnsinn als einen Mangel zu denken, als ein geringeres Sein, als eine Art *Störung der Vernunft*, deren Symptom das Delirium ist. Daher kann diese Störung aufgehoben werden. Unvernunft ist nichts als ein Mangel an Vernunft, und das Delirium kann genau unter der Bedingung beseitigt werden, daß es als unvernünftig, d. h. als inkonsistent, eingestanden wird. Dann verschwindet es, ohne Spuren zu hinterlassen.

Es gibt gewiß eine Trennung zwischen dem Normalen und dem Pathologischen. Aber diese verweist nicht auf die Andersartigkeit zweier Naturen, sondern auf eine Differenz des mehr oder weniger bzw. der Vollständigkeit und des Defizits. Aus diesem Grund kann es Heilung geben. Der Geisteskranke – zumindest jener, der imstande ist, sich einer Behandlung zu unterziehen – ist nicht vollständig der Vernunft entfremdet. Er erhält eine (gewiß zerbrechliche) Verbindung zu ihr aufrecht, die insbesondere durch die therapeutische Arbeit wiederhergestellt werden kann.

Verweilen wir einen Augenblick beim wichtigsten Dispositiv, das diese Arbeit ermöglicht, um zu zeigen, daß es ein Dispositiv des Geständnisses ist.

Die »moralische Behandlung« ist in der entstehenden Psychiatrie des 19. Jahrhunderts der bevorzugte therapeutische Ansatz. In seiner reinsten Form bringt er zwei Personen zusammen: auf der einen Seite den Arzt, den Irrenarzt, Vertreter und Botschafter der Vernunft; auf der anderen Seite den Kranken, der die »Vernunft verloren hat«, was sich dadurch äußert, daß er unvernünftige Dinge sagt, daß er deliriert. Die moralische Behandlung ist also eine Art Kampf, in dessen Verlauf der Arzt als das vernünftige Subjekt dem Kranken die Unvernunft entreißt und auf diese Weise die Heilung vollzieht, die als Auslöschen des Deliriums, als Rückkehr zur Vernunft begriffen wird. Das entscheidende Moment dieses Aufeinandertreffens ist das Geständnis: der Kranke ist geheilt, wenn er anerkennt, daß er sich getäuscht hat, daß sein Delirium nichts außer einer inkonsistenten Eigenwilligkeit war, die er aus besagtem Grund ins Reich der Chimären abtun kann.

Man sollte z. B. bei François Leuret[2] den Bericht über diese noch in den Kinderschuhen steckenden Psychotherapien lesen, in deren Verlauf der Psychiater den Patienten buchstäblich angreift, ihn verfolgt, ihm Fallen stellt, ihm die Gewalt des Wahren aufzwingt, die darin besteht, einzugestehen, daß das Delirium im Grunde nichts außer der Leere der Un-Vernunft ist. Leuret ging sehr weit bei dieser Jagd nach dem Geständnis. Er ging bis zur psychischen Folter. So zwang er z. B. den Kranken durch wiederholte kalte Duschen zuzugeben, daß er sich getäuscht habe, daß das, woran er glaubte, keinerlei Realitätswert habe. Und falls der Kranke sich weigerte, wurde die »Behandlung« fortgesetzt. Vermutete der Arzt etwa, das Geständnis sei nichts weiter als eine der Erschöpfung bzw. der Angst zuzuschreibende Gefügigkeit, nahm er einen neuen Anlauf und stellte erneut Fallen. Er betrachtete den Kranken erst dann als geheilt, wenn er sich sicher war, daß das Geständnis wirklich von innen kam, d. h. daß er die Realität des Deliriums gänzlich verneinte.

Dies ist also das Paradigma der moralischen Behandlung, so wie man es bei Leuret am allerdeutlichsten findet.

Zur besseren Verdeutlichung dieser Analyse sollten noch zwei

Nuancierungen hinzugefügt werden. Zum einen war die Einzelbehandlung keineswegs die vorherrschende Praxis in den Anstalten. Zumeist reduzierte sie sich auf kollektive Zwangsmaßnahmen. Es ging um Gehorsam gegenüber den Regeln, strenge Einteilung des Tagesablaufs, kurz um die Gesamtheit all der institutionellen Regelungen, die den Kranken ständig in eine Zwangsjacke von Verpflichtungen steckten.

Falret, ein anderer Irrenarzt jener Epoche, hat diesen Unterschied gut in folgender Formulierung erfaßt: die allgemeine oder kollektive Behandlung ist ein geringeres Übel. Es entspricht der Knappheit der Mittel und der knapp bemessenen Zeit, die jedem Kranken gewidmet werden kann. Aber, so sagt er, »wenn die Wissenschaft weiter fortgeschritten wäre, könnte die Einzelbehandlung im Vordergrund stehen.«[3]

So bleibt die Einzelbehandlung das Ideal, ganz besonders deshalb, weil sie als einzige zum *persönlichen Geständnis* führen kann. Aber auch wenn die allgemeine Behandlung dürftiger ist, geht sie dennoch von derselben Konzeption der Beziehung Vernunft – Wahnsinn aus: es handelt sich darum, *die Unordnung*, die eine psychische Störung darstellt, *durch einen Eingriff gänzlich zu beseitigen* und die Herrschaft der Vernunft in autoritärer Weise aufzuzwingen. Genauso sagt es Henri Girard, ein anderer Psychiater: »Das hervorstechendste Merkmal des Wahnsinns ist die psychische und moralische Unordnung, denn eigentlich verrät er sich dadurch. Die angemessenste Therapie besteht in der Wiederherstellung der Ordnung in der Ausübung der Funktionen und Fähigkeiten.«[4]

Auf der anderen Seite wurde Leuret von vielen seiner Kollegen angegriffen, die ihm sein herrschsüchtiges Wesen, ja sogar seinen Sadismus vorwarfen. Man sollte aber diese Meinungsverschiedenheiten auch nicht überbewerten. Leuret hat mit einem gewissen Zynismus – oder einem größeren Realismus – den philanthropischen Humanismus der meisten Irrenärzte schockieren können. Er trieb lediglich eine allgemeine Tendenz bis an ihre äußersten Grenzen. Die moralische Behandlung besteht eigentlich immer in mehr oder weniger drastischen Formen des Aufeinandertreffens von Vernunft und Wahnsinn, in dessen Verlauf die Vernunft immer die Oberhand behalten muß, da sie die einzige Positivität verkörpert. Bei genauem Hinsehen trägt der Kranke nichts Uneingestehbares in sich, das nicht restlos in einem Geständnis aufzulösen wäre. Nebenbei bemerkt erkennt man hier sehr deutlich den Berührungspunkt mit der Philosophie der Aufklärung, die die entstehende Psychiatrie tiefgreifend beeinflußt hat. Wenn auch der Wahnsinn mehr ist als ein bloß irriges Urteil, so ist er doch keine so fest in sich gefügte Substanz wie etwas Uneingestehbares schlechthin. Die vollständige Auflösung des Deliriums ist für die entstehende Psychiatrie möglich, und deshalb will sie auf diese Weise die alten Dämonen der Schuld, der Sünde und des Bösen austreiben.

Ich möchte natürlich nicht die gesamte klassische Psychiatrie auf die moralische Behandlung reduzieren. Diese hat die französische Psychiatrie in der ersten Hälfte des 19. Jahrhunderts beherrscht, anschließend ging ihre Bedeutung zurück, und sie kam mehr oder minder aus der Mode, und zwar deshalb, weil man sich anderer Dimensionen des Wahnsinns bewußt geworden war, die wieder auf einen alten Bestand des Uneingestehbaren im Menschen verweisen. Der allmähliche Aufstieg einer Pathologie des Instinkts, des Willens und der Gefühle sowie die Entdeckung sexueller und anderer Perversionen zerbrechen diese spiegelbildliche Beziehung zwischen Vernunft und Unvernunft und enthüllen die Ohnmacht der moralischen Behandlung. Mit Beginn der zweiten Hälfte des 19. Jahrhunderts erhält der Wahnsinn erneut irrationale und geheimnisvolle Aspekte.

Ich kann hier selbstverständlich nicht alle historischen Peripetien nachzeichnen, aber ich glaube, daß die moralische Behandlung erheblich mehr als eine vorübergehende Episode darstellt, denn sie hat ein *praktisches Dispositiv* hervorgebracht, das die *Matrix* für alle künftigen Psychotherapien ausmachen wird. Jenes Dispositiv hat die Bearbeitung des menschlichen Seelenlebens in den Rahmen einer *Dienstleistungsbeziehung* gestellt. Denn ausgehend von der moralischen Behandlung, wird diese »Arbeit« tatsächlich und gänzlich zur professionellen, d. h. technischen Tätigkeit. Auch ältere Techniken zur Erforschung des Seelenlebens, insbesondere die religiösen Techniken der Beichte und des Geständnisses stellen ihrerseits eine »Bearbeitung der Seele« dar. Eine derartige Erforschung aber hat Transzendenz, Heil im Auge, d. h. es geht ihr um ein anderes Ziel als um die Wiederherstellung der psychischen Ökonomie eines Subjekts. Durch die moralische Behandlung wird diese Beziehung vollständig säkularisiert; sie wird zu der von Goffman beschriebenen Dienstleistungsbeziehung, die einen Fachmann mit einem Klienten und einem »zu reparierenden Objekt« – in diesem Fall dem Seelenleben als solchen – zusammenbringt.[5] In diesem Rahmen wird die Thematik des Subjekts zur Aufgabe fachmännischer Arbeit.

Diese Neuerung hat eine wichtige Transformation in der Problematik des Geständnisses zur Folge. Bei einer religiösen Weltsicht geht es der Bearbeitung der Seele um jenseitiges Heil. Ihr Gegenstand gehört in den Zusammenhang von Übertretung, Sünde und absoluter Transzendenz. Es handelt sich lediglich darum, die innere Ökonomie des seelischen Apparats zu reparieren und neu einzustellen. Das, was beseitigt werden soll, ist eine Art mentaler Störung oder Schwäche. Und in diesem Falle kann, wie gesagt, das Geständnis das Uneingestehbare aufheben und restlos beseitigen.

II Die Aufwertung des Uneingestehbaren

Ich möchte keine simplifizierende Interpretation der Psychoanalyse vornehmen, indem ich sie auf eine Form von moralischer Behandlung reduziere. Vielmehr möchte ich unterstreichen, daß sie viel Neues zur Problematik des Uneingestehbaren beigetragen hat. Diese Innovation besteht aber in einer Vertiefung und Radikalisierung des Dispositivs, dessen erster Entwurf in der Form der moralischen Behandlung aufgetreten ist.

Das, was Freud »erfunden« hat, ist bekanntlich nicht das Unbewußte (um das zu entdecken, brauchte man nicht auf ihn zu warten). Er erfand vielmehr eine Art experimentales Dispositiv, um in einer kontrollierten Situation, nämlich der Zweierbeziehung, die Wirkung des Unbewußten zu produzieren und zu analysieren. Auch diese Zweierbeziehung ist eine Dienstleistungsbeziehung, die aber nach einem raffinierteren Modus funktioniert. Denn diese ist über ein System von *Konventionen* konstruiert, die die moralischen, politischen und religiösen Implikationen der Ereignisse neutralisieren. Berücksichtigt werden nur noch ihre *Auswirkungen* auf die Ökonomie des Subjekts. Eine Analyse (im strengen technischen Sinne des Wortes) von moralischen, politischen oder religiösen Einstellungen ist nur möglich, wenn man das eigentümlich Moralische, Politische oder Religiöse an ihnen einklammert. Die Analyse muß sich auf das beschränken, was diese Einstellungen in bezug auf eine Ökonomie des Begehrens an unbewußter Dynamik implizieren.

Auf diese Weise wird die etwas naive Beziehung zerbrochen, die bei der moralischen Behandlung die Problematik des Subjekts mit den herrschenden Werten verband: der Wahnsinn ist im wesentlichen eine Unordnung in bezug auf die Rationalität, und die Behandlung vollzieht eine Rückkehr zur Ordnung; sowohl zur persönlichen als auch zur sozialen Ordnung, die ja nur schwer zu trennen sind. Dies zeigt auch die weiter oben angeführte Äußerung Girards. Mit der Psychoanalyse zerbricht diese Beziehung. Es kommt zur Verselbständigung der inneren Dynamik des Subjekts, denn die psychoanalytische Technik besteht gerade darin, diese tiefinneren Äußerungen zu erforschen, ohne sie auf eine soziale, moralische oder religiöse Logik zu beziehen. Dies ist die Entdeckung der Realität des Phantasmas. Das Phantasma ist das, was in der Ökonomie des Begehrens an allererster Stelle rangiert; in der Realität hat es hingegen keinerlei Existenz.

Fragt man sich, was diese Transformation für den Status des Uneingestehbaren bedeutet, so stößt man auf zwei diametral entgegengesetzte Wirkungen. Einerseits erhält die Problematik des Subjekts ihre ganze phantastische und symbolische Tiefe wieder zurück, welche die ein bißchen platte moralische Behandlung eliminiert hatte. Nunmehr gibt es wieder Mysterium, Irrationalität, Faszination und Transgression.

Aber gleichzeitig ist die Welt der Phantasmen abgeschnitten von der des normalen Urteilens, das in rationalen oder moralischen Begriffen zum Ausdruck kommt. Bereits Platon hatte im Staat verwundert und etwas fasziniert bemerkt, daß selbst der Untadeligste von einem Inzest mit seiner Mutter träumen könne. Und er fragte sich, was ein so seltsamer Wunsch bedeuten könne. Mit der Psychoanalyse hört das Phantasma auf, ein moralisches Problem darzustellen. Es ist »natürlich«, mehr noch: es ist unerläßlich, weil es die Strukturierung des Psychischen fundiert.

Das, was als uneingestehbar galt, wird so im doppelten Sinne des Wortes *anerkannt*. Seine Existenz wird als Grundgegebenheit konstatiert, rehabilitiert, ja sogar *aufgewertet*. Denn in jenen düsteren Regionen, in denen das Gute und das Böse die Rollen vertauschen, spielt sich das Schicksal des Menschen ab. Dort werden die psychischen Strukturen errichtet, die ihn zu dem machen, was er ist.

Somit hat das Geständnis keinen Sinn mehr, zumindest dann nicht mehr, wenn man darunter die Haltung eines Schuldigen versteht, der zuzugeben hat, daß er das, was er getan hat, nicht hätte tun dürfen oder daß er etwas empfunden hat, was er nicht hätte empfinden dürfen. Und deshalb kann aufgrund der Unbewußtheit der Phantasiebildungen im psychoanalytischen Kontext schwerlich etwas uneingestehbar, beschämend oder gar monströs sein. Jene Phantasiebilder sind bedeutungschwer, aber eben unschuldig.

Wenn aber dieser Bereich nicht mehr der des Uneingestehbaren ist, wird er besonders faszinierend. Von ihm kommen unsere tiefsten Zuneigungen und unsere stärksten Abneigungen, durch die unser Leben wiederum seine je eigene Gestalt erhält. Muß es da nicht zum Gegenstand unserer ständigen Sorge und unserer intimsten Interessen werden? Letztlich hat man es hier mit einer seltsamen Umkehrung der Werte zu tun, die ich an anderer Stelle als die »Kultur der Couch«[6] bezeichnet habe. Das wirkliche, alltägliche, soziale Leben wird leblos, ein bloßer Schatten jenes wirklichen Abenteuers der menschlichen Existenz, das sich auf der Couch abspielt. Hier findet das Wesentliche statt, in das man am meisten investiert. So geschieht es häufig, daß man nur für seinen Psychiater phantasiert, träumt, ja lebt, nur um es ihm erzählen zu können. Der Ablauf der psychoanalytischen Arbeit wird zur fundamentalen Erzählung, und das prosaische Leben dient höchstens dazu, jene mit Ereignissen zu beliefern, deren Hauptaufgabe darin besteht, als Ausgangsmaterial für die große Erzählung zu fungieren.

In diesem Kontext wird das Uneingestehbare – oder zumindest das, was einer moralischen bzw. religiösen Weltanschauung oder gar dem gesunden Menschenverstand als solches erscheint – derselben seltsamen Umkehrung der Werte unterworfen. Das Leben ist über Phantasmen organisiert; sie stellen die grundlegenden Bezugspunkte für die individuelle und soziale Welt und die der persönlichen Beziehungen dar. So kommt es zur *positiven Institutionalisierung* eines solchen Wertsystems, durch welche die Überbewertung des Intimen soziale Sichtbarkeit erhält. Das meinte ich, als ich von der »Aufwertung des Uneingestehbaren« sprach. Gleichzeitig wird das Uneingestehbare *überdeterminiert*.

III Die Banalisierung des Uneingestehbaren

Diese wenigen Bezugspunkte zeigen meines Erachtens eine Kontinuität und gleichzeitig einen wesentlichen Unterschied innerhalb dessen auf, was man als eine technische Manipulation des Uneingestehbaren bezeichnen könnte. Denn sowohl moralische Behandlung wie Psychoanalyse operieren als technische Dispositive. Sie bringen einen kompetenten Spezialisten, der über Fachwissen und besondere Techniken verfügt, mit einem Klienten zusammen, der mit einem psychischen Problem ankommt. Dessen instrumentelle Verarbeitung vollzieht sich dann mittels dieses Wissens und dieser Techniken. Durch diese Einfügung erscheint das Uneingestehbare auf einer Art Markt, dem Markt der Gesundheits- oder Glücksgüter – um eine Formulierung Max Webers aufzugreifen –, der die Religion einen Markt der Heilsgüter nannte. Die schillernde Welt der aus der Tiefe der Psyche kommenden Phantasmen wird in einem institutionellen Rahmen aufrechterhalten und kontrolliert, der seine Gesetze, seine Berufsethik, seine Fachleute und seine Klienten hat. Es handelt sich hierbei um einen speziellen institutionellen Rahmen des Rationalisierungs- und Entzauberungsprozesses der Welt: das Uneingestehbare selbst wird säkularisiert und laisiert.

Dieser Prozeß muß umso deutlicher hervorgehoben werden, als er sich in eine Richtung auszudehnen scheint, die zu einer gleichzeitigen Demokratisierung und Banalisierung führt. Ich habe weiter oben die »Kultur der Couch« als eine Kristallisierung dieser Sozialisation bezeichnet. Damit ist eine auskristallisierte institutionelle Form des sozial legitimen Redens über Intimes gemeint. Es handelt sich gleichzeitig um einen Prozeß der Rehabilitierung und eine Aufwertung des Uneingestehbaren. Doch bleibt er auf diesem Niveau eingeschränkt aufgrund der Strenge des analytischen Dispositivs und der langdauernden Investitionen, die man auf sich nehmen muß, wenn man sich ihm fügt. In der Form, die die Psychoanalyse ihr gegeben hat, bleibt die Kultur des Intimen elitär und relativ beschränkt auf die reine Form der Zweierbeziehung.

Die psychoanalytische Bewegung dehnt sich in zwei Richtungen aus: Auf der einen Seite beobachtet man eine Verbreitung dieser Kultur auch außerhalb des Kreises der Leute, die direkt mit der »Kultur der Couch« in Kontakt kamen. Ich denke an jene

Verbreitung der psychoanalytischen Denkkategorien und Sensibilitäten durch den mondänen Erfolg der Psychoanalyse, die hier nicht weiter ausgeführt werden muß, da sie hinlänglich bekannt ist. Auf der anderen Seite haben sich im Gefolge der Psychoanalyse andere, weniger raffinierte Techniken mit demokratischeren Zugangsvoraussetzungen herausgebildet, z. B. die Gestalttheorie, bioenergetische Verfahren, Transaktionsanalyse usw. ... Man könnte sie Bastarde der Psychoanalyse nennen. Sie bieten eine banalisierte, abgeschmackte Version der Freudschen Entdeckung. Trotzdem beerben sie das Freudsche Verfahren, insbesondere weil sie gleichfalls auf die Aufwertung des Intimen setzen und mit ihm hausieren gehen.

Das Ergebnis dieses doppelten Prozesses ist die Schaffung einer *generalisierten psychologischen Kultur*, d. h. einer Weltanschauung, die aus den psychologischen Kategorien die einzig gültigen Urteils- und Handlungsprinzipien ableitet. Ohne mich weiter über die vielfältigen Implikationen dieser Kultur auszulassen, möchte ich zum Schluß die Bedeutung der Verbreitung dieser Kultur für die Problematik des Uneingestehbaren unterstreichen. Vielleicht befindet sie sich gerade vor einem neuen historischen Höhepunkt. Radikaler noch als die Psychoanalyse, die auf Verbot und Übertretung bezogen bleibt, steht man vor einem im wörtlichen Sinne *a-moralischen* Kontext. Die Regelung des Verhaltens orientiert sich hier nur noch an psychologischen Kategorien aus dem Bereich von Lust und Unlust. Strenggenommen ist überhaupt nichts mehr Grund, sich zu schämen, und folglich auch nichts mehr uneingestehbar, weil alles nur noch auf eine psychologische Besetzung bezogen werden kann, die ihrerseits ihr eigener Maßstab ist und ihr eigenes Beurteilungskriterium bildet. So kann man sich folgende Frage stellen: Was ist uneingestehbar, was kann noch Gegenstand von Schuldgefühlen sein?

Wenn also noch Sphären des Seelenlebens übriggeblieben sein sollten, in denen die Schatten des Uneingestehbaren umhergeistern, müßten es solche sein, die der Prägung durch die psychologische Kultur entkommen sind. Denn diese hat das Uneingestehbare paradoxerweise durch Banalisierung sublimiert; dadurch, daß sie es zum Moment ihrer technischen Dispositive gemacht und somit das Geständnis instrumentalisiert hat.

Übersetzt von Jürgen Thömmes

Anmerkungen

1 *Wahnsinn und Gesellschaft. Eine Geschichte des Wahns im Zeitalter der Vernunft*, Frankfurt/M. 1969.
2 François Leuret, *Du traitement moral de la folie*, Paris 1840.
3 J. P. Falret, *Du traitement général des aliénés, des maladies mentales et des asiles d'aliénés*, Paris 1864.
4 H. Girard, »De l'organisation et de l'administration des établissements d'aliénés«, in: *Annales médico-psychologiques*, (1843), Bd. 11, S. 23.
5 Erving Goffman, *Asyle. Über die soziale Situation psychiatrischer Patienten und anderer Insassen*, Frankfurt/M. 1973.
6 Robert Castel, *Psychoanalyse und gesellschaftliche Macht*, Kronberg 1976.

Jugendbildnis ist ein Wendepunkt in der écriture von Joyce. Diese dritte écriture seiner Kindheits- und Jugenderinnerungen knüpft bisweilen an den deklaratorischen und leidenschaftlichen Ton des ersten *Jugendbildnis* (1904) an, verzichtet dabei aber auf Affektiertheit. Von *Stephen Hero*, das 1904 begonnen und teilweise vernichtet wurde, ist die autobiographische Intention übernommen. Das Zeugnis seines Bruders und biographische Nachforschungen zeigen, wie dünn die Oberfläche der Fiktion ist. Diese drei Phasen einer écriture oder ré-écriture erklären vielleicht die Schlüsselstellung des *Jugendbildnisses*. Wenn Joyce sich nach diesem Text von der Gattung des Porträts abwendet, so bedeutet dies eine Abwendung von der Literatur und eine Hinwendung zur écriture. Abwendung vom Bild, sei es auch mit Wörtern gezeichnet, Hinwendung zum Buchstaben, um sich selbst zum Buch, aus sich selbst ein Buch zu machen – »book of himself«. Er macht sich selbst, mit Montaigne gesprochen, zum »Stoff seines Buches«, und zwar radikaler, als dies vor ihm denkbar schien.

Auf dem Weg, der zu *Finnegans Wake* führt, kann *Ulysses* als Gipfelpunkt der Geständnisliteratur gelten. Der innere Monolog von Bloom und Stephen während der rund zwanzig Stunden eines ereignislosen Tages offenbart mehr, als die Handbücher der Inquisition zu hoffen gewagt hätten: nicht allein Blooms und Stephens Taten, Worte, Erinnerungen, Träume und Phantasmen, sondern die Verknüpfungen zwischen diesen Worten, Gedanken, Taten und Phantasmen, so wie sie sich ohne Wissen der Personen aneinanderreihen. Indem er so »[sa] réserve« abschreitet[1], gelangt Joyce fast zum Schreiben der unbewußten Gedanken, auf welche eben die Freudsche Analysekur abzielte.

Überraschenderweise hat Joyce mit *Finnegans Wake* es fertiggebracht, über diese Grenze, die unüberschreitbar schien, noch hinauszugehen, und zwar mit den bloßen Mitteln der écriture.

Aus dieser Überraschung heraus hat sich auch Lacan lange mit diesem Text beschäftigt. Sein Joyce-Seminar von 1975, *Le sinthome*, macht deutlich, daß der Joyce-Text für die Psychoanalytiker genauso wichtig ist wie die *Denkwürdigkeiten eines Nervenkranken* des Präsidenten Schreber, die Freud in seiner Schreber-Studie wie einen heiligen Text behandelt.[2]

Wenn *Ulysses* und *Finnegans Wake* Gipfelpunkte des Geständnisses sind, so sind sie doch zugleich dessen Umkehrung. Auch in diesem Zusammenhang ist das *Jugendbildnis* entscheidend, denn Joyce bekennt sich darin als »man of letters« und zugleich als Häretiker. Dies ist nicht metaphorisch, sondern wörtlich zu verstehen. Er bekennt sich selbst zu dem Wunsch, »die Rolle des Beichtenden und des Beichtvaters zu verbinden«, eben durch seine écriture. Dies ist seine Antwort auf die zentrale Frage nach der Bestimmung des Geständnisses. Denn das Buch ist weniger ein Bekenntnis, in welchem einem idealen Leser das vermutete Geheimnis einer Person eröffnet wird, es ist vielmehr ein Text, welcher die Beziehung des Autors zum Geständnis be-schreibt und auseinandernimmt. Nach dieser Demontage kann Joyce zu einer radikal anderen écriture übergehen.

Mit erstaunlicher Sicherheit wird in diesem Text das Geständnisbedürfnis offengelegt, welches jeder autobiographischen Schilderung zugrundeliegt; es ist gewissermaßen der Gattungstyp selbst, der uns darin begegnet. Sicherlich deswegen, weil er eine dritte Phase der écriture darstellt. Vor allem aber deswegen, weil er *nachträgliche* Lektüre eines wirklichen Aktes ist, jenes Aktes, durch den Joyce sich zum »man of letters« macht. Wie jeder Akt, so wird auch dieser erst dann greifbar, wenn er durch eine Lektüre *nachträglich* fixiert wird. Das *Jugendbildnis* zeigt nun, wie der Akt von Stephen-Joyce möglich wird durch eine Selbst-Distanzierung, durch welche das erste Geständnis umgekehrt wird (etwa so, wie man einen Handschuh umstülpt).

»Stephen soll Abbitte tun.«
(...)
»Tut er das nicht, dann kommen die Adler und hacken ihm die Augen aus.« (J., p. 9).[3]

So sprechen Mutter und Tante zu dem kleinen Stephen. Von der ersten Seite an drohen sie in biblischer Anspielung (Sprichwörter XXX, 17) dem Auge, das sich über einen Vater lustig macht und den Gehorsam gegenüber der Mutter geringschätzt. Am Ende (J., p. 367) steht ein »kann nicht bereuen« als Antwort auf die mütterliche Aufforderung. Stephens Trennung von seiner Mutter und von der Kirche ist vollzogen. Es eröffnet sich für ihn der Weg in ein vielfältiges Exil ...

Ein anderes Gebot, diesmal vom Vater, durchzieht die Erzählung des Aufenthalts in Clongowes, der ersten Jesuitenschule, in der Joyce erzogen wurde. Diese Verhaltensregel – nie und unter keinem Vorwand einen Kameraden zu verpetzen – funktioniert wie ein grundloser Imperativ; Stephen befolgt ihn peinlich genau und macht keine Meldung gegen jene, die ihn in die Latrinengrube gestoßen haben. Der Schatten von Parnell schwebt über dieser Episode, wie er denunziert, verraten, zerbrochen wurde, bis zur Halluzination seines heimkehrenden Leichnams. Doch ebenso wie sein Vater den Verrat der Priester an Parnell anprangert, ebenso beklagt sich Stephen beim Rektor über die ihm widerfahrene Ungerechtigkeit. Er ist von Pater Dolan für ein Vergehen geschlagen worden, das er nicht begangen hat.

Denunzieren oder nicht denunzieren ... Diese Alternative stellt sich beim Vergehen des Priesters, aber auch bei dem des Vaters. Anders als das Vergehen der Kameraden können diese beiden Vergehen nicht mit Schweigen zugedeckt werden. Wie Shem in *Finnegans Wake* stellt sich Stephen auf die Seite der Söhne Noahs, und er nennt die Sünde der Väter.

Die Sünde des Priesters wird von Joyce immer wieder zur Sprache gebracht. Schon im *Jugendbildnis* knüpft sich an diese Sünde, die des Beichtvaters also, die Frage nach der Bestimmung des Geständnisses. Hieran wird auch deutlich gemacht, was ein Orden ist ... und sein Versagen. Wenn Pater Arnall, obgleich wissend, was Sünde ist, »doch mal versehentlich sündigte, wie beichtete er dann die Sünde? Vielleicht beichtete er sie dem Prorektor« (J., p. 67). So verschachteln sich ineinander die Beichte des Prorektors, des Rektors, des Provinzials, des Generals der Jesuiten ... »das war ein Orden«. Auf einem Heftumschlag hat Stephen diese konzentrische und hierarchisierte Verschachtelung des Ordens noch einmal aufgeschrieben. In einem Augenblick des Schwankens nach dem Vorkommnis an der Latrinengrube liest er:

Stephen Dedalus
Elementarklasse
Clongowes Wood Schule
Sallins
Grafschaft Kildare
Irland
Europa
Welt
Universum (J., p. 20).

Stephen stützt sich auf diese Ordnungen oder Orden: die Ordnung der Namen, an welcher er sich festhält in Momenten des *fading*, wenn die Worte den Dienst versagen; den Orden der Jesuiten, dem sein Vater ihn anvertraut hat. Die festgefügte Ordnung, in welcher er Geborgenheit finden könnte, stützt ihn gegen die drohende Schwäche. Und was sich im Vergehen des Vaters und in dem des Priesters abzeichnet, ist das Versagen der symbolischen Ordnung.

Im zweiten Kapitel wird der Raum des Sündenfalls abgesteckt. Vor dem Hintergrund harmloser Vergehen – Geschmacksverirrungen, weibliche Koketterie – tritt das Versagen des Vaters hervor. Joyce geht ausführlich darauf ein im Zusammenhang mit der Reise nach Cork, als Stephen mit ansehen muß, wie er selbst seines Besitzes enthoben wird. Doch über den sozialen Niedergang hinaus ist es das symbolische Versagen des Vaters, das hier greifbar wird. Der Vater gesteht es nichtsahnend selbst ein durch seine Erwähnung des eigenen Vaters und der mit ihm geteilten Sinnenlust. Simon Dedalus will diese Erfahrung mit dem Sohn wiederholen, aber das Lachen, welches diese Absichtserklärung abschließen soll, schlägt in Schluchzen um.

Das unfreiwillige Geständnis seiner Schwäche hat eine vernichtende Wirkung auf den Sohn. Wenige Augenblicke zuvor hat das in die Schulbänke geritzte Wort »Fötus« jene Monstrositäten heraufbeschworen, die neuerdings seinen Geist belasten. Die Buchstaben dieses Wortes und die Initialen S. D., in die sich Vater und Sohn teilen, »starrten ihn an [...] füllten ihn mit Abscheu gegen sich selbst wegen seiner schmutzigen und sinnlosen Ausschweifungen« (J., p. 130). Er kann dem Blick dieser Buchstaben und Wörter nicht standhalten, muß die Augen schließen. In dieser Verfassung hört er die Stimme des Vaters, die plötzlich wie

Schluchzen klingt. Wieder öffnet er die Augen, und alles um ihn schwankt, er schwankt selbst, stumm, unempfindlich, ohne jede Erinnerung, »über die Grenzen der Wirklichkeit hinweggerissen« (J., p. 132).

Wiederum nimmt er Zuflucht zu Namen, um dem völligen Verlust seines Selbst zu entgehen. Die erste Erinnerung, die mit dieser Kette von Namen zurückkehrt, ist die Episode in der Krankenstation zu Clongowes, als er von seinem Tod geträumt hatte. Er war aus dem Dasein geschieden, vergehend wie eine photographische Platte in der Sonne, verirrt im Universum.

Kann er der Sohn jenes Genießers sein, jenes »irischen Selbstmörders« (*Triester Notizbuch*, Penguin, p. 297)? Ein Abgrund liegt zwischen der »kalten und grausamen und lieblosen Lust« (J., p. 137), die ihn nicht losläßt, und der derben Sinnenlust von Simon Dedalus. Unfähig, den Verfall der Familie aufzuhalten, bleibt Stephen kein anderer Ausweg als sein eigener Sündenfall. Sein Vergehen, von dem in Cork inmitten des väterlichen Versagens die Rede ist, ist der von ihm gewählte Weg der Hinwendung zum Vater, eine erste Form der »père-version«.[4] In seinen heimlichen Orgien gefällt er sich darin, »mit wahrer Lust jedes Bild, das seine Blicke auf sich gezogen hatte«, zu beschmutzen. »Er wollte [...] ein anderes Wesen zwingen, mit ihm zu sündigen, wollte jauchzend mit ihm die Sünde genießen.« Dieses ungezügelte Verlangen bestimmt die Art seines Genusses, entlockt ihm einen Schrei, »und dieser Schrei war nur das Echo eines gemeinen Geschmiers, das er auf der tropfenden Wand eines Pissoirs gesehen hatte« (J., p. 141-143). Diese Wahnsinnsphase erreicht ihren Höhepunkt in Briefen, »die gemeinen, langen Briefe, die er in der Freude verbrecherischer Beichte schrieb und heimlich tagelang mit sich herumtrug, um sie dann endlich unter dem Schutze der Nacht in das Gras an der Ecke eines Feldes, unter eine zerfallene Tür oder in eine Nische in den Hecken zu werfen, wo vielleicht später ein Mädchen sie fand, wenn sie vorbeiging und sie heimlich las« (J., p. 168).

Sosehr auch der Gedanke an die Sünde die phantasmatischen Orgien Stephens begleitet, so ist die Erzählung seines Sündenfalles doch in keiner Weise eine Beichte. Keine Scham, keine Furcht, auch keine Reue ist in ihm. Und auch nicht der Wunsch, zu erklären oder zu rechtfertigen, »wußte er doch, daß seine Seele selbst ihre Zerstörung wild erstrebte« (J., p. 150). »Seine lieblose

Scheu vor Gott« vermag nicht die starke Seele zu erschüttern, die bereit ist zur Verdammnis.

Ein Zwischenfall in der Jesuitenschule in Belvedere hat einige Jahre zuvor zu einer Kraftprobe geführt zwischen der Hartnäckigkeit des jungen Stephen und den Repressalien seiner Kameraden. In einem Aufsatz hat der Junge geschrieben, die Seele sei gegenüber dem Schöpfer »ohne jede Möglichkeit, sich ihm je zu nähern« (J., p. 113 f.). Damit behauptete er eine Ursünde ohne Möglichkeit der Vergebung. Der Ketzerei bezichtigt und im Gefühl, entlarvt zu sein, berichtigt er sich: »Ich wollte sagen: ohne jede Möglichkeit, je zu erreichen.« Weit entfernt davon, eine ketzerische Position einzugestehen, unterwirft er sich – indem er einen Lapsus zugibt, einen Ausdrucksfehler. Als seine Kameraden ihn ultimativ auffordern, den größten Dichter zu nennen, sagt Stephen: Byron. Die anderen fesseln und prügeln ihn, um ihm das Geständnis zu entreißen, daß Byron ein unmoralischer Ketzer sei, daß er nichts tauge.

»Gib zu, daß Byron nicht gut war / Nein / Gib zu / Nein / Gib zu / Nein. Nein.« (J., p. 117).

Jener Augenblick, da er sich hartnäckig (pertinax) seinen angehenden Inquisitoren widersetzt, ist ein inauguraler Moment. Es kommt dabei zu einer wesentlichen Verbindung zwischen écriture und Sünde: Aufsatz und Ketzerei, Inzest und Poesie. In seinem späteren Schaffen verbindet Joyce die beiden Antworten des jungen Stephen: das unfreiwillige Geständnis der Sünde durch den Lapsus (lapsus calami), die spätere Verstocktheit (pertinacia) des Häretikers. Doch den Weg des bewußten Vergehens schlägt Joyce erst ein, nachdem er die Logik der Sakramentalbeichte bis zum Ende erkundet und sie dann verworfen hat. Das zentrale Kapitel des *Jugendbildnisses* beschäftigt sich mit dieser kirchlichen Lösung des Problems.

Bei oberflächlicher Lektüre kann der Eindruck entstehen, die Predigt über die vier letzten Dinge anläßlich der Andachtsübung zum Fest des Heiligen Franz Xaver sei wirksam genug, um Stephen zu Reue und Beichte zu bewegen. Die Art, wie der Prediger vom Jüngsten Gericht und von den Höllenqualen spricht, seine heisere, schließlich versagende Stimme, dies alles scheint Stephen nicht loszulassen. Zerstört ist seine Selbstsicherheit, aus schwacher Furcht wird seelischer Schrecken, seine Glieder versagen den Dienst.[5] Der Gedanke an die Beichte drängt sich ihm auf: »Kein Entrinnen! Er mußte beichten [...] – Vater, ich ...« (J., p. 184).[6] Die stolze Seele hatte sich unterworfen.

Und doch bedarf es noch der Halluzination spähender Augen, unheimlicher Stimmen, der Alptraumvision hartgewordener Exkremente, ehe sich sein körperlicher Widerstand konvulsiv löst. Er würgt den Gestank aus seiner Kehle. Nach dieser Reinigung vom Monströsen vermag er zu weinen über die verlorene Unschuld, kann er den Befehl »Beichte!« vernehmen und den Beichtstuhl betreten.

Joyce macht jedoch einige Andeutungen über die Logik des Geständnisses im Rahmen der Beichte; sie hat nichts zu tun mit der Pädagogik der Angst, die der Predigt zugrundeliegt, und so erscheint die gesamte Erzählung als eine Täuschung.

Stephen, der hochmütig an seiner Sünde festhält, versieht heuchlerisch sein Amt als Präfekt der Marienkongregation; doch das selbstgefällige Spiel mit dem Gedanken der unverzeihlichen Sünde bringt ihn wahrscheinlich dazu, sich mit der verirrten Seele zu identifizieren, an die sich der Prediger wendet. Und doch kommt ihm schon vor den Exerzitien das Verlangen, seine Unwürdigkeit öffentlich zu beichten und sein Amt aufzugeben. Ausgelöst wird dieses Verlangen durch ein seltsames Marienerlebnis. Stephens Sünde hat ihn der Jungfrau als Zuflucht aller Sünder nähergebracht. Dieser Drang hatte »seine Wurzel in dem einen Wunsch: ihr Ritter zu werden« (J., p. 152). Genauer: dieser Drang erscheint, »wenn ihre Namen leise ausgesprochen wurden von Lippen, auf denen noch die Spur unreiner, schändlicher Worte, der Duft eines unzüchtigen Kusses lag« (J., p. 152).

Die Sünde erscheint diesmal nicht voller Grauen und Schrecken wie nach der Predigt; in ihr liegt ein für Stephen rätselhafter Genuß. Die Sünde, welche ihn aus Gottes Angesicht entfernt, läßt ihn Zuflucht suchen bei jener, die weiß und tröstet. In diesem Augenblick ist Stephen ein Bild des Anderen, vervollständigt durch das Geständnis, durch eben das, was die Quelle des Schreckens in der Beichte ist. Diese Vervollständigung sucht Stephen in seinem Phantasma eines Mädchens, das insgeheim die gemeinen Einzelheiten seiner Ausschweifungen lesen würde, oder in dem wahnwitzigen Geständnis seines Verlangens, das er in *Stephen Hero* seiner Freundin macht. Die Verwirrung, die Tränen, die sein Geständnis hervorruft, sind für Stephen Zeichen einer fast vollzogenen Vereinigung. Ebenso ist das Zusammentreffen eines unzüchtigen Kusses mit dem geheiligten Namen Mariens eine Art Geständnis, genußvoller Vollzug einer unmöglichen Vereinigung mit der Frau (La femme), welcher diese Begegnung zur Existenz verhelfen möchte.[7]

Indem er sich zwischen ihn und die Jungfrau stellt, so wie er sich in *Stephen Hero* oder in *Jugendbildnis* häufig zwischen ihn und seine Mutter gestellt hat, läßt der Priester, der die Exerzitien ankündigt, Stephens Herz erschlaffen. Pater Arnall, den wir schon aus Clongowes kennen, predigt während der Andachts-übung. Wieder tauchen bedeutsame Bilder auf: die Krankensta-tion, in der er von einem befreienden Tod geträumt hat, der Latrinengraben, seine Identifizierung mit Parnell, dem verlorenen Sünder, das Gebot der Mutter. Die Logik des Geständnisses schlägt um in die der Sakramentalbeichte. Von nun an existiert der große Andere, bei dem alle Wahrheit ist und der über den Tod herrscht.

Stephens Beichte ist von ganz anderer Art als die seiner kriminel-len Phantasmen, anders auch als jene, bei der er seine unkeuschen Lippen mit dem Namen der Jungfrau vereinigte: das Geständnis wendet sich nicht mehr an die Frau, vielmehr an den Vater.

Seine Beichte ist ein Akt der Unterwerfung; durch das Einge-ständnis der Sünde erkennt sie die Kirche und ihre Macht an (the power of the keys). Es wird dabei eine erstaunliche Parallele deutlich zwischen dem methodischen Sündenbekenntnis und dem Lehensbekenntnis, in welchem der Vasall die vom Lehens-herrn empfangenen Lehen aufzählte und beschrieb. Nichts ent-zieht sich einem solchen Bekenntnis. »Seine Sünden troffen ihm von den Lippen, eine nach der andern [...] Dann war er fertig. Erschöpft senkte er den Kopf« (J., p. 210/1). Nichts entzieht sich ... außer vielleicht jenes andere Geständnis, das sich bei der verwirrenden Begegnung andeutet.

Durch sein Sakramentalgeständnis huldigt Stephen der bestehen-den Ordnung, die ihm in Clongowes eine Stütze gewesen war. Doch wir haben bereits gesehen, wie zerbrechlich diese Ordnung ist, an welcher der Zweifel nagt: was wäre, wenn Pater Arnall selbst sündigte? Und wenn der Vater schwach würde? Stephen braucht die zwanghafte Ritualisierung des Tagesablaufes durch Andachten und Kasteiungen, damit der Triumph seines aufzäh-lenden Sündenbekenntnisses erhalten bleibt.

Er scheint auf dem Höhepunkt der Unterwerfung – da wird in
zunächst unauffälliger, dann radikaler Weise das Geständnis in
sein Gegenteil verkehrt. Das Gefühl, »im Besitz einer ungeheuren
Macht« zu sein, fällt dem Zweifel anheim, und er sieht ein: »Ein
nie zur Ruhe kommendes Gefühl der Schuld würde ihn immer
beherrschen« (J., p. 224 f.).[8] Doch die schwache Stelle, die alles
einstürzen läßt, die den von ihm geschaffenen großen Anderen
erschüttert, sie findet sich bei einem Mitmenschen, einem Vater.
Als der Direktor ihn rufen läßt, um ihn zu fragen, ob er eine
innere Berufung fühle, da erkennt Stephen mit sicherem Gespür
aus dem Tonfall seiner Stimme, daß er seine Gedanken ergründen
möchte. Aufmerksam registriert er, daß es in der Stimme des
Priesters wie Stolz klingt, als er von der »Macht der Schlüssel« (J.,
p. 232) spricht. Er bietet ihm »geheimes Wissen und geheime
Macht« (p. 234); ähnlich hatte Stephen von Berufung geträumt in
dem Gedanken, er werde von Frauen und Mädchen das Geständnis unkeuscher Gedanken und Handlungen empfangen ...[9]
Wiederum erscheinen die Bilder aus Clongowes, welche die
Identifizierung mit dem Priester und dem Vater in ihrer Lust
stören. Sie rufen einen »feindlichen und schlauen Instinkt« in ihm
wach, und dieser »wappnete ihn gegen jegliche Zustimmung« (J.,
p. 236 f.). Halluzinativ sieht er das Gesicht eines Priesters, hört
einen Namen: »Ehrwürden Stephen Dedalus, S. J.«. Der stolze
Tonfall des Priesters ist nur noch das sündige Medium inhaltslo-
ser und formelhafter Rede. Er hat seine Entscheidung getroffen
und wird sich ihr nicht länger entziehen. »Sein Schicksal war es,
soziale oder religiöse Orden zu meiden« (J., p. 238), auch wenn er
dabei irren und zu Fall kommen muß: »Er würde fallen«
(p. 238).
Die Vorahnung dieses Falles läßt ihn die Heilige Jungfrau in
blaßblauem Schrein sehen, gleich einem Vogel auf einer Stange.
Stephen lächelt bei dem Gedanken, daß die Unordnung im Hause
seines Vaters in seiner Seele den Sieg davongetragen habe. Der
trostlose und ergreifende Anblick seiner sich selbst überlassenen
jüngeren Brüder und Schwestern bestärkt ihn in seiner Entscheidung. Indem er sich für den Vater und dessen Versagen entscheidet, entscheidet er sich zugleich für das Fortwirken dieses Vergehens in unzähligen Generationen von Kindern. Jedem Gedanken
an eine Erlösung zum Trotz, als folgerichtige Fortsetzung seines
ersten Schulaufsatzes in Belvedere.

Es ist also das im Tonfall des Priesters enthaltene unfreiwillige Geständnis einer Sinnenlust, wodurch Stephen zur radikalen Umkehrung seines Geständnisses geführt wird. Diese Sinnenlust wird von Joyce immer wieder angeprangert, ebenso wie das heimliche Einverständnis der Frauen mit ihrer Unterwerfung durch die Kirche. Doch hier geht es um mehr. Durch das unfreiwillige Geständnis der Sinnenlust wird der große Andere entthront, der Herr über Wahrheit und Tod, denn es wird ein Fehler an ihm bloßgelegt, ein Fehler, den das Geständnis auszugleichen sucht. Dies bedeutet eine strukturelle Änderung des Geständnisses, dessen Natur sich mit seiner Bestimmung ändert.

Stephen lehnt bei dem Priester eben jene Sinnenlust ab, die ihn selbst der Heiligen Jungfrau nähergebracht und ihm dadurch das Verlangen nach Reue und Geständnis gegeben hat. Was Joyce hier vorwegnimmt, ist die Erkenntnis, daß das unterschiedliche Verhältnis zum Vergehen bei Frau und Priester auch zwei unterschiedliche Geständnistypen bedingt.

Das Vergehen des Priesters wie das des Vaters bedeutet Versagen gegenüber der symbolischen Ordnung. Beide Vergehen werden entdeckt in einem Merkmal der Stimme, welche Träger des Signifiant ist.

Das Vergehen der Frau zeigt ihr besonderes Verhältnis zum Wirklichen, ihr partielles doch essentielles Ausweichen gegenüber dem Symbolischen. Ihr gegenüber, die ihrem Wesen nach sündig und verdorben ist, vom Ideal ausgeschlossen, ist das Geständnis möglich – nicht als Unterwerfung, sondern als Bedingung der Vereinigung. Genauer: die Vereinigung mit der Frau wird möglich durch das gegenseitige Geständnis. Dies wird in die Tat umgesetzt durch die Geständnisse von Joyce und Nora in einem Augenblick dramatischer Verwirrung; ihre Geständnisse überschreiten die Grenze des Unsagbaren.

Am Ende des Buches schickt sich Stephen zu jenem Akt an, der sein Leben bestimmen wird. Einem Freund, den er gewissermaßen in der Rolle des sündigen Priesters sieht, bekennt er nicht ein Vergehen, sondern eine Entscheidung: er wird nicht dienen, er wird sich verweigern. Damit wählt er eine ketzerische Position; er ist bestimmt durch die Entscheidung für das Vergehen, für den Vater, für die Frauen, an deren Seite er sich stellt. Er entscheidet sich dafür, das Vergehen zu sagen, es zu schreiben.

Nach dem *Jugendbildnis* verwirklicht Joyce in seiner écriture diese besondere Modalität des Geständnisses, nämlich sein Phantasma, als Schreibender zugleich Beichtender *und* Beichtvater zu sein. Vor allem aber wird jetzt systematisch die Mangelhaftigkeit, das Scheitern, die Sinnlosigkeit des Symbolischen erkundet. Sofern das Vergehen des Vaters in seinem Versagen gegenüber dem Symbolischen besteht, jenem Versagen, welches Joyce an den Rand des Wahnsinns bringt, so hat er keine andere Wahl, als sich für diesen versagenden Vater, für die Mangelhaftigkeit des Symbolischen zu entscheiden.

Gegenüber dem großen Anderen verweigert Joyce jede Position und jedes Bekenntnis; er verharrt in »Schweigen, Verbannung, List« (J., p. 363); er bekennt sich zu nichts als dem Scheitern des Symbolischen, hat keine andere Wahl, als dieses Vergehen durch das Vergehen selbst auszudrücken.

Das Vergehen in seinen verschiedenen Erscheinungsformen ist der Stoff von *Ulysses*: der dämonische Stolz Stephens, Ehebruch, Inzest, Selbstmord, Perversionen ... Noch offenkundiger ist *Finnegans Wake*, die Schilderung des Alptraums (der Geschichte) nach dem Sündenfall Finns, beginnend mit dem Vergehen von Vater H. C. E. Allein die écriture des Sohnes kann dieses Vergehen, diesen Fehler enthüllen, denn sie ist in besonderer Weise fehlerhaft; in jedem Wort triumphiert der Lapsus (lapsus calami).

So vollendet sich das Schicksal Stephens, das in Clongowes und in Belvedere begann. Sein Vater hat ihm eingeschärft, er solle niemals ein fremdes Vergehen anzeigen, doch *ein* Vergehen läßt sich nicht bemänteln, eben das des Vaters. Auf die Gefahr hin, daß die Adler ihm die Augen aushacken. Er hat geschrieben, die Seele könne sich ihrem Schöpfer nicht nähern, hat damit seine wahre Überzeugung in einem Lapsus bekannt. Das unfreiwillige Geständnis einer Wahrheit, eben der des Ketzers, versteckt sich hinter dem freiwilligen Geständnis eines Vergehens, eines Lapsus.

So kommt Joyce jener rätselhaften Ordnung nahe, in der sich Vergehen und Wahrheit verbinden. Für den Psychoanalytiker ist hier die geistige Nachbarschaft zwischen Joyce und Freud offenkundig, der sich der Wahrheit vom Symptom her nähert, aber auch vom Traum, vom Lapsus, vom Witz her. Wenn sich »mit Hilfe des Vergehens das Unbewußte und das Wirkliche miteinander verbinden«[10], dann kann die Psychoanalyse von Shem lernen, dem vorgeworfen wird, er sei »ein Sucher nach dem Nest des Bösen im Busen eines guten Wortes« (Finnegans Wake, p. 189).

Übersetzt von Michael Herrmann

Anmerkungen

1 Jacques Lacan, »Joyce le symptôme«, in: *Joyce avec Lacan*, Paris, Editions Navarin (erscheint demnächst).

2 Jacques Lacan, »Le Séminaire, Le Sinthome«, in: *Ornicar?* 6-11, Paris.

3 James Joyce, *A Portrait of The Artist as a Young Man*, text, criticism and notes, edited by Chester G. Anderson, »The Viking Critical Library«, New York, Penguin Books, 1985. Die Zitate entstammen der deutschen Übersetzung von Georg Goyert: J. Joyce, *Jugendbildnis*, Basel/Zürich/Leipzig/Paris/Straßburg (o.J.) (= J.)

4 So die Schreibweise Lacans, die zeigen soll, daß etwas von Hinwendung zum Vater (»version«) enthalten ist in der gewählten Perversion.

5 »Seine Knie wankten und die Haut seines Kopfes zitterte [...] Er war tot. Ja. Er war gerichtet. Eine Feuerwoge fegte durch seinen Körper [...] Ein Flammenkranz brach hervor aus dem Schädel, schrie wie mit Menschenstimme« (J., p. 181 f.).

6 »Dieser Gedanke drang ihm ins zarte Fleisch wie ein kalter, blinkender Degen: Beichte« (J., p. 184).

7 Diese Schreibweise Lacans läßt sich lesen als: »Die Frau existiert nicht.«

8 »Er würde beichten und bereuen und Absolution erhalten, wieder beichten und wieder bereuen und wieder absolviert werden, und doch war alles umsonst« (J., p. 225). Mit dieser Unmöglichkeit wird offensichtlich das Thema des ketzerischen Schulaufsatzes in Belvedere aufgegriffen.

9 »Er würde die Sünde anderer kennenlernen, ihre sündigen Wünsche, sündigen Gedanken und sündigen Taten« (J., p. 234).

10 Jacques Lacan, »Le Séminaire, Le Sinthome«, in: *Ornicar?* 11, S. 9.

David Armstrong
Sagen und Hören:
Das Problem der Sicht
des Patienten

Ein Arzt fragt einen Patienten: »Erzählen Sie mir, was ist Ihr Symptom?« Man geht davon aus, die Wörter und Begriffe seien verständlich. Sonst könnte der Patient antworten: »Ich verstehe nicht« oder »Was meinen Sie mit Symptom?« und der Arzt könnte sich mit anderen Worten verständlich machen. Andererseits könnte ein Patient denken, er wisse, was gemeint ist, und z. B. die Beanspruchung durch seine Arbeit erörtern. Er könnte durch den Arzt verbessert werden: »Mit Symptom meine ich das Körpergefühl.« Schließlich würde der Patient, wie es der Arzt im Sinn hatte, vermittels Symptomen antworten, welche die Medizin zu hören wünscht.

In diesem Sinne existieren die Worte des Patienten in einem Begriffsraum, den der untersuchende Arzt definiert hat. Wenn der Patient abschweift und abgleitet, indem er Äußerungen außerhalb des Begriffsfeldes, das die Medizin errichtet hat, macht, dann kann entweder der Begriffsraum, in welchem die Worte des Patienten analysiert werden, noch einmal festgelegt werden (vielleicht ist der Patient psychisch gestört, vielleicht taub, vielleicht versteht er die Sprache nicht), oder die Worte können dadurch übergangen oder zurückgewiesen werden, daß noch einmal die Grenze akzeptabler Antworten näher bestimmt wird: »Was ich unter einem Symptom verstehe, ist . . .« Deshalb wird das, was die Medizin den Patienten sagen hört, nicht durch den Inhalt der Rede des Patienten, sondern durch das veränderliche Wahrnehmungsfeld, das zur Erfassung der Kommunikation des Patienten entwickelt worden ist, strukturiert.

Nicht, was der Patient sagt, sondern, was der Arzt hört, errichtet die Realität (und Genauigkeit) der Sicht des Patienten.

Der klinische Blick

In seinem grundlegenden Werk, »Die Geburt der Klinik«, identifizierte Foucault eine größere Veränderung der medizinischen Wahrnehmung, welche sich am Ende des 18. Jahrhunderts ereignete.[1] Die frühere medizinische Wahrnehmung (bzw. der medizinische Blick) hatte sich auf die zweidimensionalen Bereiche der Gewebe und Symptome gerichtet. In seiner neuen Form mußte der Blick das dreidimensionale Volumen des menschlichen Körpers erfassen, weil man davon ausging, daß die Krankheit eine besondere anatomische Lage hätte.

Zu diesem Zeitpunkt wurden die jetzt vertrauten Techniken der klinischen Untersuchung fest in die medizinische Praxis verankert. Der Kliniker mußte den Inhalt des Körpers durch Hören, Berühren und Sehen erfassen, um die krankhafte Veränderung zu lokalisieren und zu identifizieren. Symptome – darunter wurde verstanden, was der Patient sagte – konnten einen Hinweis darauf geben, welches Organ oder System einbezogen sein könnte. Sie waren aber nur von einleitender Bedeutung; die Hauptaufgabe der Medizin wurde nicht die Aufhellung dessen, was der Patient sagte, sondern, was der Arzt sah oder aus den Unergründlichkeiten des Körpers mittels »des Zeichens« schloß.

Die Lehrbücher, die im frühen 20. Jahrhundert veröffentlicht wurden, gaben den Einfluß der Zeichen bei der medizinischen Diagnose wieder. Stevens *Medical Diagnosis* (1910) beschäftigte sich nur auf drei von 1500 Seiten mit der »Befragung des Patienten«[2]; Cabots *Physical Diagnosis*, von der ersten Auflage 1905 bis zur zwölften 1938, verzichtete sogar auf eine symbolische Feststellung bezüglich der Befragung des Patienten und konzentrierte sich ganz auf die körperliche Untersuchung.[3]

In den verschiedenen Texten, die Ratschläge im Hinblick auf die Befragung des Patienten anboten, war die äußere Aufmachung fast identisch. Das Alter, das Geschlecht, der Beruf, die Adresse und der eheliche Status des Patienten wurden zur Kenntnis genommen, bevor nach der Hauptbeschwerde und ihrer Dauer gefragt wurde. Fragen über die vorhergehende Krankengeschichte des Patienten, die familiäre Krankengeschichte und die sogenannte »persönliche Fall-Geschichte«, welche sich meist auf die Gesundheitsrisiken der beruflichen Tätigkeit und der »Gewohnheiten« wie den Gebrauch von Tee, von Alkohol und Tabak beschränkte, schlossen sich an. Es wird deutlich, daß der Patient – verstanden als eine »ganze Person«[4] – beim Ratschlag, wie die klinische Praxis durchzuführen sei, nicht berücksichtigt wurde. Allerdings war es unmöglich, da der Körper des Patienten als übereinstimmend mit dem Raum der Krankheit angesehen wurde, sich den Patienten und die krankhafte Veränderung als voneinander getrennt vorzustellen. Im wesentlichen wurde die Identität des Patienten, weil die krankhafte Veränderung sich nicht mit Worten mitteilen konnte, durch die Fähigkeit für die sonst stumme Pathologie zum Sprechen gebracht. Die krankhafte Veränderung sprach mittels des Patienten, wenn sie auch ihr Geheimnis letztlich nur in der physischen Untersuchung preisgab. Es war keine einfache Aufgabe, die krankhafte Veränderung mittels des Patienten zum Sprechen zu bringen. In der Tat wies Keith in seinem *Clinical case-taking* (1918), während er ein Schema für die Fallaufnahme anbot, darauf hin, daß es außerordentlich schwierig sei, die Kunst der Fragemethode in Worte zu fassen.[5] Vielleicht der verbreitetste Ratschlag war, daß man dem Patienten erlauben sollte, seine Geschichte in seinen eigenen Worten zu erzählen. Diese Worte wurden verlangt, weil sie vielleicht in der reinsten Form die Kommunikation der krankhaften Veränderung selbst ausdrückten. Die »eigenen Worte« des Patienten waren jedoch nicht notwendig frei von einer durch den Lebenslauf bedingten Verzerrung. Horder und Gow stellten z. B. fest: »Dies bedeutet nicht, daß der Beobachter Worte oder Sätze, die bedeutungslos oder fragwürdig sind, niederschreiben soll.«[6]

Der Patient als eine idiosynkratische Person fehlte nicht völlig in diesem Dialog zwischen dem Arzt und der Krankheit. Der Arzt konnte bei den Patienten verschiedene Fähigkeiten, die Wahrheit der krankhaften Veränderung zu verkünden, ausmachen. Zum Beispiel bemerkte Bourne 1931: »Der Mensch ist ein Aufzeichnungsinstrument von wechselhafter und veränderlicher Kraft.«[7] Deshalb mußte der Arzt die Kompetenz des Patienten feststellen, für die Pathologie sprechen zu können. »Während der Patient seine Beschwerde beschreibt«, erklärten Gibson und Collier, »wird seine Geistesverfassung deutlicher hervortreten, ob er intelligent oder dumm ist, ob er genau ist oder zur Übertreibung neigt, ob sein Gedächtnis gut ist oder ob es Anzeichen für geistigen Irrsinn gibt.«[8]

Zu Beginn dieses Jahrhunderts machte die Sicht des Patienten im wesentlichen die unstrukturierte Beschreibung der Krankheit aus. Die Befragung beschäftigte sich mit »den Besonderheiten und der ›Lebensgeschichte‹ des Symptoms ... Das Ideal, nach dem gestrebt wird, ist ein klares Bild von dem Symptom zu bekommen, so daß es sich deutlich abhebt, als ob es eine Individualität hätte«.[9] Jenseits der Krankheit existierte der Patient nur als ein guter, schlechter oder gleichgültiger »Historiker«.

Ein unvollständiger Patient

In der zwölften Auflage seiner *Physical Diagnosis*, 1938 veröffentlicht, machte Cabot zwei Erweiterungen: Er führte ein neues erstes Kapitel über die Aufnahme der Krankengeschichte (»ein Thema, das zu oft in Büchern über Diagnose weggelassen wurde«) ein, was es vorher nicht gab, und sein Kapitel über die Untersuchung der Krankheiten des Nervensystems enthielt zum ersten Mal eine zweiseitige Diskussion der Neurosen und Psychosen.[10] Ähnlich fügte die achte Auflage von Elmer und Roses *Physical Diagnosis* (überarbeitet von Walker) von 1940 im Vergleich zur Auflage von 1938 ein Kapitel über die Fallaufnahme hinzu und einige Seiten, die sich mit der psychiatrischen Untersuchung beschäftigen.[11]

Es hatte einen Hinweis in Bournes *An introduction to medical history and case-taking* (1931) gegeben, daß die Krankengeschichte ihre Lage auf der kognitiven Landkarte der Medizin zu wechseln begann.[12] Er bemerkte z. B., daß »die Aufnahme der Krankengeschichte in in anderer Hinsicht ausführlichen Büchern über die physische Untersuchung unzureichende Aufmerksamkeit erfährt«. Außerdem bot er eine Diskussion der verhältnismäßigen Wichtigkeit der Krankengeschichte und der physischen Untersuchung und folgerte, daß ihre Bedeutung für die Diagnose und die Prognose bei verschiedenen Krankheiten erheblich variiert. Obwohl sein Rat zur Aufnahme der Krankengeschichte bekannten Wegen folgte, stellte sein Versuch, die Krankengeschichte und die Untersuchung auf eine Stufe zu stellen, eine wesentliche Herausforderung der herkömmlichen kognitiven Regelung der Medizin dar. Diese Herausforderung wurde von Noble Chamberlains Text von 1938 unterstützt, welcher bemerkte, daß »strukturelle Veränderungen ohne funktionale Störung und vice-versa existieren können«. Mit anderen Worten, die krankhafte Veränderung könnte durch das Zeichen unbezeichnet bleiben, so daß die Worte des Patienten nicht nur von einleitender Bedeutung seien, sondern ein primärer Zugangsweg zur krankhaften Veränderung – deshalb diese Feststellung über »die Wichtigkeit der Aufnahme der Krankengeschichte«.[13]

Während Horder und Gow 1928 »hauptsächlich ... dem gut erprobten Grundsatz gefolgt waren, sich Mühe zu geben, zuerst die Lage einer krankhaften Veränderung und dann ihre mutmaßliche Natur festzustellen«[14], schlug etwa zehn Jahre später Noble Chamberlain vor, daß der Arzt zum Schluß der Krankengeschichte »nicht nur eine Vorstellung von den Symptomen, die der Patient aufweist, sondern von der Art und Weise, in welcher diese sich entwickelten, und von der Art des Persönlichkeits- und Familienhintergrunds, mit welchen sie unlöslich verbunden sind«, haben sollte. »Zu oft wird uns zu Recht vorgeworfen, die Krankheit eher als den Patienten zu studieren.«[15]

Diese neue Analyse der Krankheit und ihrer Indikatoren war durch eine Neufestlegung sowohl der Sicht des Patienten als auch der Bedeutung der psychiatrischen Krankheit gekennzeichnet. 1940 hatten Elmer und Rose ihre Liste der Patientenfragen dadurch erweitert, daß sie genauere Einzelheiten über die alte »persönliche Fallgeschichte« angaben.[16] In dem neuen Schema wurde die persönliche Fallgeschichte – welche mehr mit der materiellen Umgebung und den Gewohnheiten des Patienten zu tun gehabt hatte – durch eine Ehegeschichte (»häusliche Beziehung, ob glücklich oder unglücklich, verträglich oder nicht zusammenpassend und die Gründe für gespannte Beziehungen, falls sie vorhanden sind«), eine berufliche Geschichte und eine soziale Geschichte, welche nach solchen persönlichen Erfahrungen wie Ängsten, Einstellungen und Enttäuschungen fragte, ersetzt.

Ähnlich erweiterte die zwölfte Auflage von Hutchinsons *Clinical Methods* (1949) die Befragung des Patienten.[17] Die persönliche Fallgeschichte des Patienten wurde durch eine soziale Geschichte ersetzt, »welche die geistigen Einstellungen des Patienten zu seinem Leben und zu seiner Arbeit beinhaltet ... Man sollte sich bemühen, sich ein Bild vom Leben seiner Patienten zu machen, daran teilzunehmen und nach und nach die täglichen Gewohnheiten in Augenschein zu nehmen ... Gelegentlich sollte man die geschäftlichen Angelegenheiten eines Patienten untersuchen, seinen Ehrgeiz, seine Ängste und Streitigkeiten … seine privaten Beziehungen, seine psychologische Verfassung, seine Interessen, seine Hobbies, seine Hoffnungen, seine Befürchtungen …«

Das zweite Element in der Reorganisation der Sicht des Patienten waren die Veränderungen, die sich im Feld der psychologischen Medizin ereigneten. Während der 20er und 30er Jahre dieses Jahrhunderts war der medizinische Blick auf den »Geist von jedem« gerichtet worden.[18] Im 19. Jahrhundert, als die Bedeutung der Rationalität zunehmend betont wurde, beschäftigte sich die Psychiatrie mit jenen Patienten, wenige an der Zahl, die geisteskrank waren. Im Laufe des 20. Jahrhunderts wurde das »coping« zum Hauptproblem geistiger Gesundheit, und die Medizin hatte das allgemein verbreitete Überhandnehmen der neurotischen Störungen – besonders der Angst und der Depression – entdeckt. Während der 30er Jahre dieses Jahrhunderts waren sich viele Ärzte der Allgegenwart der Neurosen und der Notwendigkeit einer allgemeinen geistigen Hygiene bewußt. Folglich begannen die Patientenängste und -persönlichkeiten zusammen mit Vorstellungen von der psychosomatischen Einheit wichtige Bestandteile von vielen klinischen Praktiken zu werden. Diese Interessen ließen sich in der allmählichen Aufnahme in Handbücher über klinische Methoden der grundlegenden Abschnitte bei der psychiatrischen Untersuchung ablesen.

Um ungefähr 1950 schien der tradierte medizinische Blick in einem Übergangszustand zu sein. Ein wichtiger Bestandteil der Krankheit war noch innerhalb des menschlichen Körpers vorhanden, und dieser verlangte wie einst eine Befragung des Patienten. Aber es gab nun einen zweiten Ansatzpunkt für die medizinische Wahrnehmung, die einen Teil der Krankheit als in den wechselnden sozialen Räumen zwischen den Körpern existierend auswies, und die klinische Methode erforderte Techniken zur Darstellung und Überwachung dieses Raumes. Die Sicht des Patienten war nicht länger ein stellvertretender Blick auf die schweigende Pathologie innerhalb des Körpers, sondern die fest umrissene Technik, mit deren Hilfe der neue Krankheitsraum errichtet werden konnte: die Krankheit wurde vom Sichtbaren ins Hörbare verwandelt.

Die Sicht des Patienten war in diesem Sinne weder ein unverletzliches Inneres der Patientenidentität noch eine Entdeckung oder das Produkt humanistischer Aufklärung. Sie war eine seitens der

Medizin erforderlich gewordene Technik, um die dunklen Räume des Geistes und der sozialen Beziehungen zu erhellen. Während die krankhafte Veränderung, wenn sie gegeben war, vor einem neutralen Feld auftrat, ließen sich die Krankheiten sozialer Milieus nicht ohne die Berücksichtigung der Patientensicht entdekken.

Soziale Rahmen

1954 veröffentlichte Earl Koos ein Buch mit dem Titel *The Health of Regionsville: what the people thought and did about it*, das angepriesen wurde als »die erste systematische Erklärung dessen, was die Einwohner denken und warum sie sich bezüglich der Gesundheit so verhalten, wie sie es tun«.[19] Die meisten der Regionsville-Interviews beschäftigen sich mit der Inanspruchnahme von Diensten, und der Untertitel des Buches, »what the people thought and did about it«, übertreibt vielleicht das Ausmaß, in dem die Gedanken der Einwohner ans Licht gebracht wurden. Trotzdem markierte die Analyse von »what the people thought« den Beginn eines anwachsenden Interesses der Sozialwissenschaften an der Sicht des Patienten während der nachfolgenden Jahrzehnte, das fast genau der Zunahme der Forderung nach einer »umfangreichen Krankengeschichte« in der Medizin gleichkam. Ob die Medizin oder die Humanwissenschaften den Vorrang bei dieser neuen »Entdeckung« der Sicht des Patienten hatten, ist unwichtig. Die Tatsache, daß die Untersuchung der Sicht des Patienten parallel von zwei oder mehr verschiedenen Disziplinen betrieben wurde, zeigt einfach die Irrelevanz der traditionellen Disziplingrenzen für Wahrnehmungsstrukturen. Nach dem Zweiten Weltkrieg war der »medizinische Blick« nicht mehr allein auf einen analytischen Rahmen begrenzt, der beinahe ausschließlich von der Medizin angewandt wurde, sondern er umfaßte eine Reihe von Disziplinen, darunter viele neue. Mittels eines umfassenden medizinischen Versorgungseinsatzes versuchten das medizinische Versorgungsteam und die sozialmedizinische Forschung, eine neue Konfiguration von Krankheit und Leiden mit einer Vielfalt verfeinerter Techniken zu analysieren.
Unter dem Einfluß der alten Wahrnehmungsstruktur war die Krankheit an einem bestimmten Punkt innerhalb des Körpers

eines einzelnen Patienten lokalisiert worden. In dem neuen System wurde die Krankheit der Lücke zwischen den Körpern, den Zwischenräumen des Sozialen, dem Raum, der als die Gemeinschaft bekannt werden sollte, zugeordnet. Der erweiterte medizinische Blick erforderte deshalb die Erfassung dieses sozialen Raumes, genau wie vor mehr als einem Jahrhundert der medizinische Blick die dreidimensionalen Tiefen des menschlichen Körpers mittels der Techniken der physischen Untersuchung erfaßt hatte, um die krankhafte Veränderung ausfindig zu machen. Die Technologie zur Durchführung dieser Überwachung war die sozialmedizinische Begutachtung.

Die Begutachtung legte die Identität des Patienten neu fest. Unter dem alten System war der Patient nicht mehr und nicht weniger als der Körper, welcher die krankhafte Veränderung einschloß. Die Begutachtung andererseits erfaßte jeden und stellte fest, daß beinahe alle »physischen« Symptome (oder doch die meisten) geistig bedingt waren.[20] Die Begutachtung machte die alte Unterscheidung zwischen kranken und gesunden Körpern dadurch zunichte, daß eine neue Form der Patientenschaft hervorgebracht wurde, nämlich die »Risikoperson« (außerdem ein entsprechender Diskurs über die Medizinalisierung, welcher eine kritische Analyse dieses Prozesses unternahm[21]). Von den frühen 60er Jahren an kristallisierte sich die Sicht des Patienten durch die Begutachtung als eine berechtigte Stimme in der Konzeptualisierung von Gesundheit und Krankheit heraus.[22] Während vorher die Krankheit im festen dreidimensionalen Raum des menschlichen Körpers lokalisiert worden war, begann man in den Nachkriegsjahren, sie in einem multidimensionalen Begriffsraum neu festzulegen, dessen Achsen die psychosozialen Determinanten der Einstellungen, Meinungen und des Verhaltens waren und die nur durch eine ständige Aufdeckung der Sicht des Patienten überwacht werden konnten.

Wenn die Krankheit in steigendem Maße innerhalb eines sozialen Raumes lokalisiert wurde, paßte sie zur Zunahme der psychosozialen Verursachungsmodelle. Die soziale Klasse wurde als eine Hauptdeterminante für schlechte Gesundheit und für Patientenverhalten angesehen. Der Streß wurde von den 50er Jahren an trotz des Mangels an empirischen Belegen die größte Hoffnung eines sozio-medizinischen Blicks (wie das »Gegenmittel« der sozialen Unterstützung).[23] Und nicht nur psychosoziale Faktoren spielten eine direkte ätiologische Rolle. Vielmehr kam man seit den frühen 60er Jahren aufgrund eines Diskurses über Etikettierung und Stigma zu der Ansicht, daß der Krankheitszustand bisweilen ohne physische Vermittlung eintritt.[24]

Die seit den 50er Jahren betriebene »open door«-Politik in psychiatrischen Anstalten markierte das symbolische Ende der Segregation des Wahnsinnigen und ihr endgültiges Verschwinden. Diese Entwicklung muß vor dem Hintergrund einer zunehmenden Verbreitung des Problems der Neurosen gesehen werden. Beim Wahnsinn waren die Worte des Patienten bedeutungslos; bei den Neurosen waren sie wichtig für die neuen Nachkriegsbeschäftigungen mit »coping« und »Anpassung«. Die psychiatrische Untersuchung in klinischen Methodentexten der Zwischenkriegsjahre war nur eine Ausdehnung der neurologischen Untersuchung. In Chamberlains Text von 1967 fand sich dann das formale Schema für die Aufnahme der Krankengeschichte und der klinischen Untersuchung für alle Patienten. Es enthielt einen Abschnitt über die Aufnahme der psychiatrischen Krankengeschichte.

Eine neue Landkarte

Vielleicht einer der erfolgreichsten Versuche mit einer neuen biographisch orientierten Medizin war jener von Balint in der Mitte der 50er Jahre.[25] Er rekonstruierte das Feld der Medizin mit dem Nachweis, daß die traditionelle Suche nach einer lokalisierten krankhaften Veränderung nur ein Teil – und oft nur ein kleiner Teil – der klinischen Praxis ist. Die Funktion des Arztes, schlug er vor, sollte darin bestehen, die unorganisierte Krankheit zu organisieren: der Arzt müßte die Probleme, Symptome und Ängste des Patienten neu organisieren, um sie zu begreifen. Dies könnte erfordern, daß die Symptome mit den krankhaften Veränderungen in der klassischen Triangulationsmethode verbunden werden, aber es könnte auch die Konstruktion eines dichten Netzes von gegenseitigen Verbindungen zwischen Gefühlen, Symptomen und sozialem Kontext erforderlich machen, um so die krankhafte Veränderung auf einen einzigen Knotenpunkt innerhalb eines Netzwerkes von abstrakteren Beziehungen zurückzuführen.

Dieser neue theoretische Kontext räumte der Sicht des Patienten bei der Befragung einen höheren Stellenwert ein. In den Zwischenkriegsjahren wurde die Sicht des Patienten zu allem, was nicht direkt auf die krankhafte Veränderung bezogen war, ausgeschlossen, einschließlich der möglichen Diagnose. Dreißig Jahre später hatte sich das geändert. »Geduld ist erforderlich«, gab Noble Chamberlain 1967 zu bedenken, »wenn der Patient versucht, seine eigene Diagnose zu stellen. Dies kann irritierend, muß aber nicht unvernünftig sein, weil es von einem natürlichen Bedürfnis, eine Ursache für die Krankheit zu finden, herrührt, welche in Zukunft vielleicht vermieden werden kann …«[26] Ein weiteres Jahrzehnt später wurde bereits mehr als Duldsamkeit gefordert, denn es war naheliegend, worauf Kleinman und seine Kollegen hinwiesen, daß nämlich die Ansichten der Patienten – welche zusammenhängend genug waren, um Laientheorien zu bilden – ein wertvolles diagnostisches und therapeutisches Werkzeug sein konnten.[27] Weitere Forschungen in den frühen 8oer Jahren über die »Laientheorien« des Patienten unterstrichen deren Bedeutung für einen durchdringenden medizinischen Blick. Die Sicht des Patienten wurde nicht mehr als bedeutungslos angesehen, sondern in den Status einer Theorie erhoben[28], die in der Befragung Gestalt annimmt. In den Nachkriegsjahren hatte sich der weniger anspruchsvolle Ausdruck der Aufnahme der Krankengeschichte (»history-taking«) eingebürgert, während in vielen neuen Texten der noch stärker säkularisierte Ausdruck »medizinische Befragung« (»medical interview«) üblich geworden ist. »Kliniker betrachten wahrscheinlich den Ausdruck »medizinische Befragung« als synonym mit »Aufnahme der Krankengeschichte«, schrieben Enelow und Swisher 1972. »Die medizinische Befragung ist aber viel umfassender als diese.«[29]

Der medizinische Blick hatte sich mit einem neuen Problem zu befassen: der Sicht des Patienten selbst. Die Worte des Patienten erhielten deshalb einen stärkeren Eigenwert, und die Gefahren von leitenden Fragen versuchte man zu vermeiden. Während vorher die Worte des Patienten, die sich nicht auf die krankhafte Veränderung bezogen, als unbedeutend vernachlässigt wurden oder der Patient als Simulant verdächtigt wurde, ging die neue Auffassung dahin, daß es »wichtig (sei) zu verstehen«, »daß die offensichtliche Unverständlichkeit auf seiten des Patienten beinahe nie absichtlich war«.[30] Die erste Aufgabe des Arztes war es,

»zuzuhören und zu beobachten, nicht nur um Informationen über das jetzige Problem zu erhalten, sondern auch um den Patienten als eine Person zu begreifen«.[31]

Es wurde jedoch schnell offensichtlich, daß die Sicht des Patienten nicht einfach durch die Worte selbst, die nur bezeichnen, begründet wurde. Die »Sicht« lag hinter den Worten, und eine weitere Verbesserung der Technik war notwendig, um sie zugänglich zu machen. Zuerst, in den 60er und 70er Jahren, erfolgte dies durch nonverbale Kommunikation[32]; im Laufe der späten 70er Jahre begann sich der Blick jenseits dessen, was gesprochen wurde, mit größerer Intensität auf die Subjektivität »hinter« den Worten zu konzentrieren.

Anfangs war Schmerz das entscheidende Symptom gewesen, als das direkte Echo einer Verletzung, die auf einer »Stimulation von sensorischen Nervenendungen« beruhte. Eine umfangreiche Neufestlegung dieser Auffassung erfolgte in den frühen 60er Jahren. Jetzt schrieb man dem »central processing« bei der Wahrnehmung von Schmerzen größere Bedeutung zu[33], und in den späten 70er Jahren schlug McLeod vor, daß der Schmerz eine »rein subjektive Beschwerde« sei. Des weiteren schrieb er: »Es liegt im Wesen der subjektiven Natur, daß ein Arzt nur durch persönliche Schmerzerfahrung Einblick in die Bedeutung der Beschreibungen haben kann, die von den Patienten gegeben wurden.«[34] Dieses Vertrauen auf die Selbsterfahrung, um die Bedeutung von Symptomen zu erfassen, fand sich auch in einem 1977 veröffentlichten Buch mit Berichten von Soziologen über ihre eigenen Krankheiten.[35] Die Autoren kritisierten vorhergehende soziologische Krankheitsstudien als »zu formal, objektivistisch, sachlich und wissenschaftlich streng ...« »Jede Krankheitserfahrung und Begegnung mit der organisierten Hilfe ist einzigartig«; der einzige Weg, über die Interpretation von Bedeutungen hinauszugehen, um Authentizität zu erreichen, sollte sein, nicht die Krankheit der anderen zu beobachten, sondern die eigene. Die Sicht des Patienten, verwoben in einem dichten Netz von Subjektivität, wurde zu einer Widerspiegelung, zu einer anderen Enthüllung nämlich, der Selbstsicht.

Deshalb war es nicht länger möglich, zwischen getrennten Erfahrungsräumen für den Arzt und den Patienten zu unterscheiden. Die Begegnung zwischen Arzt und Patient fand nicht zwischen einem untersuchenden Blick und einem passiven Objekt statt, sondern war eine Interaktion zwischen zwei Subjekten. Vielleicht sprach McLeod in seiner *Clinical Examination* (1976) für beide Seiten, als er schrieb: »Zusätzlich zu der Empfindlichkeit des Patienten für sein Problem müssen auch die Interaktionen zwischen dem Patienten und dem Doktor in Betracht gezogen werden. Dieses Verhältnis ist als ein Ereignis des Wechselspiels zwischen unterschiedlichen Persönlichkeiten in potentiell unbeständigen Situationen sehr komplex.«[36] Die eröffnende Frage des Arztes »Was ist Ihre Beschwerde?« wurde durch »Nun, erzählen Sie mir Ihren Kummer« ersetzt.[37] Die Krankheit, welche durch die krankhafte Veränderung, tief im Körper, konstituiert worden war, wurde in die idiosynkratischen Bedeutungen des biographischen Feldes des Patienten (und des Arztes) umgewandelt.

Wahrnehmungscodes

Was ist dann die Sicht des Patienten? Was ist das, was der Patient sagt? Das Problem ist ein Wahrnehmungsproblem, das der Differenz zwischen Hören und Sagen. Die Sicht des Patienten kann nicht beschrieben oder einfach als das, was gesagt wird, isoliert werden. Die Sicht des Patienten ist wesentlich mit dem verknüpft, was gehört wird. In diesem Sinn ist die Sicht des Patienten ein Artefakt der sozio-medizinischen Wahrnehmung.

In seiner Diskussion der umfangreichen Veränderungen, die sich in der Medizin seit dem Ende des 18. Jahrhunderts ereigneten, legte Foucault dar, daß sich weder die Vorstellung von der Krankheit noch die Zeichen, die ihre Anwesenheit anzeigten, zuerst änderten; sowohl Feld als auch Blick waren durch Wissenscodes miteinander verbunden.[38] Deshalb waren die Entwicklungen des späten 18. Jahrhunderts nicht Produkt der Aufklärung, besserer Methoden oder genauerer Wahrnehmungen: »Vielmehr bieten sich dem medizinischen Wissen neue Gegenstände dar, sobald sich das erkennende Subjekt reorganisiert und modifiziert und zu einer neuen Funktionsweise übergeht« (Foucault 1973, p. 103). Ähnlich konstituiert das Verhältnis zwischen der Sicht des Patienten (in ihren verschiedenen Formen, sowohl verbal als auch non-verbal) und ihrer Befragung ein Feld und einen Blick, und die beiden werden durch einen neuen Wissenscode miteinander verbunden. In diesem Sinn tragen sich Feld und Blick gegenseitig selbst.

In diesem Beitrag sind Aspekte der medizinisch-sozialen Analyse eines gemeinsamen Raumes untersucht worden, in dem für diese Wissenschaften die Realität der Sicht des Patienten existiert. Aber ist es möglich, daß es in der modernen Gesellschaft alternative Wahrnehmungsstrukturen gibt, die vielleicht eine andersartige Realität erfassen? Können Laienkulturen, das soziale Netzwerk oder der populäre Roman in Erfahrung bringen, was die soziomedizinische Wahrnehmung nicht erfassen kann? Gibt es eine Erfahrungs- und Ausdrucksform, die den Beschränkungen der medizinalisierten Krankheit entgeht? Teilweise ist dies eine empirische Frage; aber es stellt sich auch die Frage, ob die Patientenschaft in anderen Räumen als jenen, die von der medizinischen Wahrnehmung erfaßt werden, existieren kann.

Dies bedeutet nicht, daß der Diskurs, der das Medium für diese neue Wahrnehmung darstellt, notwendig unmittelbare oder reale Auswirkungen auf die klinische Praxis hat. Trotz der weit verbreiteten Zustimmung zu einer umfassenden Sicht des Patienten in der Fachliteratur, die weiter oben besprochen wurde, verläßt sich der Großteil der klinischen Praxis heute – besonders in den Krankenhäusern – auf ein älteres Interpretationsschema. Es gibt natürlich Spannungen zwischen Wahrnehmung und Praxis, einige infolge eines Kohorteneffekts, weil ältere Kliniker (und möglicherweise ältere Patienten auch) neue Methoden zurückweisen, andere infolge eines grundlegenderen Konflikts zwischen Ebenen der Theorie und der Erfahrung. Trotzdem haben die »Bedingungen der Möglichkeit« für eine umfassende Sicht des Patienten, wie auch immer ihre empirische Absicherung aussehen mag, während der letzten Jahrzehnte an Bedeutung gewonnen, und dies selbst (abgesehen von Folgen für die Patientenvorstellung, Gemeindepolitik, Patientenrechte usw.) bedeutet einen Wechsel im Status der Patientenschaft.

Übersetzt von Rainer Winter

Anmerkungen

1 Foucault, M., *Die Geburt der Klinik: eine Archäologie des medizinischen Blicks*, München 1973.

2 Stevens, W. M., *Medical diagnosis*, H. K. Lewis 1910.

3 Cabot, R. C., *Physical diagnosis*, Balliere Tindall 1905.

4 Der Begriff des »ganzen Patienten« ist selbstverständlich eine moderne Auffassung, wenn auch der Ausdruck bereits in der medizinischen Literatur der 30er Jahre auftaucht, als die in diesem Beitrag diskutierten Übergänge beginnen. Brackenbury, H., *Patient and doctor*, Hodder & Stoughton 1935.

5 Keith, R. D. *Clinical case-taking: an introduction to elementary clinical medicine*, H. K. Lewis 1918.

6 Horder, T. und Gow, A. E., *The essentials of medical diagnosis*, Cassell & Co. 1928.

7 Bourne, G., *An introduction to medical history and case-taking*, Livingstone 1931.

8 Gibson, A. G. und Collier, W. T., *op. cit.*

9 Stern, N. S., *Clinical diagnosis: physical and differential*, Macmillan, New York 1933.

10 Cabot, R. C., *op. cit.*, 12th edition, 1938.

11 Elmer, W. P. und Rose, W. D., *Physical diagnosis*, 8th edition, revised by Walker, H., Henry Kimpton 1940.

12 Bourne, G., *op. cit.* Diese neue Analyse der Krankengeschichte und der Symptome drückt sich auch in ihrer häufigen Aufnahme in Buchtitel während der 30er Jahre aus. Mc Dowall, R. S. S., *The science of signs and symptoms*, Heinemann 1931. Symptome wurden zu dieser Zeit auch physiologisch innerhalb der neuen »klinischen Wissenschaftsbewegung« analysiert: Lewis, T., »The Harveian Oration on Clinical Science«, in: *British Medical Journal* 2 (1933), S. 720.

13 Noble Chamberlain, E., *Symptoms and signs in clinical medicine*, 2nd edition, John Wright 1938.

14 Horder, T. und Gow, A. E., *op. cit.*

15 Noble Chamberlain, E., *op. cit.*

16 Elmer, W. P. und Rose, W. D., *op. cit.*

17 Hutchinson, R. und Hunter, D., *Clinical methods*, 12th edition, Cassel & Co. 1949.

18 Dieses Argument wird weiter ausgeführt in: Armstrong, D., *Political anatomy of the body: medical knowledge in Britain in the 20th century*, Cambridge 1983, Kapitel 3.

19 Koos, E. L., *The Health of Regionsville: what the people thought and did about it*, Hafner 1954. Neuauflage 1967.

20 Last, J. M., »The iceberg: completing the clinical picture in general practice«, in: *Lancet* 2 (1963), S. 28.

21 Vgl. z. B., Zola, I. K., »Medicine as an institution of social control«, in: *Sociological Review 10* (1972), S. 487-504.

22 Mechanic, D. und Volkart, E. H., »Illness behaviour and medical diagnoses«, in: *Journal of Health and Human Behaviour* 1 (1960), S. 86; Apple, D., »How laymen define illness«, in: *Journal of Health and Human Behaviour* 1 (1960), p. 219; Baumann, B., »Diversities in conception of health and physical fitness«, in: *Journal of Health and Human Behaviour* 2 (1961), S. 39.

23 Vgl. z. B., Selye, H., *The stress of life*, McGraw-Hill 1956; Jarvis, I. L., *Psychological stress*, John Wiley 1958.

24 Vgl. z. B., Goffman, E., *Stigma*, Penguin 1961; Szasz, T. S., *The myth of mental illness*, Palladin 1962.

25 Balint, M., *The doctor, his patient and the illness*, Pitman 1956.

26 Noble Chamberlain, E., *op. cit.*, 8. Aufl., 1967.

27 Kleinman, A. et al., »Culture, illness and cure«, in: *Annals of Internal Medicine 88* (1978), S. 251-259.

28 Vgl. z. B., Helman, C., »Feed a cold, starve a fever, folk models of infection in an English suburban community«, in: *Culture, medicine and psychiatry* 2 (1978), S. 107-137; Blumhagen, D., »Hypter-tension: a folk illness with a medical name«, in: *Culture, medicine and psychiatry* 4 (1980), S. 197-227.

29 Enelow, A. J. und Swisher, S. N., *Interviewing and patient care*. Oxford U. P. 1972.

30 Bomford, R. et al., *Hutchinson's Clinical Methods*, 16th edition, Bailliere Tindall 1975.

31 McLeod, J. (ed.), *Clinical examination*, 4th edition, Churchill Living-stone 1976.

32 Bomford, R. et al., *op. cit.* Es gibt selbstverständlich auch die zeitge-nössische psychologische Literatur über nonverbale Kommunikation, vgl. z. B. Schefflen, A. E., »The significance of posture in communica-tion systems«, in: *Psychiatry* 27 (1964), S. 316-31; Argyle, M., *Social interaction*, Methuen 1969.

33 Diese Analyse der Bedeutung des Schmerzkontextes (z. B. Beecher, H. K., *Measurement of subjective responses*, Oxford 1959) führte schließlich zur berühmten »gate-control« Theorie von 1965; Melzack, R. and Wall, P. D., »Pain mechanisms: a new theory«, in: *Science 150* (1965), S. 971.

34 McLeod, J. (ed.), *op. cit.*

35 Davis, A. und Horobin, G. (eds), *Medical encounters*, Croom Helm 1977.

36 McLeod, J. (ed.), *op. cit.*

37 McLeod, J. (ed.), *op. cit.*

38 Foucault, M., *op. cit.*, S. 103.

Jan Assmann
Sepulkrale Selbstthematisierung
im Alten Ägypten

1. Der *Monumentale Diskurs* als Institution
individueller Selbstthematisierung

Jede Gesellschaft bildet, wenn sie einen gewissen Grad von Differenziertheit erreicht hat, einen Kernbereich kultureller Praxis aus, eine Mitte heiligster und bedeutsamster Traditionen, mit denen sie sich identifiziert und deren Reproduktion daher einen Akt gesellschaftlicher Selbstthematisierung darstellt. Was diese Mitte bildet, kann von Kultur zu Kultur sehr verschieden sein. Im traditionellen China gehört hierhin ein uns so peripher anmutendes Phänomen wie die Kalligraphie, im neueren Abendland ist es die Wissenschaft und im alten Ägypten der »Monumentale Diskurs«. Alle drei sind darüber hinaus auch Institutionen *individueller* Selbstthematisierung.

Verschieden wie die inhaltliche Besetzung kultureller Zentralbereiche sind die Ziele, die sich damit verbinden. In Ägypten ist es ganz eindeutig, in Paul Eluards Worten, *le dur désir de durer*, der unbezwingbare Trieb nach Fortdauer, der einen menschheitsgeschichtlich beispiellosen Ausdruck gefunden hat. Begriffe wie »leben«, »bleiben«, »währen«, »fortdauern« umschreiben die ägyptische Idee eines *summum bonum*. Ihr dient die unglaubliche Fülle der Monumente, in die die Herrscher und die beamtete Oberschicht dieser Kultur einen Großteil ihrer Zeit, ihrer Gedanken und ihrer Ressourcen investiert haben und die heute, vom Zufall der Überlieferung begünstigt, so gut wie den Gesamtbestand dessen ausmacht, was uns von dieser Kultur erhalten ist. Die ägyptische Kultur steht daher in ihren Ruinen vor uns als ein einziger Akt monumentaler Selbstthematisierung. Während wir andere »versunkene Kulturen« mit den Mitteln der Archäologie der Vergessenheit entrissen haben, hat sich uns dieses »Land der Ruinen überhaupt« (Hegel) selbst überliefert. Da es Monumente – Tempel, Gräber, Stelen und Statuen – auch in anderen Teilen der Welt gibt, verliert man die Eigentümlichkeit des ägyptischen

Befundes leicht aus dem Blick. In dieser Fülle, und mit diesem Stellenwert einer zentralen und kanonisierten Tradition, gibt es sie nur hier. Und nur in Ägypten ist dieser ganze höchst vielfältige Komplex kultureller Praxis in der einen Funktion selbstverewigender Selbstthematisierung zusammengefaßt, der wir den Namen des *Monumentalen Diskurses* geben wollen.

Nun bildet dieser Monumentale Diskurs zwar die Mitte, aber (schon aus diesem Grunde) nicht das Ganze der altägyptischen Kultur. Ihm steht die Welt der Alltagskultur gegenüber, die uns weitgehend verloren ist und gegen die er sich in folgender Hinsicht scharf abgrenzt:

1. Die Verwendung von Stein und/oder anderen unvergänglichen und kostbaren Materialien – im Gegensatz zu billigen und vergänglichen Materialien wie Holz, Lehm und Flechtwerk;

2. die Verwendung von Hieroglyphen im Gegensatz zu kursiven Schriften und – untrennbar damit verbunden – die Verwendung einer streng an den Kanon einer Formensprache gebundenen Kunst;

3. der Kultbezug. Mit jedem einzelnen Akt monumentaler Zeichensetzung verbindet sich eine Art von Kult. Jedes noch so kleine Heiligtum hatte seine Priesterschaft, jedes Grab hatte seinen Familienkult und war darüber hinaus an den offiziellen Kult einer Nekropolengottheit angeschlossen, Tempelstatuen und Opferkapellen von Beamten hatten am Tempelkult teil, Expeditionsinschriften finden sich meist in der Nähe von Heiligtümern, und selbst an die pharaonischen Grenzstelen knüpft sich ein Königskult.

Der Kultbezug verweist auf die Heiligkeit des Monumentalen oder vielmehr der Dauer, für die das Monument errichtet ist. Mit den Medien des Monumentalen Diskurses – Stein, Hieroglyphenschrift und Kunst – stellt und schreibt sich der Mensch in den *heiligen Raum der Dauer* hinein und überwindet damit die Hinfälligkeit des Alltagsraums. Die Dauer ist die heilige Zeit des Gottes Osiris. Wir berühren damit die Problematik ägyptischer Zeitvorstellungen, auf die wir hier nicht näher eingehen können.[1]

Die Andeutung, daß der Ägypter nicht zwischen »Zeit und Ewigkeit«, aber zwischen »unerschöpflicher Zeitfülle« und »unwandelbarer Dauer« unterscheidet, muß hier genügen. Beide Begriffe umschreiben »Heilige Zeit«, die Zeitlichkeit des Göttlichen. Der Sonnengott ist mit seinem unendlichen Kreislauf Inbegriff der Zeitfülle, der Totengott Osiris ist der Inbegriff der Dauer. Damit hängt nun eine Unterscheidung zusammen, die für unser Thema unmittelbar wichtig ist: die zwischen Unsterblichkeit und Fortdauer. Fortdauer bezieht sich auf eine Existenz über den als solchen nicht geleugneten Tod hinaus. Unsterblichkeit dagegen ist eine Leugnung des Todes und postuliert eine Enthobenheit bzw. Erlösung vom Sterbenmüssen. Nach ägyptischer Auffassung ist Fortdauer auch den Menschen zugänglich, Unsterblichkeit dagegen das Vorrecht der Götter.

Diese Unterscheidung gilt es unbedingt festzuhalten, auch wenn sie in Gestalt des Königs als eines Gott-Menschen und Osiris als eines Mensch-Gottes überbrückt wird.

Monumentalität hat es nun ganz ausgeprägt mit der Fortdauer zu tun. Das ägyptische Wort dafür, *mnw* »Monument«, ist von der Wurzel *mn* »bleiben, dauern« abgeleitet. Monumentalität ist die Form, in der das in der Zeit Vollendete, ans Ende Gekommene und zu seiner Endgestalt Ausgereifte weiterem Wandel enthoben fortdauert, in der Zeit des Osiris, der darum den Beinamen *Wannafre*, »Der Ausgereift Dauernde«, trägt.

Das eigentümlichste Merkmal des Monumentalen Diskurses ist wohl seine Funktion als Institution *individueller* Selbstthematisierung. Denn es ist anderswo ja gerade der Aspekt überindividueller Identität (Familie, Gruppe, Partei, Staat usw.), deren Thematisierung zur Monumentalisierung tendiert. Staatsdenkmäler und öffentliche Repräsentationsbauten gab es in Ägypten nicht.[2] Auch die Tempel dienen neben ihrer Funktion als Gotteshaus individueller Selbstthematisierung, und zwar der des Königs. Zwar errichtet ein König einen Tempel *für* eine Gottheit, aber als *sein* persönliches Denkmal. Die Formel dafür lautet:

König NN hat es gemacht *als sein Denkmal* für seinen Vater, Gott NN.

Daher ist der Tempelbau in Ägypten königliches Privileg.[3] Der Idee nach muß jeder König allen Göttern Tempel bauen; er bewerkstelligt das, indem er einige Tempel neu baut, andere erweitert, umbaut, renoviert oder auch nur durch usurpierende Inschriften für sich in Anspruch nimmt, so daß die wichtigsten Heiligtümer in Ägypten nie aufhörten, Baustelle zu sein.[4] Hinter jedem einzelnen Monument als einem Element des Monumentalen Diskurses steht also ein individuelles Selbst, das sich darin thematisiert und verewigt.

Was das für die Physiognomie der ägyptischen Kultur bedeutet, kann man sich an folgender Überlegung klarmachen. Es gab »Kunst« nur im Rahmen des Monumentalen Diskurses. Folglich gab es für einen Künstler nur die eine Möglichkeit, sich in einem Kunstwerk zu verewigen, wenn er sich seine eigene Grab- oder Tempelstatue anfertigte. Das Privileg eines solchen Denkmals – d. h. einer individuellen Zeichensetzung im Rahmen des Monumentalen Diskurses – stand aber in der Regel gerade nicht den Künstlern, sondern nur den Inhabern hoher Ämter im Königsdienst zu. Das ägyptische Kunstwerk kann daher immer nur Ausdruck *einer* Individualität sein: und das ist diejenige seines Stifters als Subjekt der Selbstthematisierung, dessen Name und Titel ihm auch in aller Regel in Hieroglyphen beigeschrieben sind. Aus solcher durchgängigen »Eponymität« aller ägyptischen Kunst, die immer einem selbstthematisierenden Subjekt zugeordnet ist, resultiert ihre »Anonymität«, was den Künstler betrifft.

Die Angst vor der Namenlosigkeit und das Streben nach Namhaftigkeit sind zentrale Triebkräfte der ägyptischen Kultur, die untrennbar mit den ägyptischen Vorstellungen von Tod und Unsterblichkeit zusammenhängen. Namenlosigkeit bedeutet Tod und Vergänglichkeit, Namhaftigkeit Unsterblichkeit oder zumindest Fortdauer. »Ein Mann lebt, wenn sein Name genannt wird«, lautet die Maxime (Otto 1954, 59-65, spez. 62 m. n. 1). Die Idee eines umfassenden göttlichen Bewußtseins, das »jeden Namen kennt« (Merikare: s. Assmann 1984 a, 72), läßt sich zwar auch in Ägypten nachweisen und hat sich hier im Zusammenhang mit der Idee vom Totengericht sekundär, als Hypostasierung des sozialen Gedächtnisses, entwickelt, aber niemals (wie später im Geltungsbereich monotheistischer Hochreligionen) die ursprüngliche Konzeption einer Fortdauer kraft diesseitiger Namhaftigkeit nachhaltig zu entkräften vermocht. Das hemmungslose Streben nach Namhaftigkeit, nach Erlösung von der Vergänglichkeit durch Erringung unvergeßlicher Bedeutung, muß als ein Grundzug – man möchte fast sagen: eine zentrale Obsession – der ägyptischen Kultur gelten. Im »Monumentalen Diskurs« findet er seinen Ausdruck.

Der Monumentale Diskurs als Institution individueller Selbstthematisierung gliedert sich in inhaltlicher Hinsicht in folgende Gattungen:

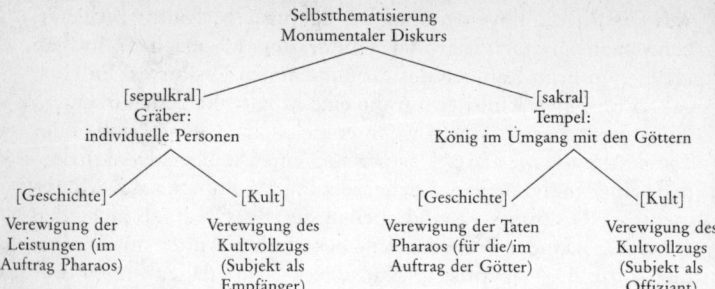

Selbstthematisierung
Monumentaler Diskurs

[sepulkral]
Gräber:
individuelle Personen

[sakral]
Tempel:
König im Umgang mit den Göttern

[Geschichte]
Verewigung der
Leistungen (im
Auftrag Pharaos)

[Kult]
Verewigung des
Kultvollzugs
(Subjekt als
Empfänger)

[Geschichte]
Verewigung der Taten
Pharaos (für die/im
Auftrag der Götter)

[Kult]
Verewigung des
Kultvollzugs
(Subjekt als
Offiziant)

Wir werden uns im folgenden auf den Aspekt beschränken, der in
dieser Übersicht ganz links steht, also den geschichts-bezogenen
Aspekt sepulkraler Selbstthematisierung. Da dieser Aspekt aus
Gründen, auf die wir noch eingehen werden, beim Königsgrab
entfällt, werden wir es nur mit dem monumentalen Beamtengrab
zu tun haben.

Dem monumentalen Beamtengrab steht das nicht-monumentale
Grab der einfachen Leute gegenüber, eine schlichte Grube, deren
Typus sich von der Vorgeschichte durch die dreieinhalb Jahrtau-
sende pharaonischer Geschichte wenig verändert hat. Das monumentale Grab aber gibt es wie alle sonstigen Manifestationen des
Monumentalen Diskurses erst mit der Geschichte, der Schrift und
dem pharaonischen Staat.

Das monumentale Grab gliedert sich in zwei sorgfältig voneinander getrennte Bereiche: einen geheimen, hermetischen, der der
Verwahrung des mumifizierten Leichnams gilt, und einen zugänglichen, der dem Kult und der repräsentativen Selbstthematisierung gewidmet ist. Diese Polarität, die sich in der Raumgestal-
tung und Ausschmückung eines jeden ägyptischen Monumental-
grabes ausprägt, möchte ich »Beigabe« und »Botschaft« nennen.
Das ist nichts anderes als die universale Zweiheit von Grube und
Grabstein, »Berge« und Zeichen, die im ägyptischen Monumentalgrab mit den Medien der Schrift, Kunst und Architektur
ausdifferenziert und diskurshaft entfaltet wird. Was das Grab als
»Beigabe« in seinem hermetischen Bereich an Texten und Darstellungen um den Toten versammelt, war nach der Beisetzung
allen menschlichen Blicken entzogen und für keinen weiteren
Leser bestimmt. Was das Grab aber als »Botschaft« in seinen

zugänglichen Räumen an Bildern und Inschriften entfaltet, war durchaus dazu bestimmt und konnte damit rechnen, von Besuchern des Grabes betrachtet zu werden. Besucht wurden die Gräber von kultausübenden Familienangehörigen, Priestern, potentiellen anderen Grabherren, die sich Anregungen für ihre eigene Grabanlage holten, Künstlern und Schaulustigen, die in den Gräbern ihre Graffiti hinterließen, nicht viel anders als heutige Touristen, nur verständnisvoller und informativer. An diese Besucher wendet sich die Botschaft der »sepulkralen Selbstthematisierung«. Sie appelliert an das Gedächtnis der Nachwelt. Sie bittet um das *officium memoriae*, das Laut-Lesen der Inschriften, das sie in Wendungen anpreist wie

> »ein Hauch des Mundes nur,
> aber Verklärtheit für den Grabherrn;
> man wird davon nicht müde.
> Es ist nicht schwer für euch,
> es geht nichts von eurer Habe ab ...«
> (Vernus 1976; Otto 1954, 57 f.)

Damit ist eine Kommunikationssituation etabliert, die uns eigentümlich fiktiv anmutet. Das Grab wird zum Ort eines Diskurses, in dem die Toten als verewigte Sprecher ihrer Lebensgeschichte zur Nachwelt reden. Im Laufe der Geschichte dehnt sich dieselbe Kommunikationssituation auch über das Grab hinaus auf andere Formen von Privatdenkmälern aus: Opferkapellen, Kenotaphe, Tempelstatuen, Felsinschriften, alles Formen des Monumentalen Diskurses, in denen sich ein verewigtes Selbst thematisiert. Gerade wegen dieser scheinbaren Fiktivität der »Grabsituation« ist es wichtig sich klarzumachen, daß diese Kommunikation nichts Magisches und Hermetisches hatte. Die Inschriften implizieren einen realweltlichen Leserkreis und konnten damit rechnen, das kollektive Gedächtnis, an das sie appellieren, auch wirklich zu erreichen.

2. Identität und Geschichte: die biographische Grabinschrift[5]

Nehmen wir das ägyptische Monumentalgrab in toto als einen Akt der Selbstthematisierung, dann kulminiert diese Funktion in der Gattung der (auto-)biographischen Grabinschrift, in der der Grabherr über sich selbst redet. Das »Selbst«, das sich in diesen Inschriften thematisiert, ist dadurch charakterisiert, daß es eine Geschichte hat. Eine Geschichte – und damit ein thematisierungsfähiges Selbst – zu haben ist in der ägyptischen Welt nicht etwa ein Merkmal des Menschlichen schlechthin[6], sondern ein Standesprivileg und an ganz bestimmte, geschichtlichem Wandel unterworfene Rahmenbedingungen geknüpft, von denen wohl das *Amt* die entscheidende ist. Nur das Amt vermittelt die Chance, ein Selbst aufzubauen, das in einem Monumentalgrab thematisiert werden kann. Die Biographie ist nichts anderes als die Geschichte dieser Selbst-Konstitution. Daraus ergibt sich, daß den vom Zugang zu Ämtern ausgeschlossenen Unterschichten die Chance monumentaler Selbstthematisierung verweigert wird. Interessanter ist aber, daß allem Anschein nach auch der König nicht zu dem Kreis derjenigen gehört, die sich in Form biographischer Inschriften thematisieren. Es ist wohl vor allem dieser Unterschied, der die Funktion der biographischen Selbstthematisierung und die Eigenart des solcherart thematisierten »Selbst« am klarsten hervortreten läßt. Der König hat kein thematisierungsfähiges – bzw., wie man in diesem Fall wohl besser sagt: thematisierungsbedürftiges – Selbst, weil er keine *Geschichte* hat. Geschichte ist nämlich im Rahmen dieser Vorstellungswelt nichts anderes als die Erwerbungsgeschichte des »Amtes«. Das Königsamt ist aber kein erworbener, sondern ein angeborener Status. Beamter *wird* man, König *ist* man. Geschichte hat es aber mit dem *werden* zu tun. Was die Geschichte (das Gewordensein) dem Einzelnen vermittelt, ist Ereignishaftigkeit und Individualität. Angesichts der mannigfachen Möglichkeiten des Scheiterns (denen der König enthoben ist) ist die Erringung eines hohen Amtes und die Bewährung in seiner Ausübung ein Ereignis, von dem sich erzählen läßt.[7] Aus demselben Grund sind die Wege dorthin und die jeweiligen Bewährungschancen so verschieden, daß sie zu je persönlichen Geschichten führen, während die Könige sich in dieser Hinsicht wie ein Ei dem anderen gleichen.[8] Die Könige haben als Träger einer rituellen und kollektiven Identität keinen Anlaß zu biographischer Selbstthematisierung. Sie erzählen von einzelnen *Taten*, aber niemals eine zusammenhängende Lebensgeschichte.

3. Distinktion und Integration:
Laufbahn- und Idealbiographie als distinkte Gattungen
biographischer Selbstthematisierung
im Alten Reich.

Die Grabbiographie hat eine doppelte Wurzel. Die eine bildet das *Grab*, die andere der *Name* des Grabherrn.[9] Dem entspricht eine sehr ausgeprägte Unterscheidung zweier Aspekte der im Grab repräsentierten Identität des Grabherrn, deren Spannungsverhältnis auch der späteren, aus beiden Wurzeln zusammengewachsenen Gattung immer zugrundeliegt. Wir wollen sie als *Karriere* (bzw. das Prinzip der *beruflichen Distinktion*) und als *Gerechtigkeit* (bzw. das Prinzip der *ethischen Integration*) bezeichnen.
Der Exposition der *Gerechtigkeit* dienen die Inschriften, die das Grab kommentieren. Diese Texte sind sehr früh. Sie setzen in der vierten Dynastie ein, also in einer Zeit, wo die Grabinschriften erstmals beginnen, über knappe, syntaktisch unzusammenhängende Angaben zu Name, Titel und Opferversorgung des Grabherrn hinauszugehen. Ihnen geht es um die Versicherung, daß das Grab in Gerechtigkeit – ägyptisch Maat – erbaut wurde, d. h. daß die Handwerker zu ihrer Zufriedenheit entlohnt und keine älteren Gräber beschädigt wurden. Daran knüpfen sich Drohungen gegen Grabschänder:

> Jeder, der dies (Grab) für mich gebaut hat,
> der war niemals unzufrieden.
> Jeden Künstler und Nekropolenarbeiter
> habe ich zufriedengestellt. (...)
> (Sethe 1932, 23.6-9)
> Das Krokodil gegen den im Wasser,
> die Schlange gegen den zu Lande,
> der etwas gegen dies (Grab) tun wird!
> Niemals habe ich etwas gegen ihn getan.
> Der Gott aber ist es, der richten wird.
> (Sethe 1932, 23.11-16)

Das Grab eines »Gerechten« ist sakrosankt. Mit dem Hinweis auf seine Gerechtigkeit begründet der Grabherr seinen Anspruch auf Respektierung des Grabes. Wer seinerseits korrekt gehandelt und niemandem Grund zur Rache gegeben hat, darf verlangen, daß auch ihm, d. h. seiner Grabanlage, korrekt begegnet wird, anderenfalls der Gott (in dieser Zeit: der König) ihm zu seinem Recht verhelfen wird.

Ausführlicher und expliziter hinsichtlich der zugrundeliegenden ethischen Prinzipien ist die folgende Inschrift aus der fünften Dynastie:

> Ich habe dieses Grab erbaut aus meinem wirklichen Besitz;
> niemals habe ich irgendwelchen Leuten etwas weggenommen.
> Alle Leute, die darin für mich gearbeitet haben,
> für die habe ich gehandelt, daß sie mir über die Maßen dankten.
> Sie machten dies für mich gegen Brot, Bier und Kleidung,
> Salböl und Korn in reichlichster Weise.
> Niemals habe ich irgendwelche Leute unterdrückt.
> So wahr der Gott Gerechtigkeit liebt: ich bin geehrt beim König
> (d.h. ein jenseitsversorgter Grabherr von Königs Gnaden).
> Ich habe dieses Grab errichtet auf der Westseite an einer reinen Stätte,
> an der es noch kein Grab von irgendjemand gab,
> aus Respekt vor dem Eigentum eines Verstorbenen.
> Alle aber, die in dieses Grab in Unreinheit eintreten
> und die etwas gegen dies tun werden,
> mit denen werde ich mich vor dem Großen Gott richten lassen.
> Ich habe dieses Grab errichtet im Schutz der Jenseitsversorgtheit beim König, der mir auch den Sarkophag gestiftet hat.
>
> (Sethe 1932, 50-51)

In diesen frühen Beispielen ist das Hauptthema das Grab. Das Selbst des Grabherrn kommt nur unter dem Gesichtspunkt seiner Gerechtigkeit ins Spiel, um den Unantastbarkeitsanspruch zu legitimieren und zu substantiieren, also um das Grab zu schützen.

Das ändert sich im Laufe der fünften Dynastie. Das Selbst des Grabherrn rückt nun, weiterhin unter dem leitenden Gesichtspunkt der Gerechtigkeit, in den Vordergrund. Aus den Grabformeln wird das, was die Ägyptologie als »Idealbiographie« bezeichnet:

> Ich bin aus meiner Stadt hinausgegangen
> und hinabgestiegen aus meinem Gau,
> nachdem ich die Maat darin gesagt
> und nachdem ich die Maat darin getan hatte.
> Möge es euch wohlergehen, meine Nachkommen,
> möget ihr gerechtfertigt sein, meine Vorfahren!
> Was ihr aber tun werdet gegen dieses (Grab),
> so wird gleiches getan werden gegen euren

Besitz von seiten eurer Nachkommen.
Ich habe niemals irgendwelchen Streit gehabt,
seit meiner Geburt habe ich niemals verursacht,
daß jemand die Nacht wegen irgend etwas unzufrieden verbringt.
Ich bin jemand, der Opfer dargebracht
und für Totenehrung gesorgt hat,
den sein Vater liebte, den seine Mutter liebte,
der geehrt ist bei seinen Mitbürgern,
wohlgelitten bei seinen Brüdern,
geliebt von seinen Dienern,
der niemals Streit hatte mit irgendwelchen Menschen.

(Sethe 1932, 46-47)

Der Bezug zum Ursprung, dem schützenden Kommentar der Grabanlage, wird nicht aufgegeben – auch in der charakteristischen Sitte, auf das Grab lediglich mit dem Demonstrativpronomen »dieses« zu verweisen –, aber er tritt jetzt gegenüber der Selbstthematisierung des Grabherrn in den Hintergrund. Dafür weitet sich der Begriff der Korrektheit (Maat-Gemäßheit) von den Umständen der Grabanlage auf die Lebensführung insgesamt aus. Hier geht es nicht mehr um die Entlohnung der Handwerker, sondern um generelle Kategorien wie die Vermeidung jeglicher Störung des sozialen Einklangs, um aktive Wohltätigkeit und passive Geliebtheit, um das Tun und Sagen der Maat. Maat, das macht dieser Text ganz deutlich und bestätigt sich in Hunderten ähnlicher Inschriften, ist das Prinzip des sozialen Einklangs, eines Handelns im Dienst der Mitmenschlichkeit und Solidarität, das einem die Liebe und Verehrung seiner Angehörigen und Mitbürger einträgt und einen unauflöslich in die Gemeinschaft integriert. Wichtig ist nun, daß von der beruflichen Karriere des Grabherrn in diesem Zusammenhang bis zum Ende des Alten Reichs (2150 v. Chr.) nie die Rede ist. Wenn die Texte später den Begriff des Maat-Tuns näher spezifizieren, dann geschieht das immer in pauschalen, formelhaften Wendungen[10] wie

Ich gab dem Hungrigen Brot und dem Durstigen Wasser,
ich kleidete den Nackten und setzte den Schifflosen über
ich begrub den, der kein Grab hatte,
ich nahm mich der Witwen und Waisen an.

Damit waren Handlungen benannt, die an keine spezifischen Ämter und Stellungen gebunden waren. In ihnen bekannte sich der Grabherr pars pro toto zu einer allgemeinen, überindividuellen, von jedem Mitglied der beamteten Oberschicht geforderten Norm. Die Gattung der Idealbiographie thematisiert das Selbst im Sinne der *Integration* und nicht der *Distinktion*, der Norm-Konformität und nicht der persönlichen Auszeichnung, der Generalisierung und nicht der Individuation.

Der damit bewußt und sorgfältig ausgeklammerte Aspekt ist aber für den ägyptischen Grabherrn mindestens ebenso wichtig und gewinnt im Laufe des Alten Reichs immer mehr an Bedeutung. Ihm dient die andere Gattung biographischer Selbst-Thematisierung, die »Laufbahn-Biographie«. Die Titel-und-Namens-Inschrift, die bereits von der ersten Dynastie an vorkommt, wird erst mit der fünften Dynastie narrativ erweitert. Die frühesten Texte erwähnen Gunstbeweise und Beförderungen durch den König.[11] Unter König Asosis am Ende der fünften Dynastie tritt ziemlich unvermittelt ein tiefgreifender Wandel ein: jetzt treten die Leistungen des Grabherrn in den Vordergrund, denen er seine Belobigung und Beförderung durch den König verdankt.[12] Darin werden die Texte sehr farbig und ausführlich. Sie entfalten sich teilweise zu regelrechten kleineren Epen, deren Länge es verbietet, sie hier vorzuführen.[13] Ihr Grundelement bildet das einzelne »Gunst-Ereignis«, das regelmäßig so aufgebaut ist:

1. Der König wählt den Grabherrn in ehrenvoller Weise für einen schwierigen Auftrag aus;
2. der Grabherr löst in bravouröser Weise die ihm gestellten Aufgaben;
3. der König dankt dem Grabherrn mit spektakulären Formen der Auszeichnung und Begünstigung.

Diese Texte exponieren nicht die Normkonformität des Grabherrn, sondern im Gegenteil seine Einzigartigkeit. Hier geht es ausschließlich um Ereignisse, die ihn über alle anderen herausheben: Königliches Vertrauen, das nur ihm zuteil wurde, das er in Taten rechtfertigte, die nur er vollbringen konnte, und Gunstbeweise, die nur er erfuhr. »Hochgeschätzter beim König als jeder andere Diener« nennt sich ein Ptah-Schepses (vgl. Anm. 11) immer wieder refrainartig in seiner Biographie, und Weni (vgl. Anm. 13) betont:

Niemals zuvor war etwas Gleiches irgendeinem Diener getan worden

So stehen sich bis zum Ende der sechsten Dynastie – 2200 v. Chr. – Idealbiographie und Laufbahnbiographie als zwei säuberlich voneinander getrennte Gattungen autobiographischer Grabinschriften gegenüber. Die Idealbiographie, die sich aus den Schutztexten über das Grab entwickelt hat, dient der *Integration* des Toten durch Herausstellung seiner Gerechtigkeit. Die Laufbahnbiographie, entstanden aus Titulatur und Name, dient der *Distinktion* des Verstorbenen durch Herausstellung seiner einzigartigen Leistungen und Belohnungen im Dienst des Königs. Was bringt den ägyptischen Beamten dazu, nach Distinktion und Integration zu streben? Die Antwort lautet: *le dur désir de durer*, der Wunsch nach Fortdauer, nach Fortdauer im Medium des Monumentalen Diskurses und im Gedächtnis der Nachwelt. Gerechtigkeit – ein Leben nach den Normen der Maat – schützt das Grab vor Vergeltung (*damnatio memoriae*)[14], Karriere und spektakuläre Leistungen im Königsdienst schützen den Grabherrn vor Vergessenheit.

4. Die Laufbahn des Gerechten: biographische Inschriften der ersten Zwischenzeit

Integration, Distinktion und Fortdauer sind die drei Pole eines Spannungsfeldes, zwischen denen sich die Geschichte der biographischen Gattungen entfaltet. Ausgelöst wird diese Entwicklung durch den Zusammenbruch der königlichen Zentralherrschaft am Ende des Alten Reichs. Damit brach eine Sinnwelt zusammen, die den König zum Zentrum aller drei Bestrebungen: Integration, Distinktion und Fortdauer gemacht hatte. Integration: weil der König das Herz des Sozialkörpers war, dem sich der Einzelne durch Gerechtigkeit einzufügen suchte; Distinktion: weil der König die alleinige Instanz für Initiative und Anerkennung war – alle Planung und Initiative liegen bei ihm, der Einzelne ist nur ein Organ königlichen Handelns. Und Fortdauer: weil der Monumentale Diskurs ein Staatsmonopol war.
Der Zusammenbruch der Zentralherrschaft bedeutete aber nicht das Ende der Grabbiographie, sondern wurde zum Ausgangspunkt ihrer absoluten Blüteperiode. Der Wegfall des königlichen Handlungsmonopols führte zu einem Prozeß, den man »die Entdeckung der Persönlichkeit« nennen könnte.[15] Der Beamte wandelte sich zum Unternehmer, vom Organ zum selbstbestimmten Subjekt selbstverantworteter Handlungen. Die Handlungen, die nicht mehr als Ausführung königlicher Aufträge

legitimiert waren, mußten anderweitig legitimiert werden. Einzige Grundlage solcher Legitimierung war die Maat, die Idee der Gerechtigkeit. Damit entfiel die im Alten Reich so scharf beobachtete Trennung zwischen Gerechtigkeit und Leistung, Integration und Distinktion. Laufbahn- und Idealbiographie verschmolzen zu einer einzigen Gattung. Gerechtigkeit üben und große Taten vollbringen gilt jetzt nicht mehr als zweierlei, sondern als ein und dasselbe:

> Ich gab Brot dem Hungrigen
> und Kleider dem Nackten;
> ich salbte den Kahlen
> und beschuhte den Barfüßigen,
> ich gab dem eine Frau, der keine hatte.
> Ich beschaffte Moʻalla und Her-mer den Lebensunterhalt
> (bei jeder Hungersnot)
> als der Himmel bewölkt und die Erde ausgedörrt war,
> als jedermann Hungers starb
> auf dieser ›Sandbank des Apopis‹.
> Der Süden kam an mit seinen Leuten,
> der Norden traf ein mit seinen Kindern
> und brachten dieses erstklassige Öl für Getreide.
> Ich ließ mein oberägyptisches Getreide eilen:
> südwärts erreichte es Unternubien,
> nordwärts erreichte es This,
> während sonst ganz Oberägypten Hungers starb
> und jedermann seine eigenen Kinder aufaß.
> Ich aber ließ nie zu, daß in diesem Lande einer verhungerte.
>   (Schenkel 1965, 53 f.)
> Das sind keine Taten, die man von anderen Fürsten getan finden kann,
> die in diesem Gau gewesen waren,
> wegen meiner vortrefflichen Planung,
> wegen der Beständigkeit meiner Anordnungen,
> wegen meiner Vorsorge bei Tag und Nacht.
> Ich bin der Held ohnegleichen.
>   (Schenkel 1965, 18 f.)

Das aus der Fremdbestimmtheit des Königsdienstes entlassene Individuum thematisiert sich in solchen Gaufürstenbiographien als selbstherrliche Persönlichkeit von geradezu gottähnlicher Einzigartigkeit:

> Ich bin der Anfang und das Ende der Menschen, denn ein mir Gleicher ist nicht entstanden und wird niemals entstehen. Ein mir Gleicher ist nicht geboren und wird nicht geboren werden.

Ich habe die Taten der Vorfahren übertroffen
und keiner nach mir wird erreichen, was ich getan habe.

(Schenkel 1965, 47)

In solchen Gaufürstenbiographien dominiert unverkennbar das Streben nach Distinktion über das Prinzip der Integration. Die geradezu renaissancehafte Selbstherrlichkeit dieser Texte scheint vom Bewußtsein abgestreifter Fesseln beflügelt. Selbst die kleineren Leute, die keine Großtaten zu berichten haben, stellen sich in ihren Inschriften als selbstbestimmte Persönlichkeiten dar, wie z. B. ein Megegi aus Theben, der sich sein Leben nach bemerkenswerten philosophischen Grundsätzen eingerichtet hat:

Ich bin einer, der das Gute liebt und das Böse haßt,
der den Tag voll ausnutzt.
Ich zog keine Zeit vom Tag ab,
ich ließ keine nützliche Stunde verstreichen.
Ich verbrachte die Jahre auf Erden
und erreichte die Wege der Nekropole,
nachdem ich mir jede Grabausrüstung bereitet hatte,
die den Seligen bereitet werden kann.
Ich bin einer, der seinem Tag folgt,
der seiner Stunde nachgeht im Verlauf eines jeden Tages.

(Schenkel 1965, 108 f.)

Das einseitige Hervortreten des Distinktionswunsches gegenüber dem Prinzip Integration mußte zu einer Lockerung des Sozialgefüges, zu einem Verblassen jener Normen führen, zu denen die Idealbiographie sich bekannt hatte. In der Tat sind aus jener Zeit erstmalig eine Reihe literarischer Schriften erhalten, die den Zerfall des Gemeinsinns und der Gerechtigkeit beklagen und den Kampf aller gegen alle in den schlimmsten Farben ausmalen.

5. Ethik der Einfügung und die »Lehre vom Herzen«

Das führt im Gegenzug zu einer ungemein differenzierten Herausarbeitung des Integrationsprinzips, zu einer »Integrationsethik«. Sich-einfügen-Können als idealer Baustein in das Gefüge einer auf Solidarität verpflichteten Gemeinschaft gilt dem Mittleren Reich als höchstes Ziel. Das Ideal dieser Zeit ist der »Schweiger, der sein Herz untertaucht«, d.h. der seine Affekte voll zu beherrschen versteht, geduldig, freundlich und bescheiden gegenüber jedermann. Freilich ist jetzt im Rahmen einer wiedererstarkten Zentralgewalt auch kein Platz mehr für selbstherrliche Individuen à la Ankhtifi von Mo'alla. Aber die Entdeckung der selbstbestimmten Persönlichkeit hat sich nicht wieder rückgängig machen lassen. Nicht der König, sondern das eigene Herz gilt jetzt als Antriebsfeder menschlichen Handelns, und was dem Einzelnen Bedeutsamkeit verleiht, ist nicht die Größe eines königlichen Auftrags, sondern der inneren Haltung.

Damit wandeln sich Thema und sprachliche Form der Autobiographie. Die narrativen Elemente treten zurück, denn es ist jetzt nicht mehr die äußere Handlung, die zählt, das spektakuläre Ereignis von Beauftragung, Erfüllung und Belobigung. Dafür geht es um die zeitenthobene Innenseite des Handelns: Charakter, Wesen, Eigenschaften, Grundsätze. Die Biographie wird zum Porträt des inneren Menschen. Dafür wird eine eigene Form entwickelt, die Sätze mit Zeitreferenz vermeidet bzw. in atemporale Nominalsyntagmen transformiert. So wird z. B. aus dem Satz »Ich sagte das Wahre und wiederholte das Gute« das Prädikat »Der Wahres sagt und Gutes wiederholt«. Solche *Epitheta ornantia* werden zu oft endlosen Ketten aneinandergereiht. Ein typisches Beispiel dieser Form ist die Steleninschrift eines Intef, der zwar 500 Jahre später lebte, der aber nicht nur den Lieblingsnamen der älteren Zeit führte, sondern sogar seine Biographie nach einem Vorbild des Mittleren Reichs komponiert hat.[16]

> Oh ihr Lebenden auf Erden,
> alle Menschen, alle Web-Priester,
> alle Schreiber, alle Vorlesepriester,
> die eintreten werden in dieses Grab der Totenstadt:
> so wahr ihr das Leben liebt und an den Tod nicht denkt,
> so wahr eure Stadtgötter euch loben sollen
> und ihr nicht kosten sollt den Schrecken eines anderen Landes,
> so wahr ihr begraben werden sollt in euren Gräbern
> und eure Ämter euren Kindern überweisen sollt –
> sei es ein Schreiber, der diese Worte lesen wird auf diesem Denkstein,
> sei es einer, der sie hört –
> so sollt ihr sprechen: »Ein Opfergebet an Amun, den Herrn von Karnak,
> damit er gebe 1000 Brote, 1000 Krüge Bier, 1000 Stück Rind- und Geflügelfleisch, 1000 Alabastergefäße, 1000 Stück Leinen,
> 1000mal Weihrauch und Salböl
> für den Ka des Fürsten und Grafen,

Sieglers und einzigen Freundes,
Vertrauten des Königs als Leiter seines Heeres,
der Beamte und Truppen in Bewegung setzt,
der die Höflinge zählt und die Edlen vorführt,
der die Vornehmen des Königs an ihre Plätze führt,
des Leiters der Leiter, der Millionen Menschen zurückbringt,
des Oberhaupts vornehmster Ämter, der an vorderster Stelle steht,
trefflich vor (dem König),
der die Worte der Untertanen aufsteigen läßt,
der die Angelegenheiten der beiden Ufer berichtet
und über Dinge spricht an geheimem Ort,
der mit guten Nachrichten eintritt und gelobt herauskommt,
der jedermann auf den Platz seines Vaters setzt,
der das Herz erfreut und die Gelobten lobt,
bei dessen Worten sich die Großen erheben,
der den Dienst der Wache einrichtet
und Verordnungen aufstellt im Hause des Königs – er lebe, sei heil
und gesund –
der jedermann seine Pflicht wissen läßt,
der Achtung im Palast ausbreitet
und Respekt verbreitet im Thronsaal,
der die Stimme zum Schweigen bringt und Heiligung bewirkt,
wohlbehüteten Fußes an der Stätte des Schweigens,
Züngelin an der Waage des Vollkommenen Gottes (= des Königs)
der die Menschen anleitet zu ihren Tätigkeiten,
der spricht, und es wird allsogleich ausgeführt
wie das, was aus dem Munde eines Gottes hervorgeht,
der den Menschen Weisungen erteilt
um ihre Abgaben für den König zu berechnen,
der sein Gesicht gerichtet hält auf jedes Fremdland
und sorgt für ihre Fürsten,
tüchtig in (seiner) Pflicht beim Errechnen der Zahlen,
aufmerksam (...) zu tun,
der erkennt, was im Herzen des Herrschers – er lebe, sei heil und
gesund – ist,
redende Zunge des Palastbewohners (= des Königs),
Augen des Königs,
Herz des Herrn des Palastes,
Unterweisung des ganzen Landes,
der den Aufrührer bändigt und den Unruhestifter beruhigt,
(...) unter den Feinden,
der den Zugriff der Räuber zurückstößt,
der Gewalt übt gegen die Gewalttätigen
und grausam ist gegen die Grausamen,

der den Arm des Hochmütigen niedersinken läßt
und den Angriff des Gewalttätigen zunichte macht,
der bewirkt, daß der Streitsüchtige die Verordnungen befolgt
und die Gesetze der Rechtschaffenheit, obwohl sein Herz sie haßt,
groß an Schrecken für die Verbrecher,
Furchterregender unter den Frevlern,
der den Gegner bändigt, der dem Wütenden wehrt,
Heil des Palastes, der seine Gesetze festsetzt,
der die Menge beruhigt für ihren Herrn,
erster Herold des Tores,
Graf von This,
Oberhaupt der gesamten Oase,
vortrefflicher Schreiber, der die Schrift enträtseln kann,
Intef, gerechtfertigt.

Einzig Weiser, ausgestattet mit Wissen,
der wirklich wohlbehalten ist,
der den Toren vom Weisen unterscheiden kann,
der den Künstler auszeichnet und dem Unwissenden den Rücken
kehrt,
der auszuwählen weiß, der äußerst kenntnisreiche,
geduldig beim Anhören eines Zeugen,
frei von Unrecht,
tüchtig für seine Vorgesetzten, rechtschaffen,
keine Lüge ist in ihm,
kundig aller Wege,
der den Freundlichen respektiert und seine Bitte anhört,
milde gegen den »Kalt-Heißen« (= Verängstigten),
der für den eintritt, der nach seinen Plänen handelt,
der den Gerechten nicht vergißt,
der das Herz durchschaut und die Gedanken kennt
bevor sie über die Lippen des Sprechenden gekommen sind,
um sie auszusprechen gemäß seinem Wunsch;
es gibt keinen, den er nicht kennt,
der sein Gesicht nicht vorbeigehen läßt an dem, der die Wahrheit sagt,
aber sich abwendet von dem, der Lüge spricht,
der schadet dem (...)
und nicht mild ist gegen den Schwätzer,
der sich hin und her wendet, das Richtige zu tun,
zufriedenen Herzens, wenn er zufriedenstellen kann,
der keinen Unterschied macht zwischen dem, den er kennt und dem,
den er nicht kennt,
der sich um die Wahrheit sorgt,
geduldigen Herzens beim Anhören der Bittsteller,

der zwei Männer zu ihrer Zufriedenheit bescheidet,
der nicht Partei ergreift für den Lügenhaften,
frei von Einseitigkeit,
der den Gerechten rechtfertigt
und dem, der unrecht hat, entgegentritt wegen seines Unrechts,
Diener des Hilfsbedürftigen, Vater der Armen,
Führer des Waisen, Mutter des Furchtsamen,
Zuflucht des Bedrängten, Schützer des Elenden,
Beistand dessen, der von seiner Habe verdrängt wird von einem, der
mächtiger ist als er,
Gatte der Witwe,
Schutzwehr des Waisenkindes,
(Ruhestätte des) Weinenden,
über den die, die (ihn) kennen, jubeln,
der wegen seines Charakters gelobt wird,
für den die Guten Gott danken
wegen der Größe seiner Vortrefflichkeit,
für den Leben und Gesundheit erfleht werden von allen Menschen,
erster Herold des Tores,
Oberhofmeister, Scheunenvorsteher,
Leiter aller Arbeiten des Palastes – Leben, Heil, Gesundheit –
dem alle Ämter (= Beamten) berichten,
der die Abgaben aller Leiter, Bürgermeister und Ortsvorsteher
von Ober- und Unterägypten zählt,
der treffliche Schreiber Intef, gerechtfertigt.

Damit hat sich das Menschenbild des Alten Reiches grundlegend
gewandelt. Dort der außenbestimmte, königs- und familienzen-
trierte, von äußerer Einbindung abhängige Mensch, hier der
innenbestimmte, selbstzentrierte, aus der Mitte seiner eigenen
Antriebe und Grundsätze handelnde Mensch. Inbegriff dieser
inneren Mitte der Persönlichkeit ist das »Herz«. Davon handelt
z. B. Intef selbst in einem Meta-Text, den er seiner Biographie in
Form einer Coda anhängt:

Er spricht:
Dies sind meine Eigenschaften, die ich bezeugt habe;
es ist keine Prahlerei dabei.
Meine Wesensart ist das in Wirklichkeit,
es ist nichts Erfundenes dabei.
Auch ist es nicht etwa eine Beschönigung, indem ich mich mit Lügen
gerühmt hätte,
sondern mein Wesen ist es, wirklich, wie ich zu handeln pflegte,
meine Ämter sind es im Hause des Königs – Leben, Heil,

Gesundheit –
mein Dienst ist es im Palast – Leben, Heil, Gesundheit –
und meine Pflicht ist es bei der Wache.
Mein Herz war es, das mich antrieb, das zu tun entsprechend seiner
Anleitung an mich;
es ist für mich ein ausgezeichnetes Zeugnis,
seine Anweisungen habe ich nicht verletzt,
denn ich fürchtete, seine Anleitung zu übertreten
und gedieh deswegen sehr.
Trefflich erging es mir wegen seiner Eingebungen für mein Handeln,
tadelsfrei war ich durch seine Führung.
(...) sagen die Menschen,
ein Gottesspruch ist es (= das Herz) in jedem Körper.
Selig der, den es auf den richtigen Weg des Handelns geführt hat!
Siehe, solch einer war ich.
Ich folgte dem König der beiden Länder,
ich heftete mich an seine Schritte in den Ländern des Südens und
Nordens,
ich erreichte den Anfang der Erde
und gelangte bis an sein Ende,
indem ich Seine Majestät – Leben, Heil, Gesundheit – begleitete.
Ich war tapfer wie die Herren des Schwertes,
ich packte zu wie seine Tapferen.
Jeder Palast hinter dem Bergland (...)
ich marschierte vor den Truppen an der Spitze des Heeres.
Wenn mein Herr in Frieden bei mir ankam,
hatte ich sie bereitet, indem ich sie ausstattete
mit allem, was man sich im Fremdland wünscht,
besser als ein Palast Ägyptens,
gereinigt und abgesondert,
unzugänglich gemacht und geheiligt in ihren Wohnungen,
ein jeder Raum nach seinem Zweck.
Ich stellte das Herz des Königs zufrieden mit dem, was ich tat (...).
Ich registrierte die Abgaben der Herrscher in allen Fremdländern
an Silber, Gold, Öl, Weihrauch und Wein.

Die Lehre vom Herzen gibt den drei Basis-Kategorien der biographischen Sinnkonstruktion – Distinktion, Integration und
Fortdauer – einen völlig neuen Sinn. In allen drei Aspekten
wandelt sich durch den neuen Begriff des Herzens Fremdbestimmtheit, Außenstabilisiertheit und Abhängigkeit in Selbstbe-
stimmtheit, Innenstabilisiertheit und Unabhängigkeit:
1. Das Herz ermöglicht »Distinktion aus eigener Kraft«: als
innere Instanz von Wille, Initiative, Antrieb, Zielsetzung und

Planung ersetzt es die Rolle des Königs. »Mein eigenes Herz war es, das meine Stellung vorangebracht hat«, lautet die Devise.

2. Das Herz ermöglicht »Integration aus eigener Kraft«: als Organ von Selbsterkenntnis, Reflexivität und *sensus communis* ermöglicht es die Erkenntnis des eigenen Standorts im Gesamtgefüge der Gesellschaft und bringt die eigenen Triebe mit dem allgemeinen Gesetz sozialer und kosmischer Harmonie: der Maat ins Gleichgewicht.

3. Das Herz ermöglicht »Fortdauer aus eigener Kraft«, jetzt schon im Sinne von »Unsterblichkeit«: damit berühren wir die neuartige Idee vom Totengericht, wo das Herz als Inbegriff des inneren Menschen gegen die Maat abgewogen und das erstrebte Gleichgewicht geprüft wird. Wer diese Prüfung besteht, wird vom Tode erlöst (»gerechtfertigt«) und göttlicher Unsterblichkeit teilhaftig.

Die neue Lehre macht den Menschen eigentlich und prinzipiell unabhängig von den Aufwendungen des »Monumentalen Diskurses«. Die neue Devise lautet: *Das Monument des Menschen ist seine Vollkommenheit.*[17]

Die Lehre für König Merikare erklärt, daß ein Grab durch Rechtschaffenheit des Herzens und das Tun der Maat[18] erbaut wird – und nicht aus Stein. Es fehlt sogar nicht an expliziter Kritik, die die Zwecklosigkeit monumentaler Zurüstungen schonungslos aufdeckt:

> Die in Granit bauten,
> die an schönen Pyramiden bauten in schöner Arbeit –
> sobald die Bauherren zu Göttern geworden sind
> bleiben ihre Opfersteine leer
> wie die der »Müden«
> die auf dem Uferdamm gestorben sind
> aus Mangel an einem Hinterbliebenen.[19]

Und in einem anderen Text:

> Edle und Verklärte
> sind in ihren Gräbern begraben.
> Sie bauten Häuser, aber ihre Stätten sind nicht mehr.
> Was geschah mit ihnen?
>
> Wo sind ihre Stätten?
> Ihre Mauern sind zerfallen,
> ihre Plätze sind nicht mehr
> als hätte es sie nie gegeben.[20]

Aber trotz solcher Klarsicht hinsichtlich der Vergänglichkeit auch des Monumentalen bedeuten diese Neuerungen nicht das Ende des Monumentalen Diskurses. Vor allem vermag die Idee der Unsterblichkeit, der Erlösung vom Tode durch Freispruch im Totengericht und Initiation in die Götterwelt, die alte Sehnsucht nach diesseitiger Fortdauer in keiner Weise zu verdrängen. Die Gräber des Mittleren und des Neuen Reichs sind kaum weniger monumental als die des Alten. Und noch Hekataios von Abdera, der Ägypten um 300 v. Chr. bereist hat, wundert sich über die ägyptische Sitte, alle Mittel auf die Anlage monumentaler »Häuser für die Ewigkeit« zu verwenden, die Wohnhäuser aber zu billigen und vergänglichen Materialien zu errichten. Die Antwort, die er überliefert, zeigt, wie lebendig der ursprüngliche Gedanke sozialer Fortdauer noch immer war: die Wohnhäuser sind ja bloße »Absteigequartiere«, in den Gräbern aber verbringt man die »unendliche Zeit«, während deren man wegen seiner Vollkommenheit (griechisch: *areté*, entspricht ägyptisch: *nfrw*) in Erinnerung gehalten wird (Diodor, I 51; vgl. Morenz 1969, 46 f.).

Auch die Gattung der autobiographischen Inschrift lebt bis in die Tage des Hekataios und sogar weit darüber hinaus (Otto 1954). Eine der bedeutendsten Inschriften stammt aus der Zeit Kaiser Hadrians. Indem neue Ideen zu der ursprünglichen Vorstellungswelt hinzutreten, alte aber kaum an Strahlkraft einbüßen, baut sich ein Spannungsfeld von wachsender Komplexität auf, in dem ganz verschiedene Menschenbilder und Persönlichkeitsstile möglich werden. Eine vergleichende Untersuchung wird hier das Profil einzelner Epochen und sehr wahrscheinlich auch spezifischer sozialer Schichten und Gruppierungen herausarbeiten können, auf deren Hintergrund dann möglicherweise sogar individuelle Selbstthematisierungen als solche hervortreten.

6. Grenzen ägyptischer Selbstthematisierung

So überraschend auch die Fülle menschlicher Selbstzeugnisse aus einer so frühen Zeit anmuten mag, so dürfen wir doch andererseits nicht übersehen, daß sie sich in den sehr engen Grenzen eines bestimmten institutionellen Rahmens halten: des »Monumentalen Diskurses«. Es geht bei dieser Thematisierung immer um die »Monumentalisierung« des Selbst, d. h. um die Fixierung einer verewigungswürdigen, den Normen der Ewigkeit entsprechenden Identität und Lebensgeschichte. Diese Normen sind sehr rigide. Sie wirken als ein hochselektiver Aufzeichnungsrahmen, dem das meiste von dem zum Opfer fällt, was sich mit unserem Begriff von Individualität verbindet. Bis ans Ende der ägyptischen Geschichte bleiben *Amt* und *Gerechtigkeit*, Königsdienst und gesellschaftliche Einbindung die einzigen Bezugsrahmen biographischer Bedeutsamkeit – mit einer einzigen Ausnahme: der »Persönlichen Frömmigkeit«. Davon soll abschließend wenigstens andeutungsweise noch die Rede sein.

In der Ramessidenzeit (13. Jh. v. Chr.) entfaltet sich im Anschluß an die Tempel und wohl auf dem Boden einer neuartigen sakralrechtlichen Institution ein neuer Aufzeichnungsrahmen selbstthematisierender Diskurse, in Gestalt von Stelen, die Einzelne in Heiligtümer weihen und in deren Inschriften sie von einer persönlichen religiösen Erfahrung berichten. Dabei geht es immer um Errettung aus einer schlimmen Notlage, die meist ihrerseits als Strafe der erzürnten Gottheit gedeutet wird. Sowohl die Strafe als auch die Errettung gelten als »Machterweise« (*b3w*) der Gottheit, die durch die Stele »verkündet« (*sḏd*) werden (Assmann 1975 b). Die Breite des Phänomens, das sich durch alle Schichten der Bevölkerung von den kleinen Leuten bis zu den Königsinschriften nachweisen läßt (Assmann 1983 c; 1984 a, 221 ff.), das aber vor allem auch außerhalb Ägyptens, bei den Hethitern, den Babyloniern und später ganz besonders in Israel auftritt (Albertz 1978; Steinleitner 1913; Bornkamm 1964), zeigt, daß es sich hier um eine allgemein vorderorientalische Bewegung handelt, an der Ägypten lediglich auf seine Weise teilhat. Hier baut sich ein neuer und in einem spezifischen Sinne religiöser Sinnstiftungshorizont auf, der dem menschlichen Leben neuartige Bedeutsamkeit verleiht und neue Erlebnisse, Ereignisse und Selbstthematisierungen hervorbringt: die Gott-Mensch-Beziehung, Erfahrungen ihrer Störung und Heilung, Berichte darüber in Gestalt von Buß- und Dankliedern, bei den Hethitern und in Israel auch in großangelegten historiographischen Texten (Cancik 1976), bis hin schließlich zu Augustins Confessiones (Zepf 1926), die dann zum Ausgangspunkt der abendländischen Autobiographie werden.

Aber das ist eine andere Geschichte. Daß ich sie hier überhaupt erwähne, hat seinen Grund darin, daß das Thema »Schuld«, um das es hier geht, Alois Hahns einleuchtender These zufolge zu der zentralen Signatur abendländischer Lebensdeutungen geworden ist. Sicher wird man diese Sinnfigur nicht in das Zentrum altägyptischer Lebensdeutungen stellen wollen; aber daß ihre Wurzeln weit über Augustin, ja über das Neue und Alte Testament hinaus in den Vorderen Orient und nach Ägypten zurückreichen, das erscheint doch bedeutsam.

Anmerkungen

1 Vgl. im einzelnen Assmann 1975; 1983 b; 1984 a, 90-97.
2 Paläste waren in Ziegelbauweise errichtet. Sonst gab es keine Repräsentationsbauten nichtsakralen Charakters.
3 Das gilt wahrscheinlich noch nicht für das Alte Reich, mit Sicherheit aber für das 2. und 1. Jt. v. Chr. (vgl. Assmann 1984 d, 100-102).
4 Vgl. Björkman (1971).
5 Für eine ausführlichere Behandlung desselben Materials, allerdings unter etwas anderen Gesichtspunkten, s. Assmann 1983 a.
6 Zum allgemeinen Zusammenhang von Geschichte und Identität s. Schapp (1975), Marquard/Stierle (1979) und darin besonders den Beitrag von H. Lübbe.
7 Zumindest in der Theorie bildete in Ägypten die literate Oberschicht keine exklusive und endogame Klasse, sondern stand jedem offen, der sich aufgrund von Ausbildung und Leistung für ein höheres Amt qualifizieren konnte.
8 Ausnahmen, die diese Regel bestätigen, finden sich unter den ersten Königen der 19. Dyn.: Haremhab, Sethos I. und Ramses II. Die »Legende von der Jugend und Thronerhebung der Königin Hatschepsut« steht auf einem anderen Blatt: hier handelt es sich um eine ritualisierte Lebensgeschichte, wie sie sich nach dem Dogma jeder Pharao zuschreiben kann.
9 Vgl. hierzu E. Schott (1977) und Assmann (1983 a).
10 Für eine Sammlung dieser Phraseologie s. Janssen (1946).
11 Als einen typischen Text dieser Stufe s. die Biographie des Ptahschepses, Sethe 1932, 51-53; Roccati 1982, 105-107; Assmann 1983 a, 72-78.
12 Hierzu ausführlich E. Schott (1977), vgl. auch Assmann (1982), 968 f.
13 Typische Beispiele: die Biographien des Weni (Sethe 1932, 98-110; Lichtheim 1973, 18-23; Roccati 1982, 187-197; Assmann 1983 a, 74-77) und des Harchuf (Sethe 1932, 120-131; Lichtheim 1973, 23-27; Roccati 1982, 200-207).
14 Vgl. hierzu Assmann 1984 b.

15 Vgl. Assmann 1982, 971-973.
16 Stele Louvre C 26: Sethe 1961, 963-975; Blumenthal et al. (1984), 356-360.
17 Stele des Mentuhotep London UC 14333 s. Assmann (1983 a), 83; (1984 b), 690. Die Sentenz wird in dieser Inschrift als ein »Sprichwort im Munde der Geringen« zitiert. In der Tat liegt in dieser Aussage eine sozialkritische Tendenz, setzt sie doch an die Stelle des aufwendigen und exklusiven, nur der Oberschicht zugänglichen »Monumentalen Diskurses« die allen Menschen zugängliche »Tugend«.
18 Lehre für Merikare P 127-128. Zum Zusammenhang zwischen »Gerechtigkeit« und »Fortdauer« und zur Spiritualisierung des Monumentalen Diskurses im Mittleren Reich habe ich in meinem Beitrag (1984 b) mehrere Stellen aus literarischen und nichtliterarischen Texten des Mittleren Reichs zusammengestellt.
19 P Berlin 3024, 55-68 s. Lichtheim (1973), 165.
20 »Anteflied«, s. Lichtheim (1973), 196. Zur Kritik des Monumentalen Diskurses vgl. auch meinen Beitrag »Fest des Augenblicks – Verheißung der Dauer. Die Kontroverse der ägyptischen Harfnerlieder«, in: *Fragen an die altägyptische Literatur. Studien zum Gedenken an Eberhard Otto*, Wiesbaden 1977, 55-84.

Literatur

Albertz, Rainer (1978), *Persönliche Frömmigkeit und offizielle Religion. Religionsinterner Pluralismus in Israel und Babylon*, Stuttgart.
Assmann, Jan (1975 a), »Zeit und Ewigkeit im alten Ägypten. Ein Beitrag zur Geschichte der Ewigkeit«, in: *AHAW* 1975.
– (1975 b), »Aretalogien«, in: *Lexikon der Ägyptologie* I, 425-434.
– (1982), »Persönlichkeitsbegriff und -bewußtsein«, in: *Lexikon der Ägyptologie* IV, 963-978.
– (1983 a), »Schrift, Tod und Identität. Das Grab als Vorschule der Literatur im alten Ägypten«, in: A. u. J. Assmann, Chr. Hardmeier (Hg.), *Schrift und Gedächtnis*, München, 64-93.
– (1983 b), »Das Doppelgesicht der Zeit im altägyptischen Denken«, in: *Die Zeit. Schriften der C. F. v. Siemens-Stiftung* 6, 189-223.
– (1983 c), »Krieg und Frieden im alten Ägypten. Ramses II. in der Schlacht bei Qadesch«, in: *mannheimer forum* 83/84, 175-231.
– (1984 a), *Ägypten – Theologie und Frömmigkeit einer frühen Hochkultur*, Stuttgart.
– (1984 b), »Vergeltung und Erinnerung«, in: *Studien zu Sprache und Religion Ägyptens. Festschrift für W. Westendorf*, 687-701.
Björkman, Gun (1971), Kings at Karnak. A Study of the Treatment of the

Monuments of Royal Predecessors in the Early New Kingdom, Uppsala.

Blumenthal, Elke et al. (Hg.) (1984), Urkunden der 18. Dyn., Übersetzung zu den Heften 5-16. Berlin.

Bornkamm, Günther (1964), »Lobpreis, Bekenntnis und Opfer«, in: *Apophoreta (Festschrift für Haenchen)*, Berlin, 46-63.

Cancik, Hubert (1976), *Grundzüge der hethitischen und alttestamentlichen Geschichtsschreibung*, Wiesbaden.

Jansen-Winkeln, Karl (1985), »Ägyptische Biographien der 22. und 23. Dynastie«, in: *Ägypten und Altes Testament* 8.

Janssen, Jozef M. A. (1946), *De traditioneele egyptische autobiografie vóór het Nieuwe Rijk*, 2 Bde., Leiden.

Lichtheim, Miriam (1973), *Ancient Egyptian Literature*, Bd. 1, Berkeley.

Lübbe, Hermann (1979), »Zur Identitätspräsentationsfunktion der Historie«, in: Marquard/Stierle (Hg.), 277-292.

Marquard, Odo/Stierle, K. H. (Hg.) (1979), »Identität«, in: *Poetik und Hermeneutik* VIII, München.

Misch, Georg (1913), *Geschichte der Autobiographie 1. Das Altertum*.

Morenz, Siegfried (1969), »Prestige-Wirtschaft im alten Ägypten«, in: *SbBayr. AW*, 1969, Heft 4.

Otto, Eberhard (1954), *Biographische Inschriften der ägyptischen Spätzeit*, Leiden.

Roccati, Alessandro (1982), *La littérature historique sous l'ancien empire égyptien*, Paris.

Schapp, Wilhelm (1976), *In Geschichten verstrickt. Zum Sein von Mensch und Ding*, 2. Aufl., hg. v. Hermann Lübbe, Wiesbaden.

Schott, Erika (1977), »Die Biographie des Ka-em-Tenenet«, in: *Fragen an die ägyptische Literatur* (Gs. Eberhard Otto), 443-61.

Steinleitner, Franz (1913), *Die Beicht im Zusammenhang mit der sakralen Rechtspflege in der Antike*.

Zepf, Max (1926), *Augustins Confessiones. Heidelberger Abh. zur Philosophie und Geschichte*, Heft 9.

Nicole Belmont
Das Motiv der Leugnung
im Märchentypus *Marienkind* (AaTh 710)

Die Erzählung, um die es im folgenden geht, behandelt im Stil des
Märchens ein Frauenschicksal, das trotz glücklichen Ausgangs
der Geschichte tragisch zu nennen ist. Die Tragik rührt her aus
der Verstrickung der Protagonistin in eine doppelte Nötigung:
Sie muß etwas bekennen und darf diesem Zwang zugleich nicht
nachgeben. Diese doppelte Nötigung zwischen Reden-müssen
und Schweigen-können ist allerdings nur für die Märchenvarianten ohne christlich-religiösen Hintergrund relevant. Den christlich geprägten Märchenfassungen, die auf derselben Erzählstruk-
tur aufbauen, geht es letztlich darum, die eine unausweichliche
Notwendigkeit herauszustellen: die Pflicht, Versäumnisse einzugestehen.[1]
In Frankreich ist die hier besprochene Märchenerzählung nicht
sehr häufig vertreten. Anders in französischsprachigen Teilen
Kanadas. Aus Quebec liegt dazu eine interessante, im Rahmen
der Universität Laval entstandene Arbeit vor, in der nicht nur die
kanadischen Versionen, sondern auch die Märchenfassungen iri-
scher Herkunft berücksichtigt werden.[2] Die irischen Versionen
dürften einen Teil der kanadischen beeinflußt haben, da der
Kontakt zwischen französischstämmigen und irischen Volkstei-
len durch die gemeinsame Religion gefördert wurde.
Das französische Corpus zu diesem Märchentyp ist, wie gesagt,
wenig umfangreich. Es liegen nur drei Versionen vor: eine Fassung mit christlich-religiösem Hintergrund und zwei, für die der
literarisch-künstlerische und der moralische Wert maßgeblich
sind.[3] Die christliche Fassung stammt aus Lothringen und steht
der Grimmschen Märchenerzählung nahe, auch wenn sie weniger
reich ausgestaltet ist. Hier zunächst eine Zusammenfassung des
Grimmschen Märchens, das, auch nach internationaler Klassifi-
kation, unter dem Titel *Marienkind* bekannt ist.

Ein armer Holzhacker lebt mit seiner Frau und seinem Kind, das drei
Jahre alt ist, am Rande eines Waldes. Seine Armut ist so groß, daß er für
das Mädchen kaum genug zu essen hat. Eines Morgens steht eine schöne

Frau vor ihm. Es ist die Jungfrau Maria. Sie sagt dem Mann, er solle ihr das Kind übergeben, sie wolle es mit in den Himmel nehmen. Er willigt ein. Das Kind bekommt die köstlichsten Speisen zu essen, erhält Kleider aus Gold und spielt mit den Engeln. Als das Mädchen vierzehn Jahre alt ist, tut die Jungfrau Maria ihm kund, daß sie eine große Reise vorhat und ihm die Schlüssel zu den dreizehn Türen des Himmelreiches überläßt. Sie erlaubt ihm, zwölf Türen aufzuschließen, nur die dreizehnte wird ihm verboten. Das Mädchen schließt jeden Tag eine Tür auf, bis auch die zwölfte aufgeschlossen ist. Jedes Mal sieht es einen Apostel sitzen, und der Anblick löst Freude aus. Nun treibt das Mädchen die Neugier, es will auch hinter die dreizehnte Tür blicken. Es läßt sich schließlich von der Lust hinreißen. Was es erblickt, ist die Dreieinigkeit im Feuer und im Lichterglanz. Das Mädchen geht nicht über die Schwelle, streckt aber den einen Finger aus, so daß für immer Gold daran bleibt.

Als die Jungfrau Maria von ihrer Reise zurückkommt, fragt sie das Mädchen nach der dreizehnten Tür. Dieses leugnet aber, die Tür geöffnet zu haben, obwohl sein Finger ein unverkennbares Zeichen trägt. Die Jungfrau Maria verjagt das Mädchen daraufhin aus dem Himmelreich. Es erwacht in der Einöde des Waldes, von Heckengestrüpp umgeben, und hat keine Sprache mehr. Viele Jahre lebt es dort und findet Schutz in einem hohlen Baum, bis ein junger Königssohn es findet, als er sich bei der Jagd verirrt hat. Er nimmt es mit auf sein Schloß, gewinnt es lieb und heiratet es. Nach einem Jahr bringt die junge Königin einen Sohn zur Welt. In der Nacht erscheint ihr die Jungfrau Maria und fordert von ihr, sie solle gestehen, daß sie die verbotene Tür geöffnet hat, und verspricht, ihr dafür die Zunge zu lösen. Als die Königin sich weigert, das Getane einzugestehen, nimmt die Jungfrau Maria das Kind mit sich fort. Daraufhin geht das Gerücht, die Königin sei eine Menschenfresserin, und da sie nicht sprechen kann, kann sie sich auch nicht dagegen wehren. Der König schenkt jedoch dem Gerücht keinen Glauben, weil er die Königin viel zu sehr liebt. Die Szene wiederholt sich noch zweimal, zuerst bei der Geburt eines Sohnes, dann bei der Geburt einer Tochter. Und dreimal sagt die Königin: »Nein, ich habe die verbotene Tür nicht geöffnet«. Der König kann sie schließlich nicht mehr in Schutz nehmen, sie wird verurteilt und soll auf dem Scheiterhaufen verbrennen. Als das Feuer sie schon zu erfassen droht, regt sich Reue bei ihr, und sie will gestehen. Im selben Augenblick erhält sie die Sprache wieder, und laut ruft sie aus: »Ja, Maria, ich habe es getan«. Da fällt Regen vom Himmel und löscht das Feuer auf dem Scheiterhaufen. Die Jungfrau Maria erscheint, gibt ihr die drei Kinder zurück und sagt: »Wer seine Sünde bereut und eingesteht, dem ist sie vergeben« (KHM 3) [Zitate aus: Brüder Grimm: Kinder- und Hausmärchen. Jubiläumsausgabe zum 200. Geburtstag der Brüder Grimm 1985/86. Ausgabe letzter Hand mit den Originalanmerkungen der Brüder Grimm, Stuttgart: Reclam Jun. 1984, Bd. 1, Anm. d. Ü.].

Bevor nun die nicht christlich gefärbten Märchenvarianten näher betrachtet werden, sei auf den besonderen Charakter der Strafe, ihre schillernde Widersprüchlichkeit, hingewiesen. Sie ist gegen jemanden gerichtet, der etwas Getanes nicht eingestehen will, und sie bewirkt bei dem, der deshalb bestraft werden soll, den Verlust der Sprache. Es mag fürs erste genügen festzustellen, daß gerade das Nicht-Reden eine gute Gewähr für das Nicht-Eingestehen des Getanen ist. Ein anderes wirksames Mittel wäre das Vergessen.

Aus Kanada liegen insgesamt sechzehn Märchenfassungen vor, nur zwei davon sind christlich interpretiert. Nach Meinung von Nancy Schmitz erklärt sich diese kleine Zahl von christlichen Versionen aus der Scheu der Erzähler, die Jungfrau Maria in einer strafenden Rolle erscheinen zu lassen. In einer der beiden christlichen Versionen gibt sich die Jungfrau Maria auch erst in der letzten Szene zu erkennen. Der Anblick, der sich dem Mädchen darbietet, ist in beiden Fassungen in etwa der gleiche. Es ist »der liebe Gott leibhaftig«, im anderen Fall »der liebe Gott und das heilige Sakrament«.

Die nicht christlich gefärbten Varianten sind durch mehr Vielfalt und Variationsbreite gekennzeichnet. Hier die Zusammenfassung einer Version aus diesem Märchenbestand, gesammelt 1961 von G. Massignon in der kanadischen Provinz Neubraunschweig.

Die graue Katze. Ein Mädchen, das weder Vater noch Mutter hat, wächst bei seiner Gote*, einer Fee, auf. Als es zwölf Jahre alt ist, sagt die Gote zu ihm: »Ich gehe fort. In alle Zimmer darfst du hineinsehen, nur in das eine nicht«. Das Mädchen geht aber schließlich doch hinein. Es sieht dort viele große Katzen. Eine große graue Katze heftet ihre Augen fest auf das Mädchen und setzt zum Sprung an, um es zu verschlingen. Später nimmt die Gote ihre Tochter ins Gebet, doch sie will nicht gestehen, daß sie die Tür geöffnet hat. Auch Drohungen helfen nicht. Da wirft die Gote sie in eine Dornenhecke, nachdem sie ihr die Sprache genommen und die Hände abgehackt hat. Dort findet sie ein Prinz, als er auf der Jagd vorbeigezogen kommt. Er verliebt sich in sie und vermählt sich mit ihr wider den Willen der Ziehmutter. Die junge Königin bringt einen Sohn zur Welt. Da kommt die Gote zu ihr, gibt ihr die Sprache zurück und will

---

* *Gote* zeigt deutlicher als *Patin* (alemannisch *Gode*, engl. *godmother*) die Ähnlichkeit mit der Zauberin und Ziehmutter »Frau Gothel« im Rapunzelmärchen (AaTh 310). Die Nachweise zu KHM 3 in der Jubiläumsausgabe (op.cit., S. 443) machen auf die Parallele zu diesem Märchentyp aufmerksam. Ebenso das Nachwort von Peter Dettmering in der KHM-Ausgabe Lindau: Antiqua 1985, insbes. S. x (Anm. d. Ü.).

sie zum Geständnis bewegen. Sie weigert sich jedoch abermals, das Getane einzugestehen. Die Gote nimmt ihr daraufhin wieder die Sprache und besudelt sie mit Blut, damit die Leute glauben, sie hätte ihr Kind gefressen. Die Gote nimmt das Kind mit sich fort. Ein Jahr später bringt die Königin ein zweites Kind zur Welt. Die Gote erscheint wieder, bringt das erste Kind zurück, gibt der Königin die Sprache wieder und will sie zum Geständnis bewegen. Und abermals leistet sie Widerstand. Die Fee besudelt sie wieder mit Blut und nimmt die beiden Kinder mit sich fort. Nach einem Jahr wird ein drittes Kind geboren. Die Gote erscheint aufs neue, und die Königin verweigert wieder das Geständnis. Da nimmt die Gote alle drei Kinder mit sich fort und läßt deren leibliche Mutter, die Königin, blutbesudelt zurück. Dieses Mal sagt die Ziehmutter zum Prinzen, seine Frau müsse bestraft werden, weil sie ihre drei Kinder gefressen hat. Zur Strafe muß sie in einem Durchgang liegen, und jeder, der vorbeigeht, muß auf ihr herumtreten. Nach zwei Wochen Martyrium erscheint die Ziehmutter, gibt ihrer Tochter die Sprache wieder und bringt ihr die drei Kinder zurück. Doch das Geständnis verweigert die Tochter auch dieses Mal. Da sagt die Gote zu ihr: »Ich sehe, du bist verschwiegen, du wirst niemals reden ... Die graue Katze, die du in dem verbotenen Zimmer gesehen hast, war ich«. Und die Gote gibt ihr ihre Hände wieder und ihre drei Kinder zurück. Der Prinz kommt in den Durchgang, da redet seine Frau zu ihm, und sie zeigt ihm ihre drei Kinder.

Die Verweigerung des Geständnisses ist hier offenbar nicht mehr identisch mit einem moralischen Fehlverhalten, sondern sie ist positiver Ausdruck für die Tugend der Verschwiegenheit. Die Erzählung wirft dennoch einige Probleme auf. Zunächst scheinen die Märchenvarianten in ihrer Botschaft ohne weiteres durchschaubar: lauter Geschichten zum Thema Töchtererziehung, aus denen Verschwiegenheit gelernt werden soll oder an denen gezeigt werden soll, daß jeder Fehler, wenn er nur eingestanden wird, Vergebung findet. Nach genauerer Beschäftigung mit den nicht christlich gefärbten Märchenvarianten drängt sich nun aber der Gedanke auf, daß eine solche etwas kurzsichtige Lesart nicht unbedingt die einzig mögliche ist und daß die beiden Subtypen von Märchenfassungen nicht in einem diachronischen Verhältnis zu stehen brauchen, so als gäbe es ein zeitliches Vorher-Nachher von symbolreicherem »heidnischem« Erzählstadium und christlich-reduktionistischem. Es gibt im Gegenteil nicht einmal einen Beweis dafür, daß die nicht christlich interpretierten Versionen die älteren sind. Alle kanadischen und irischen Fassungen wurden im 20. Jh. festgehalten. Von den Gebrüdern Grimm stammt andererseits eines der ältesten literarischen Zeugnisse dieses Märchentyps. Sie haben die christliche Version in die Urform der Märchensammlung aufgenommen, weisen jedoch im dritten Band der KHM auf eine »andere Erzählung« aus Hessen hin, bei der es sich um eine nicht christlich gefärbte Version handelt. In der Überlieferung des Volkes bestanden offenbar beide Subtypen nebeneinander, wie auch zwei einander entgegengesetzte Verhaltensmuster gleichzeitig Geltung hatten: Schweigen-können und Reden-müssen.

Fest steht, daß die nicht christlich interpretierten Versionen bei sonst identischer Struktur in den Erzählelementen reicher ausgestaltet sind. Bei aller Verschiedenheit in der Gestaltung der Eingangsepisode kommt in jedem Fall deutlich zum Ausdruck, daß das Mädchen, von dem erzählt wird, eine Hypothek mit sich zu schleppen hat, vielfach von Geburt an, in einigen Fällen auch aus früheren Generationen. Es ist das Letztgeborene nach reichem Kindersegen: das dreiundzwanzigste (Version Quebec 12) oder das achtzehnte Kind (Version Quebec 10) oder ein Mädchen nach der Geburt von neun Knaben (Version Irland 19). Für Eltern solcher Familien stellt sich in den Märchen die Frage, wie sie für das Letztgeborene die Patenschaft sichern können, da alle Verwandten und Nachbarn schon mit Patenschaften für die früher geborenen Kinder belegt sind. Der Vater trägt die Patenschaft einer fremden Frau an, der er unterwegs begegnet, oder sie bietet sich von sich aus dafür an. Die Frau erhebt jedoch einen Besitzanspruch auf das Mädchen, den sie später, nach einem Jahr, nach sieben, sechzehn oder einundzwanzig Jahren, einlöst. In anderen Versionen wird das Kind einem Ehepaar nach langer Zeit der Kinderlosigkeit geschenkt (Quebec 9). Es kommt zur Welt, weil der Vater versprochen hat, die Patenschaft (je nachdem ob Knabe oder Mädchen) dem Mann oder der Frau zu übertragen, dem bzw. der er zuerst unterwegs begegnen wird (Quebec 11). In einer anderen Variante erscheint eine Frau vor dem kinderlosen Ehepaar und verspricht ihm ein Kind, wenn sie dafür die Patenschaft erhält (Quebec 7, Irland 20). Diese Frau macht ebenfalls einen Besitzanspruch auf das Kind geltend. In den meisten Versionen steht die Geburt des Mädchens entweder im Zusammenhang eines zu großen Kindersegens oder des Mangels an Nachkommen. In beiden Fällen gehört den Eltern das Kind nicht. Eine Frau übernimmt die Mutterrolle und damit auch die Erziehungsfunktion der Eltern. Die leiblichen Eltern werden aus der Erzählung ausgeklammert. Nur in wenigen Versionen treten sie am Ende der Geschichte noch einmal in Erscheinung. In einer französischsprachigen Version aus dem US-Staat Maine (Version 3) wird in diesem Punkt ein originelles Detail hinzugefügt. Die Eltern fordern ihre Tochter von der Ersatzmutter zurück. Dieser gelingt es jedoch dank ihrer Feenrolle, sie von ihrem Plan abzubringen, indem sie ihnen den Traum schickt, sie hätten nie ein Kind gehabt. In einer anderen, aus Jamaika stammenden Variante (Version 5) nimmt die Geschichte von Anfang an tragisch-makabre Züge an. Die Ersatzmutter verschafft sich Neugeborene, indem sie sie ihren Eltern wegnimmt, ohne ein geistiges Band zu den Kindern herzustellen. Sie raubt sie, um sie zu fressen. Doch das eine Mädchen ist so schön, daß sie es nicht übers Herz bringt, es zu verschlingen. So zieht sie es groß, nennt es nach ihrem Namen (Nancy Fairy), und das Mädchen nennt sie »Großmutter«, was auf eine, wenn auch versetzte Mutterbeziehung schließen läßt.

In allen Märchenfassungen, ob mit oder ohne christliche Prägung, ist die Erzählung so gestaltet, daß die Übertretung des Verbots als unausweichlich erscheint. Was von Fall zu Fall variiert, ist das Wahrnehmungserlebnis des Mädchens. Die Überschreitung der Grenze ist eindeutig, wenn das Mädchen die Dreieinigkeit oder den »lieben Gott leibhaftig« in dem verbotenen Zimmer erblickt. Weniger eindeutig ist die Situation in den anderen Versionen. In einigen Fällen ist es die Ziehmutter, die das Mädchen erblickt: bis zu den Knien im Blut steckend, mit Schlangen kämpfend (Version Quebec 4); in einer Flamme (Version Ontario 6); in einem Spiegel neben einem schönen Mann (Quebec 11); ein Kind verschlingend (Jamaika 15); bei ihrer Zauberkunst (Haiti 14; Irland 20 und 21); beim Kartenspiel mit ihrem Mann (Irland 19 und 21); beim Tanz mit dem Teufel (Irland 29); sich drehend wie eine Windmühle (Irland 28). Nicht immer hängen die merkwürdigen oder erschreckenden Wahrnehmungen mit der Ersatzmutter zusammen. Es können auch andere Erscheinungen sein: vier schwarzgekleidete Mädchen beim Lesen (hessische Fassung bei den Gebrüdern Grimm); eine alte Frau in einer hohen Flamme (Quebec 5); eine Riesenschlange, so groß wie das Zimmer (Quebec 7); ein Fenster, durch das blühende Apfelbäume zu sehen sind, aus dem jedoch beim Öffnen eines Spalts Schlangen herausquellen, von denen sich das Mädchen nur mühsam freikämpfen kann (Quebec 10); eine dicke Kröte, die ihm ins Gesicht springt (Quebec 9); ein großer Topf voll Blut, der kocht, ohne daß er auf dem Feuer steht (Jamaika 16); Totenköpfe (Irland 21); eine junge Frau, an den Fersen aufgehängt, von der Blut in ein Gefäß tropft (Irland 27); Gold, Silber und Leichen (Irland 26); und schließlich ein Zimmer, in dem nichts zu sehen ist, in dem es nur nach Rauch riecht (Quebec 12).

Auffallend ist die Mannigfaltigkeit dieser Szenen, verglichen mit dem *Blaubart*-Märchen [AaTh 311-312; vgl. auch KHM 46, *Fitchers Vogel* und Anh. Nr. 9, *Blaubart*, Bd. III der Jubiläumsausgabe der KHM, op.cit., S. 525-526, Anm. d. Ü.], in welchem ebenfalls ein verbotenes Zimmer vorkommt. In allen *Blaubart*-Versionen kommt dieselbe Wahrnehmung vor: eine blutige Szene von den mit abgeschlagenem Kopf an einem Haken aufgehängten Weibern, von denen Blut auf den Boden oder in ein Gefäß fließt. Die Erzählung *Marienkind* gestattet demgegenüber eine gewisse Freiheit hinsichtlich der szenischen Gestaltung des verbotenen Zimmers und regt den Märchenhörer zu unterschiedlichen Deutungen an, während *Blaubart* eine einheitliche Sinngebung vorschreibt. Die von der Protagonistin geöffnete Tür ist ein Fingerzeig auch für den Hörer. So betrachtet, kommt es der Erzählung hauptsächlich auf die Sequenz an: Verbot – Übertretung des Verbots – Forderung nach einem Bekennen der Übertretung. In dem letzten Punkt besteht übrigens zwischen dem kanadischen und dem irischen Corpus ein Unterschied. In den kanadischen Versionen richtet sich das Drängen der Ziehmutter darauf, daß die Protagonistin eingestehen soll, daß sie in das Zimmer hineingegangen ist; die Mutter stellt die Fragen, obwohl sie weiß, daß die Tochter es getan hat, und obwohl die Tochter weiß, daß die Mutter es weiß. In den irischen Versionen hingegen bezieht sich das Drängen und Fragen fast ausschließlich auf das von der Protagonistin in dem verbotenen Zimmer Wahrgenommene. Die Frage lautet zunächst scheinheilig-behutsam: »Hast du heute etwas Außergewöhnliches gesehen?« – dann werden die Fragen eindringlicher und bohrend. Die Übertretung besteht weniger darin, einen verbotenen Ort betreten zu haben, als vielmehr darin, etwas gesehen zu haben, was das Auge nicht sehen sollte. Eine der irischen Fassungen ist in diesem Punkt besonders explizit: Die Ziehmutter schenkt dem Mädchen drei Bücher. Ihre Titel sind: »Sehe nicht, was du sehen wirst«; »Höre nicht, was du hören wirst« und »Sage nur, was du sagen willst«. Durch die Bücher dürfte zum Ausdruck gebracht werden, daß die entscheidende Problematik auf der Ebene der Erziehung liegt. In anderen Versionen wünscht die Ersatzmutter ausdrücklich für das Mädchen, daß es eine gute Erziehung erhält und daß es wie eine Prinzessin heranwächst.

Und zur Prinzessin wird das Mädchen dann tatsächlich werden. Denn nachdem seine Ziehmutter es verlassen und ihm zur Strafe für seine hartnäckige Leugnung die Sprache genommen hat[4], wird es in den Tiefen des Waldes von einem Königssohn gefunden, der auf der Jagd vom Weg abgekommen war. Beim Anblick von so viel Elend und Schönheit zugleich verliebt er sich in das Mädchen und heiratet es trotz aller Bedenken der Familie (»Niemand weiß, woher das Ding kommt«). Die Heirat wird dem Mädchen also nicht verwehrt. Jedoch kann es nicht uneingeschränkt in die Mutterrolle hineinwachsen, da seine Ziehmutter nach der Geburt jedes Kindes in Erscheinung tritt und jedes Mal darauf pocht, daß ihre Tochter eingesteht, was sie Verbotenes getan hat. Die Tochter bleibt hartnäckig bei ihrer Leugnung, und so wird ihr von der Ziehmutter ein Kind nach dem anderen weggenommen. Dabei wird um sie jedes Mal eine blutige Szene arrangiert, damit sie als Menschenfresserin erscheint. Der Prinzgemahl liebt seine Frau so sehr, daß er das Geschehen mit Geduld ansieht, bis er schließlich beim dritten Kind dem Druck der Umwelt nachgeben und seine Frau dem Gericht ausliefern muß. Sie wird zum Tode verurteilt, und als sie auf dem Scheiterhaufen den Flammen schon nahe ist, erscheint ihre Ziehmutter mit den drei Kindern, enthüllt die Wahrheit und lobt die junge Frau wegen ihrer Standhaftigkeit, ihrer Beharrlichkeit und vor allem wegen ihrer Treue und Unbestechlichkeit. Einigen Versionen zufolge wird die Ziehmutter, wie sie selbst offenbart, dank der standhaften Leugnung der jungen Frau von einem Fluch befreit. »Ihr seid die beste Tochter, die eine Mutter je gehabt hat. Ich war verzaubert und konnte erst befreit werden, wenn ein Kind oder eine Frau für mich den Tod erlitten hat. Ihr habt euer Schicksal angenommen und wart bereit, für mich zu sterben«, heißt es nach einer irischen Version (Version 20) wörtlich aus dem Munde der Ziehmutter.

Die erste Deutung der Märchenerzählung, in deren Mittelpunkt die Leugnung der Protagonistin steht, kann auf der Ebene der

Erziehung im weitesten Sinn des Wortes angesiedelt werden. Eigentlich geht es um einen Einweihungsritus, der von einer Ersatzmutter vorgenommen wird, genauer gesagt: von einer Mutter, die die Erzählung ausdrücklich an die Stelle der leiblichen Mutter treten läßt, um deutlich zu machen, daß sie die zweite Funktion der Mutterfigur zu übernehmen hat. Nicht zur Welt bringen ist ihre Aufgabe, sondern Nahrung geben, umsorgen und erziehen, also für das leibliche und seelische Wohl und die Bildung des Verstandes sorgen. Man wird hier an eine andere Erziehungssage erinnert, eine Erzählung, bei der ein nicht gebrochenes Schweigen im Mittelpunkt steht. Die Protagonistin des Märchens handelt wie Parzival, das heißt, sie bleibt bei ihrem Schweigen, nachdem sie etwas erblickt hat, das für sie so merkwürdig ist wie die Szene um den Gral für Parzival. Doch während Parzival die Frage hätte stellen müssen und die Antwort schon bereit war auf die Frage, die den Fischerkönig und sein Land befreit hätte, darf das Mädchen keine Antwort aussprechen auf eine Frage, die ihm mit aller Eindringlichkeit gestellt wird, wobei es auch hier um eine Befreiung, nämlich die der Ersatzmutter (in einigen Versionen auch ihres Landes), geht. Nach Claude Lévi-Strauss sind »Parzival«-Mythen und »Ödipus«-Mythen, was das ihnen zugrundeliegende Kommunikationsproblem angeht, einander diametral entgegengesetzt. In dem einen Modell (Ödipus) geht es um eine Kommunikation, die allzu gewaltig wirkt (Lösung des Rätsels) und schließlich (zur inzestuösen Beziehung) pervertiert, während in dem anderen Modell (Parzival) die Kommunikation unterbrochen ist (nicht gestellte Frage) und in Fruchtlosigkeit endet (Keuschheit und Unfruchtbarkeit der Erde).[5]

In dem hier besprochenen Märchen geht es um regelrechte Kommunikationsverweigerung (die Antwort auf die gestellte Frage wird nicht gegeben), genauer gesagt: um Kommunikationsstillstand während einer Zeit der Reifung. Das Verhalten der Protagonistin entspricht einem Verneinungsverhalten. Bei S. Freud heißt es dazu: »Ein verdrängter Vorstellungs- oder Gedankeninhalt kann also zum Bewußtsein durchdringen, unter der Bedingung, daß er sich verneinen läßt. Die Verneinung ist eine Art, das Verdrängte zur Kenntnis zu nehmen, eigentlich schon eine Aufhebung der Verdrängung, aber freilich keine Annahme des Verdrängten.«[6] Das Verdrängte kann ins Bewußtsein treten und verstandesmäßig Existenz haben, und doch kann emotional eine Abwehrhaltung bestehen bleiben, die ihren Ausdruck in der Verneinung findet. Das *Marienkind*-Märchen läßt diesen Mechanismus erzählerisch Gestalt annehmen. Die Protagonistin wird sich bisher verdrängter und unbewußter Vorstellungen bewußt. Die Erzählung liefert Bilder zur Symbolisierung dieser Vorstellungen, Bilder, deren Entschlüsselung einen gewissen Spielraum läßt. Eine Deutung, übrigens die häufigste, orientiert sich spontan am Vordergrund, am Sichtbaren, wenn zum Beispiel erzählt wird, daß die Protagonistin ihre Ziehmutter in einem Spiegel sieht mit einem »schönen Mann« an ihrer Seite oder mit ihrem Mann beim Kartenspiel oder beim Tanz mit dem Teufel. Es sind dies, verallgemeinernd gesprochen, Handlungen, die der Mutter vorbehalten sind und von denen die Tochter durch das Verbot ausgeschlossen ist. Die Vorstellungen davon sind nicht mehr unbewußt, denn sie hat die Szenen ja beim Öffnen der Tür mit eigenen Augen wahrgenommen, sie werden aber noch gefühlsmäßig unterdrückt, als dürfte es sie eigentlich nicht geben. Die Protagonistin antwortet dementsprechend ihrer Ersatzmutter: »Nein, ich habe derlei nicht gesehen«, verstandesmäßig sehr wohl wissend, daß sie solches gesehen hat. Wider alle Leugnung, so schreibt Freud (S. 12 f.), »macht sich das Denken von den Einschränkungen der Verdrängung frei und bereichert sich um Inhalte, deren es für seine Leistungen nicht entbehren kann«. So kann das Mädchen, von seiner Ziehmutter verstoßen und ins Elend gestürzt, dennoch heiraten und glücklich werden. Was ihr dagegen verwehrt bleibt, ist die zweite Art von Mutterrolle, jene, die ihr gegenüber die Ziehmutter übernommen hat. Sie kann Kinder zur Welt bringen, wie sie selbst von ihrer leiblichen Mutter zur Welt gebracht worden ist, aber sie kann sie nicht umsorgen und erziehen.

Die Erzählung erhebt die Leugnung zum durchgängigen Gestaltungsprinzip. Nicht zufällig tritt die Ziehmutter in Erscheinung, um die Protagonistin aufs neue zum Geständnis zu bewegen, genau dann, wenn sie ein Kind zur Welt gebracht hat. Es ist dies die tragischste Episode der Erzählung überhaupt. In der Tat haben die Erzähler ein sicheres Gespür bewiesen, wenn sie es zu einer Begegnung zwischen Mutter und Tochter genau an dem Punkt kommen ließen, wo die Tochter eine Art von Mutterschaft erlangt hat, die der Ziehmutter nie vergönnt war. Das Gespräch zwischen ihnen wird von manchen Erzählern festgehalten:

– Julie, warst du in dem Zimmer, in das du nicht gehen solltest, warst du im siebten Zimmer?
– Nein, ich war nicht dort, Gote.
– Ich sage dir aber, daß du dort warst.
– Nein, ich versichere dir, daß ich nicht dort war.
– Du bist eine kleine schuftige Lügnerin, ich nehme dir die Sprache weg, du sollst nicht mehr reden können, außerdem nehme ich dir dein Kind weg, dann besudele ich dich ganz mit Blut, und alle werden glauben, du hättest dein Kind gefressen, der Prinz wird sich von dir trennen, so siehst du, wie es ist, wenn man widerspenstig ist (Version Quebec 11).

Die blutige Szene, die von der Ziehmutter arrangiert wird, um den Eindruck zu erwecken, die junge Frau hätte ihr neugeborenes Kind verschlungen, kehrt in fast allen Versionen wieder. In einigen Fassungen hat sie so viel Gewicht, daß sie sogar im Titel des Märchens erscheint: »Die Kinderfresserin« (Ontario 4, Quebec 10), »Die kleine Kinderfresserin« (Quebec 9), »Die blutbesudelte Prinzessin« (Ontario 4). In einigen Versionen heißt es übrigens, daß die Gote die Kinder tatsächlich nacheinander tötet oder verschlingt. Als sie aber dann erscheint, um die Prinzessin vor dem Verbrennen auf dem Scheiterhaufen zu bewahren, bringt sie die Kinder dennoch unversehrt, ja schöner und größer zurück. Es liegt hier ein ein- oder zweistufiges Verwirrspiel vor, je nachdem ob die Wahrheit nur für die anderen Figuren der Erzählung oder auch für den Hörer verdeckt bleibt. In jedem Fall ist das Verschlingen des neugeborenen Kindes als phantastisch-erzählerische Umkehrung der Mutterrolle zu betrachten. Hier ist noch einmal an den oben zitierten Aufsatz von Freud anzuknüpfen. Freud stellt Bejahung und Verneinung einander gegenüber. Die Bejahung »als Ersatz der Vereinigung gehört dem Eros an, die Verneinung – Nachfolge der Ausstoßung – dem Destruktionstrieb« (op.cit., S. 15). Die Leugnung, die Verneinung dessen, was doch schon ins Bewußtsein getreten ist, hält die Geschichte der Generationen auf: die Kinder werden von der Mutter der Mutter in einer kannibalisch-regressiven Entwicklung zurückgenommen.
Der Ausgang der Geschichte ist aus mehreren Gründen glücklich zu nennen: die Protagonistin wird gelobt wegen ihrer Verschwiegenheit und des beherzten Widerstands, den sie geleistet hat, indem sie trotz der harten Bewährungsproben das Schweigen nicht bricht; ihre Kinder erhält sie zurück, und ihr Mann läßt ihr

Gerechtigkeit widerfahren. Sie leben, wie es heißt, in größtem Glück weiter. Bedeutet dieser glückliche Ausgang einfach, daß hier eine Regel des Zaubermärchens Anwendung gefunden hat? Gewiß, aber man muß noch einen Schritt weiter gehen. Die Verneinung in Form wiederholter, zeitlich weit auseinanderliegender Akte der Geständnisverweigerung hat die Aufarbeitung des Verdrängten möglich gemacht, das bei Übertretung des Verbots ins Bewußtsein getreten ist, jedoch zu diesem Zeitpunkt unmöglich angenommen werden konnte. Diese Reifungsperiode endet mit der letzten Bewährungsprobe, der Todesangst auf dem Scheiterhaufen – Gipfelpunkt und Lösung zugleich. In einigen Versionen bewirkt die Protagonistin durch ihr standhaftes Schweigen die Befreiung der Ziehmutter von einem bösen Zauber. Inhalt und Funktion dieses Motivs, das zudem nicht in allen Versionen vertreten ist, lassen sich nicht ohne weiteres festlegen. Es könnte sich um eine erzählerische Abänderung durch die Überlieferung handeln, die den betreffenden Fassungen einen eigenen Sinn verleiht. Oder aber es könnte darin der fundamentale, archaische Sinn des Märchens liegen, und zwar archaisch in historischer wie in psychischer Hinsicht. Tatsache ist, daß die irischen Versionen dieses Motiv eher festgehalten haben als die kanadischen, so daß einiges für die zweite Interpretation spricht, zumal Irland ein Zentrum der frühen Überlieferung ist.

Abschließend soll versucht werden, den Sinn dieses letzten Motivs genauer zu erfassen, unabhängig von der Frage, ob es fundamental oder durch mündliche Überlieferung hinzugefügt ist. Festzuhalten ist, daß das Verbot, das von der Ziehmutter aufgestellt wird, übertreten werden *muß*, denn durch die Abwesenheit der Gote und die Überlassung der Schlüssel wird dem Mädchen die sichere Gelegenheit zur Übertretung gegeben. Die Tochter enthüllt also das Geheimnis ihrer Ziehmutter, ein für sie übrigens unverständliches Geheimnis. Es ist eine merkwürdige bzw. erschreckende Vision, zu der ihr der Schlüssel fehlt, obwohl sie den Schlüssel für das verbotene Zimmer in der Hand hält. Durch ihre anschließende Weigerung, das Getane einzugestehen, und dann ihr freiwilliges bzw. von der Gote auferlegtes Stummbleiben nimmt sie also ein nicht enträtselbares Geheimnis auf sich. Sie wird zu dessen Hüter, ohne zu verstehen, aber es hat, vielleicht gerade weil sie nicht versteht, eine um so größere Wirkkraft. Durch ihr standhaftes Schweigen in vielen Jahren der Bewährung gelingt es ihr nämlich, die Gote von ihrem bösen Zauber zu befreien. Ein ähnlicher Mechanismus läuft manchmal beim Aufrollen und Aufarbeiten von Lebensgeschichten in der psychoanalytischen Behandlung ab. Das Geheimnis wird bisweilen über mehrere Generationen hinweg weitergegeben und auch dann als nicht enträtselbares Geheimnis, das im Extremfall einen nicht erfaßbaren Sinn hat, eben weil es sich auflösen würde, hätte man seinen Sinn durchschaut. Solange die Protagonistin nicht gesteht, was sie getan hat, und so Hüterin des Geheimnisses der Ziehmutter bleibt, kann sie nicht zu vollkommener Mutterschaft gelangen. Das Geheimnis unterbricht die Abfolge der Generationen. Die Tochter muß auf ihrem Stand bleiben, sie kann nicht den Status einer Mutter erlangen. Die Kinder, die sie zur Welt bringt, gehören ihrer Mutter, die sie wegnimmt, sobald sie geboren sind.

Diese Problematik der Entwicklung der Generationen wird in einer kanadischen Märchenfassung etwas anders behandelt, wobei diese Variante sich nach unserer Kenntnis nirgends wiederholt und durch den Märchenbeiträger entstanden ist. Es geht dabei um den Vater der Protagonistin: zusammen mit seiner Frau ist er voller Wehklagen über ihre Kinderlosigkeit. Er verspricht, er werde, wenn ihm ein Sohn oder eine Tochter geboren würde, die Patenschaft dem Mann oder der Frau anvertrauen, dem bzw. der er zuerst begegnet. Nach der Geburt einer Tochter begegnet er als erstes einer Fee, und sie ist bereit, das Kind anzunehmen. Sie holt die Tochter immer nur ein paar Tage zu sich, als sie sieben Jahre, dann als sie vierzehn und schließlich als sie einundzwanzig Jahre alt ist. Das Verbot wird zwar schon bei dem ersten Besuch ausgesprochen, übertreten wird es aber erst beim dritten Mal. Im Epilog der Erzählung, der in etwa mit dem anderer Märchenfassungen vergleichbar ist, sagt die Fee, das Mädchen sei dem Gelübde des Vaters zum Opfer gefallen. Es habe gewissermaßen für die Schuld gebüßt, die der Vater durch den Kinderwunsch auf sich geladen hat.

Kommen wir nun noch einmal auf die christlich geprägten Märchenfassungen zurück. Von ihrer relativ knappen, ganz anders gearteten Aussage und von ihrer relativ sparsamen erzählerischen Gestaltung war schon die Rede. Die Deutung, die für die nicht christlich gefärbten Versionen versucht worden ist, kann hier natürlich nicht greifen. Andererseits erscheint eine Beschränkung

der Interpretation auf die Notwendigkeit des Geständnisses –
»Wer seine Sünde bereut und eingesteht, dem ist sie vergeben« –
allzu oberflächlich, bedenkt man, wie die Erzählung konzipiert
ist. Indem hier die Jungfrau Maria an die Stelle einer Fee oder
Zauberin als kompensatorischer Mutterfigur gerückt wird, kann
gleichzeitig das problematische Mutter-Tochter-Verhältnis auf
eine übernatürliche Gestalt mit stärkerer Schutz- als Verfolger-
funktion verlagert werden. Andererseits gilt, daß die Protagonistin, indem ihr die Sprache gegeben wird, von der auf ihr lasten-
den Hypothek befreit wird und wie in den anderen Märchenvarianten das volle Glück von Heirat und Mutterschaft erfahren
kann. Eine mögliche Erklärung für die relativ sparsame Gestaltung der Erzählung in den christlichen Fassungen könnte schließlich sein, daß die Aussage des Märchens nicht mehr wie in den
Versionen ohne christliche Prägung auf das ganze Textcorpus der
literarischen Überlieferung verweist, sondern nur auf den Situa-
tionskontext der christlichen Religion. Das Märchen schlüpft, so
gesehen, nur in das Kleid einer überlieferten erzählerischen Form,
um eine ganz andere Problematik aufzuzeigen.

Übersetzt von Käthe Henschelmann

Anmerkungen

1 A. Hahn verdanke ich den treffenden Hinweis, daß im Sinne der
   katholischen Lehre die Beichte eine Auflösung dieser *double bind*-
   Situation ermöglicht, und zwar durch Auseinanderdividieren von
   Pflicht zum Bekennen von Fehlern und Gebot des Schweigens, das
   nunmehr vom Priester stellvertretend übernommen wird.
2 Schmitz, Nancy, *La Mensongère*, Quebec: Presses de l'Université
   Laval 1972.
3 Delarue, Paul/Marie-Louise Tenèze, *Le Conte populaire français*,
   Tome II. Paris: Maisonneuve et Larose 1977, Conte-type 710, L'En-
   fant de Marie, S. 662-665.
4 In der von den Gebrüdern Grimm gerafft wiedergegebenen »anderen
   Erzählung« (Bd. III der KHM) fragt die Gote das Mädchen: »Ich muß
   dich verlassen und dir etwas nehmen. Was willst du am liebsten
   verlieren?« Und das Mädchen antwortet: »Die Sprache«, womit sich
   die Tochter im geheimen Einverständnis mit ihrer Ziehmutter eine
   Garantie für die Unmöglichkeit des Geständnisses schafft.

5 Lévi-Strauss, Claude, »De Chrétien de Troyes à Richard Wagner«, in: *Le Regard éloigné*, Paris: Plon 1983, S. 301-324. Dt. von Hans-Horst Henschen und Joseph Vogel: »Von Chrétien de Troyes zu Richard Wagner«, in: *Der Blick aus der Ferne*, München: Fink 1985, S. 326-345.

6 Freud, Sigmund, *Die Verneinung* (1925), in: *Ges. Werke*, chronologisch geordnet, Bd. XIV, Werke aus den Jahren 1925-1931, London 1948, S. 11-15.

Jacques Le Brun
Das Geständnis in den Nonnenbiographien des 17. Jahrhunderts

Die Beichte, die gegen die Protestanten auf dem Konzil von Trient verteidigte sakramentale Form des Geständnisses, war ein zentrales Element des religiösen Lebens der Katholiken der Neuzeit. Jeder Orden setzte für seine Mitglieder fest, wie häufig sie zu beichten hatten, neben den Beichten zu besonderen Anlässen oft wöchentlich oder alle zwei Wochen. Abgesehen von der Frage der Gültigkeit auch der »Unvollkommenen« Reue ergaben sich in diesem Zusammenhang keine Probleme, sowohl was die Theologie als auch was die Kirchenzucht betrifft. In den Nonnenbiographien vom Ende des 17. und vom Anfang des 18. Jhs., die ich seit einigen Jahren untersuche[1], ist von Beichte, ihrer Häufigkeit und Inbrunst, selten die Rede. Sie scheint die Nonnen nicht sonderlich geängstigt zu haben. Sie war für sie ein vorzügliches Mittel, Reinheit und Tugend zu bewahren oder wiederzuerlangen. Ihre Abschaffung wurde als Grund für die Unmoral der Protestanten angesehen.[2]

So vermerkt die Biographie der Salesianerin von Amiens Elizabeth-Angélique Cornet inneren Frieden als Frucht einer innerhalb von nicht einmal zwei Jahren wiederholten Generalbeichte.[3] Anderswo wird die Beichte in einem tragischen, noch ganz mittelalterlichen Exempel erwähnt, das die Notwendigkeit unterstreichen soll, ausnahmslos alle Sünden zu beichten: Bei den Salesianerinnen von Bourges erschien eines Nachts eine verstorbene Nonne und sagte, sie büße im Fegefeuer dafür, daß sie während ihrer letzten Krankheit eine Sünde nicht gebeichtet habe.[4] In einem anderen Falle, wo wieder eine Verstorbene einem Geistlichen erscheint, um auf die Gefahren des Lebens in der Welt (im Gegensatz zum Kloster) hinzuweisen, geht es auch um die Beichte: »Neben anderen Gefahren, die sie in der Welt bedrohten, wurde sie im Hinblick auf die Beichte versucht, unter der sie litt«.[5] Selbst wenn wir die Art der Versuchung nicht kennen, so legt doch der Text die Vermutung nahe, daß das Kloster ein Ort des Friedens ist, wo es in Hinblick auf die Beichte keine Versuchung geben kann. Diesen Eindruck gewinnt man schon bei einer kursorischen Lektüre der Biographien, und ihn wollten die Verfasser mit ihrer Darstellung des Bußsakraments und seiner Praxis in den Klöstern wohl auch erwecken.

Das Bekenntnis von Sünden in der Beichte scheint also keine Schwierigkeiten oder Ängste bereitet zu haben. Trotzdem bleibt das ganze Feld der Verfehlungen übrig, die nicht im theologischen oder moralischen Sinne »Sünden« sind, aber doch die Beichtpraxis als Übertreibung und Irrweg begleiten.

Unabhängig davon, ob eine Sünde gebeichtet und verziehen wird, hat sie immer etwas Maßloses, Exzessives an sich, das sie zu etwas Unvorstellbarem macht. Dies findet sich zwar auch in der Theologie wieder; die Texte des 17. Jhs. sind voller Betrachtungen über die unermeßliche Größe und Majestät Gottes und das Ärgernis der Revolte gegen ihn durch das nichtige Geschöpf. Aber dieses Denken, das die Beziehung zwischen dem Endlichen und Unendlichen zu fassen versucht und die Sünde als Revolte des Geschöpfs gegen den Schöpfer begreift, muß immer wieder begründen, wie diese Revolte und diese Entscheidung überhaupt möglich ist.

I

Aber als was soll man die Sünde näher bestimmen? Mit welchen Kategorien? In den Nonnenbiographien werden die Sünde und ihre Wirkungen mit einer der beunruhigendsten und faszinierendsten Kategorien des 17. Jhs. umschrieben, der des *Schrecklichen*. Aber das ist keine theologische Kategorie: Allgegenwärtig in den Biographien wie in der Poesie, der Tragödie oder dem Roman des 17. Jhs., bleibt das Schreckliche doch etwas Zwiespältiges, einerseits Ausdruck von höchster Angst und Abscheu, andererseits von Respekt und Ergriffenheit. Von ihm geht etwas Magnetisches aus, eine Versuchung zur Lust. Das Schreckliche der Wälder oder der Berge, der Katakomben oder der Finsternis bezeichnet eine Mischung beunruhigender Vertrautheit und beunruhigender Fremdheit (heimlich/unheimlich).[6]

Maßlosigkeit und Schrecken spürt man in der Biographie von Françoise-Marguerite Robin de Cologne, einer Salesianerin von Bourges. Die Vision des gekreuzigten Jesus »voller Wunden«

erweckte in ihr eine »starke und heftige Reue ... Mich erfaßte Schrecken über meine Verbrechen, Furcht und Entsetzen angesichts dieses anbetungswürdigen und gleichzeitig erbarmungswürdigen Wesens. Dies war seither immer Gegenstand meines Blicks und meines Schmerzes, der manchmal so heftig ist, vor allem beim Zeigen der Hostie, daß ich mir große Gewalt antun muß, daß er nicht hervorbricht«.[7] Das »Schreckliche« der Verbrechen wird nur im Angesicht des Schmerzensmannes bewußt, dem *Objekt* der Anbetung und des Mitleids. Aber dadurch wird der Gekreuzigte zum *Subjekt* des Blicks der Nonne und ihres Schmerzes. So kommt es zu einer Vertauschung der jeweiligen Perspektiven. Es verwandelt sich Anbetung in Blick, Mitleid in Schmerz und die Zerknirschung der Sünderin in die Christi (»Ich kann keine anderen Akte als solche der Zerknirschung vollbringen, die ich mit der Christi vereine«).

Diese heftigen Gemütszustände und diese Erschütterung sind nicht ohne Bezug zum Sakrament der Beichte, aber diese führt nicht zu einer Beruhigung oder zu einem Ausweg, wie es die Theologie fordert, sondern sie erzeugt diese Zustände geradezu: »Die Erinnerung an das, was unser Herr Superior mir bei meiner Generalbeichte gesagt hat: ›Liebe Gott, meine Schwester‹, hat in mir einen tiefen Eindruck hinterlassen. Und diese Worte durchbohren mein Herz wie ein Schwert, da ich sehe, daß ich Gott nicht so sehr beleidigt hätte, wenn ich ihn geliebt hätte«.[8] Wir empfinden einen Widerspruch zwischen der Maßlosigkeit der Sünde, dem von ihr erzeugten Schrecken und dem Sakrament, das zwar die Sünde tilgen kann, aber ihre Schrecklichkeit dadurch verstärkt, daß die Sünde auf die Liebe und deren Ungenügen bezogen wird. In der *Relation* der Marie de l'Incarnation von 1654 finden wir dieselbe Struktur: Auch hier zeigt sich das Schreckliche (»das Schrecklichere als der Schrecken«) der Sünde im Zusammenhang mit der Beichte. Diese ist zwar gut, aber unzulänglich. Es kommt zum Eintauchen in das Blut, einem nicht sakramentalen, aber vor Zeugen abgelegten Bekenntnis und damit zur Befreiung.[9]

Schrecken findet sich sehr häufig in den Biographien. Er dokumentiert, daß das Bußsakrament den Sünder nicht wirklich von den Erschütterungen der Sünde befreit. Sehr viele Texte sind hierfür bezeichnend, besonders jene, die von einer Inflation oder einer Dramatisierung des Geständnisses handeln. Die Nonne reiht Geständnis an Geständnis, auch neben und außerhalb der Beichte. In der religiösen Literatur des 17. Jhs. war man auf die maßlose Form von Geständnissen aufmerksam geworden, noch bevor sie Psychiater und Psychologen zum Gegenstand ihrer Diagnosen machten. Doch konnte die Vorstellung von der Sünde als unermeßlicher Beleidigung und als Akt des Entsetzens nur zu Praktiken führen, die weit über das hinausgingen, was die Kirche vorschrieb. Diese Inflation von Geständnissen kann man mit Skrupelhaftigkeit bezeichnen. Das Geständnis selbst erzeugt die Krankheit, das Heilmittel wird Anlaß für neue Verfehlungen, neuen Schmerz und schließlich für ein überwältigendes Schuldbewußtsein.[10]

Eine Salesianerin aus Beaune wird für ihre Demut gelobt: »Man sah sie oft zum Tisch des Herrn gehen und schon im Chor kehrtmachen, um selbst die jungen Nonnen zu fragen, ob sie ihrer Meinung nach dessen würdig sei trotz der Erregungen, in denen sie sie gesehen hätten. Sie warf sich ihnen zu Füßen und bat unter Tränen um Verzeihung. Dies tat sie oft, demütigte sich und bat die Jüngsten wie die Ältesten und sogar die Klosterschülerinnen um Verzeihung, stets bereit, unterschiedslos für alle ihre Verfehlungen Wiedergutmachung zu leisten. Sie tat dies vorbildlich und wirklich betrübt über die kleinsten Anlässe zur Verstimmung, die sie glaubte, geboten zu haben.«[11] Eine andere Salesianerin, Marie-Aimée de Rabutin, gibt nach, nachdem sie zu Unrecht angeklagt worden ist und diese Verleumdungen ertragen hat, »ohne sich zu beklagen«. Sie schaut sich selbst mit dem Blick der anderen an und verinnerlicht ihn, übernimmt das Urteil, das sie schuldig spricht, als ein wahres.[12] Wir könnten noch viele Beispiele für skrupulöses Verhalten anführen, das als eminente Tugend präsentiert wird. Die Selbstbezichtigung hat einen besonderen Platz im Portrait der exemplarischen Nonne. Eine Salesianerin von Beaune, die sich ebenfalls nicht gegen falsche Anschuldigungen wehrte, war sehr betroffen von den »Gemütsbewegungen, die in ihrem Herzen aufwallten« und »sie tief demütigten, und sie hielt sich für eine Ausgeburt des Teufels – und dies ganz ehrlich – obwohl sie ihnen nicht nachgab«.[13] Dies ist mehr als der Verzicht auf Entschuldigung; denn diese Nonne entdeckt die im strengen Sinne teuflische Quelle der Sünde und des Entsetzens in sich selbst, eine unfreiwillige Komplizenschaft, die sie mit »Demut« bekennen muß. Aber weil dieses Schreckliche nichts Willentliches ist, kann es nicht im theologischen Sinne Sünde, Gegenstand eines sakramentalen Bekenntnisses und der Absolution sein.

In diesem Zusammenhang ist das, was man nicht tut, ebenso bedeutend, ja noch schwerwiegender, als das, was man tut; denn eine Verfehlung kann nur durch einen anderen Typus von Geständnis als den der Beichte getilgt werden. Wir finden hier den hagiographischen Topos der bewahrten Unschuld: Er verherrlicht die Makellosigkeit der künftigen Nonne, ihren Sieg über den Widersacher, ihre Kraft beim Vermeiden von Verfehlungen. Aber bei der Lektüre dieser Berichte stoßen wir noch auf etwas anderes: Marie-Claire du Crocq, die später in Amiens Salesianerin wurde, ging mit ihrer Schwester auf dem Land spazieren; zwei Reiter stürzen sich auf die beiden; sie ist entschlossen, in den Fluß zu springen, um allem zu entgehen; dann ruft sie um Hilfe, eine Wache kommt, die Reiter fliehen: »Welch hochherzige Tat«, »welch heroischer Beweis ihrer Liebe zur Keuschheit«! Aber gleichzeitig ist dieses Ereignis auch Anlaß zu einer »Berufung« und der Auslöser schwerer Krankheiten.[14]

So etwas kommt in den Biographien häufig vor. Marie-Aimée de Rabutin wurde eines Tages »in einem sehr entlegenen Gemach von einem jungen Edelmann überrascht«. »Welche Tortur für ihre Sittsamkeit«! Sie entging wie durch ein Wunder und brach hierauf mit der Welt.[15] Zahllose Mädchen brachen mit denen, die sie heiraten wollten.[16] Diese hagiographischen Topoi sind in mehrfacher Hinsicht bemerkenswert: Die Nonne oder die künftige Nonne begeht keine Verfehlung, denn sie entgeht jedesmal der Gefahr. Trotzdem wird sie wie Marie-Aimée de Rabutin als Objekt der Begierde in gewisser Weise »ergriffen« im doppelten Sinne des Wortes. Sie erhält so eine unsagbare Verletzung, die jedenfalls nicht Gegenstand des Beichtgesprächs sein kann, die aber ihren Bruch mit der Welt und ihren Eintritt ins Kloster hervorruft. Das Mädchen erfährt sich als Gegenstand der Begierde eines Mannes, ohne durch eigene Neigung dazu Anlaß gegeben zu haben. – Wäre letzteres der Fall, ergäbe sich keine Erschütterung; denn für die Überwindung der eigenen Begierde gab es vorgezeichnete Bahnen. – Das Problem liegt darin, daß sie nicht nur Anlaß, sondern eigentlicher Ursprung fremder Begierde ist. Daher das Entsetzen, das sie erfaßt. Es gibt in diesem Falle mehrere, einander nicht ausschließende Lösungen. Für Marie-

Aimée de Rabutin »war die Zuflucht zu Gott in dieser Notlage so wirksam, daß sie sich alsbald an einen anderen Ort entrückt fand, ohne zu wissen, wie sie dort hingelangt war«.[17] Sie leistet keinerlei Widerstand, vollbringt keinen Willensakt, tut buchstäblich »nichts«, um der Begierde zu entgehen, als deren Gegenstand sie sich empfindet; vielmehr steigert sie das Ausmaß von Unterwerfung über das hinaus, was diese menschliche Begierde von ihr verlangt, indem sie sich einem noch radikaleren, absoluten Begehren überläßt, nämlich dem eines Ganz-Anderen, Gottes, der unendlich fordernder ist in seinem Begehren als der Mann, der sie angreift. Dieser Andere hat eine »Absicht« mit ihr, er will, daß sie sich ihm »hingibt«. Das Vokabular ist zweideutig, aber die Geste der Hingabe notwendig. Durch sie wird die mögliche Hingabe an das Begehren eines Mannes, die sie im Herzen ihrer »Ergriffenheit« errät, umgekehrt. Die mögliche Antwort auf eine empfundene weltliche Begierde verwandelt sich dadurch. Doch weiß sie nicht, wie das vor sich geht. Es handelt sich nicht um eine Flucht, sondern um ein radikales Sich-selbst-Entrücktsein. In der Unterwerfung unter das absolute Verlangen Gottes kann sie sich von der Begierde des Mannes wie von ihrer eigenen lösen, den Ort zu verlassen, wo sich ihr Körper befindet.

Ein anderes Mittel, um fremder Begierde zu entgehen, besteht in folgendem: Die Nonne setzt alles in Bewegung, um ihre Schönheit zu verlieren, die ihrer Meinung nach die Begierde entstehen läßt und »verdächtig (ist), weil sie den Männern gefällt«[18]; sie verunstaltet sich freiwillig, betet darum, entstellt zu werden, versucht die Blattern zu bekommen und hält die Ansteckung für ein Glück. Unter anderen hielt Marie-Henriette Révellois aus Chaillot, die unter einer Gesichtsrose litt, an, »um gesehen zu werden«[19], wenn Leute nach ihr schauten. Sie war sicher, wie eine »Lepröse« Entsetzen zu erregen. Denn es ist ein »Vergnügen«[20], entstellt zu sein, weil damit die begierigen Blicke aufhören. Und wenn die Nonnen ihre Augen vor dem Antlitz des Mannes niederschlagen, so geschieht dies aus Angst vor einem Blick, den sie vielleicht nicht ertragen könnten.[21]

Hier handelt es sich nicht um Verfehlungen oder Sünden. Trotzdem werden diese vermiedenen moralischen Katastrophen, diese fremden Blicke fortwährend thematisiert und zum Gegenstand von Geständnissen und vielleicht auch von Danksagungen, vor allem jedoch von Berichten der Nonnen an ihre Mitschwestern, die später einmal ihre Biographien schreiben sollen. Diese Geständnisse kreisen fortwährend um die Urszene, die ihnen ein noch größeres Entsetzen einflößt als die Sünde, weil jene gerade nicht in der Beichte getilgt werden kann, und dieses Entsetzen treibt die Heldinnen der Biographie zur Flucht aus der Welt.

II

Der Skrupel war also eine Art Übertreibung des Geständnisses bei gleichzeitiger Unmöglichkeit, die Verfehlungen zu bekennen. Er enthüllte folglich im Kern der Verfehlung etwas Uneingestehbares. Ebenso können innere Zustände, schlimmste oder zweifelhafte Verfehlungen das ganze geistliche Leben belasten. Sie werden immer wieder zur Zielscheibe und zum Objekt der Moralisten und Beichtväter. Vor allem die *acedia*.[22] Sie bezeichnete eine tiefe Abneigung gegen alles, was mit Gott und dem Glauben zu tun hatte, nicht eigentlich deren Leugnung, sondern ein halbfreiwilliges Sich-Gleitenlassen zum Tod und zu einer totalen Passivität. Eng verwandt mit ihr ist die *Melancholie*. Aber auch sie stellt nicht im strengen Sinne eine Verfehlung dar. Kann man sich der einen oder anderen in der Beichte bezichtigen und durch die Absolution von ihnen befreit werden? Das Beichtbekenntnis kann nicht von körperlichen, geistigen und geistlichen Veranlagungen erlösen. Acedia und Melancholie enthüllen die Unzulänglichkeit eines seit dem Mittelalter vorgeschriebenen Heilmittels gegen Verfehlung, jedoch nicht gegen das Schuldbewußtsein. Denn dieses behindert das Sich-Aussprechen und somit das angeblich heilsame Geständnis.

In den Biographien werden diese Zustände häufig besprochen und mit Unzulänglichkeiten bei der Beichte in Verbindung gebracht. Eine Salesianerin aus Amiens »litt eine Zeitlang stark darunter, daß sie, wie sie sagte, sich in einer eigentümlichen Art von Blindheit sah, die sie daran hinderte, ihre zu beichtenden Fehler zu entdecken«.[23] Sie bat Gott, von dieser »vorgeblichen Dunkelheit« befreit zu werden. Nach der Erhörung sah sie »Fehler und Unvollkommenheiten in einer großen Zahl von Handlungen, die sie in der Welt vollbracht hatte«, und sie hatte »ständig etwas, das sie vor das heilige Tribunal der Beichte tragen konnte«. Die Unzulänglichkeit der Beichte erweist sich also in beiden Fällen: entweder ist es einem unmöglich zu beichten, oder man mißbraucht die Beichte.

Die Beichtväter sind häufig unfähig, den Nonnen in Todesangst oder Verzweiflung zu helfen. Eine Salesianerin aus Brüssel, die »schrecklich« »die Ängste des Gekreuzigten« durchlitt, war unfähig zu beichten, folglich auch zu kommunizieren, und dies trotz des Einschreitens von Beichtvätern. »Mehrere besonders erfahrene und in der geistlichen Führung von Seelen erleuchtete Beichtväter konnten ihre Angst nicht heilen noch sie überzeugen, sich den Sakramenten zu nähern; sie war mehr als vier Monate in dieser Agonie«.[24]

Diese Zustände von Agonie und diese entsetzlichen Versuchungen machen das Geständnis der Verfehlungen inadäquat, weil es sich weniger um Fehler als um einen undefinierbaren Urgrund handelt. Im Geist der Nonne bilden sich ihrem Glauben widersprechende Gedanken. Sie empfindet sich als gespaltenes Wesen: Einerseits steht sie zu den Glaubenswahrheiten, andererseits hat sie jenseits davon einen dunklen Urgrund anderer, nicht gestehbarer Gedanken, denen sie nicht zustimmt (die also keine Sünden sind), von denen sie jedoch auch nicht loskommt.[25] Es kann die Nonnen nicht beruhigen und die Angst und Unruhe über diese Versuchungen auch nicht lindern, daß diese Gedanken auf das Konto teuflischer Einflüsterungen gehen sollen. Die Verführung durch den Teufel verwirklicht sich nur bei Zustimmung des Betroffenen, aber sie verletzt und weckt Ängste wie im Fall der begierigen Blicke. Mère Louise Boussard in Montargis wurde durch ständig wiederkehrende Versuchungen gepeinigt: Sie sah das Bild ihrer Oberin, die schlimmer als eine »Prostituierte« war. Dann wurde sie durch eine andere dämonische Einflüsterung versucht, derzufolge die Heilige Jungfrau »nicht so rein sei, wie man sich das vorstellte«; sie hatte mit dem Heiligen Joseph ein »ganz normales« Leben geführt. Diese Vorstellungen hinderten sie, ein Kruzifix ohne »unsägliche Angst«[26] zu betrachten.

Ein Geständnis erscheint dann als einziges Mittel, der Versuchung zu widerstehen und das Böse oder das Schreckliche (was nicht mit Sünde gleichzusetzen ist) zu entdecken. Aber es handelt sich um ein andersartiges Geständnis als das sakramentale. Dieses kann die Form eines an andere gerichteten Wortes annehmen, das auch durch körperliche Zeichen vermittelt sein kann, die von anderen Nonnen oder einem Beichtvater festgestellt und dann in die Biographie eingebracht werden. Wir finden diese verschiedenen Arten von Geständnis im Leben der Salesianerin aus Annecy Marie-Judith Gilbert. Sie war vom Protestantismus konvertiert und schrieb an einen ihrer Brüder »einen großen Brief ... über ihre Empfindungen bezüglich der wichtigsten Glaubensgeheimnisse«. Nach ihrer Wahl zur Priorin legte sie in Ichform Rechenschaft ab »über ihren derzeitigen Zustand, über den zu berichten ihr befohlen war«. Daher rühren zahlreiche autobiographische Passagen in ihrer Biographie. Zusätzlich fühlte sie sich gedrängt, einem Beichtvater anzuvertrauen, »was sich in ihrem Inneren abspielte«. Aber sie tat dies außerhalb des Beichtsakraments. Sie erzählte ihm von ihrem Eintritt in den Orden, vom Widerstand ihrer Eltern und von einer Krankheit, die sie auf wunderbare Weise überstand. Dann vermerkt der Beichtvater, daß die Priorin »gedrängt wurde, mir eine außergewöhnliche Lebensbeichte abzulegen«. Es handelt sich hier also um ein zweites Geständnis, das sich auf die gleichen Fakten bezieht, die aber einmal in der »Perspektive Gottes«, dann wieder als bloße »Fehler ihres vergangenen Lebens«[27] betrachtet werden. »Und bald danach hatte sie den Eindruck, daß ihr Herz in einer Kelter gepreßt wurde, die aus ihm alle Unreinheiten herauszwang, und dies mit so vielen Schmerzen, daß sie Schreie ausstieß, die von allen in ihrer Umgebung gehört wurden. Dieser Zustand verursachte ihr große Schwächeanfälle ..., und ich war der einzige, der die Ursache ihres Übels kannte«.[28]

Die Kelter[29], in die die Seele durch ihr doppeltes Geständnis hineingezwängt wird, preßt etwas heraus, was man als »Unreinheit«[30] bezeichnen, aber nicht mit der Sünde identifizieren kann. Die Gewalt, mit der die Nonne diese Unreinheiten »herauspreßt«, der Schmerz und die Schreie, die dieses »Pressen« begleiten, die Schwächeanfälle und das Fieber, die keine Medizin heilen kann, erinnern mehr an eine Niederkunft, eine Selbstentäußerung als an die Darlegung einer durch das Beichtsakrament bereits getilgten Schuld. Das Geständnis bringt ein »Übel« ans Licht, das nur die kennt, die es enthüllt.

Wie soll man dieses Hervorbringen eines Diskurses, von Worten, Gesten, Schreien und Schmerz anders bezeichnen als mit dem Begriff des »Dinglichen«? Im Innersten drückt sich durch das Geständnis etwas »Dingliches« aus, ein Etwas, ein Unbestimmtes, weder eine bestimmte Handlung noch eine Schuld, sondern der Ursprung von Unreinheit, Schmutz und Ansteckung. Das sind die Worte, die Catherine Macaire, eine Salesianerin aus Bourges, benutzt und die ihre Biographin wiedergibt. Sie fühlte sich »stark gedrängt, sich Gott hinzugeben«, um ein totales Opfer all dessen zu bringen, was ihr im Leben Befriedigung schaffte. Am Fest der Heiligen Magdalena »wurde ihr Geist durch ein außerordentliches Licht erleuchtet, und es schien ihr, daß man ihr sage: Schau auf die Annehmlichkeiten, die Gott aufzuopfern dir so so schwer fiel. Gleichzeitig wurden sie ihr als etwas Schmutziges gezeigt, aus dem man ein modriges und ekliges Wasser herauspreßte. Im selben Augenblick erschien ihr Gott als ein unermeßliches Meer, in welchem sich ihr Herz mit unaussprechlicher Wonne öffnete und weitete«.[31]

Dieses »schmutzige Etwas«[32] ist sowohl ein Teil von ihr als auch außerhalb von ihr. Es ist ihr Innerstes und doch etwas, das sie »sehen« kann, der Gegenstand eines »Gesichts«, was man ansonsten »Vision« bezeichnet, nichts Imaginäres, sondern etwas Geistiges, das »Eindruck« auf den Geist macht und eine »Wirkung« im Herzen hinterläßt. Aber die Erzeugung dieses »Dinglichen« hat eine Modifikation, ein Symptom zur Folge: Krankheit, pathologische Erscheinungen, Gesten ... Diese Veränderungen des Körpers übersetzen ins für andere Sichtbare das, was ihr innerlich »schien« oder »erschien«, nämlich die Gegenstände ihrer geistigen Schau. Diese Vorgänge sind zwar für andere lesbar, haben aber nicht ipso facto eine Bedeutung. Es gibt einerseits das »Gesicht« mit den Worten, die für andere Zeugnis ablegen und erklären, andererseits die körperlich sichtbaren Erscheinungen, die jedoch ohne sprachliche Interpretation bleiben. Und nachträglich, nach dem Tod stehen wir noch einmal vor dem gleichen Phänomen bei der Verknüpfung von vertraulichen Mitteilungen und Beschreibungen von Veränderungen des Körpers. Auch hier die notwendige Verkettung von dem, was sagbar ist, also dem Bericht über die Vision, und der Krankheit.

»Nicht lange« danach hatte Catherine Macaire »einen Blutsturz, der uns auf Grund seiner Art und seines Ausmaßes erschreckte«. Was aus dem Körper herauskommt, also gleichzeitig Teil des Körpers und Veränderung seiner Substanz ist, nämlich Blut von schlechter »Qualität«, Ausscheidungen und Auswurf, muß in den Biographien mit der Unmöglichkeit zu gestehen in Verbindung gebracht werden.

Anne-Cécile Grillot aus Beaune hat zwischen mehreren demütigenden Geständnissen von Vergehen gegen die anwesenden Nonnen und im Schmerz über ihre Sünden »zweimal innerhalb von 24 Stunden mehr als einen Eimer Blut erbrochen«.[33] Der Körper macht durch die spektakuläre Sichtbarkeit des blutigen Auswurfs, des Nasenblutens und des Erbrechens äußerlich das unreine »Dingliche« wahrnehmbar, das er in seinem Inneren verbirgt und selbst gegen seinen Willen zum Ausdruck bringt. Wie der Eiter der Blattern und die Fäulnis des Krebs[34], so gestattet das, was aus dem Körper kommt, eine verborgene Wahrheit zu gestehen, die in der sakramentalen Beichte keinen Platz hat. Man könnte eine ganze Liste aufstellen von »Ausflüssen« des Körpers und von »Ausbrüchen« bei den Schwellungen der Wassersüchtigen.[35] Dieses Anschwellen möchte durch seine »monströse Dicke«[36] den inneren Überschuß und den Gestank auf einer ganzen Skala des Gräßlichen kundtun, all das, was die Deutung mit Begriffen wie Schuld oder Sünde eher maskiert als aufdeckt.

Durch die Krankheit wird der ganze Körper zu einem Mund für das Geständnis der inneren Wahrheit. Im chirurgischen Eingriff wird das Geständnis des Körpers ritualisiert, es wird zu einem »Martyrium«. Man muß diesen in den Biographien so häufig vorkommenden Begriff in seinem etymologischen Sinn gebrauchen, als ein Zeugnis, eine Öffnung nach den Riten der Chirurgie, eine Enthüllung eines verborgenen Geheimnisses und als die Austreibung eines entdeckten Übels. Dieses Zerreißen des Körpers will eine Wahrheit herauszwingen und ihn zum Geständnis dessen bringen, was die Krankheit, der Wundbrand oder der Krebs stumm aussagen: In der Vertrautheit mit dem Unreinen liegt die Möglichkeit, seine eigene Nichtigkeit anzuerkennen und damit die Absolutheit Gottes, angesichts dessen man ein Nichts ist. Die Chirurgen sind die Zelebranten dieser Liturgie des Geständnisses. Sie sagen, was sie gesehen und berührt haben: eine Leere, etwas, das ihnen entgeht, das sie als »übernatürlich« bezeichnen. Es ist das Entsetzen vor der Fäulnis wie der Heiligkeit, vor dem, was man wie einen toten Hund wegwirft[37], und vor dem, was schon die Würde einer Reliquie hat.[38]

Die Schrift auf dem Körper bleibt solange unlesbar, wie sie nicht entziffert ist. Die Chiffre ist das Zeichen der Amputation oder des Fehlens, der in die Oberfläche eingegrabenen Spur, die eine Leere schafft, welche sich der Deutung öffnet. Doch das Fehlen gesteht von sich aus noch nichts, keine Wahrheit, sondern nur die von Schmerz und von Abtötung im etymologischen Sinne begleitete Geste. Es ist also die unerträgliche Präsenz des Entsetzens und des Nichts, was sich durch das Anerkennen Gottes und die Zerstörung des eigenen Körpers kundtut. Das war die Devise einer Salesianerin von Beaune: »Non sum«. Ich bin nicht. »Sie sagte zu sich selbst, daß der nichts geschuldet ist, die selbst nichts ist«.[39] Als Geständnis eines Verlusts ist die »Abtötung« der Versuch, den Tod durch die Annahme seiner unvermeidlichen Gestalt lesbar zu machen. Viele Passagen erinnern an den Körper, der durch Krankheit zum Skelett abgemagert ist und in den hervortretenden Knochen bereits den Kadaver erkennen läßt, der künftig und doch schon gegenwärtig ist und dabei doch Ursprung und Grund bleibt. Das »Non sum« der Nonne von Beaune ist nicht der Horizont der Abtötung, es ist vielmehr ihr Rechtsgrund, ihr Ausgangspunkt, ein über sie gesprochenes Wort, das sie in dem bezeichnet, was sie ist: Seinsabsenz, »Nicht-Sein« statt »Nichts-Sein«, »Non sum« statt »Nihil sum«. (Sie interpretiert sich als »die, die nichts ist«, indem sie das zugleich abschwächt und sich dem, was sie erahnt, widersetzt.) In der Aktualisierung dieses Wortes bestätigt sie die Institution, der sie angehört und die einen reichen Diskurs über das Zunichtewerden hervorbringt. Aber innerhalb dieser Institution entzieht sie sich, indem sie sich als »ohne Sein« anerkennt (sie nimmt für sich nicht einmal das nichtige Sein der Kreatur in Anspruch), als ortlos, als Präsenz, die unter den Fingern zerrinnt, wie einst Marie-Aimée de Rabutin ihrem Verfolger auf wunderbare Weise entkam.

III

Die Biographie sucht und erarbeitet einen Diskurs für die stummen Erscheinungen und für das Sichtbare. Gesichte oder Visionen, Gesten warten darauf, dort eingefügt und zu Geständnissen zu werden. Sie ist nicht nur Anerkenntnis und Begründung des Selbst oder Legitimation des Gegenwärtigen durch die Aufbereitung des Vergangenen, sie ist auch der einzige Weg, um die Beschwörung oder Wiederholung (der Berichte über Fakten) in eine Aussage über das zu verwandeln, das nicht ausgesagt werden kann, nämlich die Wahrheit des Inneren. Ein oder zwei Generationen früher konnte sich die Selbstenthüllung als Besessenheit[40] artikulieren. Das Geständnis des inneren Entsetzens konnte damals in theatralische Form gebracht werden, ein Geständnis vor Zeugen und Teilnehmern einer Liturgie, eines »Martyriums«, schmerzhaft, blutig, wortreich. Die Nonne konnte damals gestehen, »was sie war«, und gleichzeitig gestehen, »daß sie es nicht war«, daß es ein Anderes, ein Diabolisches sei, dem die Verantwortung für dieses Entsetzen zufalle. Am Ende des 17. Jhs. ist dieser Weg nicht mehr möglich; denn wer glaubt noch wirklich an die Besessenheit? Es bleibt nur noch das Schreiben, die Theatralisierung nach Maßgabe einer anderen Epoche, papierene Inschrift, die von Entsetzen, Leiden und Tod für Zeugen kündet, die selbst an dieser Handlung beteiligt sind. Es ist nicht entscheidend, ob die Nonne sich bewußt ist, daß jedes ihrer Worte und ihrer Gesten Elemente einer Biographie werden konnten. Es kommt nur auf die Notwendigkeit von Zeugen und Adressaten an, die ihre Worte sammeln und in Geständnisse verwandeln: ohne ein Gegenüber bleibt das versiegelt, was die Nonne verborgen hält und doch zum Ausdruck bringt. Die Wahrheit, die in den Gesten, den Gefühlen, im »Grunde« der Seele ruht und selbst dem Beichtvater als Verwalter eines Sakraments oder Repräsentanten einer Kirche verborgen ist, braucht die Arbeit derer, die von sich glaubt, daß in ihrem Inneren sich eine »Erfahrung« ereignet hat und daß in der Tiefe ihrer selbst sich ein unerkennbares »Dingliches« befindet, dem sie fortwährend ins Auge sieht und mit dem sie konfrontiert ist. Die Wahrheit braucht aber auch die Arbeit von Zeugen, von den Adressaten der Schriften und den Verfasserinnen der Biographien, also von anderen Frauen und Nonnen.

Aber die »Erfahrung« behält nie das letzte Wort. Was man »Erfahrung« nennt, ist eher eine Art auszudrücken, daß einem für etwas die Worte fehlen. Die Erfahrung verflüchtigt sich in dem Maße, wie sich der Diskurs über sie ausweitet.[41] Das Leben der Nonne gleicht einer Art Verlust. Dies ist die Kehrseite ihrer Askese, ein sich Lösen vom autobiographischen, vom autointerpretativen Diskurs. Dies geschieht im Augenblick, wo er rezipiert wird, seinen Empfänger gefunden hat und die Substanz des biographischen Diskurses bildet, wo er aber gleichzeitig der entglitten ist, die an ihrem Ursprung steht. Jede der sieben- oder achttausend Nonnenbiographien schließt, wie sie begonnen hat, mit dem Tod. Der Tod ermöglicht das Reden über das Leben. Jetzt erst wird es möglich, über die Geständnisse zu berichten, die bekannten oder unbekannten Empfängern überantwortet waren. Nur wenige dieser direkten oder indirekten Geständnisse werden gesammelt und erscheinen in Biographien. Doch im Laufe des Lebens der Nonne häufen sich all die verschiedenen Texte, die Briefe, die persönlichen Schriften, die Berichte über innere Zustände und über das Vergangene an und werden gleichzeitig seltener. Wenn das Leben zu Ende geht und die Worte seltener werden bis zum endgültigen Verstummen, dann schließt im biographischen Bericht die Darstellung des körperlichen Verfalls und des Todes sich an die Schriften und Worte der Nonne an, deren Lebensweg hier nachgezeichnet wurde.

Aber nach und nach kommt zu den Schriften und Worten der Nonne ein anderer Typ von Texten und löst sie ab. Schon vor ihrem Tod veranstaltet man eine Sammlung von Schriften, Erinnerungen, Logia und Exempla, denen nur der Tod ihre Gültigkeit und Lesbarkeit verleiht. Alles, was man vor dem Tod nicht sagen konnte, findet hier seinen legitimen Ort schriftlichen Ausdrucks.

Aber der Tod, der das Ende des Körpers bedeutet und zur Einigung mit Gott, dem Prinzip, und zur möglichen absoluten Wonne führt, ist auch das Ende aller Formen von Geständnis, des Enthüllens eines Inneren und einer »Wahrheit«, da er die einzige »Wahrheit« dieses Lebens ist. Der Augenblick des Bruchs ist unzugänglich. Die Biographie muß seine Existenz postulieren und einen Moment vollkommener Transparenz zwischen dem Subjekt und seiner Wahrheit annehmen, und zwar dann, wenn er im »unendlichen Meer der Gottheit« aufgeht.[42] Aber das Eintauchen in dieses unendliche Meer ist nicht mehr Gegenstand des Diskurses: Man kann darüber kein Geständnis ablegen. Dieser Vorgang kann sich nur im voraus und in Form eines Traums bzw. eines »Gesichts« zeigen.

Der äußerste Punkt ist vielleicht durch ein Wort des Bischofs von Genf bezeichnet, der der Salesianerin von Annecy Marie-Judith Gilbert beim Sterben beistand: »Er sagt, daß sie sich über ihren Zustand nur mit Begeisterung äußert und daß zwischen Gott und ihr nur noch ein Blatt Papier zu durchstoßen war, nämlich ihr noch verbleibendes bißchen Leben, an dessen Ende ihre Seele sich sofort mit ihm vereinen würde.«[43] Die Nonne »spricht« noch,

»äußert sich über ihren Zustand«, versucht noch eine Wahrheit über ihre Situation auszudrücken. Aber die Art dieses Ausdrucks hat nichts mehr mit der Weise von Reden zu tun, die sie ehedem so gut beherrschte. Sie drückt sich mit »Begeisterung«, d. h. durch die Eingebung des Geistes, fast außer sich, ohne Kohärenz und Ratio aus. Die einzige Schranke der Vereinigung sind diese Worte der Begeisterung: »Ein Blatt Papier«, der letzte Text von ihr, die in ihrem Leben so viele verfaßt hat. Es ist das letzte Blatt Papier, das noch durchstoßen werden muß, damit sie sich mit Gott im Sprachlosen vereint und damit die vielen weiteren Blätter der Biographie beschrieben werden können. Sobald ihr letztes Blatt durchstoßen ist, kann man die anderen Blätter beschreiben, veröffentlichen und als »Leben« lesen. Was sie gestehen wollte, ließ sich nur durch dieses literarische Werk sagen. Die Empfänger sammeln es, arbeiten es aus, aber die Nonne selbst muß im Augenblick des Todes von ihrer Wahrheit total abgeschieden sein durch das Durchstoßen eines letzten Blatts Papier, nämlich jenes, auf dem sich das Wort befand, das sie nicht aussprechen konnte.

Übersetzt von Alois Hahn und Volker Kapp

Anmerkungen

1 Über diesen Korpus von Biographien vor 1715 vgl. meine Artikel: »Conversion et continuité intérieure dans les biographies spirituelles françaises du XVIIe siècle«, in: *La conversion au XVIIe siècle*, Marseille 1983, S. 317-333; »Cancer serpit. Recherches sur la représentation du cancer dans les biographies spirituelles feminines du XVIIe siècle«, in: *Sciences sociales et santé*, vol. II, n°2, 1984, S. 9-31 (engl. Übersetzung in: *The Cancer Journal*, vol. I, n°1 et 2, 1986); »L'institution et le corps lieux de la mémoire, d'après les biographies spirituelles féminines du XVIIe siècle«, in: *La Mémoire, Corps écrit*, n°11, Paris 1984, S. 111-121; »A corps perdu. Les biographies spirituelles féminines du XVIIe siècle«, in: *Le Temps de la réflexion*, vol. VII, 1986, im Druck; und die Berichte über meine Vorlesungen in: l'*Annuaire de l'Ecole pratique des Hautes Etudes*, V^e section, années 1983-1984 et 1984-1985.
2 Vgl. B. N. imp. Ld^{173}2, t. 5, 1696, S. 17.
3 B. N. imp. Ld^{173}2, t. 8, 1691, S. 4.
4 Ibid., t. 30, 1691, S. 6-7.
5 Ibid., t. 10, 1678, S. 2.

6 Diese verschiedenen Bedeutungen verzeichnet der Artikel *Horreur* des *Dictionnaire* von Furetière von 1690. Vgl. damit auch: S. Freud, *Das Unheimliche* (vgl. *Gesammelte Werke*, 1947, Bd. 12).

7 B. N. imp. Ld^{173}2, t. 30, 1704, S. 6.

8 Ibid.

9 Marie de l'Incarnation, *Ecrits spirituels et historiques*, Paris-Québec, 1930, t. II, S. 166-167, 172, 182-183.

10 Zum »Skrupel« vgl. den Traktat von J.-J. Duguet (Paris 1717, geschrieben 1714), jetzt in *Vapeurs 2, Colloque sur la névrose obsessionnelle*, ed. Pfizer, Paris 1976, S. 143-203.

11 B. N. imp. Ld^{173}2, t. 21, 1713, S. 29.

12 Ibid., t. 10, 1678, S. 2.

13 Ibid., t. 21, 1710, S. 22.

14 Ibid., t. 8, 1701, S. 1.

15 Ibid., t. 10, 1678, S. 2-3.

16 Vgl. Mère de Blémur, *Eloges de plusieurs personnes illustres en piété de l'Ordre de Saint Benoît* ..., Paris 1679, t. I, S. 418.

17 B. N. Ld^{173}2, t. 10, 1678, S. 3.

18 Mère de Blémur, *Eloges* ..., *op.cit.*, t. I, S. 408.

19 B. N. imp. Ld^{173}2, t. 36, 1706, S. 7.

20 Ibid., t. 30, 1694, S. 9.

21 Ibid., t. 30, 1704, S. 2: »Elle n'avait jamais permis à ses yeux de s'arrêter sur le visage d'aucun homme, pas même pour un moment«.

22 Vgl. *Dictionnaire de spiritualité*, t. I, Paris 1937, col. 166-169, Artikel *Acedia*.

23 B. N. imp., Ld^{173}2, t. 8, 1700, S. 4.

24 Ibid., t. 32, 1715, S. 7-8.

25 Ibid., t. 8, 1701, S. 3.

26 Vgl. Mère de Blémur, *Eloges* ..., *op.cit.*, t. I, S. 354-362.

27 Die ganze Biographie von Marie-Judith Gilbert, B. N. imp., Ld^{173}2, t. 10, 1675, S. 18-30.

28 Ibid., S. 24-25.

29 Diese Metaphern: Kelter und Pressen finden sich auch, wenn es gilt, die Teufel zum Gestehen zu bringen, die die Besessenen quälen. (Vgl. M. de Certeau, *La possession de Loudun*, Paris 1970, S. 29-31). Dasselbe gilt für die Folter.

30 B. N. imp., Ld^{173}2, t. 8, 1705, S. 2: »l'impureté inconnue à ceux qui ne sont point prévenus de ces rayons célestes«.

31 Ibid., t. 30, 1705, S. 6.

32 Man vgl. das Wort Luder, das der Präsident Schreber gehört hatte; ein elementares Schimpfwort, um die Macht und den Zorn Gottes auszudrücken, der den Menschen vernichten will. Vgl. M. de Certeau, »L'institution de la pourriture: Luder«, in: *Lettres de l'Ecole*, n°22, *Bulletin intérieur de l'Ecole freudienne de Paris*, März 1978, S. 96-111.

33 B. N. imp., Ld^{173}2, t. 21, 1713, S. 29.

34 Vgl. meine in Anm. 1 zitierten Artikel.

35 B. N. imp., Ld^{173}2, t. 10, 1675, S. 17: »Ses jambes éclatèrent de toutes
    parts, il s'y forma des ulcères épouvantables«.

36 Ibid., t. 36, 1710, S. 9.

37 Häufiger Vergleich B. N. imp., Ld^{173}2, t. 36, 1714, S. 9; t. 24, 1707,
    S. 1.

38 Vgl. ibid., t. 8, 1706, S. 2: Ein Chirurg zeigt der Oberin einen Kno-
    chensplitter, den er aus dem Schenkel einer Nonne herausoperiert hat,
    und sagt: »Mutter Oberin, Sie können ihn als Reliquie aufbewahren,
    da es viele Märtyrer gibt, die nicht so viel gelitten haben«.

39 Ibid., t. 21, 1710, S. 13.

40 Vgl. M. de Certeau, *La possession de Loudun, op. cit.*, S. 147-151.

41 Vgl. meinen Artikel »Expérience religieuse et expérience littéraire«, in:
    *La pensée religieuse dans la littérature et la civilisation du XVIIe siècle
    en France, Actes du colloque de Bamberg 1983*, Paris–Seattle–Tübin-
    gen 1984, S. 123-146.

42 Vgl. oben 31.

43 B. N. imp., Ld^{173} 2, t. 10, 1675, S. 29.

Ulrich Schulz-Buschhaus
Drei Figuren des Ich
in der italienischen Renaissance-Dichtung:
Berni – Bembo – Ariost

Ist nach den vielzitierten Schlußworten von Foucaults *Les mots et les choses* der »Mensch« eine humanwissenschaftliche Erfindung neueren Datums, so gilt das gleiche gewiß auch für die biographische Identität des Ich, zumal eines solchen, das sich in Gedichten äußert. Daß dieses Ich der Gedichte nicht mit dem gleichgesetzt werden kann, was wir – zur resoluten Vereinfachung gezwungen – das »empirische Ich« ihrer Dichter nennen wollen, gehört seit langem in den Bereich der Communis Opinio. Schließlich zählt zu den ersten Belehrungen, die ein Philologie-Student im Proseminar empfängt, das Axiom, aus dem Gedichttext spräche nicht der Dichter, sondern ein feineres Wesen namens »lyrisches Ich«. Natürlich ist dies Wesen, etwa das lyrische Ich Petrarcas oder Goethes, in irgendeiner Weise an die historische Person Francescos oder Johann Wolfgangs gebunden; doch läßt sich ebensowenig bestreiten, daß es offenkundig auf einer anderen Realitätsebene existiert. Zunächst stellt es eine Figur des Textes dar, und als einer solchen Textfigur kommt ihm ein Status zu, der sich prinzipiell von jenem unterscheidet, den das Ich des Verfassers beansprucht, welcher als Schriftsteller, Gelehrter, Liebhaber oder Liebender in seiner jeweiligen Lebenswelt agiert.
Weitaus schwieriger als diese wohl von niemandem angezweifelte Feststellung des kategorialen Unterschieds zwischen lyrischem und empirischem Ich erscheint seine nähere Qualifizierung, deren Problematik ja zusammenfällt mit der Beschreibung der Verbindungen, die zwischen den beiden Instanzen bestehen. Hier könnte man etwa behaupten, daß das empirische Ich im wandelbaren Bereich der Geschichte verharrt, während das lyrische Ich sein historisches Pendant beziehungsweise Substrat transzendiert, um in den unwandelbaren überzeitlichen Raum der Kunst einzutreten. Bekanntlich hat diese Auffassung zwischen Croce und dem New Criticism breite Zustimmung gefunden; doch ist sie inzwischen etwas außer Kurs geraten. An die Überzeitlichkeit

und Metaphysik des in Kunst verklärten Wesens vermag kaum noch jemand recht zu glauben, und außerdem wird auch ohne weiteren Kommentar einsichtig, daß die Art und Qualität einer solchen Transzendenz selber dem geschichtlichen Wandel unterworfen bleibt; denn im Falle Goethes (um unser Beispielpaar aufzugreifen) ist das spezifische Verhältnis zwischen empirischem und lyrischem Ich doch fraglos signifikant verschieden von dem, das sich im Falle Petrarcas ergibt.

Deshalb müssen wir den Grundcharakter der Differenz anders bestimmen. Nicht der Eintritt in einen idealen Raum der Kunst transformiert das empirische Ich, wenn es dichtet, sondern der Eintritt in eine Kommunikationssituation, die sich durch bestimmte institutionelle Rahmenbedingungen abhebt. Solche Rahmenbedingungen, denen das empirische Ich bei seiner Äußerung im literarischen (oder spezieller: im lyrischen) Diskurs unterliegt, sind beispielsweise die diskursive beziehungsweise stilistische Mode des historischen Moments, der Kanon des thematisch Sagbaren in Abgrenzung vom thematisch Unsäglichen, vor allem aber die Themen- und Stiltradition der Gattung oder Form, in welche sich die literarische Äußerung einschreibt. Dabei wird die prägende Kraft, welche diese institutionalisierten Komponenten der lyrischen Selbstdarstellung besitzen, am deutlichsten vielleicht dort, wo sich das Ich der Dichter neuzeitlich überhaupt erstmals in einem breiten Repertoire differenzierter Genera und Redeweisen darstellt: gemeint ist die Dichtung der italienischen Renaissance. Zu ihr möchte ich hier eine Skizze vorlegen, die sich mit den typischen Formen lyrischer Subjektivität während des frühen Cinquecento befaßt und unter ihnen jene auszumachen versucht, welche konsistenten Figuren biographischer Identität nahekommen oder wenigstens nahezukommen scheinen. Meine erkenntnisleitenden Fragen lauten demnach: 1) Welche verschiedenartigen Stilisierungstendenzen kennzeichnen die lyrische Selbstaussage in dieser Epoche? 2) Wo zeigen sich Tendenzen, welche den Eindruck einer zunehmenden Approximation von lyrischem und empirischem Ich vermitteln und folglich so etwas wie eine Dichtung autobiographischer Erfahrung begründen? 3) Wo können die spezifischen sozialen und mentalitätsgeschichtlichen Voraussetzungen für solche Tendenzen zur autobiographischen Dichtung situiert werden?

Wenn wir nach den Stilisierungstendenzen der lyrischen Selbstaussage fragen, liegt es nahe, den ersten Blick auf Dichtungsfor-
men zu werfen, die sich ans Alltägliche halten und den Autor
deshalb mutmaßlich nur einem relativ geringen Zwang zur literarischen Stilisierung unterwerfen. Es handelt sich um die Formen
des ziemlich verbreiteten »burlesco stile«, als dessen »erster und
wirklicher Erfinder, Meister und Vater« der um die Jahrhundert-
mitte (1535) verstorbene, möglicherweise im Gefolge einer politischen Intrige vergiftete Francesco Berni gefeiert wurde. Wie sieht
das Bild aus, das dieser Autor in geschwänzten Sonetten und
Terzinen-Capitoli, also in den charakteristischen Metren der
Burleskdichtung, von seinem Ich zeichnet? Ein gutes Beispiel
dafür ist das Sonett »Un dirmi ch'io gli presti e ch'io gli dia«, in
der posthumen Erstausgabe 1537 nicht ganz zutreffend »Sonetto
delle Puttane« (Sonett von den Dirnen) betitelt.[1] Es besteht aus
einer – im wesentlichen in Infinitivsätze gefaßten – Reihung
diverser Verdrießlichkeiten, die dem Ich des Gedichts der Verkehr mit Frauen einbringt. So leidet der Sprecher darunter, daß
ihm ständig Geld und Geschenke abverlangt werden, daß er oft
wider Willen Gesellschaft leisten oder Tisch und Bett bereitstel-
len muß, während die eigenen sexuellen Wünsche nicht immer
erhört werden, vor allem, daß er kontinuierlich von einer Infizie-
rung durch den »mal franzese« (die Syphilis) – bekanntlich *die*
Obsession der Renaissance – auf der Hut zu sein hat. Am Ende
des Gedichts wird aus all diesen Verdrießlichkeiten eine poin-
tierte (und zumindest sprachlich einigermaßen brüskierende)
Konsequenz gezogen:

> Un morbo, un puzzo, un cesso,
> Un toglier a pigion ogni palazzo,
> Son le cagioni ch'io mi meni il cazzo.
> (Berni, F., 1934, S. 38).

Das heißt: der Sprecher erklärt, er verzichte nunmehr auf das
»Hurengeschlecht« und zöge dafür die weniger verdrießliche
Befriedigung der Masturbation vor.[2]
Das klingt zunächst insbesondere dank der Sprachhaltung tempe-
ramentvoller Schimpferei überaus spontan. Zu solchem Eindruck
der Spontaneität trägt außerdem auch der Umstand bei, daß die

hier eingenommene Attitüde einer kapriziösen sexuellen Hetero-
doxie von anderen Gedichten teils bestätigt, teils variiert wird. So
empfiehlt das Brief-Capitolo an Antonio da Bibbiena einem
Freund das gleiche bequeme Verfahren des Lustgewinns, das sich
Berni zu eigen gemacht hat, oder als ein im Vergleich zur
»donna« kleineres Übel die Liaison mit dem Pagen; »denn er ist
insgesamt weniger gefährlich und verlangt weder Brot noch
Wein« (Berni, F., 1934, S. 36). In einem anderen Capitolo fleht
Berni selbst einen ungenannten Mäzen an, ihm einen »garzo-
netto« zur Verfügung zu stellen, und da weder Mäzen noch Page
wirklich in Aussicht scheinen, endet das Stück mit Beschimpfungen und Bedrohungen Cupidos: »Denn du bist der Ursprung all
dieses Elends« (Berni, F., 1934, S. 71). Die Drohungen wiederholen sich, als Berni von Cupido – offenbar nach der Liebe zum
Pagen – trotz aller Abneigung in eine heterosexuelle Affäre
verwickelt wird. Sollte ihm »colei«, die Geliebte, vorenthalten
bleiben, kündigt er nun scherzend an, sich eben an Cupido
schadlos zu halten:

> Wenn ich bei ihr nichts erreiche,
> werde ich zur Rache für mein Unglück
> dich traktieren, wie ich sie traktiert hätte.
> Und dann hilft es dir nichts, Bogenschütze zu sein
> oder dich zu entschuldigen, weil du noch ein Knabe bist;
> gerade deshalb besorge ich dirs um so lieber.
> (Berni, F., 1934, S. 174).

Eingeschränkt wird der Eindruck von Spontaneität indes, wenn
wir uns bewußt machen, daß diese Gedichte oft gleichsam antithetisch als Kontrafaktur auf die sozusagen klassische Liebesdich-
tung des Petrarkismus bezogen sind. Evident ist das im Fall des
zitierten Sonetts »Un dirmi ch'io gli presti e ch'io gli dia«, das als
direkte Replik das berühmte Sonett »Moderati desiri, immenso
ardore« von Pietro Bembo parodiert. Auch in diesem, im Cinquecento schulemachenden Gedicht spricht das lyrische Ich mit
einer ganz ähnlichen Enumeratio über die Leiden der Liebe; doch
handelt es sich da um noble Entbehrungen, die der Liebende
heroisch auf sich nimmt, und am Ende lautet das Fazit bei Bembo
(bezeichnenderweise mit einem programmatischen Petrarca-Zi-
tat):

e meritar e non chieder mercede,
fanno 'l mio stato, e son cagion ch'io speri
grazie, ch' a pochi il ciel largo destina.
(Erhörung zu verdienen und dennoch nicht zu verlangen
kennzeichnet meine Haltung und ist der Grund,
daß ich auf Gnade hoffe, die der weite Himmel wenigen gewährt.)
(Bembo, P., 1966, S. 511)

Die triviale Alltäglichkeit, in der sich Bernis lyrisches Ich bewegt, ist also weniger selbständig, als die Verve seiner Sprache auf den ersten Blick vermuten läßt. Vielmehr verweist seine Attitüde deutlich auf ein Vor- und Gegenbild, das es komisch und – um den hier unvermeidlichen Bachtin zu zitieren – »karnevalisierend« umkehrt.[3] Demnach entsteht bei Berni das Bild eines Ich, das am einen Ende der Hierarchie dichterischer Formen ebenso pointiert *unheroisch* stilisiert ist, wie sich das Ich Bembos am anderen Ende der lyrischen Hierarchie prononciert *heroisch* gibt.[4] Pointiert unheroisch erfährt das Ich des Burleskdichters Verdrießlichkeiten, welche durch die allzu große Nähe der Geliebten, nicht durch deren entrückte Ferne, ausgelöst werden, und wo der heroische Petrarkist die Leiden der erzwungenen Keuschheit in standhafter Hoffnung überwindet, da überläßt sich das unheroische Ich Bernis – total den Impulsen des Augenblicks anheimgegeben – der Selbstbefriedigung und der Resignation.

Aus diesem Gegensatz von heroischer und unheroischer Stilisierung ergibt sich nun noch eine weitere gleichsam apriorische Differenz der Selbstdarstellung, welche die beiden Dichtungsbereiche trennt. Sie liegt in den grundsätzlich verschiedenen Zeitperspektiven, unter die das Ich in der burlesken und in der petrarkistischen Dichtung gestellt ist. In der petrarkistischen Dichtung verlangen die essentiellen Gesichtspunkte der Versagung und der Hoffnung, daß die Liebe eine Angelegenheit der longue durée ist und im Idealfall wie bei Petrarca die gesamte Biographie des Dichters erfüllt. Daher wird die Liebeserfahrung des Petrarkisten, so hoch sie ansonsten auch stilisiert sein mag, wenigstens in Ansätzen stets auch historisiert, d. h.: in die Nähe einer autobiographischen Erzählung gerückt.[5]

Eine solche Perspektivierung fällt natürlich dann besonders auf, wenn ihr wie bei Bembo die eher heterogene Entstehung des Gedichtkorpus und die offenkundige Unmöglichkeit, die Folge der Gedichte auf eine einzige, Laura ähnliche Gestalt zu beziehen, im Grunde widersprechen. Trotzdem versucht Bembo, wo immer es gerade möglich ist, seine Liebeserfahrung und Selbstdarstellung als zeitumspannende Geschichte zu präsentieren. Derart steht am Anfang der *Rime*, dem Vorbild Petrarcas entsprechend, eine Reihe von Innamoramento-Gedichten, und bald fühlt sich das lyrische Ich berechtigt, pathetisch auf seine »lange Treue« zu verweisen oder in einem Reuegedicht an die »im Dienst der Dame erbrachten Mühen und Jahre« zu erinnern (vgl. Bembo, P., 1966, S. 545 und 551). In die Figur einer heroischtragischen Lebensgeschichte eingespannt erscheinen vor allem die Gedichte, die von der Liebe an der Schwelle zum Alter handeln, etwa Sonett XCIX oder Sonett XCVII, in dem Maria angesichts neuer Versuchungen um Beistand gebeten wird: »Säume nicht, denn nunmehr wendet sich meines Lebens 53. Jahr« (Bembo, P., 1966, S. 587 f.). Den Status der entscheidenden Peripetie verleiht diese Lebensgeschichte dem Tod der geliebten Morosina, welcher mit gleich dreifacher Datenangabe als epochal in der Historie verankert wird. So erinnert Sonett CLVIII im Abstand eines Jahres an die Sterbestunde der Geliebten: »um 13 Uhr, am 6. Tag des August 1535«. Sonett CLX fügt das Alter der Geliebten hinzu: »Madonna war in ihres Lebens 38. Kreis, als der Tod ihr den schönen Schleier (des Körpers) raubte«; und aus Sonett CLIX erfahren wir die Dauer der Liebe: »Jene, wegen der ich elf und noch einmal elf Jahre lang vor aller Welt zu Eis und Feuer wurde, ist zum Himmel aufgestiegen und hat mich in angstvollem Leben gelassen« (Bembo, P., 1966, S. 642 f.). Damit werden wir indes gleichzeitig auch wieder auf die symbolischen Konnotationen der Datierung und Historisierung verwiesen; denn wenn das Ich des Gedichtbuchs 22 Jahre lang geliebt hat, überbietet es mit dieser Dauer um ein Jahr eben Petrarca, in dessen Canzoniere sich zwischen dem Innamoramento am 6. April 1327 »su l'ora prima« (211, V. 12-14) und Lauras Tod am 6. April 1348 »in l'ora prima« (336, 12-14) auf die Stunde genau 21 Jahre erstrecken.

Von solcher Historisierung und Epochalisierung der Liebe, die das heroische Ich des Petrarkisten als Geschichte seines Lebens auffaßt[6], hat das unheroische Ich des Burleskdichters nicht die geringste Idee. Für das lyrische Ich Bernis bleibt jede Erfahrung wesentlich ahistorisch und punktuell. Was zählt, ist allein der unmittelbare Genuß oder das Bedürfnis des Augenblicks, und kaum ein Gedanke gilt je dem Gestern oder dem Morgen. Falls doch einmal – und selten genug – an die Vergangenheit erinnert wird, geschieht das wie im *Capitolo in lamentazion d'Amore* gerade nicht zum Aufbau der Kontinuität einer Lebensgeschichte, sondern umgekehrt zur Manifestation von Diskontinuität zwischen Lebensmomenten, die keine sinnbildende Verknüpfung kennen. »Erst hast du mich auf ihn verrückt gemacht«, klagt das Ich vor Amor, »nun möchtest du mich noch auf sie verrückt machen« (Berni, F., 1934, S. 173), während in wieder anderen Momenten der Verfasser behauptet, weder auf ›sie‹ noch auf ›ihn‹ angewiesen zu sein und es zu halten wie weiland Diogenes.

II

Resümierend können wir also vorerst sagen, daß die Dichtung im frühen Cinquecento zwei Extremtypen der Selbstdarstellung entwickelt hat. Der eine Typus präsentiert ein heroisches Ich, dessen Erfahrungen ganz und gar in einem unalltäglichen Raum der Liebe verlaufen, aber dafür nachdrücklich historisiert und zu einer quasi autobiographischen Figur zusammengefügt werden. Auf der anderen Seite ist ein pointiert unheroisches Ich wahrzunehmen, das sich mit seinen sexuellen, hygienischen, gelegentlich auch gruppendynamischen Problemen in einer Sphäre der Alltäglichkeit bewegt, in der es jedoch niemals zu einem Bewußtsein seiner Geschichte oder auch nur eigentlich seiner Identität gelangt, da es in steter Dispersion auf den Augenblick fixiert bleibt. Damit ergeben sich an den Enden der literarischen Stil- und Gattungsskala zwei gegensätzliche Figuren der Ich-Erfahrung: eine Figur, die Alltäglichkeit und Punktualität verbindet, sowie eine andere, die Unalltäglichkeit und Historizität erreicht.
Indessen haben diese Extrempositionen, so weit sie typologisch auseinanderliegen mögen, doch auch eine auffällige Gemeinsamkeit. Sie treffen sich nämlich in dem Umstand, daß die eine wie die andere – für den modernen Leser einigermaßen überraschend – in durchaus vergleichbarer Weise gesellschaftlich legitimiert erscheint. Sowohl bei Berni als auch bei Bembo steht das so konträr charakterisierte Verhalten des lyrischen Ich offenbar in einem weithin problemlosen Einklang mit seiner je spezifischen Umwelt. Für Bembo braucht das kaum belegt zu werden, weil hier der intertextuelle Bezug auf das Modell Petrarcas nicht zu

übersehen ist und außerdem bereits das Einleitungssonett den exemplarisch-didaktischen Charakter einer Erfahrung unterstreicht, der die »kundigen Liebenden« (»amanti accorti«) den rechten Weg für sich selbst entnehmen sollen.[7] Eine ähnliche Übereinstimmung mit der gesellschaftlichen Umgebung liegt jedoch auch im Fall Bernis vor, obwohl sich die recht unfrommen Verhaltensweisen des lyrischen Ich hier ja zunächst entschieden weniger kanonisiert und moralkonform ausnehmen. Immerhin bestehen viele der epistularen Capitoli, die von Momenten eines hedonistischen Genießens sprechen, aus Einladungen, ein Gleiches zu tun: so etwa in Nr. xxxiv an »Messer Francesco (Navizzani) Milanese« oder in Nr. xlii an die »Signori Abbati (Cornari)« (vgl. Berni, F., 1934, S. 93 ff. und 108 ff.), und auch in seinem erotischen Verlangen nach einem »ragazzo«, das von keinem Mäzen befriedigt wird, plädiert Berni nicht für sich allein, sondern für »unsereiner« (»Per Dio, noi altri siam pur sgraziati«), repräsentativ für eine Gruppe – vielleicht die Schicht der niedrigen (und mittellosen) Chargen am päpstlichen Hof, denen kein altrömischer Gönner mehr beispringt. Vor allem aber beläßt es das anfangs erwähnte Sonett gegen die Frauen mitnichten bei der Konfession; vielmehr wird die drastische Schlußfolgerung andernorts in einem Brief-Capitolo gleichfalls wieder ins Exemplarisch-Didaktische gewendet, und das mit einem Aplomb, als könne diese komisch-heterodoxe Didaxis mit demselben (oder sogar einem stärkeren) Applaus rechnen wie die heroisch-orthodoxe Liebeslehre Bembos:

> Habt vor allem acht,
> wenn ihr gesund leben wollt,
> den Frauen nicht zu sehr ins Gesicht zu schauen;
> geht lieber mit der Hand zu Werk.
> (Berni, F., 1934, S. 37).

Eindeutig und bedeutungsvoll anders ist die Lage dagegen in den sieben Satiren Ludovico Ariostos, in denen sich das lyrische Ich frappant von den extremen Stilisierungen Bernis und Bembos unterscheidet. Hier setzt bereits die erste, wohl 1517 verfaßte Satire am Punkt eines konkreten Konflikts des Sprechers mit seiner Umwelt ein. Das Thema der Epistel ist nämlich Ariosts Weigerung, seinen Fürsten und Mäzen, den Kardinal Ippolito d'Este, bei einem längeren Aufenthalt in Ungarn, also im barbarischen und vor allem gesundheitsschädlichen Mitteleuropa, zu begleiten. Um diese Weigerung zu rechtfertigen, rekurriert Ariost auf zwei Argumente, einmal seine angegriffene Gesundheit, zum anderen seine Familienpflichten als ältester von zehn Geschwistern, der insbesondere für die alte Mutter sowie die Mitgift seiner Schwestern zu sorgen hat. Dabei unterstreicht er im ersten Teil mit Nachdruck den Widerwillen, sich den Zumutungen des Hofes anzupassen. Weder möchte er »Mühe« und »Ruhe« des Dichters mit anderen, möglicherweise einträglicheren Hofämtern tauschen, noch möchte er sich von seinen Freunden oder Gönnern sagen lassen, was seiner Gesundheit guttut; denn die kennt er – so wird ein wenig patzig insistiert – selber am besten (vgl. Ariosto, L., 1961, S. 1120, v. 31-33).[8]

In Ariosts erster Satire begegnen wir also einem kräftig akzentuierten Ich, das in Situationen, die offenkundig zu seiner alltäglichen Lebenswelt gehören, explizit auf seiner Individualität und Besonderheit gegenüber der Umgebung besteht.[9] Wichtig ist dabei zu berücksichtigen, daß dieser Insistenz auf der Individualität nichts eigentlich Auftrumpfendes und erst recht nichts Heroisches innewohnt. Eher führt Ariost uns ja seine mannigfachen Inkompetenzen und Gebrechen vor. Zwar ist er keineswegs bereit, sein literarisches Licht unter den Scheffel zu stellen; doch schätzt er sein Können bei der Jagd, als Verwalter oder als Diplomat ausgesprochen gering ein (vgl. v. 142 ff.). Außerdem werden wir mit penibler Genauigkeit über die Symptome von Ariosts Bronchialkatarrh (vgl. v. 46-48) unterrichtet und erfahren, welche sozialen Mißlichkeiten er bei einer gastronomischen Sonderbehandlung befürchtet (vgl. v. 55 ff.). Einem solchen recht prosaischen Bild entspricht dann auch die Selbstdarstellung der weiteren Satiren. Die zweite teilt uns unter anderem mit, daß Ariost sich wenig aus der Küche macht und – eben wegen des erwähnten Katarrhs – Wein nur mit Wasser verdünnt genießen mag (v. 49-54). In der siebten wird eine erneute Weigerung thematisiert, welche diesmal einen Botschafterposten am päpstlichen Hof betrifft. Dabei weist Ariost Rom als Ort mondäner Karriere aufs entschiedenste zurück, während er – dazu antithetisch – Rom als Ort des Humanistengesprächs und der humanistischen Studien zum Faszinosum erklärt, um freilich sofort hinzuzufügen, daß selbst ein solches Faszinosum ihn nicht zur Umsiedlung bewegen könnte, da er wider alle Vernunft an seiner

»terra« hinge – und überdies an seiner Geliebten, wie nicht ausdrücklich gesagt, wohl aber insinuiert wird.

So läuft Ariosts satirische beziehungsweise epistulare Selbstdarstellung[10] durchaus in einer Sphäre der Alltäglichkeit ab, und auch Gewohnheiten und Charakterzüge, welche die Selbstdarstellung ausmachen, bleiben weithin im Alltäglichen, das sie nicht ins Heroische transzendieren, aber auch nicht burlesk unterlaufen. Trotzdem hat diese – man könnte sagen: realistische – Beschränkung hier nicht den Verzicht auf eine historische Perspektive zur Folge. Ganz im Gegenteil fällt auf, daß Ariosts Satiren wiederholt zu kleinen autobiographischen Skizzen ausholen, welche den verschiedenen Äußerungen ihre Punktualität nehmen und sie in das Kontinuum eines Lebenszusammenhangs und einer Identität rücken. Solche Ansätze sind schon in der ersten Satire zu beobachten, wenn Ariost die Unlust zur Ortsveränderung mit seiner besonderen Lebenssituation begründet (v. 217-221):

> Ich bin von zehn Geschwistern der erste und
> inzwischen 44 Jahre alt, und das kahle Haupt
> verberge ich seit geraumer Zeit unter einer Haube.
> Das Leben, das mir bleibt, bewahre ich,
> so gut ich kann (...).

Bezeichnend ist dabei, daß diese autobiographischen Hinweise in den weiteren Satiren der Sache nach identisch bleiben, auch wenn sie jeweils in verschiedener Perspektive und Beleuchtung erscheinen. So klagt Ariost in der dritten Satire über die materiellen Notwendigkeiten, die ihn zum Hofdienst zwingen. Besser würde es ihm gehen, meint er da, wenn er nach der Geburt den Vater kastriert hätte wie weiland Saturn den seinen; doch da er das unterließ, zeugte der Vater außer Ludovico neun weitere Kinder, unter die das geringe Vermögen der Familie aufgeteilt werden muß, weshalb der Erstgeborene in seiner Armut nun zu entwürdigenden Bittgängen verurteilt ist (vgl. v. 13-21).

Am ausführlichsten entfaltet sich die Autobiographie in der sechsten Satire, einem für Ariosts fünfzehnjährigen Sohn Virginio verfaßten Empfehlungsschreiben an Pietro Bembo, in dem der einflußreiche venezianische Freund gebeten wird, dem jungen Studiosus »einen tüchtigen Griechen« (v. 14) zu vermitteln, der ihn in die griechische Literatur einführt, ohne ihn zugleich zur Homosexualität, dem ›griechischen Laster‹, zu verführen. Im

Anschluß an diese Bitte legt Ariost dar, warum er seinem Sohn nicht selber die Werke Homers , Hesiods oder Pindars nahebringen kann, nachdem er ihn bereits mit den römischen Klassikern vertraut gemacht hat (vgl. v. 142-144). Dabei entsteht das Resümee einer Lebensgeschichte, die vor allem dazu dient, Ariosts humanistische – oder genauer gesagt: griechische – Bildungslücken zu erklären und zu entschuldigen. Zunächst wurde er nämlich im bildungsfähigen Alter vom eigenen Vater am Studium der Humaniora gehindert und während fünf Jahren zur Beschäftigung mit dem Jus gezwungen (vgl. v. 157-159). Als sich dieser Zwang gelockert hatte, stand in der Gestalt eines gewissen Gregorio da Spoleti zwar ein fähiger Lehrer zur Verfügung, der »beider Sprachen schöne Geheimnisse« (v. 169) beherrschte, doch erschienen dem Studiosus die »heimischen Lateiner« (v. 180) nun weit attraktiver. Vollends vertan war die Chance zum Griechischstudium, als Ariosts Vater starb und Ludovico sich damit erneut verpflichtet sah, der ›vita contemplativa‹ zugunsten einer ›vita activa‹ abzusagen (vgl. v. 199-201). So schildert Ariost darauf ein weiteres Mal die Mühen, welche ihm die Vaterrolle gegenüber seinen neun Geschwistern auflädt: die Sorge um die Bewahrung des Familienvermögens, die Suche nach – von den Mitgiftforderungen her – geeigneten Ehemännern für die Schwestern, die Überwachung und Förderung der kleinen Brüder. Und als 1507 auch noch der geliebte Cousin Pandolfo Ariosto stirbt, kann von einer Lektüre des Sophokles oder des Euripides keine Rede mehr sein, weshalb der Sohn jetzt nachholen soll, was der Vater einst versäumte (vgl. v. 244 ff.).

III

Nun ist die Frage zu stellen, wie sich eine solche – für die Gepflogenheiten der Renaissance-Dichtung durchaus ungewöhnliche – Selbstdarstellung, welche das Ich gerade in seiner Alltagserfahrung autobiographisch historisiert, im Falle Ariosts erklären mag. Da uns dies Problem auf recht weite Felder literarhistorischer und sozialgeschichtlicher Reflexion führt, kann es hier nur in Ansätzen behandelt werden. Immerhin meine ich, daß Ariosts Satiren zumindest einen Tatbestand einsichtig machen, dem meines Erachtens grundsätzliche Bedeutung zukommt: die Annahme nämlich, daß jede ernsthafte Selbstdarstellung zumal in der klassischen Versdichtung einer eigentümlichen Konjunktur von Motivation und Legitimation bedarf. Das heißt: einerseits muß ein motivierender Druck wirksam werden, der zur Mitteilung von Lebensumständen, -situationen und -entwicklungen in autobiographischem Duktus treibt; zum anderen muß eine legitimierende Form vorhanden sein, welche das autobiographische Mitteilungsinteresse aufzunehmen und zu gestalten vermag. Wie steht es mit der Verbindung beider Momente bei Ariost?

Was die Motivation zur Autobiographie betrifft, ist zu vermuten, daß sie meistens aus einer Suspension von Selbstverständlichkeiten in der Lebenswelt erwächst. Solche Suspension von Selbstverständlichkeiten ergibt sich beispielsweise, wenn das Verhalten des Subjekts in die Problematik eines Konflikts sozialer Normen gerät, welcher ihm neben der schweren Last von Entscheidungen die nicht geringere Last aufbürdet, die jeweils getroffene Entscheidung apologetisch zu rechtfertigen. Auf Rechtfertigungen dieser Art laufen indes fast alle Äußerungen hinaus, die in Ariosts Satiren ein autobiographisches Gepräge besitzen.[11] So hat Ariost zum einen zu begründen, weshalb er sich manchen Forderungen des Hofes entzieht, weshalb er etwa ablehnt, den Kardinal Ippolito nach Ungarn zu begleiten oder als Botschafter nach Rom zu gehen. Dabei führt die Begründung in der siebten und insbesondere in der ersten Satire vorzugsweise die ›Musen‹ und deren »sacri studi« an, welche Freiheit und Muße verlangen. Andererseits muß Ariost in der vierten und sechsten Satire begründen, warum es mit dem Musendienst der Dichtung nicht recht vorangeht und warum ihm überhaupt mangels hinlänglicher Griechischkenntnisse nicht alle dafür notwendigen Bildungsvoraussetzungen gegeben sind. Dabei beruft er sich nun umgekehrt gerne auf die Zwänge von Hof- und Amtspflichten unter dem Diktat Ippolitos von Este (vgl. VI, v. 235-240).

Wo immer in Ariosts Satiren die Selbstdarstellung in den Vordergrund rückt, präsentiert sich das Ich also in einer schiefen Lage und mit einer Identität, die wegen ihrer schiefen Lage zum Problem geworden ist. Diese problematische Identität soll einerseits von den subalternen Rollen abgegrenzt werden, welche ihr die realen Machtstrukturen der Hofgesellschaft vorschreiben; doch läßt die Realität andererseits auch nicht zu, daß der widerspenstige Höfling sein ideales Selbstkonzept verwirklicht und umstandslos in der alternativen Rolle eines Humanisten aufgeht. Beiden Normkomplexen, dem höfischen mehr und dem humanistischen weniger, bleibt Ariost am Ende etwas schuldig, und aus diesem Bewußtsein zweifacher Anomalie ist wohl der geradezu obsessive Rekurs auf das Familienthema zu verstehen, das für die italienische Renaissance-Dichtung in der hier angeschlagenen ernsthaften Intonation ja ebenfalls ungewöhnlich wirkt. Offenkundig kehrt es deshalb so insistent wieder, weil es in Ariosts Existenz die Stelle bezeichnet, an der die (zumeist) begehrte humanistische Aktivität und die (zumeist) erlittene höfische Funktion stets aufs neue sowohl zusammenkommen als auch aufeinanderstoßen. Die Familienpflichten sind es nämlich, die dem Dichter in der ersten Satire gegenüber dem Hof als Alibi und Refugium dienen, und gleichzeitig sind es dieselben Familienpflichten, die in der dritten Satire das ökonomische Motiv für die Bereitschaft des Dichters bilden, die Fron des Hoflebens überhaupt auf sich zu nehmen.

Nichts dergleichen wäre in der ersten Hälfte des Cinquecento freilich mitteilbar, wenn es für selbstbezogene Äußerungen dieser Art keine literarische Legitimation gäbe. Diese Legitimation liegt im Genus der Horazschen Satire begründet, der Horazschen wohlgemerkt und nicht der Juvenalschen ›Satura‹.[12] Was macht hier den Unterschied aus? Wie allgemein hervorgehoben wird, sind in den Satiren des Horaz vor allem die epistularen Aspekte für Ariosts Gattungsanschluß von wesentlicher Bedeutung. Sie führen gewissermaßen zu einer Dopplung der formalen Attitüden, in denen sich das lyrische oder genereller: das literarische Ich verhält. Einmal ist es bei Horaz ein speziell »satirisches« Ich, wie es dann bei Juvenal dominieren wird: ein Ich, das sich durch moralische Vorbildlichkeit – eben das »integer ipse« des Satirikers – gegenüber den vehement verurteilten »Er« oder »Sie« identifiziert. Zum anderen präsentiert es sich aber auch als ein »epistulares« Ich, und als solches tritt es nicht in ein gleichsam vertikales Verhältnis zu einem »Er«, sondern in ein horizontales Dialog-Verhältnis zu einem »Du«.[13]

In diesem Phänomen des »epistularen Ich«, wie es die Horazschen *Sermones* neben einem »satirischen Ich« vorstellen, ist indessen die entscheidende Legitimation für Ariosts autobiographische Wendung des Genres zu sehen. Nur das auf ein »Du« bezogene epistulare Ich gewährt nämlich die Möglichkeit einer freieren kommunikativen Selbstdarstellung, während das satirische Ich in seiner Stilisierung stets antithetisch von dem lasterhaften (oder törichten) »Er« abhängt, welches das Ziel empörter (oder mokanter) Attacken bildet. Dabei erweist sich freilich, daß auch in Ariosts Satiren die Darstellung des Ich häufiger satirisch funktionalisiert wird, als es auf den ersten Blick den Anschein haben mag. Ein charakteristisches Beispiel dafür ist etwa der Beginn der zweiten Satire. Er vermittelt zunächst den Eindruck, als wolle Ariost spontan und absichtslos über seine gastronomische Genügsamkeit plaudern, und erst später stellt sich heraus, daß damit eine Art Gegenbild entworfen wurde, welches sich – indirekt anklagend – auf die Unmäßigkeit vieler Kleriker bezieht. Auf solche Weise besitzen zahlreiche Züge des Ariostschen Selbstporträts eine oft untergründig funktionale satirische Bedeutung; doch bleibt festzuhalten, daß eben nicht alle Elemente der Selbstdarstellung in dieser Funktion eines »integer ipse« aufgehen. Legitimiert durch die epistularen Partien der Horazschen *Sermones*, kann Ariost in die seinen immer wieder eine – satirisch funktionslose – Konfession, ein »liberamente te 'l confesso« (III, V. 76) einfließen lassen. So gesteht, oder besser: ›beichtet‹ er dann – gegenüber der Satire gänzlich gattungsdissonant – eine Liebesbeziehung.[14] Oder er ergreift die Gelegenheit, jene höfisch-humanistischen Rollenkonflikte auszusprechen, die in keinem anderen Versgenus der Epoche formulierbar gewesen wären und die seiner Subjektivität eine so unverkennbar individuelle Gestalt geben, wie sie in der frühneuzeitlichen Dichtung nur wenig vergleichbare Beispiele hat.

Anmerkungen

1 Vgl. zu seiner philologisch detaillierteren Interpretation Schulz-Buschhaus, U. (1975) sowie die wichtige literarhistorischen Ergänzungen von König, B. (1983).

2 Übersetzungen oder Paraphrasen italienischer Texte stammen hier wie im folgenden vom Vf. Das Original wird lediglich dort angeführt, wo es zum genaueren Einblick in die Textstrukturen und vor allem deren intertextuelle Relationen unumgänglich ist.

3 Die Pointe dieser Umkehrung wird am Ende des Sonetts textlich

durch die identische Summierungsformel »son (le) cagion« signalisiert, mit der bereits Bembo – freilich nicht oppositionell, sondern systembildend – außer auf Petrarca, *Canzoniere* 213 auch auf *Canzoniere* 224 (»S'una fede amorosa, un cor non finto«) anspielt. Vgl. dazu König, B. (1983), S. 84.

4 Vgl. zu den Heroisierungstendenzen in Bembos *Rime* Noyer-Weidner, A. (1974).

5 Vgl. hier zum exemplarischen Vorgehen Petrarcas Santagata, M. (1979), und Sturm-Maddox, S. (1985). Sturm-Maddox sieht die Geschichte von Petrarcas »poetic persona« im *Canzoniere* durch das Zusammenspiel verschiedener »narrativer Modelle« geprägt: der *Confessiones* des Augustinus, »der Erzählung von Apollo und Daphne in Ovids *Metamorphosen* und der Erzählung von Dante und Beatrice in der *Vita Nuova* sowie der *Commedia*« (S. 2).

6 Wie daraus in Petrarcas *Canzoniere* die Konstruktion einer »idealen Autobiographie« erwächst, zeigt am Beispiel der Jahrestagsgedichte Dutschke, D. (1981).

7 Die geradezu gattungsmodifizierende Bedeutung dieser Apostrophe der »amanti accorti« unterstreicht zu Recht Noyer-Weidner, A. (1974), S. 350.

8 Da Ariosts Satiren in verschiedenen neueren Ausgaben zugänglich sind, wird auf sie im folgenden durch die Angabe der Versnummern referiert.

9 Vgl. zum »Widerspruch zur Umwelt«, den »das eifersüchtig über die eigene Unabhängigkeit und volle Entfaltung wachende Ich« hier erlebt, auch Grimm, J. (1969), S. 25.

10 Zur folgenreichen Koinzidenz von Satire und Epistel bei Ariost vgl. Grimm, J. (1969), S. 15 ff., oder Schunck, P. (1970), S. 61 ff.

11 Vgl. dazu die treffenden Bemerkungen von Schunck, P. (1970), S. 71 ff. Nach ihnen überrascht um so mehr, daß Schunck Ariosts »Zerrissenheit« später ausschließlich auf einen »Zwiespalt existentieller Natur« zurückführen möchte, welcher mit der »sozialen Situation des Dichters« nichts zu tun habe (vgl. S. 82).

12 Die gleiche Distinktion trifft auch Schunck, P. (1970), S. 66, um darauf einleuchtend die weitere Subjektivierung des Horazschen Modells bei Ariost nachzuzeichnen.

13 Hier benutze ich – freilich in einem neuen Zusammenhang – Kategorien der Kommunikationsstruktur, die Segre, C. (1976) entwickelt hat.

14 Zur prinzipiell »liebesfeindlichen Tradition der Satire« vgl. Meyer-Minnemann, K. (1969), S. 109 f.

Literatur

Ariosto, L. (1534), *Opere.* Hg. v. A. Seroni. Mailand 1961.

Bembo, P. (1530), *Prose e Rime*, hg. v. C. Dionisotti. Turin ²1966.

Berni, F. (1537, 1540), *Poesie e Prose*, hg. v. E. Chiorboli. Genf – Florenz 1934.

Dutschke, D. (1981), »The Anniversary Poems in Petrarch's *Canzoniere*«, in: *Italica* 58, S. 83-101.

Grimm, J. (1969), *Die Einheit der Ariost'schen Satire*, Frankfurt a. M.

König, B. (1983), »Liebe und Infinitiv – Materialien und Kommentare zur Geschichte eines Formtyps petrarkistischer Lyrik (Camoes, Quevedo, Lope de Vega, Bembo, Petrarca)«, in: *Italien und die Romania in Humanismus und Renaissance – Festschrift für Erich Loos*, Wiesbaden, S. 76-101.

Meyer-Minnemann, K. (1969), *Die Tradition der klassischen Satire in Frankreich*, Bad Homburg v. d. H. – Berlin – Zürich.

Noyer-Weidner, A. (1974), »Lyrische Grundform und episch-didaktischer Überbietungsanspruch in Bembos Einleitungsgedicht«, in: *Romanische Forschungen* 86, S. 314-358.

Santagata, M. (1979), *Dal sonetto al Canzoniere – Ricerche sulla preistoria e la costituzione di un genere*, Padua.

Schulz-Buschhaus, U. (1975), »Satire oder Burleske?«, in: *Romanische Forschungen* 87, S. 427-441.

Schunck, P. (1970), »Die Stellung Ariosts in der Tradition der klassischen Satire«, in: *Zeitschrift für Romanische Philologie* 86, S. 49-82.

Segre, C. (1976), »Struttura dialogica delle *Satire* ariostesche«, in: *Ariosto 1974 in America*, hg. v. A. Scaglione. Ravenna.

Sturm-Maddox, S. (1985), *Petrarch's Metamorphoses – Text and Subtext in the »Rime Sparse«*, University of Missouri Press.

Dietrich Schwanitz
Selbstthematisierung
im englischen Liebesroman

Ich bitte um Verständnis dafür, daß es mir nicht möglich war, mein Thema ohne Komplikationen in den Griff zu bekommen. Die Deutung von Formen der Selbstthematisierung im englischen Liebesroman bleibt unverständlich, wenn man sie nicht auf zwei Bezugsrahmen hinordnet: Bei dem ersten handelt es sich um die Entwicklung eines kulturellen Konzepts des Selbst im Kontext eines bestimmten literarischen Musters, beim zweiten um die Erzählform des realistischen Romans, der ja seinen Ursprung in Formen der Selbstthematisierung wie Tagebuch, Autobiographie und ›familiar letter‹ hat. Ich werde deshalb den Gegenstand ›Selbstthematisierung‹ in einer Doppelfassung anbieten: die literarische Organisation des Themas des Selbst als Kontext für die Selbstthematisierung der Figuren.

Eine der eigenartigsten Fallgeschichten der englischen Literatur ist die der Geschwister Brontë. Es sind drei Mädchen und ein Knabe, Charlotte, die Älteste, Branwell, der Knabe, Emily und Anne, die in den 1820er und 1830er Jahren in der Pfarrei eines Yorkshire-Städtchens als Halbwaisen, von ihrem exzentrischen Vater weitgehend sich selbst überlassen, sozial völlig isoliert heranwachsen. 1826, als sie 10, 9, 8 und 6 Jahre alt sind, beginnen sie die gemeinsame Abfassung der Geschichte eines von ihnen erfundenen Königreichs Angria, an der sie zusammen 16 Jahre lang fortspinnen werden, lediglich unterbrochen durch einen Internatsaufenthalt von Charlotte, währenddessen Emily und Anne die Geschichte des Königreichs Gondal schreiben. Über 100 Hefte sind erhalten, auf den tausenden, mit mikroskopischer Handschrift beschriebenen Seiten wird eine ganze Zivilisation geschaffen mit Biographien berühmter Männer, der politischen Geschichte Angrias, sechs Nummern einer Monatsschrift u. v. m. 1847, als der Bruder bereits durch Alkohol ruiniert ist, veröffentlichen alle drei Schwestern je einen Roman, deren Stoffe dem gemeinsam entwickelten Mythos oder autobiographischen Erlebnissen oder beidem entnommen sind. Da ich aus Charlottes Werk

Jane Eyre eine Passage zitieren möchte, will ich zum besseren Verständnis kurz die Konstellation schildern: Die Ich-Erzählerin und Heldin Jane Eyre, früh verwaist und in einem strengen Internat erzogen, wird die Erzieherin der unehelichen Tochter des Gutsbesitzers Edward Rochester. Rochester ist mit typischen Zügen des sogenannten Byronic hero ausgestattet: großzügig, impulsiv, nobel, aber offenbar von Gewissensqualen wegen eines mysteriös bleibenden Vergehens heimgesucht. Die Aura des Mysteriösen in seinem Hause wird verstärkt durch merkwürdige nächtliche Vorkommnisse, Geräusche und Schreie, die allerdings zunächst eine harmlose Erklärung finden. Jane verliebt sich in Rochester, wie sie zunächst glaubt, hoffnungslos, doch zu ihrer Überraschung wird ihre Liebe leidenschaftlich erwidert. Der Hochzeitstag wird festgelegt, doch unmittelbar vor der Besiegelung des Ehebundes wird enthüllt, daß Rochester bereits verheiratet ist, daß seine Frau jedoch wahnsinnig wurde und nun in einem abgelegenen Zimmer des Landsitzes gefangengehalten wird, aus dem die geheimnisvollen nächtlichen Schreie drangen. (Nebenbei bemerkt, die Autorin widmete den Roman dem von ihr bewunderten Thackeray, ohne zu wissen, daß sich dieser in derselben Situation wie Rochester befand. Verständlich, daß Thackeray den Roman in einer Nacht durchgelesen hat). In diesem kommt es nach der Enthüllung dieses Geheimnisses zur Konfrontation zwischen den Liebesleuten, in der sich Rochester zumindest teilweise durch die Erklärung aller Umstände, die ihn in diese Lage gebracht haben, rehabilitiert und Jane bestürmt, trotz allem bei ihm zu bleiben. Als sie schwankend wird und sich fragt, ob es nicht besser sei, ihn vor der Verzweiflung zu bewahren, als ein Gesetz zu befolgen, dessen Verletzung durch sie, die keine Familie hat, niemanden kümmere, gibt sie sich selbst die Antwort:

I care for myself. The more solitary, the more friendless, the more unsustained I am, the more I will respect myself. I will keep the law given by God; sanctioned by man.

Rochester liest die Festigkeit ihres Entschlusses von ihrem Gesicht ab:

His fury was wrought to the highest: He must yield to it for a moment, whatever followed; he crossed the floor and seized my arm and grasped my waist. He seemed to devour me with flaming glance; physically, I felt, at the moment, powerless as stubble exposed to the draught and glow of a furnace: mentally, I still possessed my soul, and with it the certainty of ultimate safety. The soul, fortunately, has an interpreter – often an unconscious but still a faithful interpreter in the eye. My eye rose to his; and while I looked in his fierce face I gave an involuntary sigh, his grip was painful, and my overtaxed strength almost exhausted.

»Never«, said he, as he ground his teeth, »never was anything at once so frail and so indomitable. A mere reed she feels in my hand!« (And he shook me with the force of his hold). »I could bend her with my finger and thumb: and what good would it do if I bent, if I uptore, if I crushed her? Consider that eye: consider the resolute, wild, free thing looking out of it, defying me, with more than courage – with a stern triumph. What ever I do with its cage, I cannot get at it – the savage, beautiful creature! If I tear, if I rend the slight prison, my outrage will only let the captive loose. Conquerer I might be of the house; but the inmate would escape to heaven before I could call myself possessor of its clay dwelling-place. And it is you, spirit – with will and energy, and virtue and purity – that I want: not alone your brittle frame. Of yourself you could come with soft flight and nestle against my heart, if you would: seized against your will, you will elude the grasp like an essence – you will vanish I ere inhale your fragrance.«

In dieser Szene sind die Elemente versammelt, die zusammen das um das Problem des Selbst zentrierte Muster einer bestimmten Tradition des Liebesromans bilden: die Konfrontation zwischen einem Mädchen bürgerlicher Herkunft und einem Aristokraten; die Korrelation zwischen der sozialen oder psychischen Vereinsamung des Mädchens und seiner Standfestigkeit, Prinzipientreue und Selbstachtung; die passionierte Gewalttätigkeit des seinen Leidenschaften ausgelieferten Aristokraten, den gerade die Unabhängigkeit im Selbst des Mädchens reizt und herausfordert; die Differenzierung – mit Bezug auf das Mädchen – zwischen seelischer Stärke und physischer Schwäche; die untergründige Phantasie der Vergewaltigung und deren Assoziation mit dem Tod; die verzweifelte Erkenntnis des Aristokraten, daß gerade die Anwendung von Gewalt das ausschließlich im Seelischen beheimatete Selbst nicht erreichen kann, sondern daß dessen Hinwendung zu ihm nur über Selbstbestimmung und Freiwilligkeit erfolgen kann; und die emphatische Betonung des Selbstbezugs als einziges gegen die Gesellschaft gewendetes Kriterium für die moralische Beurteilung einer Handlung.

Es ist dies ein Muster, das 1847 bereits über 100 Jahre alt war und in dieser Form voll entwickelt dem Haupt des Samuel Richardson entsprang, als sich ihm der Auftrag, einen Briefsteller für die ungebildeten Stände zu kompilieren, unter den Händen zum ersten realistischen Roman der englischen Literaturgeschichte, nämlich *Pamela*, ausweitete. Nach dem für Richardson selbst überraschenden Erfolg von *Pamela* wurde dieses Muster in noch wesentlich komplexerer Weise in seinem nun sorgfältig geplanten Roman *Clarissa Harlowe* entfaltet, in dem die bürgerliche Heldin die Motive für ihren Widerstand gegen die Verführungsversuche und Heiratsanträge des an sich nicht unattraktiven aristokratischen Liebhabers gegenüber ihrer Freundin folgendermaßen kennzeichnet:

... They (die Motive) arise principally from what offers to my own heart; respecting, as I may say, its own rectitude, its own judgement of the fit and unfit; as I would, without study, answer for myself to myself, in the first place; to him, and to the world, in the second only. Principles that are in my mind; that I found there, implanted, no doubt, by the first gracious Planter ...
(II, 306)

Die Entstehung und Entwicklung dieses Musters und die darin vor allem auf seiten der Frauen dokumentierte Selbstwahrnehmung sind in die überaus komplexe, tiefgreifende psychohistorische Umwälzung im 18. Jahrhundert verflochten, die durch das Begriffsfeld ›sentimentality, sensibility, benevolence, moral sense, sympathy‹ markiert wird. Ich möchte zur deutlicheren Perspektivierung einige der für mein Problem wichtigsten sozio-kulturellen Züge dieser Entwicklung in Stichworten benennen:

– Umstellung der literarischen Produktion in der 1. Hälfte des 18. Jahrhunderts von der adligen Patronage auf den von Buchhändler-Verlegern kontrollierten Markt,
– Ausweitung des Lesepublikums in die Bereiche von trade, commerce und domestic service, die von den kulturellen Werten des aufgeklärten Puritanismus wie habituelle Introspektion, kontrollierte Lebensführung und Bewährung im Alltag stärker geprägt waren,
– Verbindung dieser Werte mit der weiblich geprägten Daseinsform des domestic life, wobei das weibliche Lesepublikum überproportional wuchs, da Frauen dank des zunehmenden Angebots käuflicher Manufakturwaren von häuslicher Arbeit

zunehmend freigesetzt, aber durch den Ausschluß von männlichen Betätigungen zur häuslichen Muße verdammt waren,
– mit dem Ergebnis, daß sich die Erzählliteratur vom Vers und den klassischen Normen löste und daß ab 1750 die von der klassischen Bildung ausgeschlossenen Frauen zunehmend als Autorinnen in Erscheinung traten.

Diese Entwicklung vollzog sich aber – wie so oft – zunächst nicht in Gestalt einer Ablösung des Alten durch das Neue, sondern in Form einer Teilung der Kultur. Die durchschlagende und anhaltende Wirkung Richardsons beruht mit darauf, daß er die durch diese Teilung entstandenen Gegensätze in das von ihm entwickelte Grundmuster des Liebesromans einbaute, indem er sie auf die Differenz der Geschlechter projizierte: Der Verführer verkörpert dabei die traditionelle Position entlang der semantischen Reihe aristokratisch-klassisch-männlich-aktiv-martialisch und ist in seiner Liebesauffassung der nicht ehebezogenen Tradition der Galanterie verpflichtet und offen epikuräisch-libertinistisch; die Frauen repräsentieren die entsprechende Gegenposition entlang der Reihe bürgerlich-modern-christlich-weiblich-passiv-häuslich und sind in punkto Sexualität rigoros repressiv, prinzipienfest und ehe-orientiert. Dieser die Beziehung zwischen den Geschlechtern dramatisch aufladende Gegensatz wird im Liebesroman mit einer fundamentalen Ambivalenz kurzgeschlossen, die mit dem neuen Paradigma der sensibility und sentimentality zusammenhängt.

Die Ursprünge des neuen Paradigmas im englischen Sensualismus und Empirismus der moral-sense-Philosophie von Shaftesbury, Hutcheson und Hume sind bekannt. Als sein innerster Kern darf die von den Latitudinarian Divines propagierte Überzeugung angesehen werden, daß dem Menschen eine ihm innewohnende Güte (benevolence) angeboren ist, die sich als sympathy, als Gefühl der tenderness und compassion für die Nöte anderer Menschen und aller Wesen überhaupt äußert. Obwohl die ratio im Verlauf des Paradigmawechsels weniger vom Gefühl ersetzt als supplementiert und usurpiert wurde, zeigt doch die dem cartesianischen ›cogito ergo sum‹ gegenübergestellte Formel ›je sens, donc je suis‹ des Marquis d'Argens das Ausmaß der Veränderung (*Philosophie du Bon Sens* (Den Haag 1746), zit. nach Gilbert Chinard in seiner Einleitung zu Morellys *Code de la Nature* (Paris 1950) p. 18). Angesichts der gleichwohl persistierenden Nöte der condition humaine mußte die Umstellung der Selbstwahrnehmung auf das Gefühl in Verbindung mit der Überzeugung von der ›innate benevolence‹ der menschlichen Natur je nach Motivationslage verschiedene paradoxe Folgen haben. Zunächst ergab sich das Problem, daß das Ausleben benevolenter Gefühle in charity und philanthropy durch Selbstaffektion ›delicious feelings of pleasure‹ hervorriefen, die die Benevolenz nicht nur als uneigennützig erscheinen ließen. Die Literatur der sentimentality stößt deshalb immer wieder auf das Problem der Unaufrichtigkeit und der Selbstgratifikation, das seinerseits die Selbsterforschung in mikrologische Differenziertheit treibt. Sofern aber die Leiden der Menschheit durch individuelle Akte der Benevolenz nicht behebbar waren, mußten bei vorausgesetzter Benevolenz der menschlichen Natur die Übel dieser Welt der Gesellschaft als Ganzer angelastet werden, was – grob gesehen – nur die Alternative übrigließ, entweder – wie in der Französischen Revolution – die Gesellschaft so zu ändern, daß sie die freie Entfaltung der menschlichen Güte nicht mehr behinderte, oder hoffnungslos an ihr zu leiden. Dieses Leiden war seinerseits insofern paradox, als eine sensible Seele zugleich mit der Wahrnehmung von mehr Leid, als sie aktiv beheben konnte, sich des Selbstgenusses ihrer Tugend versicherte. Das eröffnete die Möglichkeit, in der literarischen Typisierung Leiden, Schwäche und Tugend aneinander zu steigern, darüber eine Verbindung zwischen virtue und distress herzustellen, diese an die Imago der weiblichen Existenz anzuschließen und so die Konfiguration der virtue in distress der sentimental novel zu entwickeln.

Aus dieser Konstellation heraus entwickeln die Heldinnen des sentimentalen Romans eine Rhetorik der Selbstinvokation, die gerade im Moment der größten Not aus der eigenen Schwäche das Bewußtsein der Tugend ableitet und paradoxerweise daraus ihre Widerstandskraft bezieht.

So war mit der Figur der Sensibilität, die immer mehr Leid wahrnahm, als sie beheben konnte, notwendig das Moment der Exzessivität mitgedacht. Sensibility war ein so feines Sensorium, daß die mit ihr gesegnete Figur immer mehr wahrnahm, als sie gebrauchen konnte. Das erklärt einerseits die uns heute so merkwürdig anmutende Gestik des Überwältigtseins mit Ohnmachten und Tränenströmen, wobei der Körper noch als direkter Ausdrucksträger für Inner-Seelisches empfunden wurde, und andererseits die Notwendigkeit der Rücknahme in der Dosierung des Zumutbaren angesichts einer vor allem bei den Frauen vorausgesetzten delicacy und propriety. Aber gerade bei ihnen konnte die Exzessivität der sensibility insofern zum Problem werden, als in der Selbstwahrnehmung Impulse registriert wurden, die aufgrund von delicacy und propriety verleugnet werden mußten. Es waren dies Impulse, die vor allem im Liebesroman eine Rolle spielten und dabei einer Dialektik aus Unaufrichtigkeit, Verdrängung und Projektion unterworfen wurden, die das von Richardson entworfene Muster erst mitkonstituiert. Es ist die Leistung von Richardson, mit seiner Projektion der oben geschilderten kulturellen Opposition auf das Liebespaar der sentimental novel einen Brennpunkt geschaffen zu haben, in dem alle diese Paradoxien der exzessiven Sentimentalität verdichtet und mit der wechselseitigen Anziehung der Geschlechter vermittelt werden konnten. Nur aus diesem Zusammenhang heraus werden die verschiedenen Aspekte der Selbstthematisierung verständlich, die nun angeschnitten werden sollen.

Zunächst repräsentiert der Verführer mit seiner zugleich bewunderten Weltläufigkeit jene Sphäre des Gesellschaftlichen, in die sich zu verstricken zum dauernden Anlaß des Leidens für die unerfahrene Unschuld wird, die deshalb ihre Integrität nur *gegen* sie zu bewahren vermag. Das treibt – wie *Clarissa* in eindrucksvoller Weise zeigt – das Paar in einen Kampf um wechselseitige Anerkennung auf der Basis zweier gegensätzlicher Liebescodes. In dem Roman geht es dem Verführer Lovelace mit zunehmender Besessenheit darum, Clarissa das Eingeständnis abzuringen, daß er sie ganz persönlich anzieht. Dieses Eingeständnis muß von allen äußerlichen Motivationen wie Familienloyalität oder Ehewünschen getrennt und deshalb zu ihnen in Gegensatz gebracht werden. Entsprechend versucht Lovelace, obwohl durchaus zur Ehe mit Clarissa bereit, sie durch immer neue Strategien zur vorehelichen Hingabe zu bewegen, bis er sie schließlich, durch ihren Widerstand zum Äußersten getrieben, vergewaltigt in der Hoffnung, sie damit wenigstens zu einer nachträglichen Anerkennung seiner Wirkung bewegen zu können, nur um festzustellen, daß eine erzwungene Anerkennung nichts wert ist. Clarissa hatte umgekehrt die ihr abgeforderte Anerkennung von seiner Anerkennung ihrer auf principle und virtue begründeten Autonomie abhängig gemacht. Diese Möglichkeit hat er sich mit

der Vergewaltigung verscherzt, und so, wie sie vorher die vorehe-
liche Hingabe verweigert hatte, verweigert sie sich nun der ihr
stürmisch angetragenen Ehe selbst, um in Treue zu ihren Prinzipien ihm die nachträgliche Anerkennung gerade vorzuenthalten
und so ihre eigene Integrität zu bewahren. Mit der Ehe opfert
sie zugleich die einzige ihr noch mögliche soziale Existenz, so
daß ihr nur noch der Tod bleibt, auf den sie sich während
eines Viertels des Romans vorbereitet, der mit seinen über eine
Million Worten der längste der englischen Literatur ist. Aus dieser Konstellation heraus begründet Richardson für die sentimental novel eine Tradition der Rhetorik der Selbstinvokation und
Selbstermahnung, in der die Reinheit des Selbst über die Kon-
gruenz von Leiden, Tugend und Festigkeit definiert wird. Eine
Passage aus dem 1797 von Anne Radcliffe verfaßten Schauerroman *The Italian* illustriert, wie etabliert und langlebig
diese Tradition war:

It is I only, who am injured, said she to herself, and shall the guilty
oppressor triumph and the innocent sufferer sink under a shame that
belongs only to guilt! Never will I yield to a weakness so contemptible.
The consciousness of deserving well will recall my presence of mind,
which permitting me to estimate the characters of my oppressors ... will
enable me to despise their power. (x, 561)

Die bei Richardsons Frauen ausschließlich über das Bewußtsein der eigenen Tugend geführte Selbstreferenz in der Konstitution des Selbst macht im Kontext der Dialektik der Anerkennung gerade deshalb die Tugend für die Verführer attraktiv,
weil Anerkennung nur von einem Selbst ausgehen kann. Nun
entfaltete diese in ihrer Komplexität nur angedeutete Konstellation ihre ganze Attraktivität erst über eine weitere Erfindung
von Richardson: Mit der Benutzung der Briefform verlegt er
den Erzählbericht von der aus dem Rückblick übers Ganze
gewonnenen Distanzperspektive des Erzählers in die Erlebnis-
gegenwart und damit in das Erlebniszentrum der Figur, die nun
fast im selben Moment erzählt wie erlebt. Damit erreicht er – abgesehen von gelegentlichen Absurditäten, bei denen der Briefe-
schreiber in unnatürlicher Eile zwischen Schreiben und Erleben hin und her eilt – eine bis dahin nicht gekannte Dramatisierung der Erzählung, bei der Erleben, Erzählen und die Rezeption
des erzählten Erlebens fast zusammenfallen. Das hat eine bis-

her nicht erlebte Beteiligung des Lesers zur Folge, der nicht mehr auf die Literatur als Mittel der abwägenden Beurteilung der dargestellten Welt zu reagieren glaubt, sondern auf die Phänomene selbst. Diese werden jetzt nicht mehr selektiv gefiltert, sondern in fast weltkongruenter Detailfülle ausgebreitet. Dasselbe trifft auf die subjektiven Regungen der erlebenden Figur zu, deren Erzählbericht damit zu einer Selbstenthüllung wird, die von Zeitgenossen durchaus als exhibitionistisch empfunden wurde. So spricht etwa Lady Mary Wortley Montagu von der Maxime Clarissas,

of declaring all she thinks to all the people she sees, without reflecting that in this mortal state of imperfection, fig leaves are as necessary for our minds as our bodies, and 'tis as indecent to show all we think, as all we have. (*Letters* II, p. 291, Oct. 20)

Es kennzeichnet nun einen weiteren Aspekt der mit der ›excessive sensibility‹ verbundenen Paradoxien, daß die zum Zweck der Selbsterforschung nötige Rückhaltlosigkeit nur gegenüber den Vertrauten und implizit gegenüber dem Leser geübt werden darf, während jedenfalls die Frauen sich gegenüber dem Liebhaber einer durch prudence diktierten Norm strengster Zurückhaltung zu unterwerfen haben. Selbstenthüllung und Selbstschutz werden dabei aneinander gesteigert. In bezug auf *einen* Punkt wirkt der Selbstschutz aber zurück in die Person und bestimmt darüber die Psychologie der Heldinnen und das ganze Schema des Liebesromans: Das ist die von den gefürchteten Verführern ausgehende erotische Beunruhigung und die davon ausgelöste Gefühlsbereitschaft. Deswegen wird im Bereich der Selbstwahrnehmung ›excessive sensibility‹ mit Bezug auf diesen einen Punkt als ausgesprochene Gefahr angesehen. Hier sind dann deutlich die Konturen eines erst durch Freud beschriebenen Prozesses zu sehen, bei dem die Norm der Zurückhaltung als Schutz vor der eigenen Erotik und Gefühlsbereitschaft internalisiert wird und die so verdrängten Wünsche auf den Verführer projiziert werden, an dem sie dann mit Schaudern und Faszination wahrgenommen werden können. Nicht umsonst schreibt Clarissa ihrer Freundin mit Bezug auf Lovelace:

You used to say, and once you wrote, that men of his character are the men that our sex not naturally dislike; while I held that such are not (however *that* may be) the men that we ought to like. (II, 483)

Das bringt die Zurückhaltung unter einen latenten Verdacht der Unaufrichtigkeit, der bereits im Falle von *Pamela* das Publikum in Pamelists and Anti-Pamelists spaltet. Zugleich wird dadurch der Punkt in der Fabel markiert, an dem die Zurückhaltung gelockert werden kann: Wann immer der Liebhaber sich so verhält, daß der Selbstschutz unnötig wird – also, wenn er sich reformiert, ein vertrauenswürdiges Eheangebot macht oder sich sonstwie vertrauenerweckend aufführt –, darf die Heldin plötzlich ihre eigene Gefühlsbereitschaft entdecken. An diesem Punkt fallen dann self-discovery und confession zusammen, so daß Pamela just in dem Moment ihre Gefühle für Squire B. entdeckt, als dieser seine Belagerung aufgibt und Clarissa angesichts einer Lovelace ungefährlich und bemitleidenswert erscheinen lassenden Krankheit dieselbe Entdeckung macht und ihrer Freundin gesteht:

For think me not guilty of prudery neither; for had I found out as much of myself before, or rather, had he given me heart's ease enough before to find it out, you should have had my confession sooner. ...
You will not wonder that I am grave at this detection – *detection* must I call it? What can I call it? ... I never was in such an odd frame of mind. I know not how to describe it. Was you ever so? Afraid of the censure of her you love – yet not conscious that you deserve it?
Of this, however, I am convinced, that I should indeed deserve censure, if I kept any secret of my heart from you.
But I will not add another word, after I have assured you, that I will look still more narrowly into myself: and that I am your equally sincere and affectionate.   Cl. Harlowe (II, 439)

Es ist dieser für das Schema des Liebesromans konstitutive Verdrängungs- und Projektionsmechanismus, der zugleich mit der narrativen Organisation und der Anlage der Fabel die weitere Entwicklung kennzeichnet. Dabei läßt sich vergröbernd sagen: Der Mechanismus wird verstärkt in der sogenannten gothic novel, bei der der Heldin von einem bedrohlich-faszinierenden Finsterling im Kontext eines ins Historische oder Exotische distanzierten Szenarios das Schlimmste droht. Eine andere Variante setzt auf prudence und entwickelt sich zu einer Art Erziehungsroman nach der Formel von ›a young girl's introduction into the world‹. Beide Traditionen konvergieren im Werk Jane Austens, die dieses Schema um die Wende zum 19. Jahrhundert über parodistische Anknüpfungen an den Schauerroman zum

Bewußtsein seiner selbst bringt und, indem sie das narrative System des Romans völlig umbaut, für das Problem der Selbstthematisierung ganz neue Voraussetzungen schafft. Ihr Werk stellt deshalb einen entscheidenden Schritt in der Entwicklung sowohl des Liebesromans als auch des Romans überhaupt dar. Entscheidend sind zwei Punkte:

1. Sie läßt in ihren besten Romanen die Heldinnen den Verdrängungs- und Projektionsmechanismus selbst entdecken. Voraussetzung für diese Entdeckung ist eine mikrologische Selbst- und Fremdbeobachtung, ein durchdachtes timing in der Fabel mit Bezug auf die Dialektik von Selbstschutz und Erfahrung und eine neue Fähigkeit der Heldinnen zur ironischen Selbstdistanzierung. Dabei bestätigt es den Zusammenhang von Verdrängung und Projektion, daß beide gleichzeitig aufgelöst werden: Die Revision der falschen Beurteilung der Umwelt und des Liebhabers fällt mit der self-discovery und der Entdeckung der eigenen Gefühlsbereitschaft zusammen. Der Punkt dieser Entdeckung markiert damit zugleich Peripetie und Anagnorisis. Ihm folgen dann notwendig ambivalente Konfessionen: Sie enthalten zugleich mit der Beglückung über das mögliche happy end das desillusionierte Eingeständnis vom Zusammenbruch der bisherigen Selbsteinschätzung mit dem dazugehörigen Vertrauen in die eigene Urteilsfähigkeit. Die Selbstthematisierung vollzieht sich hier im Spannungsfeld von Einsicht, Reue, Selbstvorwürfen und Besserungsvorsätzen.

2. Jane Austen, die in ihren ersten Versuchen noch mit der Briefform experimentiert hatte, schafft für die narrative Organisation des Romans eine völlig neue Grundlage, indem sie die bisher in die erzählte Welt fest eingelagerte Erzählsituation streicht, die freigewordene Erzählperspektive eines zur neutralen Erzählstimme reduzierten Erzählers mobilisiert und sie zwischen der Beschränktheit der erlebenden Figur und der ironisch gefärbten Einsicht in diese Beschränktheit hin und herfährt. Das hat weitreichende Konsequenzen für die literarische Selbstthematisierung, die hier nur vergröbert angedeutet werden können.

a) Die mobile Erzählperspektive übergreift nun die Persongrenze selbst, indem sie die Figur mal von innen und mal von außen zeigt, ohne dies durch einen Wechsel in der Erzählgrammatik selbst zu kennzeichnen. Verdichtet zeigt sich das an der

Form der erlebten Rede, die Jane Austen als erste Autorin der Literatur überhaupt bewußt einsetzt. Es handelt sich dabei um eine Form der Rede- und Gedankenwiedergabe, die die Figur weder in der direkten Rede selbst zur Sprache bringt noch ihre Äußerungen oder Gedanken in der durch ein verbum dicendi eingeleiteten syntaktisch abhängigen indirekten Rede gerafft wiedergibt, sondern die direkte Rede unter Beibehaltung ihrer syntaktischen Unabhängigkeit und aller Redesubjektivismen in den Personalpronomina, den deiktischen Angaben und im Tempus auf den Erzählbericht hin transformiert. Also: Statt »Er stand auf und dachte: Wie herrlich! Dann kommt ja die Geliebte schon morgen« (direkte Rede), oder: »Er stand auf und dachte erfreut, daß die Geliebte bereits morgen eintreffen würde« (indirekte Rede) heißt es in der erlebten Rede: Er stand auf. Wie herrlich! Dann kam ja die Geliebte schon morgen. Die Kombination des Imperfekts ›kam‹ mit dem Zeitadverb ›morgen‹ zeigt die Kühnheit dieser Konstruktion. In der erlebten Rede werden also die Gedanken der Figur mit dem Erzählbericht verschmolzen, und der Erzähler kann von nun an, ohne von der Erzählung zum Zitat zu wechseln, durch eine unmerkliche Adjustierung der aus der festen Erzählsituation befreiten, mobilen Perspektive an die Optik der Figur den Erzählbericht mit deren Erlebnisvollzug und Gedankenfluß kontaminieren.

b) Dadurch wird zunächst einmal die Selbstthematisierung davon entlastet, insgesamt die literarische Form tragen zu müssen, in der bisher sich das dramatisierte Innere der Person allein enthüllen konnte. Als Folge davon stirbt der Briefroman sehr schnell ab, und die Techniken, eine bekenntnishafte Ich-Erzählung oder das Tagebuch einer Figur in den distanzierten Erzählbericht einzulagern, kommen außer Gebrauch, während der autobiographische Ich-Roman – wie etwa die eingangs zitierte *Jane Eyre* – nun mit derselben mobilen Perspektiventechnik die Differenz zwischen erzählendem und erzähltem Ich zugunsten einer Dramatisierung der Erzählgegenwart der erzählten Figur überbrückt.

c) Jane Austen dagegen verknüpft in dem von ihr begründeten personalen Roman das Changieren zwischen der Innen- und der Außenperspektive mit der durch den beschriebenen Verdrängungs- und Projektionsmechanismus induzierten falschen Selbsteinschätzung der Figur und der Möglichkeit, sie zu überwinden. Soweit dabei die Rezeption des Lesers über die beschränkte Perspektive der Figur geleitet wird, wird er selbst ein Opfer dieses Mechanismus. Das führt dazu, daß die self-discovery der Figur im Moment der Auflösung dieses Mechanismus auch zu einer des Lesers wird, der durch die Übernahme der Figurenperspektive sich hat in die Irre führen lassen und nun zur Einsicht in diesen Zusammenhang gebracht wird. Darin konvergieren die self-discovery der Figur und des Lesers mit der Einsicht in die Wirkung der Literatur selbst. Das ist insofern konsequent, als sich die Heldinnen durch die Lektüre von Liebesromanen haben zur verfehlten Selbsteinschätzung verleiten lassen. Soweit aber eine ironisch gefärbte Außenperspektive die Beschränktheit der Figurenperspektive transzendiert, enthält sie für den Leser mit der prinzipiellen Möglichkeit, die falsche Selbsteinschätzung zu überwinden, die Präfiguration der späteren self-discovery.

Diese für die Erzähltechnik außerordentlich bedeutsame Entwicklung markiert einen Punkt in der psychohistorischen Entwicklung, an dem das Bewußtsein die Grenze zwischen Innen und Außen in sich noch einmal reproduziert, die darüber konstituierte Differenz sich selbst zugänglich macht, an ihr zugleich sein Selbstverhältnis mit seinem Weltverhältnis organisiert und dies kommunikativ nutzt. Konkret gesprochen, die Heldinnen in Jane Austens Romanen und mit ihnen die Leser lernen, daß die innere Evidenz der eigenen Gefühls- und Urteilssicherheit durch eine auf die Gesellschaft, und das heißt auf prudence und sense bezogene Außenperspektive, korrigiert werden muß und daß es das eigene Selbst ist, das diese Korrektur über Selbsterkenntnis an sich vollziehen muß, um sich darüber erst zu konstituieren.

Tugend allein, obwohl noch notwendige, ist keine hinreichende Bedingung mehr und wird als zentraler Bezugspunkt des Selbst ersetzt durch perspektivische Selbstdifferenzierung. Gerade weil die Dimension der Selbstkorrektur damit mitgedacht ist, dürfen Jane Austens Heldinnen Fehler machen, und die, die das tun, sind die Zentralfiguren ihrer bis heute populärsten Romane *Pride and Prejudice*, dessen Titel bereits das Problem des Liebespaares benennt, und *Emma*, in dem die Heldin ihr eigenes verdrängtes Liebesbedürfnis auf eine Ersatzfigur projiziert, die sie zu verkuppeln sucht, bis sie über die daraus entstehenden Verwicklungen zur Einsicht in die eigenen Motive gebracht wird. Sozial produktiv wird diese Selbstkonstitution als Selbstdifferenzierung über Selbstironie, mit der man dem anderen die Internalisierung von dessen Außenperspektive signalisiert. Daß man allerdings nun auch dem anderen diese ironische Selbstrelativierung abverlangen muß, wird zu einem neuen Problem, das Jane Austen über Negativbeispiele an den in dieser Hinsicht erhöhten Anforderungen ihrer Heldinnen an potentielle Heiratskandidaten zeigt. So gelangt sie zu einer Utopie der wechselseitigen Verschränkung von Selbsterkenntnis und Erkenntnis des anderen, die mit der Formel ›intelligent love‹ umschrieben worden ist.

Wird nach Kierkegaards hegelianischer Formel aus der *Krankheit zum Tode* das Selbst ein Verhältnis, das sich zu sich selbst verhält, kann es anfällig werden für unbegrenzbare Selbststeigerungen, die gesellschaftliche Limitierungen als unerträglich erscheinen lassen. In diesem Sinne konnte die Romantik an das Richardsonsche Schema des Leidens der Tugend an der Gesellschaft anknüpfen, nun aber, um es für die Gegenüberstellung nicht mehr der Tugend, sondern der Unendlichkeit des Selbst mit den sozialen Limitierungen zu benutzen. Das Selbst zeigt dann Tendenzen der unendlichen Ausdehnung in gesellschaftsferne Richtungen, indem es in der Natur aufgeht, als Geist den Tod überlebt oder mit einem anderen geliebten Selbst verschmilzt. Ich will dies mit dem Hinweis auf einen Liebesroman illustrieren, in dem all dies geschieht und der mich zum zeitlichen Ausgangspunkt meiner Überlegungen zurückführt: Es ist *Wuthering Heights*, der einzige Roman von Charlotte Brontës Schwester Emily, 1847 gleichzeitig mit *Jane Eyre* veröffentlicht und hervorgegangen aus der von den Geschwistern 16 Jahre lang fortgesponnenen Mythologie. Die Opposition zwischen der Unendlichkeit des Selbst und der verengenden Limitierung durch die Gesellschaft wird auf zwei Liebhaber verteilt, zwischen denen die Heldin Catherine sich zu entscheiden hat: den zivilisierten, aus einer guten Familie stammenden blonden Edgar Linton mit den guten Manieren und den wilden, finsteren, ungeschliffenen Heathcliff, dessen Name bereits die Natur konnotiert und dessen Herkunft im dunkeln liegt. Obwohl dieser zur Figurentradition des Byronic hero gehört, dessen Vorfahre der Richardson-Libertin ist, sind es nicht mehr die das moralische Selbst korrumpierenden Gefahren der Gesellschaft, die er repräsentiert, sondern die Wildheit, unbeugsame Härte und Ewigkeit der Natur, mit deren Unendlichkeit sich das

Selbst identifiziert. Über diesen Bezug wird nun die Liebe neu gefaßt als Verschmelzung des einen Selbst mit dem anderen. Das wird an einer berühmt gewordenen Stelle des Romans thematisiert, als die Heldin ihre Beziehung zu beiden Männern gegenüber einer Vertrauten erläutert:

... surely you and everybody have a notion that there is or should be an existence of yours beyond you. What were the use of my creation if I were entirely contained here? My great miseries in the world have been Heathcliff's miseries, and I watched and felt each from the beginning: my great thought in living is himself. If all else perished and he remained, I should still continue to be; and if all else remained, and he were annihilated, the universe would turn to a mighty stranger: I should not seem a part of it. My love for Linton is like the foliage in the woods: time will change it, I'm well aware, as winter changes the trees. My love for Heathcliff resembles the eternal rocks beneath: a source of little visible delight, but necessary. Nelly, I am Heathcliff! He's always, always in my mind: not as a pleasure, any more than I am a pleasure to myself, but as my own being. (81)

Damit hat das Selbst seine Apotheose erreicht. Die Geschichte seiner Behandlung im Liebesroman ist damit allerdings nicht zu Ende. Die Liebesgeschichte zeigt sich dabei als ein Brutofen der Unbedingtheit, in dem alle Selbstbezüge zu Steigerungsformen hochgetrieben werden. Hier herrschen – bezogen auf das eigene Selbst – erweiterte Wahrnehmungsfähigkeit, stärkere Ausgeliefertheit an die eigenen Impulse, erhöhte Treuepflicht im Dienste der eigenen Integrität, verschärfte Wahrheitsverpflichtung im Sinne der Selbsterkenntnis und Aufrichtigkeit gegen sich selbst, die damit gleichzeitig gewachsene Gefährdung des Selbst durch Integritätsverlust, Selbstverkennung und Selbstbetrug, die entsprechend erhöhte Notwendigkeit des Selbstschutzes und der Selbstkontrolle, die im selben Maße gesteigerten Anforderungen an den Liebespartner und bei alledem die Gewißheit, daß all diese Steigerungsformen zu Schwierigkeiten führen werden. Diese Schwierigkeiten laufen alle auf das zentrale Paradox hinaus, daß gerade die emphatische Ausrichtung auf das Selbst die rückhaltlose Selbstthematisierung der Liebesleute voreinander so schwierig macht. Wenn sie dann schließlich in Form eines Geständnisses erfolgt, bringt sie damit zugleich die Geschichte zu einem – notabene happy – Ende. Danach ist nur noch eins möglich: Daß sich die Liebesleute erklären, warum das Geständnis so lange auf sich warten lassen mußte. Dabei ist dann der Selbstthematisierung kein Ende. Aber diese Erklärung kommt im Liebesroman nicht mehr vor, denn sie ist die Erzählung des Liebesromans selbst.

All das deutet darauf hin, daß die Liebe als soziale und kulturelle Form sich nur als Geschichte manifestieren kann, die erst erlebt und dann erzählt wird, und nur deshalb erlebt wird, weil sie erzählt werden kann, was nur eine andere Form für das Paradox ist, daß in der Liebe die Selbstthematisierung ihre eigenen Schwierigkeiten hervorbringt und sich erst so selbst ermöglicht. Zugleich bestätigt es den hier leicht abgewandelten Satz von La Rochefoucauld, daß niemand wohl je geliebt hätte, wenn er nicht vorher die Geständnisse anderer darüber gelesen hätte. Das Gefühl jedenfalls genügt nicht und ist für sich allein zu unstabil und formlos. Die Funktion der Liebesgeschichte dürfte nach einer Vermutung von Niklas Luhmann darin bestehen, eine Zeitgrenze zwischen vorher und nachher einzuziehen, hinter die man auch dann nicht zurückkann, wenn die Liebe als Gefühl nachläßt. Die Liebesgeschichte wird dann zum Ersatz für das Gefühl selbst und stabilisiert damit die Ehe als rite de passage. Dieser Zusammenhang wird insofern bestätigt, als heute, mit dem Unstabilwerden der Ehe auch die Liebesgeschichte verschwunden zu sein scheint, und zwar sowohl in der Literatur, wo sie nur noch als Trivialform überlebt, als auch in der Wirklichkeit. Und sie ist verschwunden, weil die Schwierigkeiten für die Selbstthematisierung in diesem Bereich kulturell aus dem Wege geräumt zu sein scheinen. Statt dessen haben wir in der Literatur ab Strindberg die Geschichte der Kampfehe und in der Wirklichkeit die Selbstthematisierung in der Eheberatung oder im Scheidungsprozeß. Diese Geschichten scheinen dadurch produziert zu werden, daß sich das Problem für die Selbstthematisierung gegenüber der Liebesgeschichte ins Gegenteil verkehrt hat: Sie ist nun nicht mehr zu schwierig, sondern zu leicht, und so muß es dazu kommen, daß jeder dem anderen mit einem Zuviel an Selbstthematisierung auf die Nerven fällt.

Volker Kapp
Von der Autobiographie zum Tagebuch
(Rousseau – Constant)

Autobiographie und Tagebuch haben erst spät in der Geschichte
unseres Kulturkreises gegenüber anderen literarischen Formen
wie Drama oder Lyrik, Geschichtsschreibung oder Brief an Bedeutung gewonnen. Um diesen ihren Aufstieg geht es im folgenden. Eine besondere Art von Selbstbeobachtung hat nämlich eine
neue Art von Literatur entstehen lassen. Die Neudefinition der
Autobiographie durch Rousseau hat letztlich zur Entdeckung des
Tagebuchs als literarischer Form geführt. Rousseaus *Bekenntnisse*
sind deshalb der eine Fixpunkt der vorliegenden Überlegungen.
Constants *Tagebücher* (1895 posthum erschienen) bilden den anderen Angelpunkt, weil ihr Autor den Zusammenhang zwischen
Bekenntnis und literarischer Stilisierung deutlich werden läßt.
Der Fall Constant ist symptomatisch für die Langzeitperspektive
der europäischen Literatur. Roman Jakobson hat bei dem tsche-
chischen Dichter Karel Hynek Mácha, fast ein Zeitgenosse von
Constant, analoge Vorgänge entdeckt. Mácha hat für die Öffentlichkeit Poesie geschrieben, die nach damaliger Manier die Reize
weiblicher Schönheit preist. Für sich privat führte er ein Tagebuch, das über seine erotischen und analen Verrichtungen Rechenschaft ablegte. Jakobson rückt diese Notizen in die Nähe von
Joyce und meint, der Autor hätte, wenn er in unserem Jahrhundert gelebt hätte, sein Tagebuch veröffentlicht und seine Lyrik
dem »Hausgebrauch«[1] vorbehalten. Bis es dazu kommen konnte,
mußte die Selbstthematisierung zu einem Anliegen der Literatur
werden und das Niederschreiben der früher vor der Öffentlichkeit sorgsam verborgenen Regungen erstrebenswert erscheinen.
Es sollen nun zunächst die Voraussetzungen skizziert werden,
unter denen bei Rousseau die Selbstthematisierung zur Sicherung
der eigenen Identität dient. Dadurch kommt die Rolle der Identi-
tätssuche beim Abfassen von Tagebüchern in den Blick. Bemerkungen zum Schreiben als Selbstmitteilung und Selbstvergewisserung werden meine Ausführungen abrunden.

1. Confiteor ergo sum

Memoirenliteratur und Autobiographie bilden einen Seitentrieb der Historiographie und haben zunächst wie diese mit dem Renommiergehabe zu tun.[2] Gemeinschaften und ihre Leiter brauchen den Ruhm als Grundlage für ihre Machtansprüche und zur Konstituierung bzw. Konsolidierung ihrer Identität. Dazu dienen die verschiedenen Arten von Geschichtsschreibung und ein breites Spektrum von Panegyrik. Bis zu einem späten Zeitpunkt unserer Geschichte war die Panegyrik die einzige Selbstdarstellung der Großen. Sie erscheint uns als Nachfahren der Französischen Revolution losgelöst von der Autobiographie, weil wir ihren Aussagemodus nicht mehr verstehen. Wir wollen nicht wahrhaben, daß der Schreibende nur das instrumentale Gegenüber des Ruhmreichen ist, der selbst nichts schreibt, dessen Bewußtsein jedoch der Panegyriker zu übernehmen und zu benennen hatte.

Die Kompetenzverteilung zwischen denen, die Geschichte machen, und denen, die sie schreiben, hat bis ins 18. Jahrhundert ein tragfähiges Modell für das Miteinander von Geist und Macht geliefert. Doch setzte bereits im Humanismus eine Aufweichung dieses Modells ein, weil dort der Kreis derer erweitert wurde, die Anrecht auf das Eingehen in die Geschichte haben. Die Vertreter der Bildenden Künste sagten sich von den artes mechanicae los, zählten ihr Tun zu den artes liberales und wurden bei Vasari dann zum Gegenstand von Biographien.[3]

Vasari tendierte zur Reduzierung des Künstlers auf sein Schaffen, Benvenuto Cellini rechtfertigte seine *Vita* hingegen damit, daß er einleitend die Selbstthematisierung bei all denen für wünschenswert erklärt, die eine virtù[4] besitzen oder zu besitzen glauben. Virtù ist ein individuelles, nicht bloß ein standesmäßig verankertes Prinzip; folglich paßt es nicht ins Schema der Zuordnung von Geist und Macht. Doch Cellini hob das überkommene Modell nicht aus den Angeln. Er berichtet in seiner Vorbemerkung, er habe zunächst seine Autobiographie selbst zu schreiben begonnen, sich dann aber eines vierzehnjährigen Jungen bedient, dem er während der Arbeit diktiert habe. Als Begründung dafür gibt er an, er hätte andernfalls zu viel Zeit verloren und das Unterfangen für »eine maßlose Eitelkeit«[5] gehalten. Er reproduziert also gewissermaßen die Produktionsbedingungen der panegyrischen Historiographie, indem er seiner eigentlichen virtù treu bleibt und einen andern als Werkzeug zur Niederschrift seiner Autobiographie benutzt.

Das Ungenügen des überkommenen Modells der Selbstthematisierung wurde durch ein kritischeres historisches Bewußtsein und durch eine differenziertere Sicht der Macht evident. Die *Memoiren* Ludwigs XIV. enthalten hierzu bemerkenswerte Äußerungen.

Seinem Selbstverständnis nach ist ein absoluter Herrscher eine öffentliche Person. Ludwig XIV. will selbst die alltäglichsten Verrichtungen als Ausfluß seines Amtes deuten und entwickelt dazu das Zeremoniell von Versailles. In den *Memoiren für das Jahr 1661* räumt er ein, daß ein König sozusagen »öffentliche Rechenschaft über all sein Tun der ganzen Welt und allen Zeiten schuldet«.[6] Diese Seite der Selbstdarstellung gehört zu den Pflichten des offiziell bestellten Historiographen. Doch werden Zweifel an der Glaubwürdigkeit solcher Geschichtsschreibung laut, denn sie sieht sich einer kritisch prüfenden, neu entstehenden öffentlichen Meinung gegenüber, die durch die beginnende Publizistik verwaltet wird. Überdies haben die Literaten ein solches Selbstbewußtsein, daß sie sich nicht mehr ins Modell der panegyrischen Geschichtsschreibung fügen wollen. Sie lassen sich allerhöchstens noch vom Glanz einer Herrschaft faszinieren, wie ihn der junge Ludwig XIV. ausstrahlte. Doch sorgten die Auseinandersetzungen mit den Reformierten dafür, daß Meinungsvielfalt entstehen und schließlich mit dem Exil bezahlt werden mußte[7], daß aber auch alle Zensurmaßnahmen an den verschlungenen Wegen des Buchmarktes scheiterten und die offizielle Version der Geschichte eine unter vielen Deutungsmöglichkeiten des Geschehens wurde. Diesem Umstand wollte der Sonnenkönig mit seinen *Memoiren* entgegenwirken. Sie sollten seinem Sohn helfen, »die Geschichte wieder ins rechte Lot zu bringen«.[8] Doch ist die vermeintliche Fehldeutung der Fakten nicht der einzige Anstoß zum Schreiben der *Memoiren*.

Die Ehrlichkeit des Memoirenschreibers hängt von seiner Vorstellung von Diskretion ab. Diese Vorstellung wandelt sich unter dem Absolutismus. Die Neuordnung des Regierungsapparates bringt eine Funktionalisierung der Diskretion. Wo aristokratische Diskretion nichts mehr mit dem Regieren zu tun hat, entsteht zwischen dem König und seinem Mitarbeiterstab eine Sphäre des Geheimen, die eine der Ursachen dafür ist, daß der Sonnenkönig seinem Sohn *Memoiren* hinterlassen muß, um ihm die für die Ausübung seines Amtes notwendigen Informationen persönlich zu übermitteln.[9] Überdies kann er seinem Sohn die Fehler offenlegen, die er vor der Öffentlichkeit verbergen muß.[10]

Wo Geheimhaltung und Verstellung den Alltag prägen, wird neben dem Bedürfnis nach Ehrlichkeit auch die Neugierde geweckt. Sie nährt die Konversation, die zu den täglichen Verrichtungen der höfischen Gesellschaft gehört. Sie treibt die Analysen der Moralisten und der Erbauungsliteratur, der Historiker und der Schriftsteller hervor, die sich alle zu Sachwaltern der eigentlichen Wirklichkeit machen. Die Schwierigkeit dieser Aufgabe läßt den Gedanken aufkommen, daß die Schreibenden selbst Geschichte machen, weil sie die Sachwalter der Wahrheit sind. Im 18. Jahrhundert stellt sich der homme de lettres auf eine Ebene mit den Großen. D'Alembert entwirft für die Gesamtheit der gens de lettres eine Art Statuten, die das Exklusive der gesellschaftlichen Gruppe betonen. Nur ein kleiner Kreis von auserwählten Geistern erfüllte die Voraussetzungen der Zugehörigkeit zu dieser Gruppe; er unterscheidet sich vom amorphen Haufen der Schreiberlinge wie die Hocharistokratie vom kleinen Landadel oder vom dritten Stand. Er hat Anspruch auf einen Platz im Tempel der memoria.

Rousseau fühlt sich wegen seiner geistigen und moralischen Qualitäten als Auserlesener. Sein Selbstverständnis trägt Züge von D'Alemberts homme de lettres, auch wenn er sich von den Philosophen absetzt. Er sieht sich zur Selbstrechtfertigung genötigt und skizziert im dritten Abschnitt des ersten Buchs der *Bekenntnisse* eine Szene vor dem Weltenrichter, wo er mit seiner Schrift gewappnet die Mitmenschen im Angesicht Gottes zur Überprüfung herausfordert, ob einer besser sei als er. Er wäre also einer der Auserlesenen, die in den Tempel der memoria eingehen dürfen, doch seine Gegner wollen ihm diesen Platz streitig machen. Deshalb muß er sich rechtfertigen, indem er sich selbst lobt.

Das Eigenlob und die Gerichtsszene der *Bekenntnisse* hängen mit einer Art von Literaturdeutung zusammen, auf die Jean Starobinski aufmerksam gemacht hat. Mme de Staël beginnt ihre *Briefe*

über die Schriften und den Charakter von Jean-Jacques Rousseau
mit der Feststellung: »Es gibt noch keine Laudatio von Rousseau«.[11] Die Laudatio des homme des lettres weitet sich seit
Fontenelle aus und wird zu einer panegyrischen Geschichtsschreibung, die sich zwar erst nach dem Tod des Geehrten
entfaltet, dann aber eindeutige Analogien zur panegyrischen Historiographie für die Großen in Politik und Gesellschaft aufweist.
Rousseau schreibt in den *Bekenntnissen* seine eigene Laudatio, da
er nach dem Streit mit den Philosophen befürchtet, ihm werde
kein homme de lettres Gerechtigkeit widerfahren lassen. Er paßt
dabei die literarische Form den Erfordernissen einer Laudatio für
einen homme de lettres an, indem er sein Selbstverständnis zum
Gegenstand der Autobiographie und die Thematisierung dieses
Selbstverständnisses durch den Akt des Bekennens zur letzten
Legitimation seiner Zugehörigkeit zur Aristokratie des Geistes
macht.

2. Tagebuch und Sinndefizit

Bis hin zu Malraux' *Antimemoiren* hat die Autobiographie die
Aufgabe, retrospektiv sinnstiftend zu wirken. Diese Aufgabe
wird dort besonders dramatisch, wo unterschiedliche sinnstiftende Systeme aufeinanderprallen. In der Autobiographie der
spanischen Mystikerin Teresa von Avila wird ein ebenso krasser
Konflikt wie in Rousseaus *Bekenntnissen* thematisiert.
Die Mystikerin sah sich vor der Aufgabe, ihre Art von Gotteser-
fahrung im Gebet vor skeptischen Theologen als orthodox rechtfertigen zu müssen. Diese Gelehrten waren für sie keine fremde,
feindliche Instanz, sondern die offiziellen Richter, ohne deren
Zustimmung sie nie mit sich selbst ins reine gekommen wäre. Sie
waren für sie eine ähnliche Autorität wie für den psychisch
Kranken heute der Arzt, dem er sich anvertraut, um von ihm die
Entscheidung darüber zu bekommen, ob er normal oder verrückt
ist. Diese Gelehrten allein konnten nämlich entscheiden, ob ihre
»Erfahrung« von Gott oder vom Dämon kommt. In der geistlichen Erfahrung des Mystikers meldet sich der Individualismus zu
Wort, da sich sein Bewußtsein nicht einfach mit den bestehenden
Normen verrechnen läßt. Teresa war entschlossen, ihre Indivi-
dualität in der Institution der Kirche zu verankern. Sie rechtet

zwar mit den Beichtvätern, die ihre Orthodoxie in Frage stellen, ist aber wiederum so offen für deren Urteil, daß sie ihnen ihre Autobiographie anvertraut, damit sie entscheiden, ob ihre Ausführungen teilweise oder ganz vernichtet werden sollen. In dem Maße, wie der Rückhalt von Institutionen wie der Kirche wegfällt, müssen andere sinnstiftende Systeme einspringen.

Das Tagebuch hat die Funktion erhalten, Sinndefizit auszufüllen. In seiner nicht-literarischen Form dient es bei Pepys lediglich zur Selbstüberwachung des Puritaners. Auch die gegenreformatorische Kirche wußte sich seiner zu bedienen. Es hat beispielsweise in den *Exerzitien* des Ignatius von Loyola einen festen Platz, um die geistliche Entwicklung dessen zu kontrollieren, der Exerzitien macht. Dadurch wird die geistliche Erfahrung aus dem engeren Bereich der Mystik in den weiteren der Spiritualität hineingeholt und das Tagebuch zum Medium erhoben, das diese Erfahrung objektiviert. Gleich die ersten Jesuiten haben darüber debattiert, wie dieses Erfahrungswissen einzuschätzen ist. Im 17. Jahrhundert hat der französische Jesuit Jean-Joseph Surin sogar von Wissenschaft gesprochen und seine »science expérimentale«[12] ausarbeiten wollen. Bei ihm sind Genialität, Mystik und Wahnsinn nahe beieinander. Etwas später gerät bei Madame Guyon die Mystik endgültig in die Randzone dessen, was die Allgemeinheit für normal oder orthodox hält. Fénelons Versuch, die mystische Erfahrung von allem Außergewöhnlichen zu trennen, scheitert, und damit wird diese Art von Sinnstiftung in den Raum des Profanen hinausgestoßen, wo sie Rousseau wieder aufgreift.[13]

Im neunten Buch der *Bekenntnisse* berichtet Rousseau von einem geplanten Werk über »la morale sensitive, ou le matérialisme du sage«[14], das er dann aufgegeben habe. Er habe durch Selbstbeobachtung festgestellt, daß die »verschiedenen Befindlichkeiten« hauptsächlich »von vorgängigen Eindrücken äußerer Dinge«[15] abhingen. Dieses Projekt hat Maine de Biran fasziniert, der nun selbst einige diesbezügliche Überlegungen zu Papier bringen wollte. Er dachte nicht an die Veröffentlichung dieser Aufzeichnungen. Erst Amiels Freund Ernest Naville hat diesen amorphen Haufen beschriebenen Papiers für publizierenswert gehalten. Im calvinistischen Genf wurde also die fragmentarische, nach allen Seiten hin offene Form des Tagebuchs neben die ausgereifte, systematische Traktatliteratur und neben die Autobiographie gestellt und als Möglichkeit aufgewertet, sich mit dem Menschen durch Selbstthematisierung und persönlich gefärbte Beobachtung auseinanderzusetzen.

Bei Maine de Biran dient das Tagebuch zur Korrektur eines Sinndefizits. Er notiert in einem seiner frühesten Hefte, dem *Vieux Cahier* von 1794, daß »man selbst seine Ordnung haben muß, um mit sich wandelnden Wesen zurechtzukommen«.[16] Er tritt wie Pepys mit sich selbst in Zwiesprache, um Fixpunkte für ein Leben nach bestimmten Prinzipien zu schaffen, erhebt jedoch den wissenschaftlich verstandenen Dialog mit sich selbst zum Leitfaden. Aus der Selbstanalyse sollten allgemeine Folgerungen für die »morale sensitive« abgeleitet werden. Bei ihm mündet die Selbstthematisierung dann wieder in religiöse Erfahrung, bei Amiel hingegen nimmt sie eine andere Wendung.

Amiel fühlte sich als Opfer seiner calvinistischen Erziehung in Genf und begann als junger Student sein *Tagebuch*. Am 21. Oktober 1850 dachte er über die religiös motivierte Scham nach, die der Ehrlichkeit des Tagebuchschreibers Grenzen setzt, denn man könne die letzten Abgründe des Bewußtseins nur Gott offenlegen. Dieses Problem mußte sich stellen, sobald der Tagebuchschreiber an seinen künftigen Leser denkt. Die profane Lebensbeichte, die ein solches Tagebuch darstellt, sucht nach einer Instanz, die für Schreiber und Leser sinnstiftend ist. Diese Plattform wird die Wissenschaft liefern.

Amiel erkennt bei sich eine Neigung zur Passivität, die er alsbald zu einem wissenschaftlichen Prinzip macht. Am 18. November 1851 schreibt er:

Ich erforsche mich, aber eher mit wissenschaftlichem als mit moralischem Ziel. Ich möchte mich kennenlernen statt mich zu bessern und meine geistigen Schwächen statt meiner schlechten Neigungen bessern.[17]

Die verschiedenen religiösen und ethischen Probleme werden zum Gegenstand der wissenschaftlichen Neugier, die auch die Selbstthematisierung auf die Erforschung des Bewußtseins reduziert. Moralische Wertkriterien fallen weg und werden durch ein intellektuelles Ethos ersetzt, für das die Selbstthematisierung alles Peinliche verliert, weil sie der Erhellung des Bewußtseins und somit letztlich dem Verstehen der Welt dient. Die innere Transparenz, die im religiösen Raum mittels der institutionalisierten Formen von Bekenntnissen erreicht und in Lebenspraxis umgesetzt wurde[18], tritt hier als wissenschaftliches Ideal eines voll erhellten Bewußtseins auf.[19] Amiel war überzeugt, daß sein Leben eigentlich »kein außerhalb seiner selbst befindliches Ziel«[20] hatte und folglich ohne Sinn war. Aber es erhielt seinen Sinn durch die Analyse des Bewußtseins und durch die Niederschrift dieser Analyseergebnisse zurück. Das Schreiben bekommt also eine sinnstiftende Funktion, die es weder bei Teresa von Avila noch bei Rousseau gehabt hat.

Der Tagebuchschreiber Amiel reagiert auf ein Sinndefizit, das Verlust und gleichzeitig Gewinn bedeutet. Es fehlen ihm die großen Perspektiven, die prospektiv zu überragenden Taten treiben und retrospektiv zur umfassenden Sinnstiftung durch eine Autobiographie ansporn. Aus dem hochgemuten Bekennen eines Rousseau ist ein mühseliges Überprüfen der jeweiligen Positionen geworden. Doch macht Amiel aus der Not eine Tugend, indem er die Zersplitterung in viele Einzelbeobachtungen zum sinnstiftenden Prinzip seines Lebens erhebt.

3. Schreiben als Selbstmitteilung und Selbstvergewisserung

Das Tagebuch ist eine Stilisierung, deren Literarizität erst allmählich bewußt wurde. In der französischen Literatur ist es Constant, der sich das Literarische eines ohne jeglichen Ehrgeiz geschriebenen Tagebuchs bewußt macht und dabei gleichzeitig erkennt, daß Tagebuch und literarische Fiktion gleichermaßen Erben des Pathos der Ehrlichkeit sein können. Dabei profitiert er von Rousseau, der vor ihm die Grundpositionen für dieses Zueinander von Tagebuch und literarischer Fiktion gelegt hatte.

Rousseau klagt in den *Bekenntnissen* über die Schwierigkeit, ins Innere des Menschen zu blicken, denn das Sichtbare sei nur der geringste Teil des Menschen, und überdies gingen die außen sichtbaren Erscheinungen auf verborgene, oft sehr komplexe innere Ursachen zurück. Die Ausdifferenzierung des Wissens über den Menschen sei durch die Verfeinerung des Instrumentariums der Darstellung nicht aufgefangen worden. Es werde immer nur ein literarischer Abklatsch erstellt, denn letztlich könne doch keiner das Leben eines Menschen schreiben als der Betreffende selbst. Dabei setzt Rousseau stillschweigend voraus, daß ein möglichst vollständiges Porträt erstrebenswert ist. Noch im 17. Jahrhundert hätten gegen ein so ehrliches Selbstbildnis moralische, gesellschaftliche und ästhetische Bedenken bestanden. Die *Memoiren* des Herzogs von Saint-Simon sind gar nicht auf die Durchdringung eigener, sondern nur auf die Analyse fremder Empfindungen aus. Sie sind eine späte Blüte der aristokratischen Literatur, die sich mit den Leistungen und dem Versagen ihrer Standesgenossen und mit deren Liebschaften beschäftigte und sich mit dem Blick von außen zufriedengab. Ein letzter Ausläufer dieser Art von Memoirenliteratur ist Casanovas *Geschichte meines Lebens*.

Die Ehrlichkeit Casanovas bildet den Gegenpol zu Rousseaus Ehrlichkeit. Der erstere hat eigentlich peinlichere Dinge zu bekennen als der letztere, doch neutralisiert Casanova die Peinlichkeit dadurch, daß er die Selbstdarstellung in literarische und gesellschaftliche Erwartungen einbettet.[21] Die Selbstdarstellung ist die letzte in der Serie seiner »Torheiten«, die seit jeher sein Leben ausmachten und Teil seines gesellschaftlichen Erfolgs waren. Sie wirken erheiternd, wenn sie Thema der Konversation oder in anderer Form literarisiert sind, indem sie wie Heldentaten einer Romangestalt distanziert und von außen beschrieben werden. Eben diesen Zugriff zum Leben kritisierte schon Jahrzehnte zuvor Rousseau.

Nach Rousseau genügt der Wille zur Ehrlichkeit nicht, um eine wahre Selbstmitteilung zu ermöglichen. Die Institution Literatur verstellt den Zugang zum eigentlichen Selbst. Sobald sich einer mit ihr einläßt, nimmt er den Standpunkt des Beobachters ein und sieht sich mit den Augen der andern. Die dadurch entstehende Divergenz zwischen Innen- und Außenansicht hindert den Verfasser einer Autobiographie daran, zu sich selbst zu kommen und sein wahres Ich mitzuteilen. Rousseau trägt hiermit Descartes' Zweifel an der Entsprechung von Bewußtsein und Bewußtseinsinhalt in die Autobiographie hinein und problematisiert dadurch das Schreiben. Dieser Zweifel bildet dann den Ansatzpunkt von Benjamin Constant.

Innensicht und Außensicht kommen nie zur Deckung. Constant ist überzeugt, daß keiner, der in seinem Tagebuch vorkommt, mit den Eintragungen zufrieden wäre, daß aber jeder über seine Freunde genauso schreiben würde.[22] Die Institution Literatur verfälscht also nicht nur die Selbstmitteilung, sondern auch die Beschreibung der andern. Es ist ein Unterschied, ob man für sich oder für die Öffentlichkeit schreibt. Wo aber die Möglichkeit eines adäquaten Begreifens der Außenwelt erwiesen werden muß, kann die Innensicht bei sich wie bei andern zu etwas Kostbarem werden. Bei der systematischen Erschließung der Innensicht des Bewußtseins erweist sich die Nützlichkeit der literarischen Form des Tagebuchs. Unter Ausschluß der Öffentlichkeit kann man absolute Ehrlichkeit praktizieren. Doch dämmert Constant die Einsicht, daß er auf die Öffentlichkeit schielt, obwohl er nicht an die Veröffentlichung seiner Aufzeichnungen denkt. Das Pathos der Ehrlichkeit sichert nicht die eigene Identität, wenn nicht eine Selbstvergewisserung hinzukommt, die die Bewußtseinsinhalte deutet.

Wenn es um die Interpretation von Bewußtseinsinhalten geht, ist die <u>Fiktion</u> genauso nützlich wie die Realität. Constant erläutert diesen Sachverhalt in einer Eintragung vom 28. April 1805. Er habe in der Nacht von Liebe geträumt und suche nun nach dem Sinn dieses Traums. Er will in seinen Phantasiegebilden eine seelische Disposition erkennen, die dann auf sein künftiges Verhalten einwirkt. Er habe schon zwei Mal nach einem solchen Traum ein großes Liebeserlebnis gehabt, folglich müsse es sich auch dieses Mal einstellen. Schuld daran sei die Struktur der Liebeserfahrung. Alle Reize der Liebe stammen aus »der Phantasie dessen, der sie empfindet«.[23] Der Liebende besitzt eine innere Disposition, die ihn das Gegenüber mit Hilfe der Phantasie in etwas Begehrenswertes verwandeln läßt. Sein Traum ist deshalb eine Vorwegnahme des Zukünftigen, doch nicht im Sinne einer prophetischen Vision, in der ein Mensch von der Gottheit das Kommende erfährt. Schon eher im Sinne der Psychoanalyse; denn der Traum sagt etwas über die Disposition des Träumenden aus, der auf diese Weise seine geheimen Wünsche erfährt, seine Begierden nach außen projiziert und ein Objekt seines Begehrens so zu verwandeln sucht, daß es seinem Verlangen entgegenkommt. Der Ursprung jener früheren Liebeserlebnisse liegt für ihn folglich auch nicht in der schicksalhaften Begegnung mit Frauen, die seiner Liebe würdig sind, sondern in seiner eigenen Disposition zur Liebe. Diese Disposition kann auf zweierlei Weisen rationalisiert werden: durch die Selbstthematisierung im Tagebuch und durch die Selbstthematisierung in der literarischen Fiktion, wo dieselbe Begierde nicht mehr auf ein reales, sondern auf ein imaginäres Wesen projiziert wird.

Constant hat in seinem Roman *Adolphe* später die in der oben erwähnten Tagebucheintragung skizzierte Traumvision aufgegriffen. Er bettet dort die Darstellung des unbestimmten Sehnens nach Liebesglück in eine Intrige zwischen dem Ich-Erzähler und einem Bekannten ein, der eine Frau für sich erobert und dann auf diesen Erfolg stolz ist. Dieses Liebesglück weckt im Ich-Erzähler ungeahnte Regungen. Er verlangt nun seinerseits nach Liebe und projiziert sein Bedürfnis auf eine Frau, die er für sich gewinnen möchte. Die zurückliegende Beziehung zu Mme de Staël dient dabei als Material, um im imaginären Raum Situationen durchzuspielen, die zuvor Constants Leben affiziert hatten. Liebe verbindet sich mit Eitelkeit, und beide Regungen werden zu Teilen einer Strategie, die er als Spiel seiner Phantasie ausgibt. Solche Vorgänge sind möglich, weil die Bewußtseinsinhalte so komplex sind, daß sich ihre Benennung bei fortschreitender Analyse als schwierig und ihre Definition als unmöglich herausstellt.[24] Die Innenschau ist immer reichhaltiger als die Außenwelt und das individuelle Bewußtsein nie durch den sprachlichen Ausdruck einzuholen. Der Rest, den Rousseau durch den Schritt von der Biographie zur Autobiographie fassen wollte, entzieht sich erneut dem Zugriff und macht eine Fragmentarisierung des Biographischen im Tagebuch und eine Ausweitung des Autobiographischen durch die literarische Fiktion notwendig. Beide literarische Formen sind authentische Selbstmitteilungen, die auf unterschiedlichen Ebenen zur Selbstvergewisserung beitragen können. Constant kann sich als Mensch mit sich selbst nicht zufriedengeben und sucht deshalb als Autor wenigstens etwas von dem Rest einzufangen, der beim Übergang vom Selbstbewußtsein zum Lebensvollzug geopfert worden ist.

Wie sich die literarische Aufwertung des Tagebuchs als Antwort auf ein Sinndefizit herausgestellt hat, so läßt sich nun bei Constant der Übergang von der Autobiographie zum autobiographischen Roman mit derselben Erfahrung in Verbindung bringen. Wo das Subjekt vor der Aufgabe steht, selbst Sinn zu stiften, muß das Imaginäre mit hinzugenommen werden, damit die Selbstmitteilung ohne Abstriche zur Selbstvergewisserung werden kann. Dies hatte bereits Rousseau erahnt, als er das Entstehen seiner *Nouvelle Héloise* mit der »Unmöglichkeit, die wirklichen Wesen zu erreichen«[25], zu erklären suchte. Das Imaginäre ist zwar nur ein Ersatz für das Reale, doch ist es ebenso im Bewußtsein seines Schöpfers verankert wie das Reale. Es ist nicht weniger ein

Spiegel, in dem das Subjekt sich selbst mitteilen und erfahren kann, als das Reale. Deshalb wird es zu einer privilegierten Form der Selbstvergewisserung erhoben. Rousseau hat den Tagtraum in seinen *Rêveries du promeneur solitaire* als Möglichkeit der Selbstvergewisserung durch das Imaginäre gepflegt. Constant hat in seinen Tagebüchern die Affinität des Realen zum Imaginären festgehalten und aus dieser Erkenntnis den Schluß gezogen, daß man im Raum des Imaginären sich durch den autobiographischen Roman ebenfalls mit seiner eigenen Identität auseinandersetzen und Gewißheit über sich selbst erlangen kann.

Ich kann hier abbrechen, wo sich im Zueinander von Autobiographie und Tagebuch bei Rousseau und Constant Perspektiven der literarischen Selbstthematisierung auftun, die bis in die jüngste Vergangenheit hineinreichen. Sartre hat die Kehrseite dieser Entwicklung kritisiert und dabei zunehmend sein eigenes Verständnis von literarischer Fiktion hinterfragt. Gegen Schluß seiner Autobiographie erklärt er den Hang zur Belletristik als Substitution, als »Ersatz für den Christen, der ich nicht sein konnte«.[26] Rousseaus Weg zu sich selbst hat zur Trennung zwischen Lebenspraxis und Schreiben geführt, da das Imaginäre letztlich das Reale absorbiert und das Schreiben zum Ersatz für das Handeln macht. Der späte Sartre hat das Illegitime dieser Art der Verknüpfung von Selbstmitteilung und Selbstvergewisserung denunziert. Es wird sich jedoch erst noch erweisen müssen, ob er damit der von Rousseau initiierten Weise der Selbstthematisierung den Grabgesang gesungen hat.

Anmerkungen

1 Jakobson (1970), S. 13.
2 Vgl. dazu die Überlegungen von Ariès (1979).
3 Näheres hierzu bei Link-Heer (1985).
4 Cellini (1960), S. 499. Bei Machiavelli spielt dieser Begriff ebenfalls eine wichtige Rolle. Castori (1622), S. 220 f., polemisiert gegen ein rein technisches Verständnis von virtù.
5 Cellini (1960), S. 497. Die Übersetzungen der Zitate stammen vom Verf.
6 Ludwig XIV. (1923), S. 53.

7 Vgl. dazu Zuber (1984).
8 Ludwig XIV. (1923), S. 53. Zu grundsätzlichen Problemen der panegyrischen Historiographie vgl. Kapp (1983).
9 Castori (1622), S. 128-155, erörtert ausführlich die Berufsethik des
   Sekretärs.
10 Ludwig XIV. (1923), S. 53. Man müßte die ganzen Memoiren auf diese
   Problematik hin untersuchen. Vgl. auch Kapp (1982), S. 63 f.
11 Zit. in Starobinski (1972), S. 93.
12 Certeau (1982), S. 166.
13 Vgl. Spaemann (1963) und Kapp (1982).
14 Rousseau (1959), S. 409, vgl. ebd., S. 516.
15 Rousseau (1959), S. 409.
16 Biran (1957), S. 7.
17 Amiel (1976), S. 1107.
18 Vgl. dazu Hahn (1982).
19 Vgl. Poulet (1966), S. 265.
20 Amiel (1976), S. 93.
21 Vgl. Kapp (1985).
22 Constant (1957), S. 394.
23 Constant (1957), S. 478.
24 Vgl. Constant (1957), S. 18.
25 Rousseau (1959), S. 427.
26 Sartre (1972), S. 209. Vgl. dazu Kapp (1973).

Literatur

Amiel, H.-F. (1976), *Journal intime*. Edition intégrale publiée sous la
   direction de B. Gagnebin et Ph. Monnier, Bd. 1, Lausanne.
Ariès, Ph. (1979), »Pourquoi écrit-on des Mémoires?«, in: N. Hepp –
   J. Hennequin (Hrsg.), *Les valeurs chez les Mémorialistes français du*
   XVIIe *siècle avant la Fronde*, Paris, S. 13-20.
Biran, M. de (1957), *Journal*. Edition intégrale publiée par H. Gouhier,
   Bd. III, Neuchâtel.
Castori, B. (1622), *Institutione civile e christiana per uno che desideri*
   vivere tanto in Corte quando altrove honoratamente e christianamente,
   Roma.
Cellini, B. (1960), *Opere a cura di C. Cordié*, Milano-Napoli.
Certeau, M. de (1982), *La fable mystique* XVIe-XVIIe *siècle*, Paris.
Constant, B. (1957), *Œuvres*. Texte présenté et annoté par A. Roulin,
   Paris.
Delhez-Sarlet, Cl. – Catani, M. (Hrsg.), (1983), *Individualisme et auto-*
   biographie en Occident, Bruxelles.

Hahn, A. (1982), »Zur Soziologie der Beichte und anderer Formen institutionalisierter Bekenntnisse: Selbstthematisierung und Zivilisationsprozeß«, in: *Kölner Zeitschrift für Soziologie und Sozialpsychologie* 34, S. 407-434.

Jakobson, R. (1970), *Poesie und Sprachstruktur*, Zürich.

Kapp, V. (1973), »Claudel und die Modernität«, in: *Literaturwissenschaftliches Jahrbuch* N. F. 14, S. 421-444.

Kapp, V. (1982), *Télémaque de Fénelon. La signification d'une œuvre littéraire à la fin du siècle classique*, Tübingen – Paris.

Kapp, V. (1983), »L'information sur l'histoire de France dans le panégyrique ›Les Triomphes de Louis le Juste‹ (1649)«, in: *L'informazione in Francia nel seicento. Quaderni del seicento francese* 5, Bari – Paris.

Kapp, V. (1985), »Der Abenteurer als Demonstrationsobjekt und Skandalon der französischen Aufklärung. Zum Funktionswandel der Bekenntnisse von erlebten Abenteuern«, in: *Euphorion* 79, S. 232-250.

Link-Heer, U. (1985), »Giorgio Vasari oder der Übergang von einer Biographien-Sammlung zur Geschichte einer Epoche«, in: H. U. Gumbrecht – U. Link-Heer (Hrsg.), *Epochenschwellen und Epochenstrukturen im Diskurs der Literatur- und Sprachhistorie*, Frankfurt, S. 73-88.

Ludwig XIV. (1923), *Mémoires*. Introduction et notes par J. Longnon, Paris.

Poulet, G. (1966), *Die Metamorphosen des Kreises in der Dichtung*, Frankfurt.

Rousseau, J.-J. (1959), *Œuvres complètes*, Bd. 1, Paris.

Sartre, J.-P. (1972), *Les mots*, Paris.

Spaemann, R. (1963), *Reflexion und Spontaneität. Studien über Fénelon*, Stuttgart.

Starobinski, J. (1972), »Critique et principe d'autorité (Madame de Staël et Rousseau)«, in: *Mouvements premiers*. Etudes offerts à G. Poulet, Paris, S. 87-106.

Zuber, R. (1984), »L'art épistolaire et les protestants (De Henri IV à Pierre Bayle)«, in: M. Tietz – V. Kapp (Hrsg.), *La pensée religieuse dans la littérature et la civilisation du XVIIᵉ siècle en France*, Paris – Seattle – Tübingen, S. 225-249.

Franz Futterknecht
»Deprogrammierungen« –
Über die Versuche der Selbstaufklärung
und personalen Neubestimmung in
Ernst von Salomons »Der Fragebogen«,
Alfred Anderschs »Die Kirschen der Freiheit«
und Bernward Vespers »Die Reise«

Das Interesse an literarischen Selbstzeugnissen verdankt sich vorzüglich der Kenntnis, daß sie nicht nur über die äußere Lebensgeschichte ihrer Autoren Auskunft geben, sondern im Kontext determinierender Lebenserfahrungen auch über deren bewußtseinsgeschichtliche Entwicklung informieren, mithin wohl auf die authentischste Weise Zeugnis ablegen vom Konstitutions- und geistigen Entwicklungsprozeß eines selbstbewußten Ich. In der Tat präsentiert die Autobiographie *die* Tätigkeiten des Bewußtseins in ihrer reinsten Form, die auf das Sich-Verstehen, also die Selbstbesinnung und Selbstbestimmung eines Ichs, sowie auf seine Lebens- und Weltdeutung abzielen. Wilhelm Dilthey konnte daher von der »Selbstbiographie« sagen, sie sei »die höchste und am meisten instruktive Form, in welcher uns das Verstehen des Lebens entgegentritt«.[1]
Freilich geht Dilthey in seiner theoretischen Grundlegung der »Selbstbiographie« von Voraussetzungen aus, denen heute kaum mehr uneingeschränkt zugestimmt werden kann. In Analogie zum organischen Leben, das ein innewohnender Trieb veranlaßt, sich unter Anpassung an die jeweiligen Außenverhältnisse seiner artspezifischen Anlagen entsprechend zu entfalten, verlangt nach Dilthey das geistige Leben des Menschen aufgrund seiner eigentümlichen Organisation von sich, seiner selbst innerhalb seiner geschichtlichen Situation innezuwerden. Das Bewußtsein gewinnt so die Form einer naturwüchsigen Aktivität, die über vorläufige Stufen von Selbsttransparenz zu einem umfassenden Bewußtsein seiner selbst und der Zeit hinstrebt. Im Fortgang der Selbstreflexion wird dem Bewußtsein dabei das Vermögen zuer-

kannt, trotz seiner geschichtlichen Bedingtheit alles aus sich auszuschließen, was es von sich selbst entfremden oder trennen könnte. Im Lichte dieser Auffassungen gelten Autobiographien dann als der Ort, an dem ein mit sich ins reine gekommenes Ich über sein Leben und seine Welt »Gerichtstag« hält.

Beim heutigen Stand der Theorie ist solchen Auffassungen entgegenzuhalten, daß das Ich und sein Bewußtsein nicht über sich selbst in der von Dilthey angenommenen Weise verfügen. Vielmehr treten die Menschen auf eine nicht hintergehbare Weise in ein Universum von Diskursen ein, die das Ich und die Welt, Wirklichkeit und Traum, Wahrheit und Trug erst voneinander unterscheiden und damit erschaffen. Jedes Ich, jedes Bewußtsein und jede Intelligenz haben also eine Entstehungsgeschichte, in der die ›anderen‹, ihre Sprache, ihr Weltbild, ihre Erwartungen und Planungen den formierenden Part spielen.

Was die Annahme einer spontanen selbstreflexiven Aktivität des Bewußtseins betrifft, so lehrt die Erfahrung, daß das Selbstverhältnis des Bewußtseins weniger durch ein naturwüchsiges Interesse an Selbsttransparenz und Wahrheit bestimmt ist, sondern eher durch eine Art von Komplizenhaftigkeit sich selbst gegenüber. Es bedarf in der Regel – wie gesagt wurde – »Denkzwänge« auslösender »Störerfahrungen«[2], um das Bewußtsein dazu zu veranlassen, gegen seine vorgängigen Gehalte anzutreten. Ja, ob überhaupt eine konfligierende Erfahrung als »Störerfahrung« erlebt wird, scheint von innerpsychischen Voraussetzungen abzuhängen, die nicht immer gegeben sind, dann nämlich nicht, wenn die verinnerlichten Überzeugungen mit so massiven Abwehrmechanismen umgeben wurden, daß nichts mehr an sie herankommt. Soweit ich sehe, sind die Probleme, die ein Ich mit sich und der Welt haben kann, jedoch nicht immer von äußeren Störerfahrungen bestimmt, vielmehr muß man wohl annehmen, daß vor allem früh erlebte Störerfahrungen so verinnerlicht werden können, daß das Ich von Innen heraus zu keinem entstörten Selbst- und Weltverhältnis zu kommen vermag.

Ich will diese Überlegungen nicht weiterführen, sie sollten lediglich deutlich machen, von welchen Vor-Annahmen meine Untersuchungen der drei literarischen Selbstzeugnisse angeleitet werden, von denen nun zu berichten ist, also von Ernst von Salomons Roman »Der Fragebogen«, Alfred Anderschs ›Bericht‹ »Die Kirschen der Freiheit« und Bernward Vespers ›Romanessay‹ »Die

Reise«. Ich habe drei sehr unterschiedliche Modelle einer lebensgeschichtlichen Selbstdarstellung gewählt, aber ich meine, sie sind
vergleichbar und deshalb instruktiv, sofern ihre Autoren bei allen
Differenzen in bezug auf Alter und Herkunft doch das folgende
gemeinsam haben: alle drei wurden in einem extrem nationalistisch-konservativen Elternhaus erzogen und von ihm geprägt,
alle drei suchen aufgrund unterschiedlicher lebensgeschichtlicher
Erfahrungen, innerhalb deren die Katastrophe des Dritten Reiches eine zentrale Rolle spielt, nach einer personalen Neubestimmung, in der sie sich mit unterschiedlicher Konsequenz auf die
politische Linke zubewegen.

Die allgemeine Tribunalisierung des öffentlichen Bewußtseins,
die in Deutschland nach 1945 im Zuge der Bewältigung des
Faschismus und in der Durchführung des ›Re-Educationspro-
gramms‹ zum Tragen kam, bildete dabei den unmittelbaren Anlaß
zur Entstehung von Salomons Buch, denn sein »Fragebogen« ist
nichts anderes als der umständlich ausgefüllte Fragebogen der
Alliierten Militärbehörde, der es bei dieser Aktion um die Durch-
leuchtung der nationalsozialistischen Vergangenheit der Deutschen ging. Und zwar beantwortet und veröffentlicht Salomon
seinen Fragebogen, weil er den gesamten Erhebungsvorgang für
»politisch dumm, menschlich infam und juristisch unmöglich«
(F 44) hält. Denn die Alliierten leugnen, wie Salomon meint,
gegen besseres Wissen, daß geschichtliche Phänomene im Zusammenhang objektiver gesellschaftlicher Vorgänge und politischer
Konflikte verstanden werden müssen und nicht dem sittlichen
Verhalten des einzelnen zur Last gelegt werden können. Indem
dem einzelnen Deutschen die Verantwortung für die Verbrechen
der Nationalsozialisten als moralische Schuld aufgebürdet wird,
nötigt man ihn zu einer Gewissenserforschung, deren fatales
Ergebnis nur sein kann, Deutschland politisch zu lähmen. Denn,
so argumentiert Salomon auf das Beispiel Hamlets verweisend
(F 40), der im Bereich der Politik moralisch Sensibilisierte ist
zugleich auch immer der politisch Handlungsunfähige und damit
Ausgelieferte. Da Salomon aus rechtlichen Gründen eine Partizi-
pation an der Fragebogenaktion nicht verweigern kann bzw. jede
individuelle Weigerung sinnlos wäre, beschreitet er den einzig
verbliebenen Weg zu einer solidarischen, nationalen Aktion, die
die lähmende Wirkung des Erhebungsvorgangs unterlaufen
konnte: die Flucht in die Öffentlichkeit.

Seine Beantwortung des Fragebogens zielt vorweg nicht nur auf eine detaillierte Selbstrechtfertigung ab, sondern auf eine ebenso umfassende Rechtfertigung der Deutschen. Dadurch erhält Salomons Autobiographie eine universal-dokumentarische Tendenz. Im Mittelpunkt seiner Ausführungen stehen natürlicherweise die national gesinnten Deutschen, jene politische Rechte also, der sich Salomon selbst zuzählte, die durch ihre Angriffe auf die Weimarer Republik zum unfreiwilligen Steigbügelhalter Hitlers wurde und deshalb nach 1945 besonders kompromittiert erschien.

Dabei verbindet Salomon sein Plädoyer für die moralische Integrität der nationalen Bewegungen und die Rationalität ihrer politischen Konzepte mit einer scharfen Zurückweisung des vor allem von den Amerikanern erhobenen Anspruchs auf moralische Superiorität der demokratischen Prinzipien.

Salomons Argumentation bewegt sich dabei durchgängig auf einer wertobjektiven Ebene. Ihr Herzstück bildet seine »Staatsidee«, die er wegen ihrer Herkunft und historischen Verwirklichung mit Preußen identifiziert. Die Wahrheit dieser Staatsidee besteht für Salomon darin, daß sie den Staat als ein Gebilde begreift, in dem alles, was in einer Nation an Kräften und Tendenzen zur Verwirklichung drängt, zur Erscheinung kommt. Wie gegensätzlich die verschiedenen Klassen und Gruppen einer Gesellschaft auch immer zueinander stehen, ohne Staat hätten sie sich weder bilden noch in ihren Aktivitäten entfalten können. Der »Wille zum Staat« (F 53 passim) wie der Wille, den eigenen Staat unversehrt und in optimalem Zustand zu erhalten, ist für Salomon daher nicht nur das Ergebnis einer logischen Deduktion, sondern die natürliche Regung eines vitalen Volkes.

Das staatliche Interesse ist – so Salomon – jedoch mit den an sich legitimen Einzelinteressen der gesellschaftlichen Gruppen und Klassen nicht identisch. Daher darf die Sphäre des Staates, konkret das Staatsoberhaupt, die Regierung und ihre Vollzugsorgane in Zivil und Uniform, nicht den Parteien und Interessengruppen ausgeliefert werden. Sie schließt als die Sphäre des Allgemeinen jedes egoistische oder partiellen Interessen folgende Verhalten auf kategorische Weise aus. Das staatliche Denken objektiviert sich ihm daher in einer Ethik, die von jedem, der sich völlig in den Dienst des Staates stellt, fordert, sich ganz den Imperativen von *Pflichten* zu unterwerfen, die von der Sorge um das nationale

Wohl bestimmt werden. Diese Ethik findet Salomon auf hervorragende Weise im preußischen Denken und seinen Vertretern repräsentiert und in der in einen Verwaltungsstaat eingebetteten preußischen Militärmonarchie die seiner Staatsidee korrespondierende Staatsform.

Von den Demokratien und ihren Grundwerten behauptet Salomon dagegen nur wenig begreifen zu können, zu sehr widersprechen sie ihm aller Logik. Aber soviel weiß er doch: 1. Demokratien atomisieren die staatliche Gemeinschaft, da sie das Recht auf individuelle Selbstverwirklichung und die Verfolgung des privaten Glücks zur höchsten ethischen Norm erklären; 2. sie liefern den Staat den Interessengruppen aus und bilden daher den Nährboden für Klassenkämpfe; 3. sie verstehen ihre Theorien als Heilslehren, ihre Kriege als Religionskriege und respektieren die Autonomie anderer Nationen nicht, wie ihm die Hexenjagd der Alliierten in Deutschland beweist.

Was seine eigene Lebensgeschichte betrifft, so kann Salomon feststellen, daß er als Sproß einer preußischen Adelsfamilie zunächst durch den »Zufall der Geburt« (F 50) von der Tradition des preußischen Denkens geformt worden sei, daß er aber nach Erreichung seines bewußten Lebens seine traditionale Bestimmung durch Einsicht und eigene Wahl übernommen habe. Das Bekenntnis »Ich bin Preuße« (F 45) umreißt für Salomon daher den Bezirk seiner gesamten geistigen Identität. Aus dieser preußischen Identität heraus erklärt Salomon ›logisch‹ die Organisation seiner Innerlichkeit sowie sein gesamtes tätiges Leben, das er in seiner Autobiographie z. T. in Gesprächen mit alten Kampfgenossen als eines erinnert, in dem es ihm immer um den Staat ging. Die politischen Hauptstationen sind: Beteiligung an den Kämpfen der deutschen Freikorps nach dem Ende des Ersten Weltkrieges, Mitgliedschaft in der Brigade Ehrhardt, aktive Beihilfe am Attentat auf Walter Rathenau, Engagement in den holsteinischen Bauernrevolten und schließlich die publizistischen Feldzüge gegen die Weimarer Republik im Gefolge so berühmter Männer wie Ernst Jünger, Hans Zehrer und Othmar Spann.

Naturgemäß bildet die Abgrenzung vom und die Erklärung des Nationalsozialismus einen der thematischen Schwerpunkte in Salomons Buch. Er erklärt ihn als »Dämonium« (F 186), als eine irrationale, aber politisch um so wirkungsmächtigere Idee, deren Genese sich Salomon aus dem Kampf zwischen dem »Dämonium« Demokratie und dem »Dämonium« Sozialismus begreiflich macht, die sich nach dem Verfall des staatlichen Denkens in der von den Siegermächten verordneten Weimarer Republik einen tödlichen Kampf lieferten. Diesen Kampf begreift Salomon im marxistischen Sinne als Klassenkampf, und er folgt der marxistischen Faschismustheorie auch insofern, als er den Nationalsozialismus in seiner Funktion innerhalb dieses Klassenkampfes als Exponenten des Großkapitals, d. h. als eine Form bürgerlicher Herrschaft, begreift.

Die historische Schuld, die sich Salomon selbst und den nationalen Bewegungen zurechnet, besteht daher darin, daß sie Hitler unterschätzten und in ihrem Kampf gegen die Demokratie im Nationalsozialismus eben mit der Bewegung paktierten, die später jener parasitären Bourgeoisie das Überleben garantierte, die der gesellschaftliche Exponent der verhaßten Demokratie war.

Nachdem das Dritte Reich das staatlich-nationale Denken für immer desavouiert hatte, gibt es für Salomon nach 1945 nur die eine konsequente Haltung: den Eintritt in die kommunistische Partei. Gleichwohl hat er diesen Schritt nie vollzogen. Sein Lebensschiff, so bekannte er einem Freund, segle zwar mit vollen Segeln auf den Hafen des Kommunismus los, aber der Hafen sei für ihn vermint: man spreche dort zu viel von Gesellschaft und zu wenig von Staat.[3]

Salomon präsentiert sich also in seinem Lebensbericht als einer, dem es trotz vieler Irrtümer letztlich immer um die beste Sache der Welt gegangen ist: nämlich um den Staat und um nichts als den Staat. Auffällig ist allerdings, daß sich Salomon zwar uneingeschränkt zu seinen Maximen bekennt, aber doch offensichtlich unter dem Bewußtsein leidet, eine schwere soziale Last zu tragen. Uneingeschränktes Glück erlebte er nur während seines mehrmonatigen, politik- und staatsfernen Aufenthalts in Frankreich. Schon im Vorwort seines früher erschienenen, autobiographischen Buches »Die Kadetten« denkt er ebenso bewundernd wie verwundert darüber nach, weshalb er und die ihm Gleichgesinnten ihr Leben unter »eine Devise stellt(en), welche (sie) zwingt, in dieser Welt nur das zu tun, was (sie) ungern (tun) ...« (K 8), und weshalb sie sich nach Grundsätzen verhalten, die »mit dem Wort ›verdammt‹ in Verbindung zu bringen« (K 7) sind, nämlich mit den Maximen der Pflicht und Schuldigkeit.

Damit stellt sich zumindest der Verdacht ein, daß Salomons

Leben pathologische Implikationen hatte. Ich gebe zu, daß es mißlich ist, gegenüber einem Autor, der seine Lebensgeschichte selbst auf einer wertobjektiven und vor-psychologischen Ebene schreibt, einen solchen Verdacht zu formulieren. Bei Salomon liegt der Fall allerdings so, daß man nicht allzu lange auf Spurensuche gehen muß, um eine Bestätigung für diesen Verdacht zu erhalten.

In den »Kadetten« liest sich die Formung des Jungen durch das in der Familie herrschende preußische Denken nämlich keineswegs so problemlos, wie der »Fragebogen« dies glauben zu machen sucht. Zwar ist auch dort von der Ausbildung des Charakters nach den Normen des Soldatischen die Rede, aber im Kontext einer lieb- und trostlosen Kindheit. Salomon muß unter den Erziehungspraktiken seiner Eltern so gelitten haben, daß er einen mißlungenen Fluchtversuch aus dem elterlichen Haus unternahm. Erst danach hat der Junge kapituliert: was die Eltern ihm bisher aufzwingen mußten, übernimmt er jetzt, in eine Kadettenanstalt gesteckt, durch eigene Wahl. Aber es war dies seine zweite, nicht die erste. Das Bekenntnis zu Preußen und zum staatlichen Denken ging bei ihm offensichtlich einher mit der Verdrängung des Wunsches nach Selbstverwirklichung, Liebe und Glück. Ich meine, man muß die innere Biographie Salomons so sehen, weil sonst viele Phasen seiner Biographie unverständlich bleiben, vor allem sein Verhältnis zur Demokratie.

Eben weil die Demokratie das Recht auf Glück und individuelle Selbstverwirklichung zu ihrem höchsten Grundsatz erhebt, mobilisierte ihre Idee all jene Abwehrkräfte, die in Salomon die verdrängten Wünsche im Zaum halten mußten. Tatsächlich begegnet Salomon dem »demokratischen Konzept« wie der Christ den Versuchungen des Teufels: er ist nicht bereit, den demokratischen Einflüsterungen sein Ohr zu leihen, und da der junge Salomon die philosophierenden Politiker der Weimarer Republik nicht am Reden hindern kann, nimmt er – im Bewußtsein, das Böse zu bekämpfen – bedenkenlos an Aktionen teil, in denen ganze Mordlisten aufgestellt und ganze Mordserien durchgeführt wurden. Die Einsicht, daß das Böse, das man bekämpft, nur die Projektion tabuisierter Wünsche auf andere ist, trifft auf Salomon mit einiger Sicherheit zu. Nur der wertobjektive Diskurs verschleiert den Haß, den Selbsthaß und die tödliche Ruchlosigkeit, die Salomons Intelligenz pathologisch entstellt.

Und diese Deformiertheit erklärt wohl auch die eigentümliche Statik seines Denkens. Denn wenn es keine wirklichen Lernprozesse in Salomons Leben gibt, dann liegt dies wohl daran, daß er es nie mehr vermochte, erfolgreich gegen seine Kapitulation vor den Eltern zu rebellieren. Um so verbissener kämpfte er dafür gegen jede Kapitulation Deutschlands. Daß die Welt, in die Salomon unter Zwängen sozialisiert wurde, mit dem verlorenen Ersten Weltkrieg vernichtet worden war, kann schon dem jungen Mann keine neue Lebenschance mehr öffnen. Er betrachtet sich nun erst recht als Gescheiterter, reagiert mit zynischer Verachtung auf die mühsame Etablierung der Weimarer Republik und sucht in terroristischen Aktionen sein Gescheitertsein zu revidieren. Und da er in all seinen Gesinnungen und Taten durch die Massenpsychose der politischen Rechten unterstützt und bestätigt wird, kann sich seine Psyche gegen ihre eigene Vorgeschichte so abschirmen, daß sie ihr Geheimnis auch gegenüber Salomons zweifellos ehrlichem Versuch einer Selbstaufklärung nicht mehr freigibt.

Ganz anders liegen die Verhältnisse bei Alfred Andersch. Ihm war es nicht gegeben, die nationalistisch-konservativen Gesinnungen seines Vaters – der war Freikorpsmann, Ludendorffanhänger und frühes Mitglied der NSDAP – als sein identitätsbestimmendes Denken problemlos und auf Dauer zu internalisieren. Auch die kommunistische Partei, in die sich der junge Andersch nach seiner Abkehr von der Familie flüchtete, bot ihm auf Dauer keine geistige Heimat. Andersch hatte die Wahrheit seines Lebens lange zu suchen, und er fand sie schließlich im Vollzug einer lebensgeschichtlichen Selbstaufklärung. Seine Autobiographie »Die Kirschen der Freiheit« gibt davon Bericht. Als die eigentlich sinnstiftende Tat seines Lebens erscheint darin seine Fahnenflucht aus Hitlers Armee.

Diese Desertion erhält für Andersch ihre hohe symbolische Bedeutung dadurch, daß er sie weniger als einen politischen denn als einen existentiellen Akt begreift. Daß bei Anderschs Deutung dieser lebensgeschichtlichen Erfahrung die Existentialphilosophie Pate stand, ist in der Forschung bekannt und läßt sich unschwer am Freiheitsbegriff nachzeichnen, der in den »Kirschen der Freiheit« entwickelt wird.

Die Freiheit rechnet Andersch zu den menschlichen Grundbefindlichkeiten, insofern es dem Menschen wesentlich ist, daß er sich aus Bindungen zu lösen und Entscheidungen zu treffen vermag. Frei ist das Ich bei Andersch jedoch nur »in jenem winzigen Bruchteil einer Sekunde, welcher der Sekunde der Entscheidung vorausgeht«. (KdFr 84) »Frei«, schreibt Andersch, »sind wir nur in Augenblicken. In Augenblicken, die kostbar sind« (ebd.). Das Pathos kann nicht verbergen, daß Andersch Freiheit nur als ein Moment zwischen zwei Gefangenschaften zu denken vermag. Seine Desertion, die ihn unmittelbar in amerikanische Kriegsgefangenschaft brachte, bildet daher ein für das Wesen der Freiheit adäquates Symbol. Raum-metaphorisch nennt er den Bereich der Freiheit »Niemandsland«, also ein von niemandem okkupierter, a-sozialer Bereich. Sie führt auch den Namen »Wildnis« (KdFr 112 passim); ihr kommt völlige Verlassenheit gleich. Im Zustand der Freiheit hat das Ich kein anderes Gegenüber als »Gott« oder »das Nichts« (KdFr 113). In jedem Fall ist der Schritt in die Freiheit vom Gefühl namenloser Angst begleitet. Aber nur, wer den Gang in die Freiheit wagt, meint Andersch, kann für sein Leben eigene Bedingungen stellen, gewinnt »die Härte des Bewußtseins, die sich gegen das Schicksal wendet und neues Schicksal schafft« (KdFr 126).

Nun verkündet Andersch diese existentialistische Botschaft nicht als »Philosophie«, sondern als Resultat lebensgeschichtlicher Erfahrungen. Den eigenen Lebensverlauf stellt er denn auch in einer Weise dar, daß die ihn bestimmenden Erfahrungen bis zu seiner Fahnenflucht in zwei Gruppen unterteilt werden können, von denen die eine den Titel »Die Tödlichkeit der Bindungen« und die andere den Titel »Die Trostlosigkeit der Bindungslosigkeit« tragen könnte.

Zur ersten Gruppe gehört das früheste Bild, das sich Andersch aus seiner Münchner Kindheit eingeprägt hat: es ist der Zug der zur Hinrichtung geführten Revolutionäre, die ihre Bindung an die Räterepublik mit dem Leben zahlten. Dahin gehört auch die Geschichte von Anderschs Vater, der »sich aus Selbstlosigkeit einer politischen Idee verschrieben« und die »Niederlage Deutschlands (im Ersten Weltkrieg, d. V.) zu seiner eigenen Niederlage gemacht hatte« (KdFr 18). In diese Gruppe gehört weiterhin Anderschs Mitgliedschaft in der KPD, die ihm einen sechsmonatigen KZ-Aufenthalt und ein Gestapo-Verhör einbrachte. Und schließlich gehört unter diesen Titel Anderschs Soldatenzeit.

Die Phasen der Bindungslosigkeit werden von Andersch dagegen vorwiegend unter dem Aspekt der reinen Introversion, des Wirklichkeitsverlusts und der Sinnlosigkeit erlebt. So schreibt er über eine seiner inneren Isolationszeiten: »Ich lebte auf der Hallig meiner Seele, als säße ich jahrelang auf dem Klosett« (KdFr 73). Erst im Vollzug seiner Fahnenflucht, der ersten bewußt gewählten Auflösung einer Bindung, erkennt Andersch, daß er die sinnlosen Zyklen von Bindung und Bindungslosigkeit dadurch durchbrechen kann, daß er sich mit Entschiedenheit an das Nichts bindet, d. h. daß er beschließt, um seiner selbst willen zu leben. Dies enthebt ihn zwar nicht der Notwendigkeit, sich wieder in ›Gefangenschaft‹ zu begeben, wieder ›Bindungen‹ eingehen zu müssen, aber in seinen erneuten Engagements läßt er die Bedingungen eines »unconditional surrender« (KdFr 80) für sich nicht mehr gelten, da er sich nicht mehr unter innerem oder äußerem Zwang auf sie eingelassen hat. Die Existenzialphilosophie erlaubte es Andersch also, sein vorgängiges, durch bedrohliche Bindungs- und belastende Sinnlosigkeitserfahrungen geprägtes Leben in einer Weise auf den Gedanken zu orientieren, der ihm die Möglichkeit bot, seine »Flucht vor dem Schicksal«[4] anzuhalten. Anderschs danach nicht mehr aufgegebene Position wurde zu Recht mit der paradoxen Formulierung eines desengagierten Engagements bezeichnet. Sie gestattete ihm auch, sich personal neu zu bestimmen. Er begriff sich von da an als skeptischer Sozialist, der sich weiterhin im Kampf der Unterdrückten engagierte, aber gegenüber allen Ideologien Distanz bewahrte. Dies ist zweifellos eine hochrespektable Position, für deren Entstehen keine traumatisierenden Kindheitserfahrungen in Anschlag gebracht werden müssen. Oder doch?

Zumindest fällt auf, daß Andersch seine Kindheit in einem diffusen Halbdunkel läßt. Nur, daß sie wenig glücklich, eher trostlos und bisweilen eine Hölle war, geht aus dem Bericht hervor. Und zweifellos bildete der Vater in dieser Kindheit die zentrale Figur. Von Anderschs Vater erfährt man jedoch nur den äußeren Lebensverlauf und seine Gesinnungen. Daß Andersch als Kind sie auch als seine Wahrheit übernahm, wird nicht ausdrücklich gesagt, nur daß er sich dem Willen des Vaters entzog, nach dessen Überzeugungen zu leben. Von einer Entdeckung, in der Andersch die Lebensansichten seines Vaters als Wahnideen durchschaute, wird nicht berichtet, auch davon nicht, daß er offen gegen seinen Vater rebellierte, nachdem er erkannt hat, daß der den Sohn mit ebenso fatalen wie sinnlosen Ideen betrog. Offenkundig ist dagegen das Bemühen des Autors, die Einstellungen des Vaters zu verstehen. Nicht Haß, sondern Mitleid bestimmen das innere Verhältnis Anderschs zu seinem Vater; er sieht sich weniger als dessen Opfer, sondern diesen als tragisches Opfer seiner eigenen Wahnideen.

Im Hinblick auf die determinierenden Kindheitserfahrungen Anderschs scheint mir die letzte autobiographische Erzählung, »Der Vater eines Mörders«, instruktiver zu sein. Darin wird unter dem Namen von Anderschs literarischem Pseudonym »Franz Kien« über die pädagogischen Ziele und Methoden berichtet, denen der Autor in seiner Kindheit ausgesetzt war. Es geht um eine Schulstunde, die unter Leitung des Vaters des späteren SS-Führers Himmler, der in der Tat Anderschs Münchner Schulrektor war, stattfindet. Was geschildert wird, sind die subtil sadistischen Foltermethoden eines Erziehers zum Zweck der Abtötung jedes positiven Selbstbewußtseins der Schüler. Franz Kien entzieht sich der Gefahr einer Vernichtung seines Ichs passiv durch Leistungsverweigerung und verläßt die Schule. Daß die Verhältnisse im Elternhaus denen der Schule nicht unähnlich waren, deutet sich in der Geschichte des Franz Kien zumindest an.

Die geschilderten Verhältnisse legen nahe, daß zu den Primärerfahrungen Anderschs die grauenvolle, wenn auch in bezug auf den Vater verdrängte Entdeckung gehört, daß selbst Personen, die man als Kind liebt und die unter den vertrauenserweckenden Namen von Eltern und Lehrern firmieren, bewußt oder unbewußt in ihrem Verhalten von der Absicht bestimmt sind, diejenigen, die sich ihnen anvertrauen, in ihrer Selbstheit vernichten und zu willenlosen Befehlsempfängern zurichten zu wollen.

Es will mir scheinen, als sei Anderschs kritische Philosophie aus der Wirkung dieser unbewältigten Störerfahrung hervorgegangen, die er in bezug auf den Vater verdrängte, aber nur, um sich ihre Wahrheit von der Welt und der Geschichte bestätigen zu lassen, indem er sie ständig auf sie projizierte.[5] Die Vermeidung der Auseinandersetzung mit dem Vater rächte sich also langfristig darin, daß für Andersch jede reale Gesellschaft das Stigma einer Bedrohung des Ichs besaß. Zwischen dem Ich und der Welt besteht bei Andersch eine unaufhebbare Dissoziation. Innerhalb dieser fixierten Grundposition bildete Andersch zwar einen hochentwickelten Sinn für gesellschaftliches Unrecht aus und bewahrheitete damit den Adornoschen Aphorismus, daß der Splitter im eigenen Auge das beste Vergrößerungsglas ist[6], trotzdem meine ich, daß sein Denken von unbewältigten Ängsten bestimmt und letztlich irrational ist. Es scheint mir jedenfalls nicht zufällig, daß Andersch just in dem Augenblick Jean-Paul Sartre seine philosophische Gefolgschaft aufkündigte, als dieser in »Les Mots« die eigene Kindheitsgeschichte aufzuklären unternahm.

Ganz anders wiederum Bernward Vesper. Der Autor des autobiographischen ›Romanessays‹ »Die Reise« ist eben darin Sartre verpflichtet, daß er davon ausgeht, daß das Verhalten und die Erziehungspraktiken seines Vaters, der von Hitler hochgeschätzte NS-Dichter Will Vesper, psychische Schäden in ihm hinterließen, die durch sein Umschwenken auf die Kritische Theorie allein nicht behoben wurden.

Vesper beginnt seine psychoanalytische Reise in das Innere seines Bewußtseins zu dem Zeitpunkt, als die Studentenrevolte der 60er Jahre, als deren Exponent er sich weiß, als Massenbewegung zerbrach. Er ist überzeugt, daß die revoltierenden Studenten sich bei der Verwirklichung ihrer Ziele selbst am meisten im Wege standen, weil sie – in der Mehrzahl dem Kleinbürgertum entstammend – in ihrer pathologisch deformierten Innerlichkeit keine Ordnung schaffen konnten. Die revolutionäre Theorie litt Vesper zufolge an dem Mangel, daß ihr sowohl eine begründete Einsicht in den psychischen Zustand von Menschen, die in bürgerlichen Verhältnissen sozialisiert wurden, fehlte als auch praktikable Ansätze zur Therapierung ihrer psychischen Schäden. Dem will Vesper in Form einer »materialistischen Gesamttheorie« (R 560) Abhilfe schaffen. Zugleich erhebt er den Anspruch, daß sein eigener selbsttherapeutischer Versuch Modellcharakter besitze. Die Frage, die sich ihm dabei grundsätzlich stellt, ist die, ob man als Erwachsener die Siege, die die Väter über einen erringen konnten, je rückgängig machen kann. Die Siege der Väter beruhen in ihrer Macht, die Söhne aufgrund ihrer kindlichen Angewiesenheit auf die Liebe der Eltern nach dem eigenen Bilde zu formen, d. h. im konkreten Fall, sie so abzurichten, daß sie sich denselben Wahnideen zum Opfer bringen, in deren Dienst schon die Väter standen. Die psychischen Schäden dieser Dressuren stellt Vesper noch in den autoritätsfixierten Halluzinationen und wahnhaften Ängsten seiner linken Gesinnungsgenossen fest. Entscheidend ist für Vesper die Einsicht, daß man den Kampf gegen die Väter zunächst gegen sich selbst führen muß. Er schreibt:

»Ja, ich wußte genau, daß ich Hitler war, bis zum Gürtel, daß ich nicht rauskommen würde, daß es ein Kampf auf Leben und Tod ist, der mein Leben verseucht, seine gottverdammte Existenz hat sich an mich geklebt wie Napalm ... ich muß versuchen, die brennende Flamme zu löschen, aber es ist gar nicht Hitler, ist mein Vater, meine Kindheit, meine Erfahrung *bin ich*« (R 94).

Der Kampf gegen das eigene Ich, das sich – wie immer verzweifelt – in der eigenen Zugerichtetheit zu erhalten sucht, wird als Kampf gegen die Abwehrkräfte der Seele geführt, die durch forciertes Vergessen sowie panische Schuld- und Angstgefühle die grauenhaften Erfahrungen, die sie beschädigten, von sich fernhalten will. Vesper vollzieht seine »Recherchen« nach den »Tatsachen seines Lebens« jedoch nicht auf der Couch des Analytikers; was ihn auf seine anamnetischen Reisen in seine Kindheit bringt, ist die Droge, deren Benutzung und anamnetische Wirkung er ausdrücklich verteidigt.[7] Auf seinen »Trips« enthüllt sich ihm seine Kindheit als »Hölle«, in der er aufgrund der unkündbaren Liebe zu seinem Vater unter unsäglichen Qualen zulassen mußte, wie der im Namen des Staates und des Volkes systematisch alles in ihm vernichtete, was an naturwüchsigem Begehren in ihm war: alle Spontanität und Kreativität, alle Liebe und Selbstliebe und jede freie Entfaltung seiner Sexualität. In der Geschichte seiner versuchten Selbstkastration, der Tötung seines geliebten Katers Murr, in den Strafen und im Liebesentzug des Vaters verdichtet sich das Grauen seiner Kindheit ebenso wie im Bild: »daß wir in einem belagerten Haus leben und plötzlich in die Situation kommen, wo wir uns ergeben müssen. Wir öffnen die Tür in die Nacht: O.K. Ihr habt gewonnen!« (R 23) Zur Überwindung der inneren Kapitulation und Versklavung empfiehlt Vesper ein systematisches Enthemmungstraining. Und auch zu dieser Dekonditionierung repressiver, innerer Einstellungen empfiehlt Vesper die Droge. Denn der »Drogenesser« kann – so Vesper – auf seinen »Trips« das Gefängnis, in dem er lebt, nicht nur durchschauen, sondern auch verlassen. Frei von den Verzerrungen und Entstellungen des Bewußtseins erlebt sich der Mensch unter dem Einfluß der Droge als das herrlichste, intelligenteste und freieste Wesen des Universums und kann nach Ablauf einer Latenzzeit dieses Wissen in die politische Arbeit einbringen, in der es Vesper darum geht, »eine gesellschaftliche Realität herzustellen, die es allen Menschen erlaubt, auf einen lebenslangen Trip ohne Drogen zu gehen, sobald sie das Glück haben, geboren zu werden« (R 487).

Nichts widerspricht nun Vespers euphorischen Ansichten über die therapeutische Macht der Droge so sehr wie sein eigenes Lebensschicksal. Tatsächlich erlebte Vesper im fortgeschrittenen Stadium seiner Selbstanalyse massive psychotische Schübe, die zu einer Einlieferung in eine psychiatrische Klinik führten. Aber auch dort ließ sich sein seelischer Zustand nicht auf Dauer stabilisieren; Vesper nahm sich noch vor Abschluß seiner Autobiographie in einem wahnhaften Anfall das Leben.

Trotzdem nehme ich nicht für mich das Recht in Anspruch, Vesper irgendeine Schuld an seinem Tode zuzusprechen, wie es insgesamt nicht meine Absicht war, durch die Zuschreibung irgendeines moralischen oder intellektuellen Versagens einem der behandelten Autoren eine Verantwortung für ihr Leben und Denken zu geben. Es ging mir nur darum, deren Versuche einer personalen Neubestimmung zu verstehen. Ich bezweifle, ob einer dieser Versuche wirklich gelungen ist, aber das lag wohl kaum in der Hand der Autoren. Das Sich-Verstehen scheint an unüberschreitbare Grenzen zu kommen, die wohl darin bestehen, daß man mit dem Leben nicht mehr anfangen kann, als unter vorgegebenen Bedingungen zu existieren.

Anmerkungen

Die Zitate aus den Werken Salomons, Anderschs und Vespers werden im Text nachgewiesen. Ich benutze dabei die folgenden Ausgaben und Siglen: E. v. Salomon, *Der Fragebogen*, Reinbek bei Hamburg 1974, (F) – Erstausgabe 1951; ders., *Die Kadetten*, Reinbek bei Hamburg 1974, (K) – Erstausgabe 1933.

A. Andersch, *Die Kirschen der Freiheit. Ein Bericht*, Zürich 1968, (KdFr) – Erstausgabe 1952.

B. Vesper. *Die Reise*. Romanessay. Nach einem unvollendeten Manuskript hg. v. J. Schröder. Jossa 1977 (R)

  1 Vgl. W. Dilthey, »Entwürfe zur Kritik der historischen Vernunft«, in: ders., *Gesammelte Werke*, Bd. VII, Stuttgart und Göttingen 6. Aufl. 1976, S. 199.

2 Vgl. P. Sloterdijk, *Literatur und Lebenserfahrung. Autobiographien der Zwanziger Jahre*, München/Wien 1978, S. 11.

3 Vgl. Hans Lipinsky-Gottersdorf, *Jedem das Seine. Vorwort zu E. v. Salomon. Der tote Preuße. Roman einer Staatsidee*, o. Erscheinungsort 1973, S. IX.

4 Vgl. H. Kesting, »Die Flucht vor dem Schicksal. Über den Schriftsteller Alfred Andersch«, in: *Text und Kritik*, Heft 61/62, 1979: *Alfred Andersch*, S. 3-22.

5 Diese Annahme findet sich als Verdacht schon vorformuliert in: Siegfried Lenz, »Sehnsucht nach Sansibar. Über den Schriftsteller Alfred Andersch«, in: *Frankfurter Allgemeine Zeitung* 4. 2. 1974.

6 Th. W. Adorno, *Mimima Moralia. Reflexionen aus dem beschädigten Leben*, Frankfurt/M. 1971 (= Bibliothek Suhrkamp 236), S. 57.

7 Vesper erörtert in diesem Zusammenhang ausführlich die entsprechenden Theorien des Amerikaners Timothy Leary (R 474 ff.).

Hinweise zu den Autoren

David *Armstrong* ist gegenwärtig Senior Lecturer für Medizinsoziologie am Guy's Hospital der Medical School der Universität London. Er ist Mediziner und studierte nach dem Abschluß seiner ärztlichen Ausbildung Soziologie, bevor er seine derzeitige Stelle einnahm. Er publizierte ein Textbuch für Medizinstudenten über die Soziologie der Medizin. Seine Forschungsinteressen beziehen sich vor allem auf die Soziologie des medizinischen Wissens. Er hat darüber 1983 ein Buch mit dem Titel *Political Anatomy of the Body* veröffentlicht.

Jan *Assmann* (geb. 1939) studierte Ägyptologie, Klassische Archäologie und Gräzistik, daneben auch Alte Geschichte und Assyriologie, in München, Paris, Göttingen und Heidelberg. Lehrt nach Promotion (1965) und Habilitation (1971) seit 1976 als Professor für Ägyptologie an der Universität Heidelberg. Neben archäologisch-epigraphischer Feldarbeit in Ägypten bilden Forschungsschwerpunkte ägyptische Religions- und Literaturgeschichte sowie die Rekonstruktion einer Anthropologie der altägyptischen Kultur. Gründete 1977 den interdisziplinären Arbeitskreis ›Archäologie der literarischen Kommunikation‹. Wichtigste Veröffentlichungen: *Liturgische Lieder an den Sonnengott* (1969); *Der König als Sonnenpriester* (1970); *Das Grab des Basa* (1973); *Zeit und Ewigkeit im alten Ägypten* (1975); *Das Grab der Mutirdis* (1977); *Das Vaterbild in Mythos und Geschichte* (1976, mit H. G. Gadamer u. a.); *Funktionen und Leistungen des Mythos* (1982, mit W. Burkert und F. Stolz); *Re und Amun. Die Krise des polytheistischen Weltbilds* (1983). Mitherausgeber: *Fragen an die altägyptische Literatur* (1977); *Genese und Permanenz der pharaonischen Kunst* (1983); *Schrift und Gedächtnis* (1984).

Italo Michele *Battafarano* (geb. 1946) studierte Germanistik an der Universität Bari (Promotion über Grimmelshausen 1970) und Münster; lehrte Germanistik in Neapel, Bari und Kiel (Gastprofessor im WS 1981-82). Seit 1980 Ordinarius für Germanistik zuerst in Bari, jetzt an der Universität Trient. Buchpublikationen: *Grimmelshausen-Bibliographie (1666-1972)*, Neapel 1975; *Da Müntzer a Gaismair*, Fasano 1979; *Von Andreae zu Vico*, Stuttgart 1979. Aufsätze zur deutschen Literatur zwischen Humanismus und Aufklärung, zu den deutsch-italienischen Kulturbeziehungen und zur Komparatistik.

Nicole *Belmont* ist Directeur d'Etudes an der Ecole des Hautes Etudes en Sciences Sociales in Paris. Mitarbeiterin am Laboratoire d'Anthropologie Sociale seit seiner Gründung durch Claude Lévi-Strauss. Wichtigste

Veröffentlichungen: *Les Signes de la naissance*, Paris 1971; *Mythes et croyances dans l'ancienne France*, Paris 1973; *Arnold van Gennep. Le créateur de l'ethnographie francaise*, Paris 1974; *Paroles paiennes. Mythe et folklore des frères Grimm à P. Saintyves*, Paris 1986. Ferner Mitarbeit bei der *Enciclopedia Einaudi* und am *Dictionnaire des Mythologies*, hrsg. von Yves Bonnefoy, Paris 1981.

Bartholomé *Bennassar* (geb. 1929) ist Professor für Geschichte an der Universität Toulouse-Le-Mirail, deren langjähriger Präsident er war. Wichtigste Veröffentlichungen: *Valladolid et ses campagnes au XVIe siècle*, Paris 1969; *L'Homme espagnol, attitudes et mentalités, XVIe-XIXe siècles*, Paris 1975 (span. und engl. Übers.); mit andern Mitarbeitern: *Histoire économique et sociale du monde*, Paris 1977; *L'Inquisition espagnole, XVe-XIXe siècles*, Paris 1979. Autor mehrerer Romane.

Luc *Boltanski* (geb. 1940) ist Directeur d'Etudes an der Ecole des Hautes Etudes in Paris. Spezialgebiete: Soziologie des Gesundheitswesens, des Körpers und der Probleme sozialer Klassenbildung. Gegenwärtiger Interessenschwerpunkt: Sprachsoziologische Studien zur Darstellung von Rechtfertigungsakten im Alltag (zus. mit Laurent Thevenot). Wichtigste Veröffentlichungen: *Les Cadres*, Paris 1982. Ferner zahlreiche Aufsätze in den *Actes de la recherche en sociologie*.

Robert *Castel* (geb. 1933) ist Professor für Soziologie an der Universität Paris VIII und wissenschaftlicher Direktor der Groupe de recherche et d'analyse du social et de la sociabilité. Wichtigste Veröffentlichungen: *Le Psychanalysme*, Paris 1973; *L'Ordre psychiatrique*, Paris 1976; *La Société psychiatrique avancée: le modèle américain*, Paris 1978; *La Gestion des risques*, Paris 1981.

Franz *Futterknecht* (geb. 1945) ist Professor für Neuere deutsche Literatur an der Universität Mannheim; mehrere Gastprofessuren an englischen und kanadischen Universitäten. Wichtigste Veröffentlichungen: *Das Dritte Reich im deutschen Roman der Nachkriegszeit. Untersuchungen zur Faschismustheorie und Faschismusbewältigung*, Bonn 1976; *Heinrich Heine. Ein Versuch*, Tübingen 1985; zahlreiche Aufsätze über Friedrich Schlegel, Heinrich Heine, Alfred Andersch.

Alois *Hahn* (geb. 1941) studierte Soziologie, Ethnologie, Philosophie und Nationalökonomie in Freiburg und Frankfurt/M.; dort 1967 Promotion. Von 1967 bis 1971 war er Wissenschaftlicher Assistent für Soziologie in Tübingen, danach Dozent und Professor für Soziologie und Politik an der PH Esslingen. 1973 Habilitation in Tübingen. Seit 1974 Professor für Soziologie an der Universität Trier. Arbeitsschwerpunkte: Familien-,

Religions- und Kultursoziologie. Ausgewählte Veröffentlichungen: *Einstellungen zum Tod und ihre soziale Bedingtheit* (1968), (mit H. Braun) *Wissenschaft von der Gesellschaft* (1973), *Systeme des Bedeutungswissens – Prolegomena zu einer Soziologie der Geisteswissenschaften* (1973), *Religion und der Verlust der Sinngebung* (1974), *Soziologie der Paradiesvorstellungen* (1976), (mit H. A. Schubert/H. J. Siewert) *Gemeindesoziologie* (1979). Zahlreiche Beiträge vor allem in der *Kölner Zeitschrift für Soziologie und Sozialpsychologie.*

Claudia *Honegger*, geb. 1947 in Wald (Schweiz), studierte Philosophie, Soziologie und Geschichte in Zürich, Frankfurt und Paris; Dr. phil.; Wissenschaftliche Mitarbeiterin am Fachbereich Gesellschaftswissenschaften der Universität Frankfurt. Veröffentlichungen u. a. »Geschichte im Entstehen. Notizen zum Werdegang der ›Annales‹«, in: M. Bloch u. a., *Schrift und Materie der Geschichte. Vorschläge zur systematischen Aneignung historischer Prozesse*, Frankfurt 1977; »Die Hexen der Neuzeit. Analysen zur Anderen Seite der okzidentalen Rationalisierung«, in: dies. (Hrsg.), *Die Hexen der Neuzeit*, Frankfurt 1978; »Michel Foucault und die serielle Geschichte. Über die Archäologie des Wissens«, in: *Merkur* 407, 1982; »Überlegungen zur Medikalisierung des weiblichen Körpers«, in: A. E. Imhof (Hrsg.), *Leib und Leben in der Geschichte der Neuzeit*, Berlin 1983.

Volker *Kapp* (geb. 1940) ist Professor für romanistische Literaturwissenschaft an der Universität Erlangen-Nürnberg. Ausgewählte Veröffentlichungen: *Poesie und Eros. Zum Dichtungsbegriff der Fünf großen Oden von P. Claudel*, München 1972; *Aspekte objektiver Literaturwissenschaft*, Heidelberg 1973; *Übersetzer und Dolmetscher*, 1974, ²1984; *Télémaque de Fénelon. La signification d'une œuvre littéraire à la fin du siècle classique*, Tübingen–Paris 1982 (ausgezeichnet mit dem Straßburg-Preis); (mit M. Tietz), *La pensée religieuse dans la littérature et la civilisation du XVIIᵉ siècle en France*, Paris – Seattle – Tübingen 1984; zahlreiche Aufsätze zu Methodenfragen und zur französischen und italienischen Literatur.

Jacques *Le Brun* (geb. 1931) ist Directeur d'Etudes an der Ecole Pratique des Hautes Etudes (Sektion für Religionswissenschaften). Wichtigste Veröffentlichungen: *La Spiritualité de Bossuet*, Paris 1972. Ferner wichtige Texteditionen: *Bossuet, Politique tirée de l'Ecriture sainte*, Genf 1967; *Fénelon, Œuvres*, Paris 1983 ff.; Richard Simon, *Additions aux »Recherches curieuses« de Brerewood*, Paris 1983; Fénelon, *Correspondance*, Bd. 6 ff. (zus. mit J. Orcibal), Genf 1986 ff.

Niklas *Luhmann*, geb. 1927 in Lüneburg, hat Rechtswissenschaft studiert und war daraufhin in der öffentlichen Verwaltung tätig. 1966 Promotion und Habilitation für Soziologie an der Universität Münster. Seit 1968 Professor für Soziologie an der Universität Bielefeld. Veröffentlichungen unter anderem: *Funktionen und Folgen formaler Organisation* (1964); *Grundrechte als Institution* (1965); *Vertrauen* (1968); *Zweckbegriff und Systemrationalität* (1968); *Soziologische Aufklärung*, Bd. 1-3 (1970/1975/1981); *Rechtssoziologie* (1972/1983); *Macht* (1975); *Funktionen der Religion* (1977), *Gesellschaftsstruktur und Semantik*, Bd. 1/2 (1980/1981); *Liebe als Passion* (1982), *Soziale Systeme* (1984).

Klaus Georg *Riegel* (geb. 1943) ist Privatdozent für Soziologie an der Universität Trier. Studium der Soziologie, Ethnologie, Sozialgeschichte und Politikwissenschaft in Freiburg/Brsg., Frankfurt/M. und Tübingen. 1977-1978 Research Associate am Center for Chinese Studies an der University of California, Berkeley, Ca. (USA). Forschungsschwerpunkte: Modernisierungstheorien, Kultursoziologie und Sozialgeschichte. Veröffentlichungen (Auswahl): *Öffentliche Legitimation der Wissenschaft*, Stuttgart 1974; *Politische Soziologie unterindustrialisierter Gesellschaften: Entwicklungsländer*, Wiesbaden 1976; *Konfessionsrituale im Marxismus-Leninismus*, Graz 1985.

Ulrich Schulz-*Buschhaus*, geb. 1941 in Plettenberg (Westfalen), studierte Romanistik, Germanistik und Philosophie an den Universitäten Hamburg, Aix-en-Provence und Florenz; danach Lehrtätigkeit an den Universitäten Hamburg und Trier; seit 1976 ordentlicher Professor für Romanistik an der Universität Klagenfurt. Veröffentlichungen über die italienische Renaissance- und Barocklyrik: *Das Madrigal* (1969), über die Gattungsgeschichte des Kriminalromans: *Formen und Ideologien des Kriminalromans* (1975), sowie zur Methodologie und Epistemologie der Literaturwissenschaft: *Der Kanon der romanistischen Literaturwissenschaft* (1975), *Literarische Erziehung – wozu?* (1976); Aufsätze vor allem über Flaubert, Balzac, Boileau, Parini, Pirandello, Gracián, Georges und verschiedene Kriminalromanautoren. Interessenschwerpunkt: Praxis und Theorie einer sozialhistorisch orientierten vergleichenden Literaturgeschichte.

Dietrich *Schwanitz* (geb. 1940) studierte Anglistik, Geschichte und Philosophie in Münster, London, Philadelphia (University of Pennsylvania) und Freiburg, wo er 1969 promovierte und sich 1975 habilitierte. Gastprofessuren am Wells College/N. Y. 1967 und als Max-Kade Visiting Professor an der University of Massachusetts 1971/72. Seit 1978 lehrt er an der Universität Hamburg. – Arbeitsschwerpunkte: Der Zusammenhang von sozialem Rollenwandel, dramatischer Literatur und Inszenierungspraxis; praktische Theaterarbeit an einem von ihm in Hamburg gegründeten Drama Workshop; die Interaktion von Literatur und lebensweltlichen Sinnkonfigurationen; englische Kulturgeschichte als Paradigma der Modernisierung. Wichtigste Veröffentlichungen: *G. B. Shaw:*

Künstlerische Konstruktion und unordentliche Welt (1971); *Die Wirklichkeit der Inszenierung und die Inszenierung der Wirklichkeit. Untersuchungen zur Dramaturgie der Lebenswelt und zur Tiefenstruktur des Dramas* (1977); *Systematische und historische Einführung in das real existierende Anglistikstudium* (1984); *Die neue Zeit der Neuzeit* (in Vorbereitung); »Die undurchschaute Lösungstechnik des Detektivs. Zehn Thesen zum Abstraktionsstil und zur Temporalstruktur des Kriminalromans«, in: *arcadia* 17 (1982).

Annie *Tardits* (geb. 1942) ist Professorin für Philosophie und Psycho-Pädagogik in Paris und Psychoanalytikerin. Wichtigste Veröffentlichungen: *Montaigne et La Boétie*, Paris 1983; *Joyce avec Lacan.* (im Druck) Ferner zahlreiche Aufsätze in den *Cahiers de lectures freudiennes.*